DIREITO ADMINISTRATIVO OBJETIVO

TEORIA & QUESTÕES

2ª edição revista e atualizada

Gustavo Scatolino

DIREITO ADMINISTRATIVO OBJETIVO

TEORIA & QUESTÕES

2ª edição revista e atualizada

ALUMNUS

Ficha Catalográfica elaborada pela bibliotecária Marjorie Gonçalves, CRB1 2704

S285d

Scatolino, Gustavo
Direito administrativo objetivo : teoria e questões / Gustavo Scatolino. 2. ed. rev. atual. - Brasília : Alumnus, 2014.

416 p., 22,8 cm.

ISBN 978-85-65295-93-2

1. Direito Administrativo. 2. Administração Pública. 3. Controle Administrativo. I. Título.

CDU 35(81)

Diretoria Editorial: Engels Rego e Antonio Geraldo Pinto Maia Junior

Gerência Editorial: Mariana Carvalho

Produção editorial: Equipe UnYLeYa

Capa (projeto gráfico, criação e ilustração): Ralfe Design

www.alumnus.leya.com.br

facebook.com/leyaalumnus

@LeyaAlumnus

Quero, em primeiro lugar, agradecer a Deus, pela força e a capacitação de escrever este livro.

Dedico esta, bem como todas as minhas demais conquistas, aos meus amados pais, irmãos, sogro, sogra, amigos e, principalmente, esposa e filhos (Igor, Henrique e Pablo).

Agradeço, também, ao amigo Fábio Silva que colaborou na reunião das questões ao final do livro.

Deixo registrada a oração que fazia, diariamente, antes de iniciar os estudos, para que você alcance, também, esta graça de passar no concurso público:

"Meu senhor, dê-me forças para este dia de hoje. Que eu consiga estudar tudo o que planejei; que consiga perceber os pontos mais importantes a serem estudados; que consiga guardar o que estudei e não esquecer. Não me deixe desanimar e ser levado pelas tentações e interromper meus estudos. Dê-me saúde para cumprir minhas metas. Não me deixe abater pela preguiça. Restaura minhas forças! Quero muito passar no concurso XXXX, mas que seja feita a Sua vontade."

Sumário

CAPÍTULO 6 – LICITAÇÃO 121

Prefácio

Fazer a apresentação de um livro é sempre uma honra. Mas essa tarefa torna-se ainda mais especial quando a obra é realmente diferenciada, como é o caso desta, que convido o caro leitor a apreciar.

Este livro conseguiu uma difícil façanha: ser didático, sem perder a necessária profundidade e a objetividade esperadas por aqueles que se dedicam aos mais variados concursos públicos ou provas da Ordem dos Advogados do Brasil.

O amigo Gustavo Scatolino aborda os temas mais pulsantes do Direito Administrativo, conciliando a visão da doutrina mais abalizada com a menção ao entendimento dominante no STF, no STJ e no TCU.

Recorreu-se, repetidas vezes, ao uso de tabelas e alertas espalhados ao longo do texto, sempre visando chamar a atenção para os assuntos mais recorrentes nas provas.

E, sem descuidar do fato de que a obra dirige-se eminentemente aos estimados concurseiros, foi inserida, ao final da obra, uma bateria de exercícios comentados, o que certamente propicia que o leitor alie a teoria com a prática.

A meu sentir, obteve-se uma bela receita, que mistura a densa formação acadêmica do autor, aprovado em vários concursos públicos, com a prática de vários anos em sala de aula.

Estimado leitor, venha aprender Direito Administrativo!

Brasília, março de 2013.

Aragonê Nunes Fernandes
Juiz de Direito do TJDFT
Professor de Direito Constitucional

Apresentação

A obra traz o estudo do Direito Administrativo em linguagem simples, direta e compreensível.

Aborda os principais tópicos para concursos públicos, aplicando minha experiência como professor adquirida em salas de aula e, assim, sistematizando os pontos que os estudantes mais têm dificuldades.

Há, no decorrer do texto, tabelas e esquemas para facilitar a compreensão do assunto e, ainda, várias questões sobre o tema que está sendo explicado. Destaquei, também, importantes julgamentos de nossos Tribunais Superiores que são relevantes para concursos públicos.

No final de cada capítulo são apresentados esquemas para recordar o que foi estudado e para uma revisão antes da prova.

Enfim, este livro foi feito para aqueles que procuram um estudo objetivo (direto e claro) do Direito Administrativo.

O autor

CAPÍTULO 1
Introdução ao Direito Administrativo e Princípios Administrativos

1. ESTADO, GOVERNO E ADMINISTRAÇÃO PÚBLICA

Estado é a sociedade política e juridicamente organizada em determinado território. A Constituição Federal de 1988 optou, nos arts. 1º e 18, pela forma Federativa. Dessa maneira, temos vários centros de poder político. São eles: a União, os Estados, o Distrito Federal e os Municípios.

Governo é o núcleo estratégico ocupado temporariamente por pessoas que definem os objetivos, as diretrizes e as metas do Estado. Em sentido amplo, inclui todos os órgãos que exercem as funções estatais básicas, inclusive os órgãos dos Poderes Legislativo e Judiciário.

Administração Pública é o aparelhamento estatal que concretiza a vontade política do governo.

IMPORTANTE!

No Brasil, o Presidente da República é o Chefe do Estado, do Governo e da Administração Pública Federal.

1.1 Administração Pública em sentido subjetivo/orgânico/formal

Expressão que indica o universo de **órgãos, entidades públicas** e **agentes públicos** que desempenham a função administrativa.

1.2 Administração Pública em sentido material/objetivo/funcional

Exprime ideia de **atividade, tarefa, função**. Trata-se da própria função administrativa, constituindo-se o alvo que o governo quer alcançar. Nesse complexo, estão as atividades de **fomento, polícia administrativa, poder de polícia e serviços públicos**.

IMPORTANTE!

Os três Poderes exercem funções administrativas, por exemplo, quando fazem licitação, concursos e contratos. Nesses casos, o Poder Legislativo e o Poder Judiciário não atuam na sua função típica, mas, sim, no exercício de função administrativa. Serão considerados Administração Pública direta.

2. CONCEITO DE DIREITO ADMINISTRATIVO

Conforme Hely Lopes Meirelles (2009), Direito Administrativo é o conjunto harmônico de princípios jurídicos que regem os órgãos, os agentes e as atividades públicas, tendentes a realizar concreta, direta e imediatamente os fins desejados pelo Estado.

Escolas acerca da definição do Direito Administrativo:

- **Escola do serviço público**: teve origem na França, no século XIX, sendo seus defensores Duguit, Jèze e Bonnard. Segundo essa teoria, qualquer atividade prestada pelo Estado é serviço público; no entanto, tal teoria perde força em virtude de todas as atividades estatais resumirem-se em serviço público como, por exemplo, o poder de polícia. Ademais, com a ampliação das atividades estatais, é possível o exercício de atividade econômica que, para muitos, não se confunde com serviço público.
- **Critério do Poder Executivo**: segundo essa teoria, o Direito Administrativo esgota-se nos atos praticados pelo Poder Executivo. Contudo, exclui os atos dos Poderes Legislativo e Judiciário no exercício de atividade administrativa. Essa teoria restringe sobremaneira o Direito Administrativo no âmbito do Poder Executivo.
- **Critério teleológico**: conjunto de princípios que norteiam o atendimento dos fins do Estado.
- **Critério negativista ou residual**: por exclusão, encontra-se o objeto do Direito Administrativo. Aquilo que não for pertinente às funções legislativa e jurisdicional será objeto do Direito Administrativo.
- **Critério da Administração Pública**: conjunto de princípios que envolvem a Administração Pública. Esse conceito é o apresentado por Hely Lopes Meirelles, conforme citado anteriormente.

O Direito Administrativo é **ramo do Direito Público** em que há a predominância do interesse do Estado; disciplina os interesses gerais. Quer dizer: é o ramo do Direito que visa disciplinar as relações do Estado com a sociedade.

3. FONTES DO DIREITO ADMINISTRATIVO

3.1 Lei

Fonte primária e principal do Direito Administrativo. Vai desde a Constituição Federal (art. 37) até os demais atos normativos expedidos como, por exemplo, decretos, resoluções e regimentos. Assim, a lei como fonte do Direito Administrativo é a lei em seu sentido amplo, ou seja, a lei feita pelo Parlamento e também atos normativos expedidos pela Administração.

3.2 Doutrina

São teses de doutrinadores que influenciam nas decisões administrativas, como no próprio Direito Administrativo.

3.3 Jurisprudência

É a reiteração de julgamentos no mesmo sentido. A jurisprudência não é de seguimento obrigatório. Trata-se, apenas, de orientação aos demais órgãos do Poder Judiciário e da Administração.

Entretanto, se o Supremo Tribunal Federal editar **súmula vinculante**, esta, por determinação da Constituição, art. 103-A, será obrigatória para toda a Administração Pública, direta e indireta, de todos os níveis da Federação (União, Estados, Distrito Federal e Municípios) e para todo o Poder Judiciário. Por exemplo, a Súmula Vinculante nº 21: "É inconstitucional a exigência de depósito ou arrolamento prévios de dinheiro ou bens para admissibilidade de recurso administrativo".

3.4 Costumes

São condutas reiteradas praticadas pelos agentes públicos com consciência de obrigatoriedade.

Questão de Concurso

(Cespe/Capes/Analista em Ciência e Tecnologia/Júnior – Área Geral/2012) O costume não pode ser considerado fonte do Direito Administrativo, haja vista o princípio da legalidade ser um dos princípios da Administração Pública.

Gabarito: errado. Costume é fonte. No entanto, não é fonte primária (lei).

Questão de Concurso

(Cespe/TRT/10ª Região/2013) Em decorrência do princípio da legalidade, a lei é a mais importante de todas as fontes do Direito Administrativo.

*Gabarito: certo. Como **fonte** do Direito Administrativo, a lei é a mais importante. Porém, entre os princípios, não há hierarquia. Quer dizer, o princípio da legalidade não é superior, nem mais importante que os demais **princípios**.*

OBSERVAÇÃO!

A lei é a fonte primária do Direito Administrativo. Todas as demais fontes citadas são secundárias, acessórias.

4. SISTEMAS ADMINISTRATIVOS

São os regimes adotados pelo Estado para a correção dos atos administrativos ilegais ou ilegítimos praticados pelo Poder Público.

4.1 Sistema do contencioso administrativo/sistema francês

Veda ao Poder Judiciário conhecer dos atos da Administração, os quais se sujeitam unicamente à jurisdição especial do contencioso administrativo. **Não é adotado no Brasil.**

Nesse sistema, todos os tribunais administrativos sujeitam-se diretamente ou indiretamente ao controle do Conselho de Estado, que funciona como juízo de apelação e, excepcionalmente, como juízo originário.

Entre outros inconvenientes, sobressai o do estabelecimento de dois critérios de justiça: um da administrativa, outro da jurisdição comum. Além disso, é uma jurisdição constituída por funcionários da própria Administração, sem as garantias de independência que há na magistratura.

4.2 Sistema judiciário/sistema inglês/sistema de controle judicial/jurisdição única

É aquele em que todos os litígios são resolvidos judicialmente pela Justiça Comum, ou seja, pelos juízes e pelos Tribunais do Poder Judiciário. **Adotado no Brasil.**

Não quer dizer que se negue à Administração o poder de decidir; o que se impõe é a possibilidade de suas decisões poderem ser revistas pelo Judiciário. Seu fundamento constitucional é o art. 5º, XXXV, da Constituição Federal, que consagra o princípio da inafastabilidade da jurisdição.

EXCEÇÕES!

1. Justiça desportiva (art. 217, CF).
2. A Súmula nº 2 do STJ também é uma exceção criada pela jurisprudência relativa ao *habeas data*. ("Não cabe o *habeas data* se não houve recusa de informações por parte da autoridade administrativa.")
3. Com o advento das **súmulas vinculantes**, ficou estabelecido que o instituto da reclamação seria o meio adequado para assegurar a autoridade das decisões do STF, caso haja o descumprimento de uma súmula vinculante. Entretanto, a Lei nº 11.417/2006, que regulamenta o art. 103-A da CF, estabeleceu que contra omissão ou ato da Administração Pública o uso da reclamação só será admitido após **esgotadas as vias administrativas**.
4. **Mandado de segurança**, pois a Lei nº 12.016/2009 previu que tal remédio constitucional não é cabível quando "caiba recurso administrativo com efeito suspensivo, independentemente de caução" (art. 5º, I).

5. PRINCÍPIOS ADMINISTRATIVOS

Princípios de uma ciência são as proposições básicas, fundamentais, típicas, que condicionam todas as estruturações subsequentes; nesse sentido, são os alicerces, os fundamentos da ciência. (CRETELLA JÚNIOR, 1999).

5.1 Princípios expressos na Constituição (art. 37)

A Constituição Federal possui cinco princípios expressos: **legalidade**, **impessoalidade**, **moralidade**, **publicidade** e **eficiência**.

Os princípios são de observância **obrigatória** por toda a Administração direta e indireta de todos os Poderes e níveis federativos.

Não há hierarquia entre os princípios administrativos, inclusive quanto aos expressos e implícitos na CF, embora a doutrina entenda que os princípios da supremacia do interesse público e da indisponibilidade do interesse público sejam a base do regime jurídico-administrativo.

O que é o regime jurídico-administrativo?
É o conjunto de regras de **Direito Público** e princípios que devem ser observados pela Administração.

OBSERVAÇÃO!

As empresas estatais (empresas públicas e sociedades de economia mista), por serem pessoas de direito privado não se submetem integralmente ao regime jurídico-administrativo. Seu regime é de direito privado, porém, é misto ou híbrido, pois as regras de Direito Privado são influenciadas (derrogadas) por normas de Direito Público.

5.1.1 Legalidade

Significa que o agente público só poderá fazer o que a lei autoriza.

Deve o administrador estar sempre pautado pela lei.

Na Administração Pública não há espaço para liberdade nem vontade pessoal. Enquanto na vida particular é lícito fazer tudo o que a lei não proíba, na Administração Pública só é lícito fazer aquilo que a lei autoriza.

- **Legalidade para o cidadão** (art. 5º, II, da CF): no sentido de que ninguém será obrigado a fazer ou deixar de fazer alguma coisa, salvo em razão de lei.

- **Legalidade administrativa** (art. 37, CF): no sentido de que o agente público só pode fazer aquilo que a lei expressamente autoriza.

A legalidade, em seu **sentido estrito** significa atuar de acordo com a lei, ou seja, obedecer à lei feita pelo Parlamento. A legalidade, em **sentido amplo** ou **legitimidade**, significa obedecer não só à lei, mas, também, obedecer aos princípios da moralidade e do interesse público. Dessa forma, a palavra **legitimidade** apresenta um conceito mais abrangente que o de **legalidade**, pois **legalidade** seria obedecer à lei e **legitimidade** obedecer à lei e aos demais princípios administrativos.

DICA!

A expressão **juridicidade** significa observar todos os princípios expressos e implícitos na CF, bem como as demais regras do ordenamento jurídico, inclusive as que estão fora da Constituição (bloco de legalidade). Juridicidade representa uma evolução do princípio da legalidade.

Questão de Concurso

(Cespe/TRE-MA/Analista Judiciário/Área Judiciária/2009) O princípio da moralidade administrativa, por possuir relação com o princípio da legalidade, impõe que um ato, para ser legal, isto é, esteja em conformidade com a lei, precisa ser necessariamente moral.

Gabarito: errado. O ato pode ser legal, mas imoral. Nesse caso, o ato será ilegítimo.

5.1.2 Impessoalidade

A atuação da Administração Pública deve ser impessoal sem favorecer este ou aquele indivíduo de forma especial.

As realizações governamentais não são do agente público ou da autoridade, mas da entidade pública em nome de quem as produz. A própria CF dá uma consequência expressa a essa regra, quando, no art. 37, § 1º, proíbe que constem nomes, símbolos ou imagens que caracterizem promoção pessoal de autoridades ou servidores públicos em publicidade de atos, programas, obras, serviços e campanhas dos órgãos públicos.

CUIDADO!

O STF entendeu que há violação aos princípios da impessoalidade e da moralidade administrativa em razão do uso de símbolo e de *slogan* político-pessoais nas publicidades oficiais.

Esse princípio está **implícito** na Lei nº 9.784/1999, art. 2º, parágrafo único, III, pois se exige "objetividade no atendimento do interesse público, vedada a promoção pessoal de agentes e autoridades."

Existe divergência doutrinária acerca do princípio da finalidade. Para Hely Lopes Meirelles (2009), o princípio da impessoalidade nada mais é do que o clássico princípio da finalidade. Já para Celso Antônio Bandeira de Mello (2010), a finalidade tem conteúdo autônomo em relação ao princípio da impessoalidade.

Hely Lopes Meirelles	Impessoalidade é o mesmo que finalidade. O ato administrativo deve sempre atender ao seu fim legal.
Celso Antônio Bandeira de Mello (finalidade é princípio autônomo)	**Impessoalidade**: atuar sem subjetividade; buscar sempre o interesse público. **Finalidade**: visar sempre à finalidade normativa; atender ao fim legal do ato.

5.1.3 Moralidade

Significa que a conduta administrativa deve observar os preceitos éticos da instituição em que o agente público atua. Tal princípio está ligado ao conceito de bom administrador, procura do bem comum, da boa-fé e da honestidade.

O administrador, ao atuar, não terá que decidir somente entre o legal e o ilegal; o justo e o injusto, mas, também, entre o honesto e o desonesto.

A moralidade administrativa constitui, hoje, pressuposto de validade de todo ato administrativo.

Qualquer **cidadão** pode propor **ação popular** para anular ato que viola o dever de moralidade. (art. 5º, LXXIII, CF).

CUIDADO!

O Ministério Público não pode propor ação popular; no entanto, pode prosseguir com a ação popular, caso o autor seja negligente.

O legislador constituinte ainda colocou a ação de improbidade administrativa visando à responsabilização daqueles que violem a **probidade administrativa**, estabelecendo, no art. 37, § 4º, as seguintes consequências para os atos de improbidade administrativa, sem prejuízo da ação penal cabível:

- suspensão dos direitos políticos;
- perda da função pública;
- indisponibilidade dos bens;
- ressarcimento ao Erário, na forma e gradação previstas em lei, sem prejuízo da ação penal cabível.

CUIDADO!

A ação de improbidade administrativa não tem natureza penal, e sim, civil.

IMPORTANTE!

Segundo o STF, os agentes políticos que respondem por crime de responsabilidade, Lei nº 1.079/1950, não praticam ato de improbidade administrativa.

A Súmula Vinculante nº 13 do STF decorre dos princípios da moralidade e da impessoalidade:

> A nomeação de cônjuge, companheiro ou parente em linha reta, colateral ou por afinidade, até o terceiro grau, inclusive, da autoridade nomeante ou

de servidor da mesma pessoa jurídica, investido em cargo de direção, chefia ou assessoramento, para o exercício de cargo em comissão ou de confiança, ou, ainda, de função gratificada na Administração Pública direta e indireta, em qualquer dos poderes da União, dos Estados, do Distrito Federal e dos Municípios, compreendido o ajuste mediante designações recíprocas, viola a Constituição Federal.

ATENÇÃO!

O STF entendeu que estão excluídos da vedação da súmula vinculante os agentes/cargos políticos. *Ex.*: Governador pode nomear um irmão para cargo de Secretário de Estado.

Mas, cuidado: o STF entende que conselheiro de Tribunal de Contas é cargo técnico. Assim, Governador não pode nomear irmão para essa função.

5.1.4 Publicidade

Divulgação oficial do ato para conhecimento do público e para o início da produção de seus efeitos (eficácia), bem como o acesso às condutas administrativas.

Não é elemento formativo do ato; é requisito de eficácia e moralidade.

A regra é a publicidade, somente se admitindo exceções em casos de segurança da sociedade e do Estado (art. 5º, XXXIII, da CF) ou em casos que possam violar a intimidade ou a privacidade. A Lei nº 12.527/2011 dispõe sobre os procedimentos a serem observados pela União, pelos Estados, pelo Distrito Federal e pelos Municípios, com o fim de garantir o acesso a informações previsto no inciso XXXIII do art. 5º da CF.

O princípio garante a obtenção de informações, certidões, atestados da Administração, por qualquer interessado, desde que observe a forma legal, bem como o uso do *habeas data*.

CUIDADO!

Publicação não é sinônimo de **publicidade**. A publicação é a divulgação do ato nos meios oficiais (*ex.*: *Diário Oficial da União*), tratando-se de uma forma de publicidade.

5.1.5 Eficiência

Exige que a atividade administrativa seja exercida com presteza, perfeição, rendimento e economicidade para a Administração. Foi acrescentado com a Emenda

Constitucional nº 19/1998 (reforma administrativa). Com a Emenda Constitucional nº 45, passou a ser um direito com sede constitucional, pois foi inserido no art. 5º, inciso LXXVII, que "assegura a todos, no âmbito judicial e administrativo a razoável duração do processo e os meios que garantam a celeridade de sua tramitação.".

A eficiência, a eficácia e a efetividade estão compreendidas na expressão **economicidade**, que é constituída pela **eficiência** (custo-benefício), **eficácia** (verificação das metas; resultados) e **efetividade** (analisar se os resultados obtidos foram alcançados com o melhor aproveitamento dos recursos públicos, ou seja, eficiência e eficácia; ou pode ser entendido pela análise dos impactos das ações que foram efetuadas.)

Exemplo

Criação de várias barragens a fim de armazenar água para manter a população abastecida. Verifica-se se houve o melhor custo-benefício; se tudo o que foi planejado foi efetivamente realizado; e, por fim, verifica-se se a construção das barragens conseguiu, realmente, evitar falta de água.

5.2 Princípios implícitos na Constituição

A CF ainda possui vários princípios implícitos. Verificaremos os mais importantes.

OBSERVAÇÃO!

Não há hierarquia entre os princípios constitucionais, nem mesmo entre os expressos e implícitos na CF.

5.2.1 Razoabilidade/proporcionalidade

Visa aferir a compatibilidade entre os meios e os fins, de modo a evitar restrições desnecessárias ou abusivas com lesão aos direitos fundamentais.

A lei não admite ato praticado com falta de razoabilidade. Desse modo, a inobservância da razoabilidade atinge a legalidade do ato praticado.

Para o ato ser proporcional ele deve ser:

- **adequado**: o meio empregado deve ser o correto em vista do fim desejado;
- **necessário/exigível**: a medida só deve ser utilizada se não houver outros meios menos gravosos;
- **proporcionalidade em sentido estrito**: compatibilidade de restrição de um direito e a prevalência de outro.

Exemplo

Não é adequado convocação de candidatos para próxima etapa de concurso com divulgação apenas em *Diário Oficial*.

É adequado editar decreto disciplinando uso de fogos de artifício a fim de evitar danos à sociedade.

Não é necessário/exigível determinar a interdição de estabelecimento, ao invés de aplicar multa, quando encontra apenas uma mercadoria vendida com prazo de validade vencido. (menos gravoso).

Há proporcionalidade em sentido estrito quando são fixados índices mínimos de consumo de bebida alcoólica antes de dirigir (a restrição de um direito é proporcional à prevalência do outro).

O princípio em estudo ganha relevância na análise de atos discricionários pelo Poder Judiciário. Nesses atos, como os requisitos de competência, de finalidade e de forma são determinados pela lei, o Judiciário pode exercer amplo controle, confrontando-os com as determinações legais. Entretanto, os requisitos de motivo e objeto são deixados a critério do administrador, a fim de que ele realize juízo de conveniência e oportunidade para a escolha da solução mais adequada.

Desse modo, em atos discricionários, o controle jurisdicional sobre o mérito, juízo de conveniência e oportunidade têm de ser feitos com reservas. O Judiciário não pode substituir a análise feita pelo agente público se ele atuou dentro de seus limites. Por exemplo, se um município precisa de hospital e de escolas e o prefeito decide investir na saúde construindo hospitais ao invés de escolas, fazendo isso de forma adequada, não poderá o Poder Judiciário substituir essa decisão.

Entretanto, a atividade do Judiciário em relação a atos administrativos pode alcançar a análise de mérito, fazendo a correção da **ilegalidade** se, no exercício de conveniência e de oportunidade, houver falta de razoabilidade/proporcionalidade, pois, na verdade, esse ato será um ato ilegal.

OBSERVAÇÃO!

Quando o Poder Judiciário anula um ato administrativo, ele não deve indicar a solução mais adequada.

5.2.2 Segurança jurídica

Princípio que visa dar maior estabilidade às relações jurídicas, mesmo àquelas que, inicialmente, apresentavam vício de ilegalidade.

Decorre desse princípio a fixação do prazo de cinco anos, salvo comprovada má-fé, para a Administração anular seus atos, conforme o art. 54 da Lei nº 9.784/1999.

Súmula Vinculante nº 3 STF	"Nos processos perante o Tribunal de Contas da União asseguram-se o contraditório e a ampla defesa quando da decisão puder resultar anulação ou revogação de ato administrativo que beneficie o interessado, excetuada a apreciação da legalidade do ato de concessão inicial de aposentadoria, reforma e pensão."
Regra 1	O TCU deve assegurar contraditório e ampla defesa diante de seus atos.
Observação 1	Dispensa contraditório e ampla defesa prévios no registro inicial de aposentadoria, reforma e pensão. Para o STF, registro de aposentadoria é ato complexo.
Regra 2	O TCU não tem prazo para registro inicial de aposentadoria, reforma e pensão.
Observação 2	O TCU nega registro inicial de aposentadoria antes de cinco anos; dispensa contraditório e ampla defesa. O TCU nega registro inicial de aposentadoria depois de cinco anos: o interessado tem direito a contraditório e ampla defesa prévios.
Regra 3	Registrada a aposentadoria pelo TCU, este órgão tem cinco anos para fazer **revisão**, salvo comprovada má-fé (art. 54, Lei nº 9.784/1999), devendo assegurar contraditório e ampla defesa.

5.2.3 Motivação

É a indicação dos fatos e fundamentos jurídicos que autorizam a prática do ato. *Ex.*: servidor que foi demitido por praticar crime contra a Administração. No ato administrativo **demissão** deve haver a descrição de toda a situação fática ocorrida e de todos os fundamentos jurídicos que levaram à demissão.

Em termos simples, significa justificar o ato praticado, apresentando as razões (fáticas e jurídicas) que levaram à sua prática.

Segundo Maria Sylvia (2010), a motivação, em regra, não exige formas específicas, podendo ser ou não concomitante com o ato, além de ser feita, muitas vezes, por órgão diverso daquele que proferiu a decisão.

- **Teoria dos motivos determinantes**: quando a Administração indica os motivos que levaram a praticar o ato, este só será válido se os motivos forem verdadeiros. *Ex.:* na exoneração de cargo em comissão, se o ato for motivado, a exoneração somente será válida se forem apresentados os verdadeiros motivos que levaram à exoneração.

- **Motivação aliunde**: consiste em declaração de concordância com fundamentos de anteriores pareceres, informações, decisões ou propostas que serão parte integrante do ato (art. 50, § 1º, Lei nº 9.784/1999).

Atualmente, a doutrina entende que a **regra** é a motivação dos atos administrativos. Contudo, o art. 50 da Lei do Processo Administrativo Federal, explicita os atos que obrigatoriamente exigem motivação:

> **Art. 50.** Os atos administrativos deverão ser motivados, com indicação dos fatos e dos fundamentos jurídicos, quando:
> I - neguem, limitem ou afetem direitos ou interesses;
> II - imponham ou agravem deveres, encargos ou sanções;
> III - decidam processos administrativos de concurso ou seleção pública;
> IV - dispensem ou declarem a inexigibilidade de processo licitatório;
> V - decidam recursos administrativos;
> VI - decorram de reexame de ofício;
> VII - deixem de aplicar jurisprudência firmada sobre a questão ou discrepem de pareceres, laudos, propostas e relatórios oficiais;
> VIII - importem anulação, revogação, suspensão ou convalidação de ato administrativo.
> § 1º A motivação deve ser explícita, clara e congruente, podendo consistir em declaração de concordância com fundamentos de anteriores pareceres, informações, decisões ou propostas, que, neste caso, serão parte integrante do ato. (***Motivação aliunde***)
> § 2º Na solução de vários assuntos da mesma natureza, pode ser utilizado meio mecânico que reproduza os fundamentos das decisões, desde que não prejudique direito ou garantia dos interessados.
> § 3º A motivação das decisões de órgãos colegiados e comissões ou de decisões orais constará da respectiva ata ou de termo escrito.

5.2.4 Supremacia do interesse público sobre o interesse particular

Se houver possível conflito entre o interesse coletivo e o do particular, o administrador deve escolher o interesse público.

Esse princípio constitui a base do regime jurídico-administrativo.

O interesse público a ser perseguido pelo administrador é o interesse público **primário** (interesse da coletividade), e não o **secundário** (interesse apenas do Estado).

CUIDADO!

O interesse público secundário só é válido quando coincide com o interesse público primário.

5.2.4.1 Indisponibilidade do interesse público

Os gestores da coisa pública passam a ser autoridades, com poderes e deveres específicos do cargo ou função, com responsabilidades próprias. Porém, não são **donos** da coisa pública e, por isso, não podem **abrir mão** de buscar sempre o interesse coletivo.

Cada agente administrativo é investido da necessária parcela de Poder Público para o desempenho de suas atribuições. O poder administrativo é atribuído à autoridade para remover os interesses particulares que se opõem ao interesse público. Nessas condições, o **poder** de agir converte-se em **dever** de agir.

Por não poder dispor dos interesses públicos cuja guarda lhes é atribuída por lei, os poderes atribuídos à Administração têm caráter de poder-dever; são poderes que ela não pode deixar de exercer, sob pena de responder por sua omissão.

O STF e o STJ entendem que o uso da **arbitragem** nos contratos administrativos não viola a indisponibilidade do interesse público (STF, RE nº 253.885).

5.2.5 Autotutela/sindicabilidade

Controle dos próprios atos, **revogando** os atos legais, inconvenientes e inoportunos, e **anulando** os ilegais.

Revogação	Anulação
Controle de mérito	Controle de legalidade
Somente pela Administração	Administração e Judiciário
Efeitos *ex nunc* (não retroativos)	Efeitos *ex tunc* (retroativos)
Não há prazo	Prazo de cinco anos, salvo comprovada má-fé (art. 54, Lei nº 9.784/1999).

Sindicabilidade significa que a Administração Pública está sujeita a controle, seja judicial ou pela própria Administração (autotutela).

Questão de Concurso

(Cespe/TRE/Analista Judiciário/2012) O princípio da autotutela refere-se ao poder e dever de declarar a nulidade dos próprios atos, desde que praticados em desacordo com a lei.

Gabarito: errado. Autotutela não se refere apenas a controlar atos ilegais. É o controle de atos legais, por meio da revogação, e de atos ilegais, por meio da anulação.

5.2.6 Tutela ou controle administrativo

Visa assegurar que a **entidade descentralizada**, no exercício da sua autonomia, atue em conformidade com os fins que resultaram na sua criação.

Quando a Administração direta cria uma das entidades da Administração indireta (autarquias, fundações, empresas públicas e sociedades de economia mista), ela permanecerá vinculada ao ente central, sujeitando-se ao controle de tutela administrativa, a fim de evitar que atue fora de suas finalidades legais.

OBSERVAÇÃO!

O controle de tutela administrativa é chamado de supervisão ministerial, em nível federal, conforme prevê o Decreto-Lei nº 200/1967. Em provas, também é chamado de controle finalístico.

5.2.7 Hierarquia

Estabelece que os **órgãos** da Administração devam estar estruturados de forma que exista relação de coordenação e subordinação entre eles.

OBSERVAÇÃO!

No art. 2º da Lei nº 9.784/1999 são relacionados os seguintes princípios: legalidade, finalidade, motivação, razoabilidade, proporcionalidade, moralidade, ampla defesa, contraditório, segurança jurídica, interesse público e eficiência.

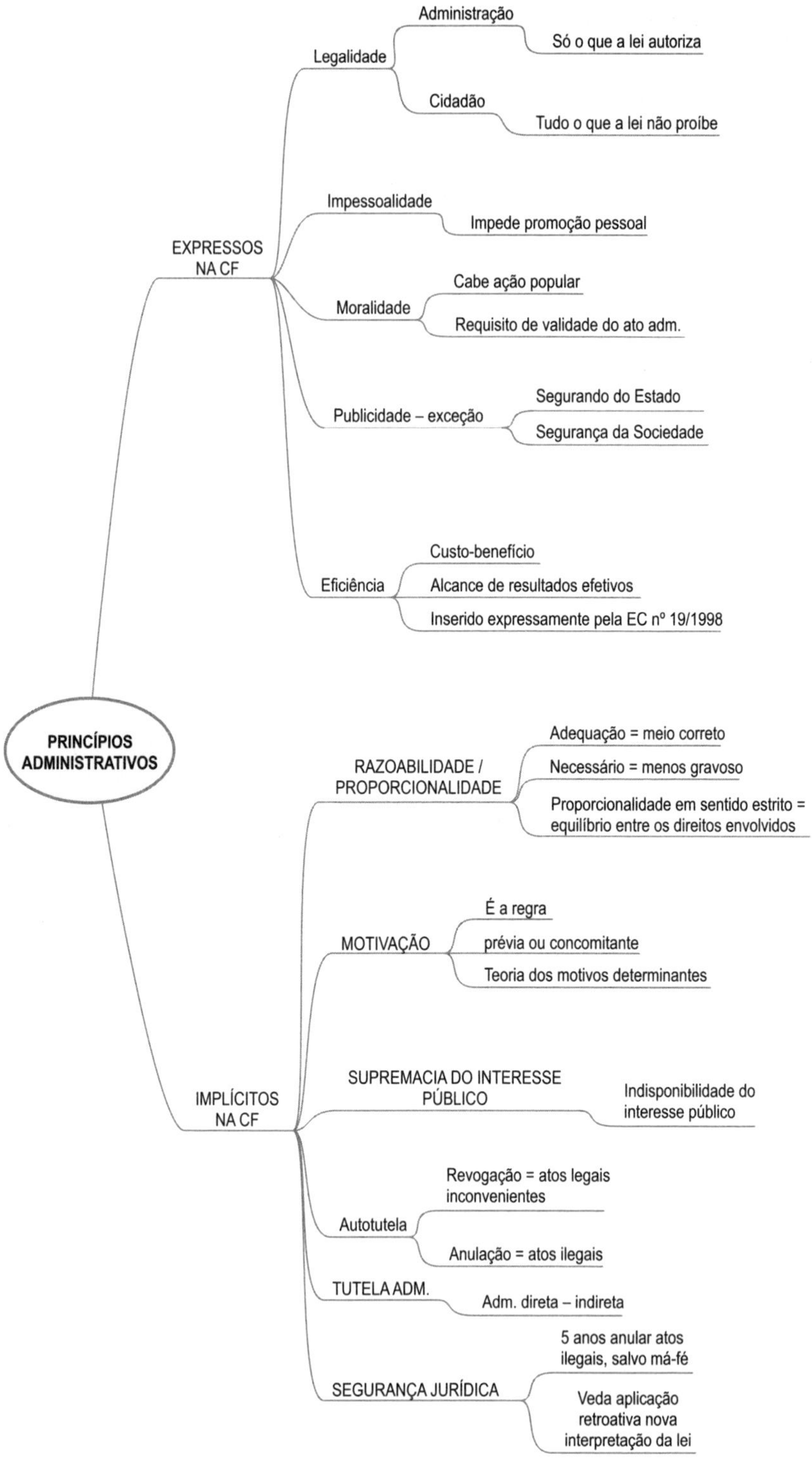
PRINCÍPIOS ADMINISTRATIVOS
EXPRESSOS NA CF
Legalidade
Administração
Só o que a lei autoriza
Cidadão
Tudo o que a lei não proíbe
Impessoalidade
Impede promoção pessoal
Moralidade
Cabe ação popular
Requisito de validade do ato adm.
Publicidade – exceção
Segurando do Estado
Segurança da Sociedade
Eficiência
Custo-benefício
Alcance de resultados efetivos
Inserido expressamente pela EC nº 19/1998
IMPLÍCITOS NA CF
RAZOABILIDADE / PROPORCIONALIDADE
Adequação = meio correto
Necessário = menos gravoso
Proporcionalidade em sentido estrito = equilíbrio entre os direitos envolvidos
MOTIVAÇÃO
É a regra
prévia ou concomitante
Teoria dos motivos determinantes
SUPREMACIA DO INTERESSE PÚBLICO
Indisponibilidade do interesse público
Autotutela
Revogação = atos legais inconvenientes
Anulação = atos ilegais
TUTELA ADM.
Adm. direta – indireta
SEGURANÇA JURÍDICA
5 anos anular atos ilegais, salvo má-fé
Veda aplicação retroativa nova interpretação da lei

CAPÍTULO 2
Organização Administrativa

1. CENTRALIZAÇÃO

A **Administração direta/centralizada** corresponde à atuação direta pelo próprio Estado por meio de seus órgãos. Significa que as entidades políticas (União, Estados, DF e Municípios) prestam a atividade administrativa por seus próprios órgãos, ou seja, na relação entre o Poder Público e a atividade prestada não existe nenhuma pessoa.

Conforme a lição de Hely Lopes Meirelles (2009), os órgãos são centros de competência **despersonalizados**, instituídos para o desempenho de funções estatais, por meio de seus agentes, cuja atuação é **imputada** à pessoa a que pertencem. Cada órgão tem necessariamente funções, cargos e agentes, mas é distinto desses elementos que podem ser modificados, substituídos ou retirados sem supressão da unidade orgânica.

O Decreto-Lei nº 200/1967 dispõe sobre a organização da Administração Federal e apresenta os seguintes conceitos:

> **Art. 4º** A Administração Federal compreende:
> I - A Administração direta, que se constitui dos serviços integrados na estrutura administrativa da Presidência da República e dos Ministérios.
> II - A Administração indireta, que compreende as seguintes categorias de entidades, dotadas de personalidade jurídica própria:
> *a)* autarquias;
> *b)* empresas públicas;
> *c)* sociedades de economia mista.
> *d)* fundações públicas.
> *Parágrafo único.* As entidades compreendidas na Administração indireta vinculam-se ao Ministério em cuja área de competência estiver enquadrada sua principal atividade.

OBSERVAÇÃO!

Devemos considerar os órgãos do Poder Judiciário e do Poder Legislativo como Administração direta quando estão no exercício de atividade administrativa.

Há, também, o conceito legal de órgão contido no art. 1º, § 2º, da Lei nº 9.784/1999, sendo a unidade de atuação integrante da estrutura da Administração direta e da Administração indireta.

ATENÇÃO!

Existem também órgãos na estrutura da Administração indireta.

2. DESCENTRALIZAÇÃO

Ocorre quando a atividade administrativa está sendo prestada por pessoas diversas, e não pelo próprio ente político por meio de sua Administração direta (órgãos).

A descentralização pode resultar na **criação** de novas entidades administrativas (Administração indireta - descentralização por outorga) que receberão atribuições específicas por meio de lei. Pode, também, ser descentralizada a atividade para **particulares** (descentralização por colaboração), para que executem serviços públicos por sua conta e risco, mediante concessão, permissão ou autorização.

3. DESCONCENTRAÇÃO

É a distribuição interna de competências dentro da mesma pessoa jurídica, **resultando na criação de órgãos**. Isso é feito para descongestionar, tirar do centro um volume grande de atribuições. **Na desconcentração há controle hierárquico**. Assim, os órgãos superiores podem revisar, controlar e corrigir os atos de órgãos subordinados.

Exemplo

Dentro do Ministério do Trabalho há diversos órgãos. É uma desconcentração. Para facilitar a Administração, descongestionar, mas todos os órgãos são submetidos ao controle hierárquico do Ministro do Trabalho, e este submetido ao controle do Presidente da República.

A desconcentração pode ocorrer na Administração direta e indireta. Assim, quando uma autarquia (Administração indireta) divide-se internamente em vários órgãos, há desconcentração.

4. ESTUDO DOS ÓRGÃOS

Os órgãos integram a estrutura do Estado e das demais pessoas jurídicas não têm personalidade jurídica nem vontade própria, mas, na área de suas atribuições e nos limites de sua competência funcional, expressam a vontade da entidade a que pertencem. Os órgãos são meros instrumentos de ação das pessoas jurídicas.

Características	Não possuem: • personalidade jurídica (não é sujeito de direitos) • patrimônio próprio • capacidade processual	**Excepcionalmente**, órgãos **independentes** e **autônomos** podem ter capacidade processual para a defesa de suas prerrogativas institucionais (capacidade processual = **personalidade judiciária**).
Teorias do órgão	Hoje, prevalece a **teoria do órgão** = pessoas jurídicas expressam sua vontade por meio de seus órgãos, que são titularizados por agentes públicos (não se aplica teoria do mandato e da representação).	
Criação e extinção de órgãos	Por meio de lei	Organização e funcionamento podem ser por meio de decreto, desde que não provoque aumento de despesa ou criação e extinção de outros órgãos (art. 84, VI, CF).

4.1 Capacidade processual de órgãos

O órgão não possui, como regra, capacidade processual, ou seja, não pode figurar em qualquer dos polos de uma relação processual (ativo e passivo). Essa é a regra. Entretanto, há órgãos que podem ter capacidade para certos litígios, como o caso de **impetração de mandado de segurança por órgãos de natureza constitucional**, quando se trata de defesa de sua competência. Cite-se como exemplo a Assembleia Legislativa Estadual. Contudo, essa exceção somente se aplica aos órgãos independentes e autônomos para a defesa de suas prerrogativas institucionais.

OBSERVAÇÃO!

Excepcionalmente, órgãos **independentes** e **autônomos** podem ter capacidade processual para defesa de suas prerrogativas institucionais; ou seja, eventualmente, alguns órgãos podem estar em juízo.

4.2 Classificação dos órgãos

	Independentes	Autônomos	Superiores	Subalternos
Quanto à posição estatal	Existência e origem fundamentada na própria Constituição Ex.: Presidência da República.	Subordinam-se ao chefe dos órgãos independentes; Ex.: Ministérios. Planejamento, supervisão, coordenação e controle.	Possuem atribuições de direção, decisão e controle. Ex: Departamento da Polícia Federal.	Subordinam-se hierarquicamente aos demais órgãos. Ex: Setores, divisões internas dos demais órgãos.
	Localizados na cúpula de cada um dos três Poderes; órgãos primários do Estado.	Auxiliam diretamente os órgãos independentes;	Subordinam-se hierarquicamente aos órgãos independentes e autônomos;	Exercem apenas atividade operacional/executória;
	São dirigidos por seus membros que são **agentes políticos.**	Possuem autonomia administrativa e financeira; São dirigidos por seus membros que são **agentes políticos.**	Possuem poder de direção, controle, decisão e comando de assuntos de sua competência; Sujeitos à subordinação e ao controle hierárquico de uma chefia mais alta; Dirigidos e ocupados por agentes administrativos.	Reduzido poder decisório; realização de serviços de rotina. Dirigidos e ocupados por agentes administrativos.

	Simples	Compostos
Quanto à estrutura	Um só centro de competência; não há outros órgãos internos.	Dividido em outros órgãos menores que realizam funções principais do órgão superior e, também, funções auxiliares. Ex: Secretaria de Educação.

	Singulares ou unipessoais	Colegiados ou pluripessoais
Quanto à atuação funcional	Decisão por meio de um único agente.	Decisão conjunta e majoritária dos membros. Ex: junta administrativa composta de 3 membros que julgam recursos administrativos.

5. FORMAS DE DESCENTRALIZAÇÃO ADMINISTRATIVA

O processo de criação das entidades da Administração indireta decorrerá da descentralização por **outorga**, que também pode ser chamada de descentralização técnica, funcional, por serviços ou delegação legal.

Há, também, a descentralização por **colaboração** ou **delegação**, resultando na transferência da execução de determinada atividade administrativa para particulares, mediante contrato de concessão ou permissão de serviços públicos ou ato de autorização. Nessa forma somente a execução do serviço é transferida para particular, a titularidade permanece sob domínio estatal.

Denominação	Forma	Resultado
Outorga/técnica/serviços/funcional	Lei (art. 37, XIX, CF)	Criação das entidades da **Administração indireta** (autarquias, fundações públicas, EPs e SEM).
Colaboração/Delegação	- ato administrativo: autorização de serviço público; - contrato administrativo: concessão e permissão de serviços públicos.	Particulares como concessionários, permissionários ou autorizatários de serviço público.

ATENÇÃO!

Descentralização por outorga transfere titularidade e execução.
Descentralização por colaboração transfere apenas a execução do serviço.
Descentralização por outorga há controle finalístico (tutela administrativa, supervisão ministerial) das entidades descentralizadas (não há hierarquia entre Administração direta e indireta).

Uma das características da Administração indireta é a especialidade de cada entidade. Existe Administração indireta federal, estadual, municipal e no DF.

Na descentralização por outorga há controle finalístico, a fim de evitar que a entidade descentralizada atue fora dos limites para qual foi criada.

As entidades da Administração indireta **não estão subordinadas** ao ente central, estão apenas vinculadas.

NOTA!

Há, também, a descentralização territorial ou geográfica. Ocorre quando há, por lei, a criação de **territórios** que serão considerados autarquias, pois recebem apenas autonomia administrativa. Atualmente, não existe essa forma de descentralização no Brasil, pois os últimos territórios (*ex.:* Fernando de Noronha) foram incorporados ou transformados em Estados.

6. CRIAÇÃO DAS ENTIDADES DA ADMINISTRAÇÃO INDIRETA

O art. 37, XIX, da CF estabelece a forma de criação das entidades da Administração indireta:

> XIX – somente por lei específica poderá ser criada autarquia e autorizada a instituição de empresa pública, de sociedade de economia mista e de fundação, cabendo à lei complementar, neste último caso, definir as áreas de sua atuação;

Por lei específica deve-se entender a lei elaborada somente com um único objetivo, contendo apenas um único assunto. Conforme o art. 37, XIX, da CF, é atribuída a **lei complementar** a definição das **áreas de atuação** das fundações.

Quanto às autarquias, a lei cria a entidade. A partir da lei, a autarquia já tem sua existência jurídica, dispensando qualquer tipo de registro. No caso das demais entidades, a lei apenas autoriza a criação; com o registro no órgão competente, estarão constituídas.

Dependem ainda de autorização legislativa, em cada caso, a criação de **subsidiárias** e a participação de quaisquer das entidades da Administração indireta em empresa privada (art. 37, XX, CF).

OBSERVAÇÃO!

Vale salientar que o STF, apreciando a Ação Direta de Inconstitucionalidade nº 1.649, entendeu que basta a lei autorizativa da empresa pública ou sociedade de economia mista conter uma autorização geral para criação de subsidiárias que se dispensa a autorização legislativa em cada caso.

7. ENTIDADES DA ADMINISTRAÇÃO INDIRETA

7.1 Autarquias

Conforme o Decreto-Lei nº 200/1967, que dispõe sobre a organização da Administração Federal, a **autarquia** é o serviço autônomo, criado por lei, com personalidade jurídica, patrimônio e receita próprios, para **executar atividades típicas** da Administração Pública, que requeiram, para seu melhor funcionamento, gestão administrativa e financeira descentralizada.

7.1.1 Características

1. **Pratica atividade típica de Estado**: são as atividades de fiscalização, regulação, serviços públicos, poder de polícia, dentre outras.

Desse modo, como as autarquias devem exercer atividades tipicamente estatais, **não poderão exercer atividades econômicas**. Essas atividades serão adequadas a outras pessoas administrativas, como as sociedades de economia mista (SEM) e empresa pública (EP).

Exemplos

Assistenciais: auxílio a regiões menos desenvolvidas ou a categorias específicas. (Incra, Adene).
Previdenciárias: (INSS).
Culturais: (UFRJ, UnB).
Profissionais: incumbidas da inscrição de certos profissionais e de fiscalizar sua atividade. (OAB, CRM, CRF, CRC etc.).
Administrativas: (Inmetro).
Atividades de controle: agências reguladoras. (Anatel, Aneel, Anac, Antaq, Anvisa etc.).

Após o julgamento da ADI nº 1.717/DF, está superada a divergência sobre a natureza autárquica dos **conselhos de fiscalização profissional**. O art. 58 da Lei nº 9.649/1998 conferiu a esses conselhos caráter privado, dispondo que esse serviço seja executado por delegação do Poder Público, mediante delegação legislativa. O STF, ao julgar a referida ADI, fixou o entendimento de que a fiscalização de profissões é **atividade típica** do Estado que não se enquadra ao regime jurídico de direito privado. Portanto, devem ter a natureza de entidade autárquica. O STJ também possui julgados na mesma direção[1], inclusive, reafirmou sua jurisprudência, no mesmo sentido firmado pelo STF, considerando que o regime jurídico nos conselhos profissionais deve ser obrigatoriamente **estatutário**[2].

ATENÇÃO!

O STF afirma que a OAB "não é entidade da Administração indireta", não é uma autarquia (ADI nº 3.026). Apesar de o STJ já ter decido que a OAB é autarquia *sui generis* ("único em seu gênero"), em vários outros precedentes desse Tribunal também já ficou expresso que a OAB não é autarquia (Informativo STF 456).

[1] REsp nº 820.696/RJ, Rel. Ministro Arnaldo Esteves Lima, Quinta Turma, julgado em 2/9/2008, DJe 17/11/2008; REsp nº 879.840/SP, Rel. Ministro Francisco Falcão, Primeira Turma, julg. 3/6/2008, DJe 26/6/2008.

[2] REsp nº 507.536/DF, Relator Ministro Jorge Mussi, Quinta Turma, DJe 6/12/2010.

2. **Criação e extinção por lei**: é com o início de vigência da lei criadora que tem início a personalidade jurídica das autarquias. Não necessita de registro.

3. **Personalidade de direito público**: são transferidas às autarquias todas as prerrogativas e restrições desse regime.

4. **Capacidade/autonomia administrativa e financeira**: não possuem autonomia política, ou seja, capacidade de auto-organização e capacidade de legislar, pois essa autonomia só é conferida aos entes federativos (= não possui capacidade política).

5. **Especialização dos fins ou atividades**: ao criar-se uma autarquia transfere-se a ela parte das atribuições do ente federativo para que exerça essa atividade com zelo pelo ente descentralizado (princípio da especialização).

6. **Sujeição a controle ou tutela**: com a criação de entidades especializadas em determinada atividade, elas exercerão suas atribuições com autonomia no que se refere às matérias que lhe são destinadas. Entre as entidades descentralizadas e o ente federativo não há relação de subordinação e, sim, de **vinculação**. Ou seja, a entidade só está vinculada ao ente central, mas sem relação hierárquica. O controle que existe é o controle de tutela ou controle administrativo, que afere se a entidade está atuando dentro dos limites que resultaram na sua criação e evita que pratique atos fora das matérias que lhe foram destinadas.

ATENÇÃO!

As entidades da Administração Indireta não estão subordinadas à Administração Direta, apenas vinculadas.

7. **Regime jurídico dos servidores**: quanto aos **dirigentes**, são livremente nomeados e exonerados pelo Chefe do Executivo ou por auxiliar direto, exercendo cargos em comissão.

Quanto aos seus **servidores**, devem ser estatutários, com garantia de estabilidade, pois exercem atividades de fiscalização, regulação, controle, ou seja, atividades típicas de Estado. (ADI nº 1.717/STF)

8. **Seus bens são considerados bens públicos**: conforme o Código Civil de 2002, em seu art. 98:

> São públicos os bens do domínio nacional pertencentes às pessoas jurídicas de direito público interno; todos os outros são particulares, seja qual for a pessoa a que pertencem.

9. **Responsabilidade objetiva do Estado na forma do art. 37, § 6º, da CF**: na reparação de eventuais danos causados a terceiros não é necessário discutir dolo ou culpa, bastando provar: conduta, dano e nexo causal.

7.1.2 Prerrogativas autárquicas

- **Imunidade tributária**: o art. 150, § 2º, da CF veda a instituição de impostos sobre o patrimônio, renda e os serviços das autarquias, desde que vinculados as suas finalidades essenciais ou que delas decorram. (O STJ entendeu que a imunidade abrange inclusive imóveis alugados a terceiros, REsp nº 285.799, Informativo STJ 128).
- **Impenhorabilidade de seus bens e suas rendas**: os pagamentos devem ser feitos por precatórios judiciais (art. 100, CF) e a execução obedece a regras próprias da lei processual (arts. 730 e 731, CPC).
- **Imprescritibilidade de seus bens**: não estão sujeitos a usucapião.
- **Prescrição quinquenal**: dívidas e direitos em favor de terceiros contra autarquias prescrevem em cinco anos.
- **Créditos sujeitos à execução fiscal**: conforme a Lei de Execução Fiscal, Lei nº 6.830/1980, a execução judicial para cobrança da dívida ativa da União, dos Estados, do Distrito Federal, dos Municípios e das respectivas autarquias seguirá procedimento diferenciado. Constitui dívida ativa da Fazenda Pública aquela definida como tributária ou não tributária na Lei nº 4.320, de 17 de março de 1964, com as alterações posteriores, que estatui normas gerais de Direito Financeiro para elaboração e controle dos orçamentos e balanços da União, dos Estados, dos Municípios e do Distrito Federal.
- **É considerada Fazenda Pública**: Segundo Hely Lopes Meirelles (2009)

> a Administração Pública, quando ingressa em juízo por qualquer de suas entidades estatais, por suas autarquias, por suas fundações públicas ou por seus órgãos que tenham capacidade processual, recebe a designação tradicional de Fazenda Pública, porque o seu erário é que suporta os encargos patrimoniais da demanda.

A Fazenda Pública em juízo goza dos seguintes privilégios:

a) **aplicação do art. 188 Código Processual Civil**: art. 188. Computar-se-á em quádruplo o prazo para contestar e em dobro para recorrer quando a parte for a Fazenda Pública ou o Ministério Público.

b) **aplicação do art. 475 Código Processual Civil**: exige o reexame necessário ou duplo grau de jurisdição obrigatório. Trata-se de condição de eficácia da sentença desfavorável em face das autarquias que deverá ser confirmada pelo Tribunal.

7.2 Fundações

Conforme o Decreto-Lei nº 200/1967, que dispõe sobre a organização da Administração Federal é a entidade dotada de personalidade jurídica de direito privado, sem fins lucrativos, criada em virtude de autorização legislativa, para o desenvolvimento de atividades que não exijam execução por órgãos ou entidades de direito público, com autonomia administrativa, patrimônio próprio gerido pelos respectivos órgãos de direção, e funcionamento custeado por recursos da União e de outras fontes.

7.2.1 Natureza das fundações

A tese atualmente dominante defende a existência de dois tipos de fundações **públicas/governamentais**: as fundações de direito público e as de direito privado, aquelas sustentando personalidade jurídica de direito público, e estas de direito privado.

Por esse entendimento, as fundações de direito público são caracterizadas como verdadeiras autarquias, razão por que são denominadas de fundações autárquicas ou autarquias fundacionais. Nesse sentido, temos os seguintes doutrinadores: Maria Sylvia, Diógenes Gasparini, Cretella Júnior e o STF, RE nº 101.126.

7.2.2 Características

1. **Pratica atividades de caráter social**: *ex.*: saúde, educação (UnB), cultura, pesquisa etc.

2. **Criação**

- Se for fundação pública de **direito privado,** a lei apenas **autoriza** a criação; a personalidade jurídica é adquirida com a inscrição da escritura pública de sua constituição no Registro Civil de Pessoas Jurídicas.
- Se a fundação pública for de **natureza autárquica**, a regra a ser aplicada é a mesma que incide sobre as autarquias; a lei **cria** a nova entidade.

3. **Possuem autonomia administrativa e financeira**: ou seja, administram a si próprias, sem subordinação hierárquica (= **não possui capacidade política**).

4. **Deve ser criada sem fins lucrativos**, embora possa obter lucro em virtude da gestão adotada; se assim for, tais lucros reverterão ao atendimento dos fins da entidade.

5. **Incidem as normas de contratação e licitação da Lei nº 8.666/1993:** todas as fundações públicas devem sujeitar-se ao regime licitatório.

6. **Imunidade tributária (art. 150, § 2º, da CF)**: a imunidade tributária é extensiva às fundações instituídas e mantidas pelo Poder Público.

7. **Regime de pessoal**: no regime de pessoal das fundações de direito público aplica-se o mesmo regime dos servidores das autarquias, servidores estatutários com garantia da estabilidade.

Já no caso das fundações de direito privado, devem sujeitar-se ao regime da CLT, mas com pertinência das normas constitucionais do art. 37 da CF que veda a acumulação de cargos e a necessidade de concurso público.

8. **Foro dos litígios**: se fundação de direito privado, o foro é a Justiça estadual. Se de natureza pública e se for fundação criada em nível federal, o foro será a Justiça Federal, nos termos do art. 109 da CF.

7.3 Sociedade de economia mista e empresa pública

Nas palavras de Carvalho Filho (2009), o Estado vale-se de tais entidades para a possibilidade de **execução de alguma atividade de seu interesse com maior flexibilidade, sem os impasses do emperramento burocrático das pessoas jurídicas de direito público**.

O Estado afasta-se um pouco como Poder para assemelhar-se a um empresário, que precisa de celeridade e eficiência para atingir seus objetivos.

Tais entidades têm **natureza híbrida/mista**, já que sofrem o influxo de normas de Direito Privado em alguns setores de sua atuação e de normas de Direito Público em outros, como a regra do concurso público, prestação de contas ao Tribunal de Contas, necessidade de licitação. Há sujeição ao regime jurídico próprio das empresas privadas quanto aos direitos e obrigações civis, comerciais, trabalhistas e tributárias. Veda-se ao Estado-empresário a obtenção de vantagens de que também não possam usufruir as empresas da iniciativa privada.

O art. 173 da CF propicia a criação das estatais para o desempenho de atividade econômica apenas quando houver **imperativo de segurança nacional ou relevante interesse coletivo**. As empresas estatais estão sujeitas ao regime jurídico próprio das empresas privadas, inclusive quanto aos direitos e obrigações civis, comerciais, trabalhistas e tributários.

OBSERVAÇÃO!

Segundo o STF, as empresas estatais **prestadoras de serviços públicos** possuem imunidade tributária (art. 150, VI, da CF) e pagam débitos mediante precatórios (art. 100 da CF), assim, os bens são impenhoráveis (RE nº 407.099).
O STF entendeu que a imunidade tributária dos Correios (ECT) alcança todas as suas atividades, prestação do serviço postal em caráter exclusivo e atividades econômicas. (RE nº 601.392, Pleno do STF, decidido por maioria de votos).
Assim, entende-se que as prestadoras de serviços públicos têm imunidade tributária e impenhorabilidade de bens e rendas.

Exemplos

- **Empresa Pública (EP)**: Serpro; Correios – ECT; BNDES, Caixa Econômica Federal, Novacap-DF, Caesb-DF, Metrô-DF, Casa da Moeda.
- **Sociedades de Economia Mista (SEM)**: Banco do Brasil, Petrobras, CEB.

Essas duas sociedades possuem traços comuns e traços distintivos. Veremos, primeiro, os traços comuns entre a empresa pública e a economia mista.

7.3.1 Traços comuns

- **Lei autoriza a criação (art. 37, XIX, da CF)**: somente com o registro no órgão competente adquire personalidade jurídica.
  O STF tem decidido que, mesmo quando o Poder Público passa por qualquer fato jurídico, a deter a maioria do capital da empresa, esta não poderá ser considerada sociedade de economia mista, porque lhe faltará o elemento indispensável a essa configuração: autorização legal.
- **Personalidade jurídica de direito privado**: tanto a EP como a SEM são pessoas jurídicas de direito privado que pertencem ao Estado.
- **Sujeição ao controle do Tribunal de Contas**: essa possibilidade foi confirmada pelo STF ao julgar o MS nº 25.092 e o MS nº 25.181.
- **Derrogação parcial do regime de direito privado por normas de direito público**: como dito, são entidades privadas do Estado, mas que sofreram a influência de uma série de regras de direito público, como, por exemplo, a necessidade de concurso e a prestação de contas ao tribunal competente.
- **Atividades desenvolvidas**: podem desempenhar atividade de natureza econômica ou prestação de serviços públicos.

- **Realização de licitação para contratar**: devem realizar licitação (CF, art. 22, XXVII), porém, o art. 173 da CF exige estatuto jurídico próprio para as exploradoras de atividade econômica, disciplinando, inclusive, como será seu regime licitatório. Contudo, esse estatuto ainda não foi editado. Assim, tratando-se de empresa pública ou sociedade de economia mista que presta serviços públicos, deve haver licitação, nos termos da Lei nº 8.666/1993. Entretanto, se for entidade que explora atividade econômica, admite-se que na atividade-fim não se utilize a Lei nº 8.666/1993, quando puder comprometer sua competição com as demais empresas privadas.
  No entanto, o TCU considerou inconstitucionais o art. 67 da Lei nº 9.478/1997 e o Decreto nº 2.745/1998, que aprovou o Regulamento do Procedimento Licitatório Simplificado da Petrobras, pois, em sua visão, os dois instrumentos legais afrontam a Constituição Federal que submete as empresas públicas e as sociedades de economia mista à observância da licitação, devendo os procedimentos licitatórios dessas entidades serem delineados pela lei exigida no art. 173, § 1º, da CF. O TCU vem reiterando a posição de que a Petrobras está sujeita à observância da Lei nº 8.666/1993 até a edição de lei específica.
  Porém, o STF vem concedendo diversas medidas liminares, em mandados de segurança impetrados, considerando constitucionais os atos normativos expedidos pela Petrobras.[3]

ATENÇÃO!

O TCU considera inconstitucionais os atos normativos que permitem licitação simplificada para a Petrobras. Contudo, essa entidade tem conseguido no STF várias decisões permitindo a utilização de seus regulamentos próprios, dispensando a utilização da Lei nº 8.666/1993 (Mandados de Segurança nºs 25.888, 25.986, 26.783, 27.232 e 27.743).

Para concursos, só se deve responder conforme o TCU se for questionado expressamente quanto ao entendimento desse órgão. Caso contrário, responder nos termos do entendimento do STF.

- **Regime de trabalho**: os empregados são regidos pela Consolidação das Leis Trabalhistas (CLT), ingressando na entidade mediante a realização de concurso público. Porém, não se aplica o instituto da estabilidade, previsto no art. 41 da CF, mas o STF exige a **motivação** no ato de demissão do empregado (RE nº 589.998; julgamento em 19/3/2013). No caso dos cargos de direção e membros de conselhos (fiscal e administrativo), esses são regidos por regime diferenciado, **regime especial**, que não tem definição em lei própria.

[3] Acórdão nº 1.097/2010-Plenário, TC-015.656/2007-2, Rel. Min. Aroldo Cedraz, 19/5/2010.

ATENÇÃO!

As empresas estatais só se submetem ao teto remuneratório do art. 37, XVI, da CF, se recebem recursos para pagamento de pessoal ou custeio em geral.

- **Responsabilidade por danos causados a terceiros**: a responsabilidade é **objetiva** se forem prestadoras de serviços públicos; se forem exploradoras de atividade econômica, a responsabilidade é **subjetiva**, na forma do art. 37, § 6º, da CF.
- **Falência**: com o advento da Lei nº 11.101/2005, que regula a recuperação judicial e extrajudicial, ficou positivado que **a lei não se aplica à EP e nem à SEM.** Como o legislador não fez distinção, deve-se concluir que **as empresas estatais não podem falir, independentemente da atividade que desempenham.** Não foi feliz o legislador, pois deveria excluir do regime falimentar apenas as prestadoras de serviços públicos.

Prestadora de serviço público	Atividade econômica
Mais próxima do regime de Direito Público.	Mais próxima do regime de Direito Privado.
Possui imunidade tributária.	Não possui imunidade tributária.
Bens privados. Bens vinculados à prestação do serviço são impenhoráveis.	Bens privados.
Dever de licitar.	Devem licitar, salvo se relacionado à atividade-fim.

7.3.2 Traços distintivos

- **Forma de organização**
  - **Sociedade de economia mista**: será sempre uma Sociedade Anônima (SA).
  - **Empresa pública**: qualquer forma admitida em Direito, inclusive pode ser sociedade anônima. Pode, também, ter forma inédita, mas somente para as EPs criadas pela União, pois Estados e Municípios não têm competência para legislar sobre Direito Civil ou Comercial (art. 22, I, da CF).

- **Composição do capital**
  - **Sociedade de economia mista**: capital público **e** privado com a maioria do capital social com direito a voto (maioria das ações com direito a voto) no controle do Estado ou de pessoas da Administração indireta.

IMPORTANTE!

O capital público pode ser das pessoas de direito público (União, Estados, DF e Municípios) ou de outras pessoas da Administração indireta.

- **Empresa pública**: capital totalmente público. É possível que mais de um ente federativo componha o capital (*ex.*: União e DF), bem como pessoas da Administração indireta, inclusive outra EP ou, até mesmo, uma SEM.

- **Foro processual**

  As EPs **federais,** quando forem autoras, rés, assistentes ou opoentes, segundo o art. 109 da CF, têm suas ações processadas e julgadas na Justiça Federal.

  As SEM têm suas ações processadas e julgadas na Justiça estadual. O STF firmou essa posição na Súmula nº 517, só admitindo o deslocamento para a Justiça Federal quando a União intervém como assistente ou opoente.

IMPORTANTE!

A diferença apenas abrange as EPs federais. As EPs estaduais e municipais litigarão na Justiça estadual no juízo fixado na Lei de Organização Judiciária do Estado.

Resumindo:

	Empresa pública	**Sociedade de economia mista**
Forma de organização	Qualquer forma.	S.A (Sociedade Anônima)
Composição do capital	Público (podendo ser de mais de um ente federativo ou de pessoa da Administração indireta).	Público e privado. Maioria das ações com direito (**maioria do capital social**) a voto tem que ser do Poder Público ou de pessoa da Administração indireta.
Foro processual	**EP federal** – Justiça Federal, se autoras, rés, assistentes ou opoentes, nos termos do art. 109 da CF. **EP estadual, DF ou Municipal** – Justiça estadual.	Justiça estadual.

OBSERVAÇÃO!

Não tramitam na Justiça Federal as ações trabalhistas, acidente do trabalho, falência e Justiça Eleitoral (art. 109, CF).

7.4 Agências

No processo de modernização do Estado, uma das medidas implementadas pelo Governo foi a criação de um grupo especial de entidades a que se denominou **agências**, com maior independência em relação à Administração central.

7.4.1 Agências Executivas

É a qualificação atribuída à autarquia ou à fundação que firma **contrato de gestão** com o Ministério ao qual está vinculada, para aumentar sua autonomia gerencial, orçamentária e financeira (art. 37, § 8º, CF).

> § 8º A autonomia gerencial, orçamentária e financeira dos órgãos e entidades da Administração **direta** e **indireta** poderá ser ampliada mediante contrato, a ser firmado entre seus administradores e o Poder Público, que tenha por objeto a fixação de metas de desempenho para o órgão ou entidade, cabendo à lei dispor sobre:

Como exemplo de tratamento diferenciado, temos na Lei nº 8.666/1993, art. 24, parágrafo único, que aumenta de 10% para 20% o percentual na dispensa de licitação. Assim, por exemplo, as agências executivas terão um limite de até R$ 16.000,00 para a dispensa de licitação nas compras de pequeno valor.

Agência executiva é o nome atribuído à autarquia ou fundação que celebra contrato de gestão; contudo, a CF prevê que os órgãos e as entidades da Administração indireta, também, possam firmar contrato para aumentar sua autonomia gerencial, orçamentária e financeira.

CUIDADO!

Agência executiva não é uma nova entidade da Administração indireta; é apenas resultado de **qualificação** dada à autarquia ou à fundação.

7.4.2 Agências Reguladoras

São consideradas autarquias em regime especial.

A expressão **autarquias em regime especial** serve para designar todas as autarquias que têm regime diferenciado das demais. Inicialmente, essa denominação somente se referia às universidades, tendo em vista a maior autonomia conferida pela CF (art. 217). Posteriormente, o Banco Central foi incluído nessa categoria. Atualmente, também podemos considerar autarquias em regime especial as agências reguladoras.

Existem aquelas que exercem típico **poder de polícia**. *Ex.*: Anvisa, ANA (a função regulatória dessas entidades decorre do exercício do poder de polícia) e existem aquelas que **regulam e controlam** as atividades objeto de concessão, permissão ou autorização de serviços públicos (telecomunicações, energia elétrica, transportes), Aneel e Anatel. As agências reguladoras detêm poder normativo técnico, que é a competência para editar atos normativos relacionados aos assuntos de sua atribuição. Esse fenômeno é denominado de *deslegalização*, uma vez que o assunto deixa de ser tratado por lei e passa a ser disciplinado por atos normativos (*ex.*: resoluções) inferiores à lei.

- **Regime especial**
  - Dirigentes investidos após aprovação do Poder Legislativo;
  - Mandato fixo dos dirigentes. O prazo de mandato é fixado na lei de cada agência reguladora.

Apesar de não haver uma lei geral das agências reguladoras, a Lei nº 9.986/2000 estabelece normas sobre recursos humanos para as agências.

Quanto ao regime jurídico dos servidores, a lei previa inicialmente o regime de emprego público (CLT), sendo previstos alguns cargos em comissão regidos pelo regime estatutário. A lei anterior foi derrogada pela Lei nº 10.871/2004, que instituiu o regime estatutário. Hoje, portanto, os servidores devem sujeitar-se ao regime estatutário. Inclusive, o STF teve a oportunidade de manifestar-se sobre o assunto na ADI nº 1.717, quando deixou clara a impossibilidade de se transferir atividade de polícia do Estado a pessoas regidas pela CLT.

OBSERVAÇÃO!

Somente a Anatel e a ANP têm fundamento constitucional (arts. 21, XI, e 177, § 2º, III).

8. TERCEIRO SETOR/PARAESTATAIS

O terceiro setor é composto por entidades privadas que colaboram com o Estado no oferecimento de serviços que sejam de interesse coletivo. São denominadas, para fins de concurso público, de **paraestatais**, apesar de haver, na legislação, em alguns momentos, menção a paraestatais como entidades da Administração indireta.

O **primeiro setor** é o Estado, composto pela Administração direta e indireta. O **segundo setor** é o mercado; são pessoas de direito privado que visam ao lucro. E o **terceiro setor** são pessoas privadas, incentivadas pelo Estado, que exercem uma atividade privada de interesse público.

8.1 Serviços sociais autônomos – entidades do sistema "S"

São pessoas jurídicas de direito privado, sem fins lucrativos, destinadas a propiciar assistência a determinados grupos profissionais.

Exemplos

Sesc, Senai, Senac, Senat etc.

Têm seus recursos principalmente de contribuições sociais/parafiscais.

Sua criação depende de lei autorizadora.

O TCU **entendia** que deveria ser aplicada a Lei nº 8.666/1993, mas mudou seu entendimento pois: *a*) o art. 22, XXVII, da CF só dirige o princípio da obrigatoriedade de licitação à Administração direta e indireta; *b*) a expressão **entidades controladas** só é aplicável às EPs e SEM. Atualmente, entende o Tribunal que o Sistema "S" não precisa fazer licitação, mas deve editar regulamentos próprios que observem os princípios da licitação.

Estão enquadradas na imunidade tributária do art. 150, VI, da CF, pois se dedicam as atividades de assistência social e de educação para o trabalho. Dessa forma, possuem imunidade tributária.

A Justiça competente é a Justiça Comum estadual, pois são pessoas jurídicas de direito privado.

8.2 Organizações sociais (OSs)

O Poder Executivo Federal poderá qualificar como organizações sociais pessoas jurídicas de **direito privado**, **sem fins lucrativos**, cujas atividades sejam dirigidas ao

ensino, à pesquisa científica, ao desenvolvimento tecnológico, à proteção e à preservação do meio ambiente, à cultura e à saúde, atendidos os requisitos da lei.

Celebram **contrato de gestão** com o Poder Público.

As organizações sociais podem receber recursos orçamentários; utilização de bens públicos e servidores públicos.

A Lei nº 9.648/1998, que trata da qualificação das organizações sociais acrescentou o inciso XXIV ao art. 24 da Lei nº 8.666/1993. Esse artigo enumera as hipóteses de licitação dispensável, possibilitando a dispensa de licitação na celebração de contratos de prestação de serviços com as organizações sociais, qualificadas no âmbito das respectivas esferas de governo, para atividades contempladas no contrato de gestão.

Assim, para a qualificação da entidade privada como organização social não há a obrigatoriedade de licitação. Entretanto, com a edição do Decreto nº 5.504/2005 que, no seu art. 1º, §§ 1º e 5º, passou a prever que, quando a organização social é a entidade contratante, e o contrato, relativo a obras, compras, serviços e alienações, **envolver recursos ou bens repassados a ela pela União**, previstos no contrato de gestão, deverá ser realizada, pela organização social, licitação pública prévia, de acordo com o estabelecido na legislação federal pertinente (isto é, com observância da Lei nº 8.666/1993 e da Lei nº 10.520/2002, esta última Lei Geral do "Pregão"). Caso se trate de aquisição de bens e serviços comuns, será obrigatório o emprego da modalidade pregão, preferencialmente o pregão eletrônico.

8.3 Organizações da sociedade civil de interesse público (Oscip)

Também resulta de uma qualificação conferida pelo Poder Público. No caso das Oscips, a Lei nº 9.790/1999 mencionou expressamente que o ato de qualificação é de competência do Ministério da Justiça.

Seu **campo de atuação** é semelhante ao da OS, entretanto é mais amplo, envolvendo atividades como (art. 3º, Lei nº 9.790/1999):

> promoção da assistência social, promoção da cultura, defesa e conservação do patrimônio histórico e artístico; experimentação, não lucrativa, de novos modelos socioprodutivos e de sistemas alternativos de produção, comércio, emprego e crédito; promoção da segurança alimentar e nutricional; promoção da ética, da paz, da cidadania, dos direitos humanos, da democracia e de outros valores universais; promoção gratuita da educação, observando-se a forma complementar de participação das organizações de que trata esta Lei; promoção gratuita da saúde, observando-se a forma complementar de participação das organizações de que trata esta Lei; defesa, preservação e conservação do meio ambiente e do desenvolvimento sustentável; promoção do desenvolvimento

> econômico e social e combate à pobreza; promoção do voluntariado; promoção de direitos estabelecidos, construção de novos direitos e assessoria jurídica gratuita de interesse suplementar; estudos e pesquisas, desenvolvimento de tecnologias alternativas, produção e divulgação de informações e conhecimentos técnicos e científicos que digam respeito às atividades mencionadas anteriormente.

A Lei nº 9.790/1999 apresenta uma lista de entidades que **não podem se qualificar** como Oscips (art. 2º, Lei nº 9.790/1999):

> as sociedades comerciais; os sindicatos, as associações de classe ou de representação de categoria profissional; as instituições religiosas ou voltadas para a disseminação de credos, cultos, práticas e visões devocionais e confessionais; as organizações partidárias e assemelhadas, inclusive suas fundações; as entidades de benefício mútuo destinadas a proporcionar bens ou serviços a um círculo restrito de associados ou sócios; as entidades e empresas que comercializam planos de saúde e assemelhados; as instituições hospitalares privadas não gratuitas e suas mantenedoras; as escolas privadas dedicadas ao ensino formal não gratuito e suas mantenedoras; as organizações sociais; as cooperativas; as fundações públicas; as fundações, sociedades civis ou associações de direito privado criadas por órgão público ou por fundações públicas; as organizações creditícias que tenham quaisquer tipo de vinculação com o sistema financeiro nacional.

O vínculo que une a entidade ao Estado é o chamado **termo de parceria**. A entidade pode perder essa qualificação a pedido ou mediante decisão proferida em processo administrativo, de iniciativa popular ou do Ministério Público.

Principais diferenças entre organizações sociais (OS)
e organizações da sociedade civil de interesse público (Oscip)

OS	Oscip
Regida pela Lei nº 9.637/1998	Regida pela Lei nº 9.790/1999
Qualificação pelo Poder Executivo Federal	Qualificação pelo Ministério da Justiça
A qualificação é ato discricionário	A qualificação é ato vinculado
Celebra contrato de gestão	Celebra termo de parceria
A lei não diz quem pode se qualificar (art. 1º)	A lei diz que **não** pode se qualificar (art. 2º)
A área de atuação é mais restrita. (art. 1º)	A área de atuação é mais ampla (art. 3º)
Podem receber bens públicos e servidores	Na lei não há essa previsão

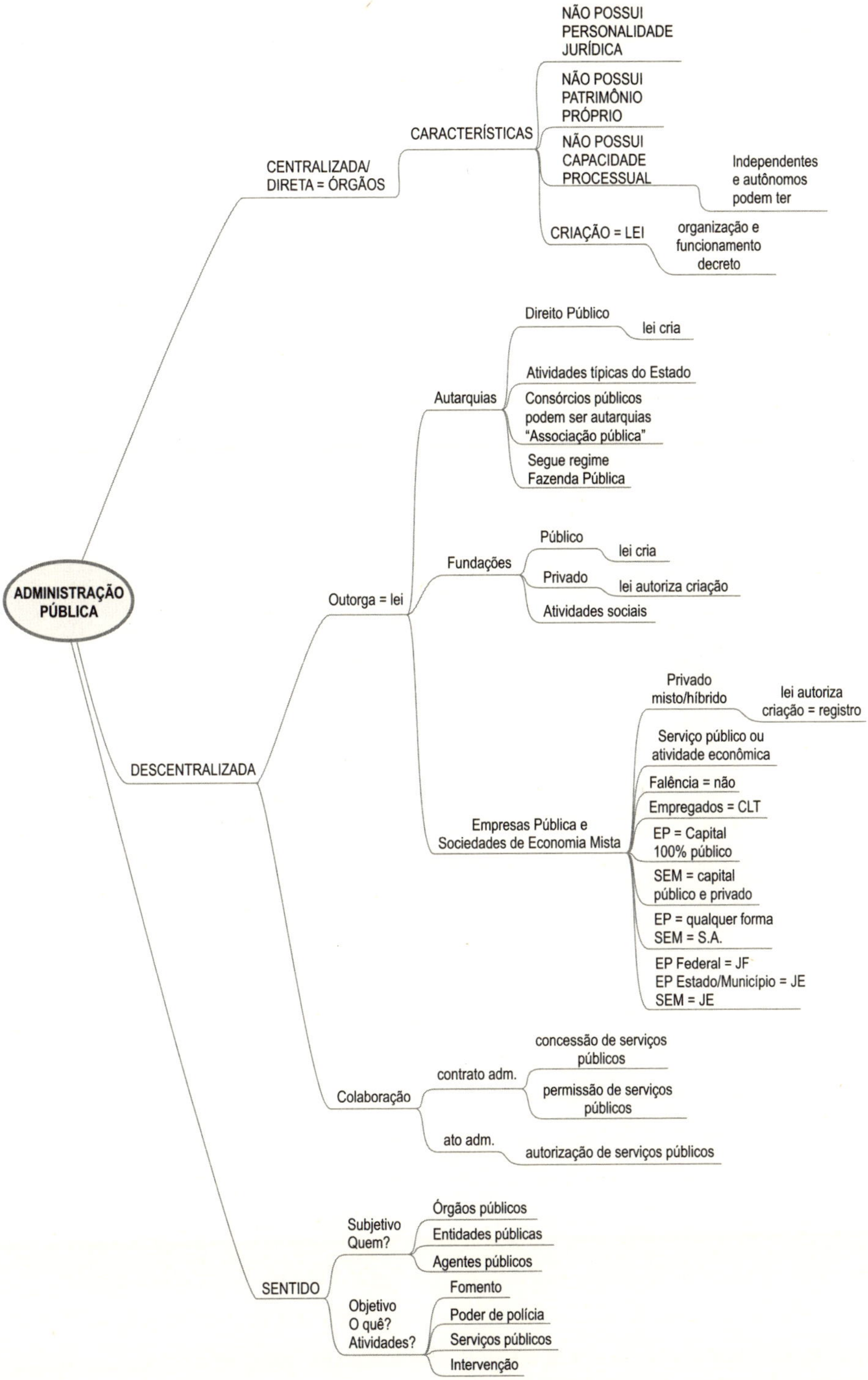
ADMINISTRAÇÃO PÚBLICA
CENTRALIZADA/ DIRETA = ÓRGÃOS
CARACTERÍSTICAS
NÃO POSSUI PERSONALIDADE JURÍDICA
NÃO POSSUI PATRIMÔNIO PRÓPRIO
NÃO POSSUI CAPACIDADE PROCESSUAL
Independentes e autônomos podem ter
CRIAÇÃO = LEI
organização e funcionamento decreto
DESCENTRALIZADA
Outorga = lei
Autarquias
Direito Público
lei cria
Atividades típicas do Estado
Consórcios públicos podem ser autarquias "Associação pública"
Segue regime Fazenda Pública
Fundações
Público
lei cria
Privado
lei autoriza criação
Atividades sociais
Empresas Pública e Sociedades de Economia Mista
Privado misto/híbrido
lei autoriza criação = registro
Serviço público ou atividade econômica
Falência = não
Empregados = CLT
EP = Capital 100% público
SEM = capital público e privado
EP = qualquer forma SEM = S.A.
EP Federal = JF
EP Estado/Município = JE
SEM = JE
Colaboração
contrato adm.
concessão de serviços públicos
permissão de serviços públicos
ato adm.
autorização de serviços públicos
SENTIDO
Subjetivo Quem?
Órgãos públicos
Entidades públicas
Agentes públicos
Objetivo O quê? Atividades?
Fomento
Poder de polícia
Serviços públicos
Intervenção

CAPÍTULO 3
Responsabilidade Extracontratual do Estado

1. INTRODUÇÃO

Neste tópico, analisaremos a chamada responsabilidade **extracontratual**, uma vez que a responsabilidade decorrente do descumprimento de contrato administrativo (responsabilidade contratual) é estudada na Lei de Licitações e Contratos Administrativos (Lei nº 8.666/1993), com as consequências previstas nesse estatuto.

Temos a responsabilidade objetiva quando a obrigação de reparar o dano não depende da comprovação de dolo ou culpa. Só é admitida em situações excepcionais como, por exemplo, nas relações de consumo (arts. 12 e 18 do Código de Defesa do Consumidor) e nos danos ambientais (art. 225 da CF).

A responsabilidade civil do Estado, consagrada no art. 37, § 6º, da CF, é **objetiva**. O referido dispositivo está consignado na Carta Maior, nos seguintes termos:

> As pessoas jurídicas de direito público e as de direito privado prestadoras de serviços públicos responderão pelos danos que seus agentes, nessa qualidade, causarem a terceiros, assegurado o direito de regresso contra o responsável nos casos de dolo ou culpa.

Assim, o Estado responderá, independentemente de dolo ou de culpa, quando na prestação de uma atividade vier a causar dano aos particulares. Basta a vítima demonstrar: conduta, dano e nexo causal.

Contudo, antes de fazer o estudo da responsabilidade objetiva, é preciso estudar as teorias acerca da responsabilidade estatal, pois somente com a Constituição de 1946 consagrou-se a responsabilidade objetiva.

2. TEORIAS

2.1 Teoria da irresponsabilidade

Teoria adotada na época dos Estados absolutistas. Considerava-se que qualquer ideia de responsabilidade do Estado importaria em violação da soberania estatal. Tinha como principal fundamento a ideia de soberania do Estado, baseada no princípio de que o rei não pode errar (*the king can do no wrong*). O Estado era irresponsável pelos atos praticados.

2.2 Teorias civilistas

Por volta do século XX, a tese da irresponsabilidade tornou-se superada. Entretanto, inicialmente, ao admitir-se a responsabilidade do Estado, eram adotados os princípios do Direito Civil, apoiados na ideia de culpa.

Inicialmente, havia a necessidade de identificação do agente público causador do dano, bem como era preciso fazer distinção entre os atos de império e de gestão, pois se admitia a responsabilidade civil decorrente apenas dos atos de gestão.

Essa teoria serviu de inspiração para o art. 15 do Código Civil/1916. Entretanto, o Código Civil de 2002 estabeleceu a responsabilidade nos termos da CF.

2.3 Teorias publicistas

Têm origem a partir do caso Blanco, ocorrido em 1873. A menina Agnes Blanco, ao atravessar a rua da cidade de Bordeaux, foi atropelada por uma vagonete da Cia. Nacional de Manufatura do Fumo; seu pai promoveu ação civil de indenização com base no princípio de que o Estado é civilmente responsável por prejuízos causados a terceiros em decorrência da ação danosa de seus agentes.

Começaram a surgir as teorias publicistas: teoria da culpa do serviço (**falta do serviço**) ou culpa administrativa e teoria do risco, desdobrada, por alguns autores, em teoria do risco administrativo e teoria do risco integral.

2.3.1 Teoria da culpa administrativa/*faute du service*

A teoria da culpa administrativa procura desvincular a responsabilidade do Estado da ideia de culpa do funcionário. A culpa ocorre quando o serviço não funcionou,

funcionou atrasado ou funcionou mal; vale dizer que existe a presunção de culpa. Por isso, o nome de culpa anônima, uma vez que não precisava identificar o funcionário causador do dano.

2.3.2 Teoria do risco administrativo

Seguidamente, veio a **teoria do risco**, que serviu de fundamento para a responsabilidade objetiva do Estado. A ideia de culpa é substituída pelo **nexo de causalidade** entre o funcionamento do serviço e o prejuízo sofrido. Essa é a teoria consagrada no art. 37, § 6º, da CF/1988.

NOTA!

Pela chamada teoria do **risco integral**, não se admite qualquer hipótese de exclusão da responsabilidade do Estado, como, por exemplo, a culpa exclusiva da vítima, caso fortuito ou força maior. Ao contrário da teoria do risco.

A teoria do risco integral é, segundo alguns autores, adotada no Brasil, mas de maneira excepcional, e apenas com expressa determinação legal. São, por exemplo, baseadas nessa teoria as responsabilidades do Estado por danos nucleares (CF, art. 21, XXIII, *d*) e as hipóteses de danos decorrentes de atos terroristas, atos de guerra ou eventos correlatos, contra aeronaves de empresas aéreas brasileiras, conforme previsto nas Leis nºs 10.309, de 22/11/2001, 10.605, de 18/12/2002, e 10.744, de 9/10/2003.

CUIDADO!

Em concurso só se deve marcar que há teoria do risco integral, se a questão mencionar uma das três hipóteses acima: dano nuclear, atos terroristas ou atos de guerra contra aeronaves brasileiras.

3. RESPONSABILIDADE NO DIREITO BRASILEIRO

A Constituição Federal de 1946 inaugurou a tese da responsabilidade objetiva. Seguindo o mesmo raciocínio, a CF de 1988, no art. 37, § 6º, estabelece que:

> § 6º As pessoas jurídicas de direito público e as de direito privado prestadoras de serviços públicos responderão pelos danos que seus agentes, nessa qualidade, causarem a terceiros, assegurado o direito de regresso contra o responsável nos casos de dolo ou culpa.

Na forma do referido artigo, é necessário que se trate de pessoa jurídica de direito público ou de direito privado **prestadora de serviços públicos**. Assim, ficam excluídas as entidades da Administração indireta que explorem **atividade econômica**.

Exige também o artigo em estudo que o agente causador do dano atue nessa qualidade. Com base nesse requisito, o Supremo Tribunal Federal tem afastado a responsabilidade objetiva do Estado quando o agente público não tenha atuado nessa qualidade. Confiram-se os julgados a seguir:

> Responsabilidade civil do Estado. Morte. Vítima que exercia atividade policial irregular, desvinculada do serviço público. Nexo de causalidade não configurado. (RE nº 341.776, Rel. Min. Gilmar Mendes, julg. 17/4/2007, DJ 3/8/2007).

> (...) Caso em que o policial autor do disparo não se encontrava na qualidade de agente público. Nessa contextura, não há falar de responsabilidade civil do Estado. (RE nº 363.423, Rel. Min. Carlos Britto, julg. 16/11/2004, DJE 14/3/2008).

> Responsabilidade civil objetiva do Estado. Artigo 37, § 6º, da Constituição. Crime praticado por policial militar durante o período de folga, usando arma da corporação. Responsabilidade civil objetiva do Estado. Precedentes. (RE nº 418.023-AgR, Rel. Min. Eros Grau, julg. 9/9/2008, DJE 17/10/2008).

> Agressão praticada por soldado, com a utilização de arma da corporação militar: incidência da responsabilidade objetiva do Estado, mesmo porque, não obstante fora do serviço, foi na condição de policial militar que o soldado foi corrigir as pessoas. O que deve ficar assentado é que o preceito inscrito no art. 37, § 6º, da CF, não exige que o agente público tenha agido no exercício de suas funções, mas na qualidade de agente público. (RE nº 160.401, Rel. Min. Carlos Velloso, julg. 20/4/1999, DJ 4/6/1999).

4. RESPONSABILIDADE OBJETIVA DAS CONCESSIONÁRIAS

Conforme o art. 37, § 6º, da CF, as empresas de direito privado que prestam serviços públicos respondem objetivamente por danos causados a terceiros, incluindo as concessionárias e permissionárias de serviços públicos.

ATENÇÃO!

O entendimento atual do STF é de que as prestadoras de serviços públicos têm responsabilidade **objetiva** em relação a usuários e a terceiros não usuários (RE nº 591.874).

5. ESTADO COMO GARANTE/SITUAÇÃO PROPICIATÓRIA DE RISCO

Quando o Estado tem a posição de garante e está no dever legal de assegurar a integridade de pessoas ou coisas sob sua custódia, guarda ou proteção, responderá de acordo com a teoria da **responsabilidade objetiva** no caso de danos decorrentes dessa situação, como nos casos de alunos de escolas públicas, presos e internados em hospital. Os julgamentos do STF são nesse sentido. Vejamos:

> Morte de detento por colegas de carceragem. Indenização por danos morais e materiais. Detento sob a custódia do Estado. Responsabilidade objetiva. Teoria do risco administrativo. Configuração do nexo de causalidade em função do dever constitucional de guarda (art. 5º, XLIX). Responsabilidade de reparar o dano que prevalece ainda que demonstrada a ausência de culpa dos agentes públicos. (RE nº 272.839, Rel. Min. Gilmar Mendes, julg. 1/2/2005, DJ 8/4/2005). No mesmo sentido: AI nº 512.698-AgR, Rel. Min. Carlos Velloso, julgamento em 13/12/2005, DJ 24/2/2006.

> Preso assassinado na cela por outro detento. Caso em que resultaram configurados não apenas a culpa dos agentes públicos na custódia do preso – posto que, além de o terem recolhido à cela com excesso de lotação, não evitaram a introdução de arma no recinto – mas também o nexo de causalidade entre a omissão culposa e o dano. Descabida a alegação de ofensa ao art. 37, § 6º, da CF. (RE nº 170.014, Rel. Min. Ilmar Galvão, julg. 31/10/1997, DJ 13/2/1998).

> O Poder Público, ao receber o estudante em qualquer dos estabelecimentos da rede oficial de ensino, assume o grave compromisso de velar pela preservação de sua integridade física, devendo empregar todos os meios necessários ao integral desempenho desse encargo jurídico, sob pena de incidir em responsabilidade civil pelos eventos lesivos ocasionados ao aluno. A obrigação governamental de preservar a intangibilidade física dos alunos, enquanto estes se encontrarem no recinto do estabelecimento escolar, constitui encargo indissociável do dever que incumbe ao Estado de dispensar proteção efetiva a todos os estudantes que se acharem sob a guarda imediata do Poder Público nos estabelecimentos oficiais de ensino. Descumprida essa obrigação, e vulnerada a integridade corporal do aluno, emerge a responsabilidade civil do Poder Público pelos danos causados a quem, no momento do fato lesivo, se achava sob a guarda, vigilância e proteção das autoridades e dos funcionários escolares, ressalvadas as situações que descaracterizam o nexo de causalidade material entre o evento danoso e a atividade estatal imputável aos agentes públicos. (RE nº 109.615, Rel. Min. Celso de Mello, julg. 28/5/1996, DJ 2/8/1996).

6. RESPONSABILIDADE NOS CASOS DE OMISSÃO

Entende-se que, quando o Estado é omisso em seu dever legal de agir, deverá reparar o prejuízo causado, porém, a responsabilidade será na forma **subjetiva**, uma vez que deverá ser demonstrada a omissão estatal (culpa). O tema não é pacífico, tanto na doutrina, como nos tribunais. Prevalece entre os doutrinadores que a redação do art. 37, § 6º, da CF só consagra a responsabilidade objetiva nos atos comissivos (ação).

ATENÇÃO!

Para provas de concurso, é correto afirmar que se admite responsabilidade **subjetiva** nos casos de **omissão** do Estado.

Resumindo:

Objetiva	Pessoa jurídica de direito público	entes federativos autarquias fundações autárquicas
	Pessoa jurídica de direito privado (prestadora de serviço público)	empresa pública sociedade de economia mista concessionários e permissionários de serviço público
Subjetiva	Omissão estatal; Empresa pública e sociedade de economia mista que exploram atividade econômica.	

7. EXCLUDENTES DA RESPONSABILIDADE OBJETIVA

O caso fortuito e a força maior excluem a responsabilidade estatal, podendo decorrer da ação humana ou de eventos da natureza. Por serem imprevisíveis, inevitáveis e estranhos à vontade das partes, afastam a responsabilização do Estado.

Exemplo

Raio que derruba um poste público em cima de um carro particular.

OBSERVAÇÃO!

Mesmo havendo motivo de força maior ou caso fortuito, a responsabilidade do Estado poderá ficar configurada, se houver, também, a omissão do Poder Público.

Por exemplo, quando as chuvas provocam enchente na cidade, inundando casas e destruindo objetos, o Estado responderá se ficar demonstrado que a realização de determinados serviços de limpeza dos bueiros teria sido suficiente para impedir a enchente.
Porém, nesse caso, a responsabilidade do Estado será **subjetiva**.

A mesma regra aplica-se quando se trata de atos de terceiros, como é o caso de danos causados por atos de **multidão** ou por **delinquentes**. O Estado responderá se ficar caracterizada a sua omissão, ocorrendo falha na prestação do serviço público.

Nos casos de **culpa concorrente** entre a vítima e o Estado, a responsabilidade do Estado será atenuada. José dos Santos C. Filho (2009) traz como hipótese de culpa concorrente a circunstância de o semáforo encontrar-se com defeito, em cruzamento de artérias públicas de acentuado movimento, o que impõe ao condutor redobrada cautela. Se assim o motorista não procede, age imprudentemente, mitigando o limite da responsabilidade do Poder Público.

8. DANOS DE OBRA PÚBLICA

No caso de danos decorrentes de realização de obra pública, deve-se verificar como está sendo efetuada a execução do empreendimento.

Se a obra for realizada pelo Estado sem que haja transferência para o particular (empreiteiro), a responsabilidade pelos danos decorrentes será do Estado, na forma **objetiva**.

Caso o Poder Público transfira, mediante contrato, a execução da obra para um particular, a responsabilidade será do empreiteiro, na modalidade **subjetiva**. A responsabilidade do Estado poderá ser subsidiária, caso a reparação do dano não seja realizada pelo executor.

Também é necessário destacar que a responsabilidade pelo **fato da obra**, vale dizer, os danos inevitáveis de uma obra, é do Estado, na forma **objetiva**. A responsabilidade continua sendo do Poder Público mesmo que a execução ocorra na forma indireta (por particular).

OBSERVAÇÃO!

Transferência da execução de um **serviço público** ao particular, mediante concessão ou permissão, eventual responsabilidade do concessionário ou permissionário pelos danos causados ocorrerá na forma objetiva, conforme prevê o art. 37, § 6º, da CF.

Já na execução de **obra pública** por particular em razão de contrato administrativo (excluídos os de concessão de serviços públicos), os danos causados decorrentes da execução serão indenizados na forma subjetiva.

9. RESPONSABILIDADE POR ATOS LEGISLATIVOS

A regra é a **irresponsabilidade** por atos praticados pelo Poder Legislativo. Entretanto, no caso de leis inconstitucionais, desde que declaradas pelo STF, haverá dever de reparar os prejuízos causados.

> RESPONSABILIDADE CIVIL. ATO LEGISLATIVO. A responsabilidade civil em razão do ato legislativo só é admitida quando declarada pelo STF a inconstitucionalidade da lei causadora do dano a ser ressarcido, isso em sede de controle concentrado. Assim, não se retirando do ordenamento jurídico a Lei nº 8.024/1990, não há como se falar em obrigação de indenizar pelo dano moral causado pelo Bacen no cumprimento daquela lei. Precedente citado: REsp nº 124.864-PR, DJ 28/9/1998. REsp nº 571.645-RS, Rel. Min. João Otávio de Noronha, julg. 21/9/2006.

No caso de **leis de efeitos concretos** que atingem pessoas determinadas, também incide a regra da responsabilidade do Estado, pois, nesse caso, a lei não terá o caráter geral e abstrato como lhe é comum; como, por exemplo, uma lei que institui uma reserva ambiental.

10. RESPONSABILIDADE POR ATOS JURISDICIONAIS

Assim como ocorre nos atos legislativos, quando o Estado exerce função jurisdicional, a regra será a **irresponsabilidade**, tendo em vista a possibilidade de interposição de recursos, bem como pelo fato de que o juiz deve ter total independência para exercer sua função.

Entretanto, a CF traz duas hipóteses no art. 5º, inciso LXXV, de casos de responsabilidade do Estado. "O Estado indenizará o condenado por erro judiciário, assim como o que ficar preso além do tempo fixado na sentença".

Inicialmente, entende-se que o **erro judiciário** somente será passível de indenização se ocorrer na esfera **penal**.

A Primeira Turma do Supremo Tribunal Federal decidiu que a natureza da responsabilidade, neste caso, é objetiva. O Estado é obrigado a indenizar independentemente de ter havido alguma culpa na prolação da sentença condenatória desconstituída em revisão criminal. Assim foi decidido conforme ementa transcrita a seguir do RE nº 505.393/PE, julg. 26/6/2007:

> Erro judiciário. Responsabilidade civil objetiva do Estado. Direito à indenização por danos morais decorrentes de condenação desconstituída em revisão criminal e de prisão preventiva. CF, art. 5º, LXXV. Código de Processo Penal, art. 630.
> 1. O direito à indenização da vítima de erro judiciário e daquela presa além do tempo devido, previsto no art. 5º, LXXV, da Constituição, já era previsto no art. 630 do Código de Processo. Penal, com a exceção do caso de ação penal privada e só uma hipótese de exoneração, quando para a condenação tivesse contribuído o próprio réu.
> 2. A regra constitucional não veio para aditar pressupostos subjetivos à regra geral da responsabilidade fundada no risco administrativo, conforme o art. 37, § 6º, da Lei Fundamental: a partir do entendimento consolidado de que a regra geral é a irresponsabilidade civil do Estado por atos de jurisdição, estabelece que, naqueles casos, a indenização é uma garantia individual e, manifestamente, não a submete à exigência de dolo ou culpa do magistrado.
> 3. O art. 5º, LXXV, da Constituição: é uma garantia, um mínimo, que nem impede a lei, nem impede eventuais construções doutrinárias que venham a reconhecer a responsabilidade do Estado em hipóteses que não a de erro judiciário *stricto sensu*, mas de evidente falta objetiva do serviço público da Justiça.

Tem-se entendido que **prisão preventiva** com posterior absolvição **não** gera direito a indenização (RE nº 429.518/ SC, julg. em 17/8/2004).

Essa é a tese que tem prevalecido em provas de concursos públicos.

IMPORTANTE!

No concurso de Procurador Federal, em 2010, realizado pelo Cespe, bem como no concurso de Procurador do Ministério Público Especial junto ao Tribunal de Contas do Estado da Bahia - Cespe, 2010, o item foi exigido e a resposta correta foi no sentido de que existe responsabilidade do Estado no caso de prisão cautelar com posterior absolvição.

A questão foi extraída do RE nº 385.943-AgR, Relator Min. Celso de Mello, Segunda Turma, julg. 15/12/2009, o julgamento foi no sentido de que a prisão cautelar com a posterior conclusão pela inocência do acusado gera direito a indenização quando há ilegalidade na prisão cautelar. Confira:

> **Ementa**: Responsabilidade civil objetiva do Estado (CF, art. 37, § 6º). Configuração. "Bar Bodega". Decretação de prisão cautelar, que se reconheceu indevida,

> contra pessoa que foi submetida a investigação penal pelo Poder Público. Adoção dessa medida de privação da liberdade contra quem não teve qualquer participação ou envolvimento com o fato criminoso. Inadmissibilidade desse comportamento imputável ao aparelho de estado. **Perda do emprego** como direta consequência da indevida prisão preventiva. Reconhecimento, pelo Tribunal de Justiça local, de que se acham presentes todos os elementos identificadores do dever estatal de reparar o dano. Não comprovação, pelo Estado de São Paulo, da alegada inexistência do nexo causal. Caráter soberano da decisão local, que, proferida em sede recursal ordinária, reconheceu, com apoio no exame dos fatos e provas, a inexistência de causa excludente da responsabilidade civil do Poder Público. Inadmissibilidade de reexame de provas e fatos em sede recursal extraordinária (Súmula nº 279/STF). Doutrina e precedentes em tema de responsabilidade civil objetiva do estado. Acórdão recorrido que se ajusta à jurisprudência do Supremo Tribunal Federal. Recurso de agravo improvido. (RE nº 385.943-AGR, Relator Min. Celso de Mello, Segunda Turma, julg. 15/12/2009, DJE 30, divulg. 18/2/ 2010, pub. 19/2/2010, RT v. 99, n. 895, 2010, p. 163-168).

No que se refere à responsabilidade do juiz, o art. 133 do Código de Processo Civil prevê que responderá por perdas e danos o **próprio juiz** quando, no exercício de suas funções, proceder com **dolo ou fraude**, ou quando recusar, omitir, retardar, sem justo motivo, providência que deva ordenar de ofício ou a requerimento da parte.

Distanciando-se dessas hipóteses, desaparecerá qualquer responsabilidade do magistrado quando do exercício da magistratura.

CUIDADO!

Diante de um erro judiciário, o Estado responderá, mas o juiz somente responderá nas hipóteses legais, conforme prevê o art. 133 do CPC. Assim, havendo erro na esfera penal, o Estado indenizará os prejuízos, mas o magistrado, em regra, não sofrerá ação regressiva do Poder Público.

Lucas Rocha Furtado (2007) trata da ação regressiva dos magistrados da seguinte forma:

> o Código de Processo Civil (art. 133) admite que o Estado possa ressarcir-se dos danos que sofreu em decorrência de ato judicial somente quando o juiz, no exercício de suas funções proceder com dolo ou fraude ou quando recusar, omitir ou retardar, sem justo motivo, providência que deve ordenar de ofício, ou a requerimento da parte.

Ou seja, **enquanto todos os agentes públicos respondem regressivamente perante o Estado nas hipóteses de dolo ou de culpa, o juiz só pode ser responsabilizado regressivamente por dolo ou de fraude.**

11. AÇÃO REGRESSIVA

O dano provocado pelo Estado gera para a vítima o direito a indenização que pode ser feita pela via administrativa ou judicial. Não havendo reparação administrativa, a vítima ingressa com ação judicial em face do Estado.

11.1 Denunciação à lide

A denunciação à lide é uma medida de economia processual, prevista no art. 70 do CPC, determinando que aquele que estiver, por lei ou contrato, obrigado a reparar o prejuízo deve ser denunciado a lide. O juiz resolverá a ação entre autor e denunciante e denunciante e denunciado em um único processo.

A Lei nº 8.112/1990 determina no art. 122, § 2º, que o servidor responderá em ação regressiva perante a Fazenda Pública, afastando a denunciação à lide e o litisconsórcio.

Entretanto, na doutrina e na jurisprudência, o tema não é nem um pouco pacífico. Contrários à denunciação à lide, temos Celso Antônio Bandeira de Mello, Lúcia Valle Figueiredo, Vicente Greco Filho, Weida Zancaner. Segundo os doutrinadores citados, os fundamentos da responsabilidade do Estado e do servidor são diversos, assim, retardaria a solução do conflito, pois se introduziria fundamento novo na lide (demanda/ação).

Segundo o STJ, a denunciação à lide **não é obrigatória**.

Ação regressiva (ação do Estado contra seu agente)	**Litisconsórcio (ação da vítima contra Estado e agente ao mesmo tempo)**	**Denunciação à lide do servidor**	**Ação direta da vítima contra o agente**
O Estado tem de provar que o agente atuou com dolo ou culpa (subjetiva).	De acordo com os entendimentos mais recentes do STF, não é possível.	Para o STJ, não é obrigatória. Para o STF, não é possível (não cabe, pois a ação é contra o Estado. Depois. o Estado entra com ação regressiva em face do servidor). O agente só pode responder perante o Estado. A Lei nº 8.112/1990 diz que o servidor só responde em ação regressiva.	Para o STF , não é possível (RE nº 327.904/SP, 2006).

11.2 Prescrição: vítimas *x* Estado

No que se refere ao prazo prescricional do **particular em face do Estado**, sendo pessoa jurídica de direito público ou pessoa de direito privado prestadora de serviço público, o prazo será de **cinco anos**, de acordo com o Decreto nº 20.910/1932 e nos termos do art. 1º-C da Lei nº 9.494/1997. Nesse mesmo sentido, o STJ vem pacificando seu entendimento, afastando a aplicação do art. 206 do Código Civil (prazo de três anos), por se tratar de norma que rege apenas as relações entre os particulares.

> EMBARGOS DE DIVERGÊNCIA EM RECURSO ESPECIAL. DIREITO ADMINISTRATIVO. AÇÃO DE INDENIZAÇÃO POR RESPONSABILIDADE CIVIL DO ESTADO. PRESCRIÇÃO. PRAZO QUINQUENAL.
> É de cinco anos o prazo para a pretensão de reparação civil do Estado.
> Precedente da Primeira Seção (AgRgREsp nº 1.149.621/PR, Relator Ministro Benedito Gonçalves, DJe 18/5/2010).
> Embargos de divergência rejeitados. (EREsp nº 1.081.885/RR, Rel. Ministro Hamilton Carvalhido, Primeira Seção, julg. 13/12/2010, DJe 1/2/2011).

> ADMINISTRATIVO. PROCESSUAL CIVIL. PRESCRIÇÃO. REPARAÇÃO CIVIL CONTRA A FAZENDA PÚBLICA. ART. 1º DO DECRETO Nº 20.910/1932. NORMA ESPECIAL QUE PREVALECE SOBRE LEI GERAL. INAPLICABILIDADE DO CÓDIGO CIVIL. PRAZO QUINQUENAL. ACÓRDÃO RECORRIDO EM CONSONÂNCIA COM JURISPRUDÊNCIA DO STJ. ÓBICE DA SÚMULA Nº 83 DO STJ.
> Verifica-se que o Tribunal *a quo* decidiu de acordo com jurisprudência desta Corte no sentido de que o prazo prescricional referente à pretensão de reparação civil contra a Fazenda Pública é quinquenal, conforme previsto no art. 1º do Decreto-Lei nº 20.910/1932, e não trienal, nos termos do art. 206, § 3º, inciso V, do Código Civil de 2002, que prevê a prescrição em pretensão de reparação civil. Incidência da Súmula nº 83 do STJ.
> Agravo regimental improvido. (AgRg no REsp nº 1.256.676/SC, Rel. Ministro Humberto Martins, Segunda Turma, julg. 20/10/2011, DJe 27/10/2011).

O entendimento majoritário da **doutrina** (entre eles, Celso Antônio Bandeira de Mello e Maria Sylvia Di Pietro), também é o de que permanece o prazo prescricional de cinco anos para as ações de reparação de danos contra a Fazenda Pública. Esses autores afastam a aplicação do Código Civil, pois em relação à Fazenda Pública, existe prazo prescricional específico no Decreto nº 20.910/1932.

OBSERVAÇÃO!

Carvalho Filho (2009), em sentido oposto, entende que a prescrição é de três anos, regulada pelo Código Civil.

11.3 Prescrição: Estado *x* agente

Nesse caso, o prazo é imprescritível, nos termos do art. 37, § 5º, da CF. Essa é a posição **majoritária** da doutrina.

> § 5º A lei estabelecerá os prazos de prescrição para ilícitos praticados por qualquer agente, servidor ou não, que causem prejuízos ao erário, ressalvadas as respectivas ações de ressarcimento.

12. JURISPRUDÊNCIA

> Responsabilidade civil do Estado. Artigo 37, § 6º, da Constituição do Brasil. Latrocínio cometido por foragido. Nexo de causalidade configurado. Precedente. A negligência estatal na vigilância do criminoso, a inércia das autoridades policiais diante da terceira fuga e o curto espaço de tempo que se seguiu antes do crime são suficientes para caracterizar o nexo de causalidade. Ato omissivo do Estado que enseja a responsabilidade objetiva nos termos do disposto no art. 37, § 6º, da Constituição do Brasil. (RE nº 573.595-AgR, Rel. Min. Eros Grau, julg. 24/6/2008, *DJe* 15/8/2008)

> O Tribunal, por maioria, deu provimento a agravo regimental interposto em suspensão de tutela antecipada para manter decisão interlocutória proferida por desembargador do Tribunal de Justiça do Estado de Pernambuco, que concedera parcialmente pedido formulado em ação de indenização por perdas e danos morais e materiais para determinar que o mencionado Estado-membro pagasse todas as despesas necessárias à realização de cirurgia de implante de Marcapasso Diafragmático Muscular (MDM) no agravante, com o profissional por este requerido. Na espécie, o agravante, que teria ficado tetraplégico em decorrência de assalto ocorrido em via pública, ajuizara a ação indenizatória, em que objetiva a responsabilização do Estado de Pernambuco pelo custo decorrente da referida cirurgia, "que devolverá ao autor a condição de respirar sem a dependência do respirador mecânico". Entendeu-se que restaria configurada uma grave omissão, permanente e reiterada, por parte do Estado de Pernambuco, por intermédio de suas corporações militares, notadamente por parte da polícia militar, em prestar o adequado serviço de policiamento ostensivo, nos locais notoriamente passíveis de práticas criminosas violentas, o que também ocorreria em diversos outros Estados da Federação. Em razão disso, o cidadão teria o direito de exigir do Estado, o qual não poderia se demitir das consequências que resultariam do cumprimento do seu dever constitucional de prover segurança pública, a contraprestação da falta

desse serviço. Ressaltou-se que situações configuradoras de falta de serviço podem acarretar a responsabilidade civil objetiva do Poder Público, considerado o dever de prestação pelo Estado, a necessária existência de causa e efeito, ou seja, a omissão administrativa e o dano sofrido pela vítima, e que, no caso, estariam presentes todos os elementos que compõem a estrutura dessa responsabilidade. (...) (STA nº 223-AgR, Rel. p/ acórdão Min. Celso de Mello, julg. 14/4//2008, Informativo 502).

Responsabilidade civil do Estado. Danos morais. Ato de tabelionato (...) Cabimento. Precedentes. (AI nº 522.832-AgR, Rel. Min. Gilmar Mendes, julg. 26/2/2008, *DJe* 28/3/2008).

Erro judiciário. Responsabilidade civil objetiva do Estado. Direito à indenização por danos morais decorrentes de condenação desconstituída em revisão criminal e de prisão preventiva. CF, art. 5º, LXXV. Código de Processo Penal, art. 630. O direito à indenização da vítima de erro judiciário e daquela presa além do tempo devido, previsto no art. 5º, LXXV, da Constituição, já era previsto no art. 630 do Código de Processo Penal, com a exceção do caso de ação penal privada e só uma hipótese de exoneração, quando para a condenação tivesse contribuído o próprio réu. A regra constitucional não veio para aditar pressupostos subjetivos à regra geral da responsabilidade fundada no risco administrativo, conforme o art. 37, § 6º, da Lei Fundamental: a partir do entendimento consolidado de que a regra geral é a irresponsabilidade civil do Estado por atos de jurisdição, estabelece que, naqueles casos, a indenização é uma garantia individual e, manifestamente, não a submete à exigência de dolo ou culpa do magistrado. O art. 5º, LXXV, da Constituição: é uma garantia, um mínimo, que nem impede a lei, nem impede eventuais construções doutrinárias que venham a reconhecer a responsabilidade do Estado em hipóteses que não a de erro judiciário *stricto sensu*, mas de evidente falta objetiva do serviço público da Justiça. (RE nº 505.393, Rel. Min. Sepúlveda Pertence, julg. em 26/6/2007, DJ 5/10/2007).

A intervenção estatal na economia, mediante regulamentação e regulação de setores econômicos, faz-se com respeito aos princípios e fundamentos da ordem econômica. CF, art. 170. O princípio da livre iniciativa é fundamento da República e da Ordem econômica: CF, art. 1º, IV; art. 170. Fixação de preços em valores abaixo da realidade e em desconformidade com a legislação aplicável ao setor: empecilho ao livre exercício da atividade econômica, com desrespeito ao princípio da livre iniciativa. Contrato celebrado com instituição privada para o estabelecimento de levantamentos que serviriam de embasamento para a fixação dos preços, nos termos da lei. Todavia, a fixação dos preços acabou realizada em valores inferiores. Essa conduta gerou danos patrimoniais ao agente econômico, vale dizer, à recorrente: obrigação de indenizar por parte do Poder Público. CF, art. 37, § 6º. Prejuízos apurados na instância ordinária, inclusive mediante perícia técnica. (RE nº 422.941, Rel. Min. Carlos Velloso, julg. 6/12/2005, *DJ* 24/3/2006).

Responsabilidade civil do Estado. Art. 37, § 6º, da Constituição Federal. *Faute du service public* caracterizada. Estupro cometido por presidiário, fugitivo contumaz, não submetido à regressão de regime prisional como manda a lei. Configuração do nexo de causalidade. Recurso extraordinário desprovido. Impõe-se a responsabilização do Estado quando um condenado submetido a regime prisional aberto pratica, em sete ocasiões, falta grave de evasão, sem que as autoridades responsáveis pela execução da pena lhe apliquem a medida de regressão do regime prisional aplicável à espécie. Tal omissão do Estado constituiu, na espécie, o fator determinante que propiciou ao infrator a oportunidade para praticar o crime de estupro contra menor de 12 anos de idade, justamente no período em que deveria estar recolhido à prisão. Está configurado o nexo de causalidade, uma vez que se a lei de execução penal tivesse sido corretamente aplicada, o condenado dificilmente teria continuado a cumprir a pena nas mesmas condições (regime aberto), e, por conseguinte, não teria tido a oportunidade de evadir-se pela oitava vez e cometer o bárbaro crime de estupro. (RE nº 409.203, Rel. p/ acórdão Min. Joaquim Barbosa, julg. 7/3/2006, *DJ* 20/4/2007)

Tratando-se de ato omissivo do Poder Público, a responsabilidade civil por tal ato é subjetiva, pelo que exige dolo ou culpa, esta numa de suas três vertentes, a negligência, a imperícia ou a imprudência, não sendo, entretanto, necessário individualizá-la, dado que pode ser atribuída ao serviço público, de forma genérica, a falta do serviço. A falta do serviço – *faute du service* dos franceses – não dispensa o requisito da causalidade, vale dizer, do nexo de causalidade entre a ação omissiva atribuída ao Poder Público e o dano causado a terceiro. Latrocínio praticado por quadrilha da qual participava um apenado que fugira da prisão tempos antes: neste caso, não há falar em nexo de causalidade entre a fuga do apenado e o latrocínio. (RE nº 369.820, Rel. Min. Carlos Velloso, julg. 4/11/2003, *DJ* 27/2/2004)

A teoria do risco administrativo, consagrada em sucessivos documentos constitucionais brasileiros desde a Carta Política de 1946, confere fundamento doutrinário à responsabilidade civil objetiva do Poder Público pelos danos a que os agentes públicos houverem dado causa, por ação ou por omissão. Essa concepção teórica, que informa o princípio constitucional da responsabilidade civil objetiva do Poder Público, faz emergir, da mera ocorrência de ato lesivo causado à vítima pelo Estado, o dever de indenizá-la pelo dano pessoal e/ou patrimonial sofrido, independentemente de caracterização de culpa dos agentes estatais ou de demonstração de falta do serviço público. Os elementos que compõem a estrutura e delineiam o perfil da responsabilidade civil objetiva do Poder Público compreendem *a*) a alteridade do dano, *b*) a causalidade material entre o *eventus damni* e o comportamento positivo (ação) ou negativo (omissão) do agente público, *c*) a oficialidade da atividade causal e lesiva, imputável a agente do Poder Público, que tenha, nessa condição funcional, incidido em conduta comissiva ou omissiva, independentemente da licitude, ou não, do comportamento funcional (*RTJ* 140/636), e *d)* a ausência de causa excludente da responsabilidade estatal (*RTJ* 55/503 - *RTJ* 71/99 - *RTJ* 91/377- *RTJ* 99/1155 - *RTJ* 131/417). (RE nº 109.615, Rel. Min. Celso de Mello, julg. 28/5/1996, *DJ* 2/8/1996). No mesmo sentido: RE nº 481.110-AgR, Rel. Min. Celso de Mello, julg. 6/2/2007, *DJ* 9/3/2007.

Responsabilidade objetiva do estado. Acidente de trânsito envolvendo veículo oficial. Responsabilidade pública que se caracteriza, na forma do § 6º do art. 37 da Constituição Federal, ante danos que agentes do ente estatal, nessa qualidade, causarem a terceiros, não sendo exigível que o servidor tenha agido no exercício de suas funções. Precedente. (RE nº 294.440-AgR, Rel. Min. Ilmar Galvão, julg. 14/5/2002, *DJ* 2/8/2002).

Oficial do corpo de bombeiros militar. Exoneração por haver sido admitido sem concurso. Reparação das perdas e danos sofridos, com base no art. 37, § 6º, da Constituição Federal. Legitimidade da pretensão, tendo em vista que a nomeação do recorrente para a corporação maranhense se deu por iniciativa do Governo Estadual, conforme admitido pelo acórdão recorrido, havendo importado o encerramento de sua carreira militar no Estado do Rio de Janeiro, razão pela qual, com a exoneração, ficou sem os meios com que contava para o sustento próprio e de sua família. (RE nº 330.834, Rel. Min. Ilmar Galvão, julg. 30/9/2002, *DJ* 22/11/2002).

Caracteriza-se a responsabilidade civil objetiva do Poder Público em decorrência de danos causados, por invasores, em propriedade particular, quando o Estado se omite no cumprimento de ordem judicial para envio de força policial ao imóvel invadido. (RE nº 283.989, Rel. Min. Ilmar Galvão, julg. 28/5/2002, *DJ* 13/9/2002).

Responsabilidade civil do Estado: morte de passageiro em acidente de aviação civil: caracterização. Lavra dissenção doutrinária e pretoriana acerca dos pressupostos da responsabilidade civil do Estado por omissão (cf. RE nº 257.761), e da dificuldade muitas vezes acarretada à sua caracterização, quando oriunda de deficiências do funcionamento de serviços de polícia administrativa, a exemplo dos confiados ao DAC – Departamento de Aviação Civil –, relativamente ao estado de manutenção das aeronaves das empresas concessionárias do transporte aéreo. Há no episódio uma circunstância incontroversa, que dispensa a indagação acerca da falta de fiscalização preventiva, minimamente exigível, do equipamento: é estar a aeronave, quando do acidente, sob o comando de um "checador" da Aeronáutica, à deficiência de cujo treinamento adequado se deveu, segundo a instância ordinária, o retardamento das medidas adequadas à emergência surgida na decolagem, que poderiam ter evitado o resultado fatal. (RE nº 258.726, Rel. Min. Sepúlveda Pertence, julg. 14/5/2002, *DJ* 14/6/2002).

Responde o Estado pelos danos causados em razão de reconhecimento de firma considerada assinatura falsa. Em se tratando de atividade cartorária exercida à luz do art. 236 da Constituição Federal, a responsabilidade objetiva é do notário, no que assume posição semelhante à das pessoas jurídicas de direito privado prestadoras de serviços públicos (...). (RE nº 201.595, Rel. Min. Marco Aurélio, julg. 28/11/2000, *DJ* 20/4/2001).

Os cargos notariais são criados por lei, providos mediante concurso público e os atos de seus agentes, sujeitos à fiscalização estatal, são dotados de fé pública, prerrogativa esta inerente à ideia de poder delegado pelo Estado. Legitimidade passiva *ad causam* do Estado. Princípio da responsabilidade. Aplicação. Ato praticado pelo agente delegado. Legitimidade passiva do Estado na relação jurídica processual, em face da responsabilidade objetiva da Administração. (RE nº 212.724, Rel. Min. Maurício Corrêa, julg. 30/3/1999, *DJ* 6/81999).

Latrocínio praticado por preso foragido, meses depois da fuga. Fora dos parâmetros da causalidade não é possível impor ao Poder Público uma responsabilidade ressarcitória sob o argumento de falha no sistema de segurança dos presos. Precedente da Primeira Turma: RE nº 130.764, Relator Ministro Moreira Alves. (RE nº 172.025, Rel. Min. Ilmar Galvão, julg. 8/10/1996, *DJ* 19/12/1996).

Candidatos que só vieram a ter o direito à nomeação depois de outros que foram nomeados por só terem obtido prioridade pela nova ordem de classificação em virtude do reexame de questões do concurso. Nesse caso, o direito a serem ressarcidos por não haverem sido nomeados anteriormente não decorre do art. 37, II, da Constituição, mas, sim, do seu art. 37, § 6º, questão que não foi prequestionada. (RE nº 221.170, Rel. p/ acórdão Min. Moreira Alves, julg. 4/4/2000, *DJ* 30/6/2000).

Veículo registrado pelo Detran, mas que veio a ser apreendido pela polícia por ser objeto de furto. Não se pode impor ao Estado o dever de ressarcir o prejuízo, conferindo-se ao certificado de registro de veículo, que é apenas título de propriedade, o efeito legitimador da transação, e dispensando-se o adquirente de diligenciar, quando da sua aquisição, quanto à legitimidade do título do vendedor. Fora dos parâmetros da causalidade não é possível impor ao Poder Público o dever de indenizar sob o argumento de falha no sistema de registro. (RE nº 215.987, Rel. Min. Ilmar Galvão, julg. 14/9/1999, *DJ* 12/11/1999).

ADMINISTRATIVO. RESPONSABILIDADE CIVIL DO ESTADO. POLICIAL À PAISANA QUE SE IDENTIFICA. NEXO DE CAUSALIDADE. RESPONSABILIDADE OBJETIVA.
É objetiva a responsabilidade civil do Estado por ação de policial à paisana que se envolve em tiroteio em transporte público, resultando na morte de passageiro.
Deve ser reconhecida a responsabilidade do Estado, ante a presença do liame entre a atuação administrativa, com a participação do policial, ainda que fora do estrito exercício da função, e o dano suportado por terceiro. Precedente do STF. Recurso especial provido. (REsp nº 976.073/SP, Rel. Ministro Castro Meira, Segunda Turma, julg. 24/6/2008, DJe 12/8/2008).

O art. 37, § 6º, da Constituição da República não confere direito à indenização a candidatos não aprovados dentro do número de vagas previsto no edital, não nomeados por conveniência da Administração. (AI nº 743.554-AgR, Rel. Min. Cármen Lúcia, julg. 8/9/2009, Primeira Turma, DJE 2/10/2009.) No mesmo sentido: RE nº 602.254-AgR, Rel. Min. Eros Grau, julg. 27/4/2010, Segunda Turma, DJe 21/5/2010.

EMBARGOS DE DECLARAÇÃO. INOCORRÊNCIA DE CONTRADIÇÃO, OBSCURIDADE OU OMISSÃO. PRETENDIDO REEXAME DA CAUSA. CARÁTER INFRINGENTE. INADMISSIBILIDADE. RESPONSABILIDADE CIVIL OBJETIVA DO PODER PÚBLICO. ELEMENTOS ESTRUTURAIS. TEORIA DO RISCO ADMINISTRATIVO. FATO DANOSO (MORTE) PARA O OFENDIDO (MENOR IMPÚBERE) RESULTANTE DE TRATAMENTO MÉDICO INADEQUADO EM HOSPITAL PÚBLICO. PRESTAÇÃO DEFICIENTE, PELO DISTRITO FEDERAL, DO DIREITO FUNDAMENTAL À SAÚDE, INDISSOCIÁVEL DO DIREITO À VIDA. EMBARGOS DE DECLARAÇÃO REJEITADOS.
(...)
Os elementos que compõem a estrutura e delineiam o perfil da responsabilidade civil objetiva do Poder Público compreendem *a*) a alteridade do dano, *b*) a causalidade material entre o *eventus damni* e o comportamento positivo (ação) ou negativo (omissão) do agente público, *c*) a oficialidade da atividade causal e lesiva imputável a agente do Poder Público que tenha, nessa específica

condição, incidido em conduta comissiva ou omissiva, independentemente da licitude, ou não, do comportamento funcional e *d*) a ausência de causa excludente da responsabilidade estatal. Precedentes. A omissão do Poder Público, quando lesiva aos direitos de qualquer pessoa, induz à responsabilidade civil objetiva do Estado, desde que presentes os pressupostos primários que lhe determinam a obrigação de indenizar os prejuízos que os seus agentes, nessa condição, hajam causado a terceiros. Doutrina. Precedentes.
A jurisprudência dos Tribunais em geral tem reconhecido a responsabilidade civil objetiva do Poder Público nas hipóteses em que o *eventus damni* ocorra em hospitais públicos (ou mantidos pelo Estado), ou derive de tratamento médico inadequado, ministrado por funcionário público, ou, então, resulte de conduta positiva (ação) ou negativa (omissão) imputável a servidor público com atuação na área médica. Configuração de todos os pressupostos primários determinadores do reconhecimento da responsabilidade civil objetiva do Poder Público, o que faz emergir o dever de indenização pelo dano pessoal e/ou patrimonial sofrido. (RE nº 734.689-DF, Relator: Min. Celso de Mello, julg. 26/6/2012, Segunda Turma, publ. Acórdão Eletrônico DJe-167, divulg. 23/8/2012, publ. 24/8/2012).

DIREITO ADMINISTRATIVO. IMPRESCRITIBILIDADE DA PRETENSÃO DE INDENIZAÇÃO POR DANO MORAL DECORRENTE DE ATOS DE TORTURA.
É **imprescritível** a pretensão de recebimento de indenização por dano moral decorrente de atos de tortura ocorridos durante o regime militar de exceção. Precedentes citados: AgRg no AG 1.428.635-BA, Segunda Turma, DJe 9/8/2012; e AgRg no AG 1.392.493-RJ, Segunda Turma, DJe 1/7/2011. REsp 1.374.376-CE, Rel. Min. Herman Benjamin, julgado em 25/6/2013.
É **indevida** a indenização por danos materiais a candidato aprovado em concurso público cuja nomeação tardia decorreu de decisão judicial. O STJ mudou o entendimento sobre a matéria e passou a adotar a orientação do STF no sentido de que não é devida indenização pelo tempo em que se aguardou solução judicial definitiva para que se procedesse à nomeação de candidato para cargo público. Assim, não assiste ao concursado o direito de receber o valor dos vencimentos que poderia ter auferido até o advento da nomeação determinada judicialmente, pois essa situação levaria a seu enriquecimento ilícito em face da inexistência da prestação de serviços à Administração Pública. Precedentes citados: EREsp 1.117.974-RS, DJe 19/12/2011, e AgRg no AgRg no RMS 34.792-SP, DJe 23/11/2011. AgRg nos EDcl nos EDcl no RMS 30.054-SP, Rel. Min. Og Fernandes, julgado em 19/2/2013.

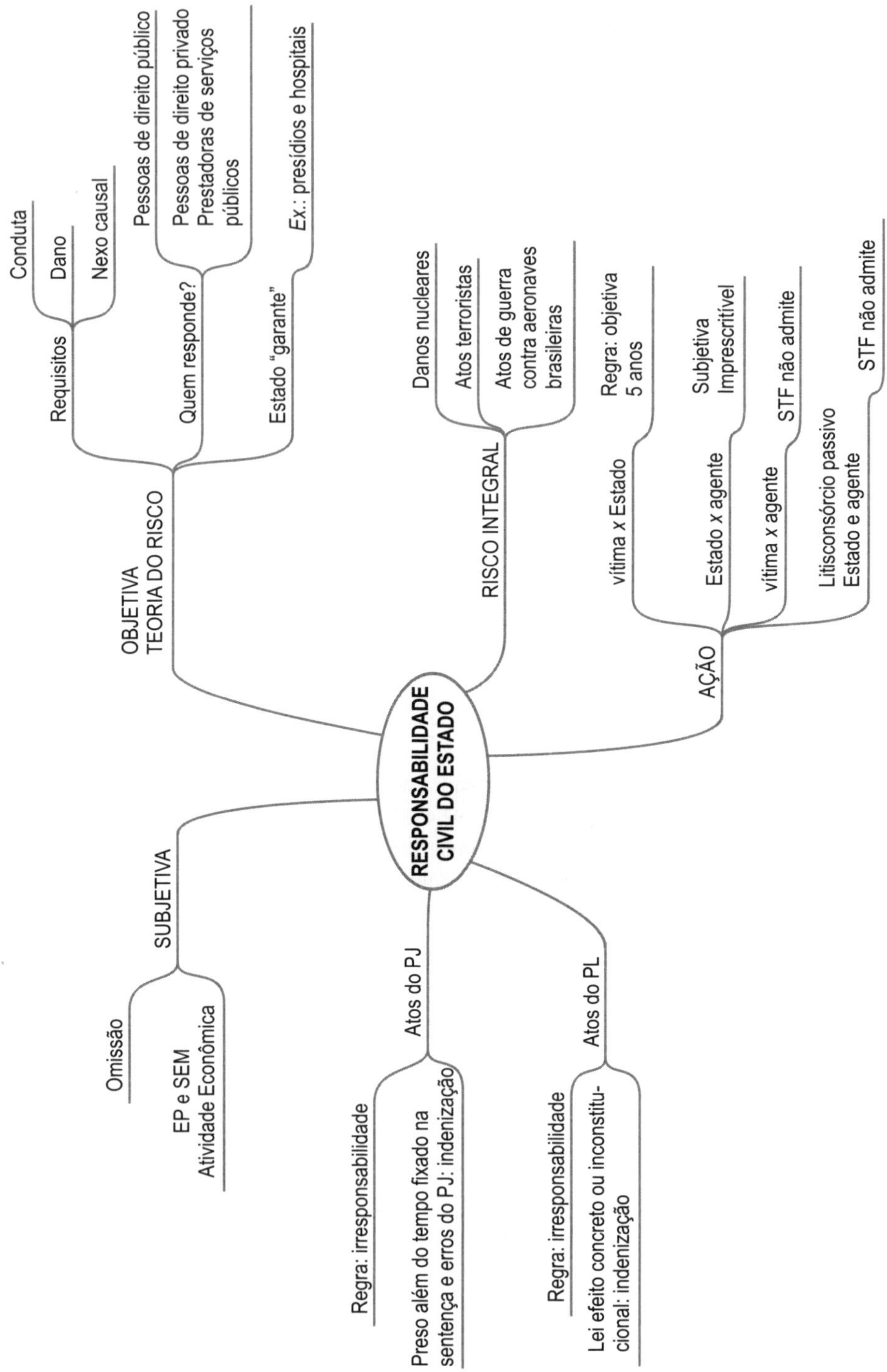
RESPONSABILIDADE CIVIL DO ESTADO
OBJETIVA TEORIA DO RISCO
Requisitos
Conduta
Dano
Nexo causal
Quem responde?
Pessoas de direito público
Pessoas de direito privado Prestadoras de serviços públicos
Estado "garante"
Ex.: presídios e hospitais
RISCO INTEGRAL
Danos nucleares
Atos terroristas
Atos de guerra contra aeronaves brasileiras
AÇÃO
vítima x Estado
Regra: objetiva 5 anos
Estado x agente
Subjetiva Imprescritível
vítima x agente
STF não admite
Litisconsórcio passivo Estado e agente
STF não admite
SUBJETIVA
Omissão
EP e SEM Atividade Econômica
Atos do PJ
Regra: irresponsabilidade
Preso além do tempo fixado na sentença e erros do PJ: indenização
Atos do PL
Regra: irresponsabilidade
Lei efeito concreto ou inconstitucional: indenização

CAPÍTULO 4
Atos Administrativos

1. CONCEITO

O ato administrativo é uma **declaração unilateral de vontade da Administração, ou de quem atue em seu nome, de nível inferior à lei, com a finalidade de satisfazer o interesse público.**

Os atos administrativos são diferentes dos atos bilaterais que são os **contratos**. Neste caso, para haver contrato, as duas partes têm que manifestar sua vontade de firmar o contrato, pois decorre de um acordo de vontades entre as partes. No ato administrativo é diferente, pois o Estado manifesta sua vontade e, de forma unilateral, produz alguma modificação na vida do particular para alterar uma situação anterior (*ex.*: revogação de autorização de porte de arma); aplicar uma sanção (*ex.*: multa); expedir uma licença para construir, ou seja, no ato administrativo há apenas a manifestação de vontade da Administração.

O ato administrativo é de **nível inferior à lei**. Existem atos normativos praticados pela Administração, mas que também não se confundem com a edição de leis. Atos normativos, como resolução e decretos, visam apenas à complementação das leis que, por serem gerais e abstratas, dependeram, em muitos casos, de atos administrativos que definiram como a lei deveria ser aplicada.

O ato tem que ser praticado sempre visando ao **interesse público**, pois não se admite que o ato seja destinado a uma pretensão pessoal ou de terceiros.

O ato administrativo não se confunde com o **procedimento administrativo**. O procedimento constitui-se por vários atos administrativos encadeados entre si, como ocorre com o procedimento de uma licitação.

2. DISTINÇÃO ENTRE FATO E ATO ADMINISTRATIVO

Apesar da divergência doutrinária sobre o tema, tem-se entendido, para fins de concurso público, que o **fato administrativo** constitui a **execução material de atos administrativos**, por isso também são chamados de atos materiais. Assim, há previamente um ato administrativo, uma manifestação de vontade do Estado; quando essa manifestação estatal é implementada (executada), há o fato administrativo.

Exemplos

- Ordem da Administração para demolição de casa construída em local inapropriado (ato administrativo). O fato administrativo é a efetivação da demolição.
- Gari varrer rua, médico fazer cirurgia em hospital público etc.

3. ATOS ADMINISTRATIVOS E ATOS DA ADMINISTRAÇÃO

Nem todo ato praticado pela Administração Pública é considerado ato administrativo. O exercício da atividade administrativa comporta a prática de atos de direito privado (*ex.*: emissão de cheque), atos materiais (*ex.*: demolição de obra irregular), atos políticos/governo, celebração de contratos, entre outros. Portanto, o ato administrativo é uma espécie entre os vários atos **da** Administração.

Há certa divergência sobre a inclusão dos atos políticos/governo entre os atos administrativos. Os atos políticos são emanados do Governo na sua função de gestão superior do Estado, estabelecendo as diretrizes a serem seguidas. Apesar da citada divergência, é cabível sua análise pelo Poder Judiciário. Trata-se de uma análise mais restrita do que em relação aos demais atos administrativos; porém, presente a ilegalidade no ato, deve ser realizado o controle jurisdicional. Para **concursos públicos** tem-se entendido que tais atos não são atos administrativos propriamente ditos.

ATENÇÃO!

Todo ato administrativo é ato ***da*** Administração. Mas nem todo ato da Administração é ato administrativo.

3.1 O silêncio administrativo

O silêncio, como regra, não é um ato, não é uma forma de manifestar a vontade. Ele é um fato administrativo porque provocará efeitos no Direito Administrativo.

A Lei nº 9.784/1999, art. 48, veda o silêncio da Administração na medida em que determina o dever de emitir decisões:

> **Art. 48.** A Administração tem o dever de explicitamente emitir decisão nos processos administrativos e sobre solicitações ou reclamações, em matéria de sua competência.

Entretanto, alguns autores entendem que o silêncio pode revelar-se manifestação de vontade (ato administrativo) quando a lei assim fixar.

4. REQUISITOS/ELEMENTOS

Para a validade da conduta administrativa, qualquer ato a ser praticado terá os seguintes requisitos ou elementos:

4.1 Competência/sujeito

É o poder atribuído ao agente público para o desempenho específico de suas funções. A competência resulta da lei e por ela é delimitada. O ato emanado de agente incompetente, ou realizado além do limite de que dispõe a autoridade incumbida de sua prática, é ilegal.

Não há presunção de competência no Direito Administrativo, pois ela resulta sempre da lei, podendo, inclusive, a Constituição fixar competência (atribuições) de órgãos e de agentes de hierarquia mais elevada.

Exemplo

Arts. 84 a 87 da CF (competência do Presidente da República e dos Ministros).

4.1.1 Características

- **Irrenunciável**: a lei confere a competência ao agente público; dessa forma, não pode ser renunciada (não pode **abrir mão**). Entretanto, é possível delegar parte das atribuições, desde que atendidos os requisitos da lei.
- **Improrrogabilidade**: a incompetência não se transforma em competência. Um agente que não recebeu da lei atribuição para praticar determinado ato, não se torna competente pela simples omissão dos interessados em alegar sua incompetência.
- **Imprescritível**: o não exercício da competência, não importa por quanto tempo, não a extingue, permanecendo sob a titularidade do agente ao qual a lei a atribuiu.
- **Inderrogável (não se derroga)**: não se transfere por acordo ou vontade das partes. A lei deve estabelecer as condições.

4.1.2 Delegação e avocação

Delegação	Ocorre quando um agente público transfere parte de suas atribuições. A regra é a possibilidade de delegação, não sendo admitida se houver impedimento legal. Atos que não podem ser delegados - atos de caráter **NO**rmativo; - decisão de **RE**curso administrativo; - questões de competência **EX**clusiva; (**NOREEX**). Não exige hierarquia. A delegação deve ser apenas de parte das atribuições. O ato de delegação e a sua revogação deverão ser publicados no meio oficial. O ato de delegação especificará as matérias e os poderes transferidos, os limites da atuação do delegado, a duração e os objetivos da delegação e o recurso cabível. Pode haver ressalva de exercício da atribuição delegada. O ato de delegação é revogável a qualquer tempo pela autoridade delegante. Os atos praticados no exercício da delegação são considerados praticados pelo sujeito delegado (recebe a atribuição).
Avocação	Ocorre quando um superior chama para si atribuição de seu subordinado. Exige hierarquia. É medida excepcional e temporária.

4.2 Finalidade

É objetivo de interesse público a atingir. Não há ato administrativo que não vise a interesse público. O Direito não admite ato administrativo sem finalidade pública ou desviado de suas finalidades específicas. A finalidade do ato administrativo é aquela que a lei indica.

É a lei que define a finalidade que o ato deve alcançar, não havendo liberdade para a autoridade administrativa; se a lei coloca a remoção apenas para deslocamento de servidor, não pode ser utilizada com outra finalidade. Dessa forma, não cabe ao administrador escolher ou substituir por outra, ainda que ambas sejam fins públicos.

CUIDADO!

A remoção da Lei nº 8.112/1990 não pode ter caráter punitivo. Configura desvio de finalidade.

4.3 Forma

É a exteriorização da vontade ou exteriorização da decisão. Exige-se, como regra, que seja adotada a forma escrita, embora existam atos de forma verbal, por meio de gestos, como as orientações de polícia em caso de urgência, sinalização de trânsito, por placas e por meios mecânicos/eletrônicos.

O não respeito à forma vicia o ato, tornando-o passível de invalidação.

4.3.1 Formalização/formalidade/forma em sentido amplo

Formalidades são as exigências necessárias, estabelecidas em lei, para a implementação da forma. Raquel Melo Urbano (2008) ensina que qualquer exigência além da exteriorização por escrito que se refira ao momento prévio ou subsequente ao ato, enquadra-se no conceito de formalização ou formalidade.

Raquel Melo Urbano (2008) continua a discorrer com precisão sobre o tema:

> A formalização é uma solenização especifica requerida para o ato, além da regra da sua exteriorização escrita. Com efeito, em determinadas circunstâncias, não basta que a vontade pública surja por escrito, exigência pressuposta em razão do princípio da solenidade. Em certos casos, a lei determina, de forma expressa, outras exigências formalísticas, como o requerimento de um determinado veículo para a exteriorização do ato ou uma publicidade especial, como a publicidade reiterada no diário oficial. Assim, se a lei impõe qualquer trâmite especial, além da forma escrita do ato administrativo, tal formalidade deverá ser necessariamente atendida.

A doutrinadora cita como exemplo o art. 6º do Decreto-Lei nº 3.365/1932 que estabelece que "A declaração de utilidade pública far-se-á por decreto do Presidente da República, Governador, Interventor ou Prefeito." Dessa forma, para que seja declarada a utilidade de um bem para fins de desapropriação, não se exige que a vontade da

Administração seja somente por escrito. Exige-se, também, que a declaração de utilidade pública seja feita por um meio especial, o decreto do Chefe do Executivo. Assim, não se admite um ofício, uma circular ou outro instrumento; é necessário que seja feito por meio de ato específico, que é o decreto do Chefe do Poder Executivo.

4.4 Motivo

Motivo é a situação de fato e de direito que determina ou autoriza a realização do ato administrativo. Pode vir expresso, como poder ser deixado a critério do administrador. *Ex.*: multa em razão de estacionamento irregular. Motivo de fato = estacionar em local inapropriado; motivo de direito (fundamentos jurídicos) = poder de polícia do Estado e Código de Trânsito (lei) que autoriza multa diante dessa infração.

Motivo não se confunde com motivação. Enquanto o motivo é a situação de fato e de direito que autoriza a prática do ato administrativo, a motivação é a justificação, a explicação das razões (motivos) que levaram o agente público a praticar o ato administrativo. Assim, na motivação ocorre a explicitação dos motivos que levaram o administrador a editar o ato administrativo.

NOTA!

Todo ato tem motivo, mas nem todo ato tem motivação.

Atualmente, a **regra** é a motivação dos atos administrativos, seja o ato vinculado ou discricionário. Apesar de a motivação ser a regra, existem atos que a dispensam, como, por exemplo, a nomeação e a exoneração de cargo em comissão.

O art. 50 da Lei nº 9.784/1999 apresenta uma lista de atos que obrigatoriamente exigem motivação.

> **Art. 50.** Os atos administrativos deverão ser motivados, com indicação dos fatos e dos fundamentos jurídicos, quando:
> I – neguem, limitem ou afetem direitos ou interesses;
> II – imponham ou agravem deveres, encargos ou sanções;
> III – decidam processos administrativos de concurso ou seleção pública;
> IV – dispensem ou declarem a inexigibilidade de processo licitatório;
> V – decidam recursos administrativos;
> VI – decorram de reexame de ofício;
> VII – deixem de aplicar jurisprudência firmada sobre a questão ou discrepem de pareceres, laudos, propostas e relatórios oficiais;
> VIII – importem anulação, revogação, suspensão ou convalidação de ato administrativo.

4.5 Objeto

Corresponde ao efeito prático ou jurídico pretendido com a edição do ato administrativo ou a modificação por ele trazida ao ordenamento jurídico. *Ex.*: em uma declaração expropriatória, o resultado pretendido é desencadear um processo que vai levar à retirada de determinado bem do patrimônio de seu proprietário.

Ao contrário da finalidade, que se caracteriza como o fim mediato do ato administrativo, o **objeto é o fim imediato** do ato; são as consequências instantâneas que o ato produz e que pode constituir uma aquisição, transformação, extinção do direito, sendo um resultado variável. Para descobrir-se o objeto do ato administrativo deve-se questionar: O que aconteceu? Quais os efeitos práticos que o ato produziu? O que ele criou ou modificou?

Se a casa em que viveu Juscelino Kubitschek for tombada, a **finalidade** do ato de tombamento será preservar a memória nacional, tendo como **objeto**, impor restrições na propriedade, pois ela não poderá ser modificada e o proprietário terá a obrigação de conservá-la com suas características originais.

Os requisitos da competência, da finalidade e da forma são sempre vinculados, enquanto motivo e objeto podem ser ou não vinculados.

5. DISCRICIONARIEDADE E VINCULAÇÃO

Neste ponto, serão estudados o ato vinculado e o ato discricionário.

Ato vinculado é o ato em que a lei estabelece todos os requisitos do ato, ou seja, o agente público não possui nenhuma liberdade, uma vez que praticará a conduta previamente definida pela lei.

Exemplo

Aposentadoria compulsória aos 70 anos.

Ato discricionário é o ato que permite ao administrador fazer juízo de conveniência e oportunidade (mérito administrativo) para a solução mais adequada diante da situação.

Exemplo

Prorrogação de concurso público.

Na prática de atos discricionários existe o **mérito administrativo** que se trata da valoração dos **motivos** e na escolha do **objeto** do ato, feitas pela Administração incumbida de sua prática, quando autorizada a decidir sobre a conveniência e a oportunidade do ato a realizar.

Não cabe ao Judiciário apreciar o mérito dos atos administrativos substituindo a decisão administrativa. Entretanto, se, ao realizar o mérito administrativo, o agente público atuar com falta de **razoabilidade** ou **proporcionalidade**, o Poder Judiciário poderá determinar a **anulação** do ato, pois se trata de ato **ilegal**. Mas deve-se destacar que quando o Judiciário anula o ato discricionário, ele não deve indicar a solução mais adequada.

Outro aspecto relevante que deve ser destacado é que **mérito** e **discricionariedade** possuem conceitos distintos. A discricionariedade é a liberdade atribuída pela lei. O mérito é o juízo de conveniência e oportunidade para se concluir pela solução mais adequada para o caso concreto.

Tem-se entendido para concursos públicos que os **conceitos jurídicos indeterminados** revelam situação de **discricionariedade**. Os conceitos jurídicos indeterminados são expressões sem definição exata que constam no texto da lei (*ex.:* conduta indecorosa, incontinência pública, ato de bravura) e que necessitam de um juízo de valor pelo intérprete da norma para o alcance de seu adequado sentido. Assim, diante desses conceitos, o agente público poderá proceder à escolha da melhor conduta a ser adotada ao fazer a valoração.

NOTA!

Só há mérito nos atos discricionários.

6. ATRIBUTOS DO ATO ADMINISTRATIVO

Seguiremos os atributos mencionados por Hely Lopes Meirelles (2009), destacando outros atributos apresentados por outros autores.

6.1 Presunção de legalidade/legitimidade

É a presunção de que o ato foi praticado de acordo com a lei.

Trata-se, entretanto, de presunção **relativa** (*juris tantum*), que admite prova em contrário, com a transferência do ônus da prova de invalidade do ato para quem a invoca. Portanto, será o administrado que deverá provar que o ato praticado pela Administração foi ilegal.

O ato também nasce com a presunção de **veracidade**, no sentido de que os **fatos** alegados pela Administração são presumidos como verdadeiros.

Presunção de legalidade	Presunção de que o ato está conforme a lei.
Presunção de veracidade	Presunção de que os fatos são verdadeiros.

6.2 Imperatividade

É o atributo pelo qual os atos administrativos **impõem-se** a terceiros, independente de sua concordância.

Não está presente em todos os atos, visto que alguns deles (**enunciativos**, **negociais**) o dispensam, por desnecessário à sua execução, uma vez que os efeitos jurídicos do ato dependem exclusivamente do interesse do particular. Os atos, porém, que consubstanciam um provimento ou uma ordem administrativa (atos normativos, ordinatórios, punitivos) nascem sempre com imperatividade, ou seja, com força impositiva pelo próprio Poder Público, e que obriga o particular ao fiel cumprimento, independentemente de sua vontade.

Exemplo

Determinação para não estacionar em alguns locais.

A imperatividade decorre do chamado Poder extroverso do Estado, que é o poder que tem o Estado de impor unilateralmente obrigações aos particulares.

Questão de Concurso

(Cespe/PRF/Agente Administrativo/2012) É o atributo da autoexecutoriedade o que permite à Administração Pública aplicar multas de trânsito ao condutor de um veículo particular.

Gabarito: errado. É o atributo da imperatividade. Basta ler a questão da seguinte forma: "É o atributo da ***imperatividade*** *o que permite à Administração Pública* ***impor*** *multas de trânsito ao condutor de um veículo particular."*

6.3 Autoexecutoriedade

Consiste na possibilidade que certos atos administrativos ensejam de imediata e **direta** execução pela própria Administração, **independentemente de ordem judicial**.

Excepcionalmente, o ato administrativo fica sem esse atributo, o que obriga a Administração a recorrer ao Judiciário. *Ex.*: **cobrança** de multas, tributos e desapropriação.

Celso Antônio Bandeira de Mello (2007) não menciona o atributo da autoexecutoriedade. Prefere a divisão em: exigibilidade e executoriedade:

> A executoriedade não se confunde com a exigibilidade, pois esta não garante por si só, a possibilidade de coação material, de execução do ato. Assim, há atos dotados de exigibilidade, mas que não possuem executoriedade. *Exemplo*: a intimação para que o administrado construa calçada defronte de sua casa ou terreno não apenas impõe, mas é exigível, porque se o particular desatender ao mandamento, pode ser **multado** sem que a Administração necessite ir ao Poder Judiciário par que lhe seja atribuído ou reconhecido o direito de multar. Ainda mais: a Administração pode construir a calçada, por conta própria, e debitar o custo da obra ao administrado, igualmente sem necessidade de socorrer-se das vias judiciais para realizar esta construção. Entretanto, não pode obrigar materialmente, coativamente, o particular a realizar a construção da calçada. Nos casos de **executoriedade**, pelo contrário, a Administração, por si mesma, compele o administrado, com, *verbi gratia*, quando dissolve uma passeata, quando interdita uma fábrica, quando se apossa (caso de requisição) de bens indispensáveis ao consumo da população em caso de calamidade pública, quando apreende medicamento cujo prazo de validade se expirou...

E assim conclui:

> Graças à **exigibilidade**, a Administração pode valer-se de **meios indiretos de coerção** que induzirão o administrado a atender ao comando imperativo. Graças à **executoriedade**, quando esta exista, a Administração pode ir além, isto é, pode satisfazer diretamente sua pretensão jurídica **compelindo materialmente o administrado, por meios próprios** e sem necessidade de ordem judicial para proceder a esta compulsão. Quer dizer-se: pela exigibilidade pode-se induzir à obediência, pela executoriedade pode-se compelir, constranger fisicamente.

Portanto, para o citado autor só a imperatividade não garante que o ato será executado. Assim, é necessário que a Administração tenha o poder de impor (imperatividade) e exigir (exigibilidade) o cumprimento, inclusive com meios indiretos de coerção (*ex.*: multa) e, ainda, nos casos específicos, executá-lo diretamente, sem necessidade de intervenção prévia do Poder Judiciário (executoriedade).

Nesse contexto, para Celso Antônio (2007), são quatro os atributos dos atos administrativos: presunção de legitimidade, imperatividade, exigibilidade e executoriedade.

DICA!

Maria Sylvia (2010) aponta o atributo da **tipicidade**, sendo a necessidade de previsão legal para a prática do ato. O ato só poderá ser utilizado conforme o fim para o qual foi criado. Trata-se de proteção para o administrado/particular.

Para a autora, são quatro os atributos:

a) presunção de legitimidade;

b) imperatividade;

c) autoexecutoriedade, e

d) tipicidade.

7. CLASSIFICAÇÃO DOS ATOS ADMINISTRATIVOS

7.1 Quanto aos destinatários

Atos gerais: expedidos para destinatários não determinados, com finalidade normativa, alcançando todos os sujeitos que se encontrem na mesma situação de fato. Prevalecem sobre os atos individuais, ainda que provindos da mesma autoridade.

Exemplo

Edital de concurso.

Atos individuais/especiais: são todos aqueles que se dirigem a destinatários certos, criando-lhes situação jurídica particular. O mesmo ato pode abranger um ou vários sujeitos, desde que sejam individualizados.

Exemplo

Legalização de terreno irregular; multa.

7.2 Quanto ao alcance

Atos internos: são atos destinados a produzir efeitos, predominantemente, dentro da Administração Pública, submetendo o órgão e os seus agentes públicos à observância do ato.

Exemplo

Portaria de um Presidente de Tribunal que determina uso de crachá pelo servidor.

Atos externos: são atos destinados a produzir efeitos, predominantemente, fora da Administração Pública, alcançando os administrados em geral.

Exemplo

Estipular a velocidade de uma via.

7.3 Quanto ao objeto

Atos de império: são todos aqueles que a Administração pratica usando de sua supremacia sobre o administrado ou servidor e impõe-lhe obrigatório atendimento. Tais atos podem ser gerais ou individuais, internos ou externos, mas sempre unilaterais, expressando a vontade onipotente do Estado e seu poder de coerção.

Exemplo

Desapropriação, interdição de atividades.

Atos de gestão: são os que a Administração pratica sem usar de sua supremacia sobre os administrados. Tais atos, desde que praticados regularmente, geram direitos subjetivos e permanecem imodificáveis pela Administração, salvo quando precários por sua própria natureza.

Exemplo

Autorização para realizar atividade.

Atos de expediente: são todos aqueles que se destinam a dar andamento aos processos e papéis que tramitam pelas repartições públicas, preparando-os para a decisão de mérito a ser proferida pela autoridade competente.

Exemplo

Juntada de documentos.

7.4 Quanto ao regramento/vinculação

Atos vinculados: são aqueles para os quais a lei estabelece os requisitos e condições de sua realização. Nessa categoria de atos, as imposições legais absorvem, quase que por completo, a liberdade do administrador, uma vez que sua ação fica adstrita aos pressupostos estabelecidos pela norma legal para a validade da atividade administrativa.

Atos discricionários: são os que a Administração pode praticar com liberdade de escolha de seu conteúdo, de seu destinatário, de sua conveniência, de sua oportunidade e do modo de sua realização.

A discricionariedade encontra fundamento e justificativa na complexidade dos problemas que o Poder Público tem que solucionar a cada passo e para os quais a lei, por mais detalhista que seja, não pode prever todas as soluções.

OBSERVAÇÃO!

Somente o ato discricionário tem **mérito administrativo** (juízo de conveniência e oportunidade).

7.5 Quanto à formação

Ato simples: é o que resulta da manifestação de vontade de um único órgão, unipessoal ou colegiado. Não importa o número de pessoas que participam da formação do ato.

Exemplo

Portaria expedida por um Presidente de tribunal; multa de trânsito; resolução do Contran.

Ato complexo: é aquele que se forma pela conjugação de vontades de **mais de um órgão** (dois ou mais órgãos) administrativo. É essencial o concurso de vontades de órgãos diferentes para a formação de um único ato (vontade 1 + vontade 2 = um ato administrativo).

Deve haver autonomia, ou conteúdo próprio, em cada uma das manifestações, não se compondo de vontade principal e acessória. No ato complexo há várias manifestações independentes que se juntam para formar um único ato.

Exemplo

Portaria conjunta do Ministério das Cidades, Fazenda e Planejamento regulamentando o *Programa Minha Casa Minha Vida* (um ato = portaria; três manifestações de vontade = MF, MPOG e MC).

Hely Lopes Meirelles (2009) entende que a investidura de servidor público é ato complexo.

O ato complexo não se confunde com o procedimento administrativo (*ex.*: licitação) que se configura por existirem vários atos em uma sequência para um resultado final.

Ato composto: é o que resulta da vontade única de um único órgão, mas depende da verificação por parte de outro, para tornar-se exequível (produzir efeitos) (um ato principal + um ato acessório = dois atos).

Não se compõe de vontades autônomas, embora múltiplas. Há, na verdade, uma só vontade autônoma, ou seja, de conteúdo próprio. As demais são meramente instrumentais, porque se limitam à verificação de atos anteriores.

No ato composto existe um ato principal e outro de caráter acessório (secundário) que apenas confirma o ato principal.

Exemplo

Autorização que depende de um visto.

ATENÇÃO!

Para José dos Santos Carvalho Filho (2009), a investidura de Ministro do STF é ato complexo. Para Maria Sylvia Di Pietro (2010), a nomeação do PGR é ato composto. Para o STF, registro de aposentadoria é ato complexo.

7.6 Quanto à eficácia

- **Válido**: é aquele que foi praticado de acordo com a lei.
- **Nulo**: é o que nasce afetado de vício insanável. São vícios nos elementos: finalidade, motivo e objeto.
- **Anulável**: é o que possui vício sanável (competência e forma). Hely Lopes Meirelles (2009) não admite ato administrativo anulável. Para o autor, o ato é válido ou não.
- **Inexistente**: é o que apenas tem aparência de manifestação regular da Administração, mas não chega a se aperfeiçoar como ato administrativo. Não produz efeitos no Direito Administrativo. *Ex.*: ato praticado por um usurpador da função pública. Segundo Hely Lopes (2009) tais atos equiparam-se aos atos nulos.

7.7 Quanto à elaboração

- **Perfeito**: aquele que completou seu ciclo/fases de elaboração (é o mesmo que existência).
- **Imperfeito**: é o que se apresenta incompleto na sua elaboração. Não passou ainda por todas as suas fases de elaboração.
- **Pendente**: é aquele que, embora perfeito, por reunir todos os elementos de sua formação, **não produz efeitos**, por não ter ocorrido o termo ou condição de que depende sua exequibilidade ou operatividade. Pressupõe sempre um ato perfeito.

- **Consumado ou exaurido**: é aquele que já produziu todos os seus efeitos esperados. O gozo das férias pelo servidor representa a consumação do ato.

Exemplo

Autorização de uso de bem público para realização de festa da igreja estará consumada com o encerramento do evento.

Ato **eficaz** é o que produz ou tem condição de produzir efeitos. A **publicação** na imprensa oficial é condição para a produção de efeitos (eficácia) do ato administrativo, quando a lei assim exigir.

Exemplo

Aposentadoria deve ser publicada no *Diário Oficial*.

OBSERVAÇÃO!

Não é possível haver ato imperfeito, pois estaríamos diante de um não ato.

Resumindo:

Perfeito	Válido	Eficaz
👍	👍	👍
👍	👍	--
👍	--	👍
👍	--	--
--	--	--

8. ESPÉCIES DE ATOS

8.1 Atos normativos

São aqueles que contêm um comando geral do **Executivo**, visando à correta aplicação da lei. O objetivo imediato de tais atos é explicitar a norma legal a ser observada pela Administração.

Exemplo

Decreto, instrução normativa, regimentos, resoluções.

8.2 Atos ordinatórios

São os que visam disciplinar o funcionamento da Administração e a conduta funcional de seus agentes. São provimentos, determinações ou esclarecimentos que se endereçam aos servidores públicos a fim de orientá-los no desempenho de suas funções.

Exemplo

Instruções, portarias, circulares, avisos, ordens de serviços, despachos.

8.3 Atos negociais

São atos praticados contendo uma declaração de vontade do Poder Público coincidente com a pretensão particular.

- **Licença**: é o ato administrativo **vinculado e definitivo** pelo qual o Poder Público, verificando que o interessado atendeu a todas as exigências legais, possibilita o desempenho de determinada atividade, que não poderia ser realizada sem consentimento prévio da Administração como, por exemplo, o exercício de uma profissão ou o direito de construir.
  Por se tratar de ato vinculado, não admite revogação. Contudo, quanto à **licença para construir**, doutrina e jurisprudência a têm considerado como mera faculdade de agir e, por conseguinte, **suscetível de revogação enquanto não iniciada a obra** licenciada.
- **Autorização**: é o ato administrativo **discricionário e precário** pelo qual o Poder Público torna possível ao pretendente a realização de certa atividade ou utilização de determinados bens particulares ou públicos.
- **Permissão**: é o **ato** administrativo **discricionário e precário,** pelo qual o Poder Público faculta ao particular o **uso** especial de bens públicos a título **gratuito ou remunerado** visando ao interesse da coletividade ou à **prestação de serviços públicos.**

Parte da doutrina entende que com o advento do art. 40 da Lei nº 8.987/1995 não há como sustentar que a permissão para prestação de serviços públicos possa ser ato administrativo, passando a ter caráter contratual. Dessa forma, para essa corrente doutrinária resta como objeto da permissão ato administrativo apenas o **uso** de bens públicos. A posição de José dos Santos Carvalho Filho (2009) é a de que só há ato administrativo de permissão de uso de bens públicos. Essa é a melhor resposta para concursos públicos, já que condiz com o preceito legal.

- **Aprovação**: é ato administrativo pelo qual o Poder Público verifica a legalidade e o mérito de outro ato ou de situações e realizações materiais de seus próprios órgãos, de outras entidades ou de particulares, dependentes de seu controle, e consente na sua execução ou manutenção. Pode ser prévia ou subsequente, **vinculada ou discricionária**, consoante os termos em que é instituída, pois, em certos casos, limita-se à confrontação de requisitos específicos na norma legal e em outros se estende à apreciação da oportunidade e da conveniência.
- **Admissão**: é o ato administrativo **vinculado** pelo qual o Poder Público, verificando a satisfação de todos os requisitos legais pelo particular, defere-lhe determinada situação jurídica de seu exclusivo ou predominante interesse, como ocorre no ingresso aos estabelecimentos de ensino mediante concurso de habilitação.
- **Visto**: é ato administrativo pelo qual o Poder Público controla outro ato da própria Administração ou do administrado, aferindo sua legitimidade formal para dar-lhe exequibilidade. Incide sempre sobre um ato anterior e não alcança seu conteúdo. É ato vinculado.
- **Homologação**: é ato administrativo de controle pelo qual a **autoridade superior** examina a **legalidade e a conveniência, ou somente aspectos de legalidade** de ato anterior da própria Administração, de outra entidade ou de particular, para dar-lhe eficácia. Não admite alteração no ato controlado pela autoridade homologante, que apenas pode confirmá-lo ou rejeitá-lo, para que a irregularidade seja corrigida por quem a praticou.
- **Dispensa**: é o ato administrativo que exime o particular do cumprimento de determinada obrigação até então exigida por lei, como por exemplo, a dispensa do serviço militar. É ato discricionário.
- **Renúncia**: é ato pelo qual o Poder Público extingue unilateralmente um crédito ou um direito próprio, liberando definitivamente a pessoa obrigada perante a Administração. Tratando-se de renúncia por parte da Administração, depende sempre de lei autorizadora.
- **Protocolo administrativo**: é o ato pelo qual o Poder Público acerta com o particular a realização de determinado empreendimento ou atividade ou a abstenção de certa conduta, no interesse recíproco da Administração e do administrado signatário do instrumento protocolar. Esse ato é vinculante para todos que o subscrevem, pois gera alterações e direitos entre as partes.

8.4 Atos enunciativos

São todos aqueles em que a Administração limita-se a certificar ou a atestar fato, ou emitir opinião sobre determinado assunto, sem se vincular ao seu enunciado.

- **Certidões**: são cópias ou fotocópias fiéis e autenticadas de atos ou fatos **constantes** de processo, livro ou documento que se encontre em repartições públicas. Podem ser de inteiro teor, ou resumidas, desde que expressem fielmente o que se contém no original de onde foram extraídas. Em tais atos, o Poder Público não manifesta sua vontade, limitando-se a trasladar para o documento a ser fornecido ao interessado o que consta de seus arquivos.
- **Atestados**: são atos pelos quais a Administração comprova um fato ou uma situação de que tenha **conhecimento** por seus órgãos competentes. Difere da certidão porque o atestado comprova um fato ou uma situação existente, mas não constante de livros, papéis ou documentos em poder da Administração.
- **Pareceres**: são manifestações de órgãos técnicos sobre assuntos submetidos à sua consideração.
- **Apostilas**: são atos enunciativos ou declaratórios de uma situação anterior criada por lei. Equivale à averbação.

8.5 Atos punitivos

São aqueles que contêm uma sanção imposta pela Administração em relação àquele que infringe as disposições legais. Visam punir e reprimir as infrações administrativas ou a conduta irregular de seus servidores ou dos particulares perante a Administração.

Exemplo

Multa, interdição, demolição etc.

9. EXTINÇÃO DOS ATOS ADMINISTRATIVOS

a) **Extinção natural**: ocorre quando o ato produziu todos os seus efeitos.

Exemplo

Autorização para fazer uma festa na praça. O ato de autorização estará extinto, naturalmente, após o evento ser realizado.

b) **Caducidade**: a retirada dá-se porque sobreveio **norma jurídica** que tornou inadmissível a situação antes permitida pelo Direito e outorgada pelo ato precedente.

Exemplo

Lei que proibiu casas de bingo no Brasil.

c) **Cassação**: a retirada dá-se porque o **destinatário descumpriu** condições que deveriam permanecer atendidas a fim de continuar desfrutando da situação jurídica.

Ocorre principalmente nos atos negociais, cuja execução fica a cargo do particular que o obteve regularmente, mas o descumpre ao executá-lo.

Exemplo

Licença concedida para ser hotel, mas funciona como motel.

d) **Contraposição ou derrubada**: um ato administrativo é praticado e um **novo ato** administrativo tem conteúdo que se contrapõe ao primeiro.

Exemplo

Ato de exoneração de servidor público que foi nomeado para cargo em comissão.

e) **Revogação**: a revogação é feita pela Administração quando um ato **legal** deixa de ser conveniente e oportuno.

Exemplo

Revogação de resolução expedida pelo Banco Central que estabelecia sistema de trocas de notas manchadas em virtude de tentativa de roubo em caixas eletrônicos.

Os efeitos da revogação são *ex nunc*, ou seja, daquele momento em diante, para o futuro (prospectivos). Todos os efeitos que decorrem do ato revogado devem ser mantidos.

A competência para revogação só cabe à Administração. Entretanto, o Poder Judiciário poderá revogar os **seus próprios** atos quando estiver no exercício de função administrativa. O Poder Judiciário só faz **revogação** de seus atos administrativos. Em relação a atos administrativos de outro Poder, ele somente **anula** quando forem **ilegais**.

O ato que faz revogação tem natureza **constitutiva**; uma vez que produz uma situação nova.

DICA!

O Poder Judiciário nunca revoga ato administrativo na sua função típica. Apenas quando agir em função administrativa (atípica) poderá revogar seus próprios atos.

- **Atos que não admitem revogação**

1) **Atos vinculados**: não se revogam, pois não há juízo de conveniência e de oportunidade que permita a revogação.

Entretanto, o STF decidiu que a licença para construir, enquanto a obra não for iniciada, pode ser revogada. A licença é ato vinculado, pois, se o interessado atender a todos os requisitos fixados, surge o direito de ter a solicitação deferida. Esse caso seria uma exceção em que caberia revogação de ato vinculado.

2) **Atos exauridos ou consumados**: não se revogam, pois já produziram seus efeitos.

Exemplo

Férias gozadas; autorização para festa em que o evento já foi realizado.

3) **Atos que geram direitos adquiridos**: ato que gera direito adquirido não pode ser revogado, pois o direito incorpora-se ao seu titular, não podendo ser extinto por questão de conveniência e de oportunidade da Administração.

Exemplo

Nomeação gera direito à posse em cargo público.

4) **Atos integrativos de um procedimento administrativo**: não se revogam, pois se opera a preclusão do ato anterior pela prática do ato sucessivo. A preclusão é a perda de se realizar determinados atos em uma fase do procedimento. No procedimento licitatório existem vários atos encadeados entre si (edital, habilitação, julgamento, classificação e adjudicação). Após cada fase da licitação, não é possível a revogação de atos que integram essa fase. Se, por exemplo, a licitação já se encontra na fase de homologação, não é possível revogar isoladamente qualquer ato anterior. Toda a licitação pode ser revogada, mas não ato isolado após a sua preclusão.

5) **Meros atos administrativos ou atos enunciativos**: *ex.*: pareceres, certidões e atestados. Esses atos não são passíveis de juízo de conveniência e oportunidade. No caso de uma certidão de nascimento, há o nascimento de uma criança, o posterior registro e a expedição da certidão. Não é possível análise de conveniência e oportunidade sobre esse fato.

6) **Atos consultivos**: não se revogam porque não dependem de análise de conveniência e oportunidade.

7) **Anulação/invalidação**: ocorre quando a Administração **ou** o Poder Judiciário declara a extinção do ato administrativo por motivos de **vícios** no ato praticado com a produção de efeitos retroativos.

A anulação tem por pressuposto a análise de legalidade/legitimidade, pois são analisados os aspectos legais do ato. Verifica-se se o ato respeitou os requisitos legais e os demais princípios administrativos. Assim, como a anulação pressupõe a análise da legitimidade do ato administrativo, pode ser feita pela própria Administração, de ofício ou mediante provocação, ou pelo Poder Judiciário, desde que seja provocado.

O vício que torna o ato ilegal pode estar presente em qualquer dos seus requisitos de validade (competência, finalidade, forma, motivo e objeto).

Os efeitos de uma anulação são *ex tunc*, ou seja, retroativos. A partir da anulação de um ato, como regra, todos os seus efeitos serão desconstituídos.

Existem atos ilegais que poderão ter seus efeitos mantidos pela convalidação (atos anuláveis). Quando o vício for relativo à competência e à forma, como regra, será possível a convalidação. Irregularidades relativas à finalidade, ao motivo e ao objeto não admitem a correção. Nessa hipótese, o ato impreterivelmente será anulado.

O prazo para a anulação de atos ilegais é de cinco anos, salvo comprovada má-fé.

ATENÇÃO!

O Poder Judiciário nunca revoga ato na sua função típica.	**Certo**. Só revogará seus próprios atos (função atípica).
O Poder Judiciário somente revoga ato na sua função atípica.	**Certo**. Quando revoga seus próprios atos está na função atípica.
O Poder Judiciário somente anula ato na sua função típica.	**Errado**. Poderá anular seus atos administrativos (ilegais) na sua função atípica.

Quadro sinótico das diferenças entre revogação e anulação

	Revogação	Anulação/Invalidação
Atos	Legais	Ilegais
Análise	Conveniência e oportunidade (mérito)	Legalidade/legitimidade
Competência	Administração	Administração ou Poder Judiciário
Prazo	Não há prazo fixado em lei	5 anos, salvo comprovada má-fé (art. 54, Lei nº 9.784/1999)

10. CONVALIDAÇÃO OU SANATÓRIA

A convalidação, também conhecida como sanatória, é a correção do vício existente no ato administrativo como forma de manter esse ato produzindo seus efeitos e restaurando a legalidade.

A convalidação possui efeitos retroativos (*ex tunc*), pois aproveita os efeitos produzidos no passado.

O art. 55 da Lei nº 9.784/1999 trouxe três requisitos para a possibilidade de convalidação dos atos administrativos:

a) não acarretar lesão ao interesse público;

b) não acarretar prejuízo a terceiros;

c) apresentar vício sanável.

A doutrina tem entendido que os vícios sanáveis, passíveis de convalidação, são os vícios de **competência** (salvo se for competência exclusiva) e **forma** (quando essa forma não for essencial à validade do ato administrativo). *Ex.*: necessidade de a desapropriação ser iniciada mediante decreto do Chefe do Poder Executivo.

De acordo com o texto do art. 55 da Lei nº 9.784/1999, a convalidação é uma faculdade da Administração. Porém, a doutrina entende que haverá um dever de convalidar para a Administração Pública e não uma faculdade, desde que o ato não tenha sido impugnado pelo interessado.

A única exceção que exclui a regra da obrigatoriedade de convalidação apontada pela doutrina é a hipótese em que o ato apresenta **vício de competência em ato discricionário**. Nesse caso, reconhece-se que optar pela convalidação, ou não, é faculdade atribuída ao agente de fato capaz e competente para praticar o ato.

O ato que convalida tem efeitos *ex tunc*, uma vez que retroagem em seus efeitos, ao momento em que foi praticado o ato originário.

OBSERVAÇÃO!

Quanto ao motivo, ao objeto e à finalidade não é possível a convalidação.

Os atos **inexistentes** são aqueles que só têm aparência de legalidade, mas que não chegam a produzir nenhum efeito para o Direito Administrativo porque decorrem de condutas vedadas pelo Direito. Essa categoria de atos não são passíveis de convalidação.

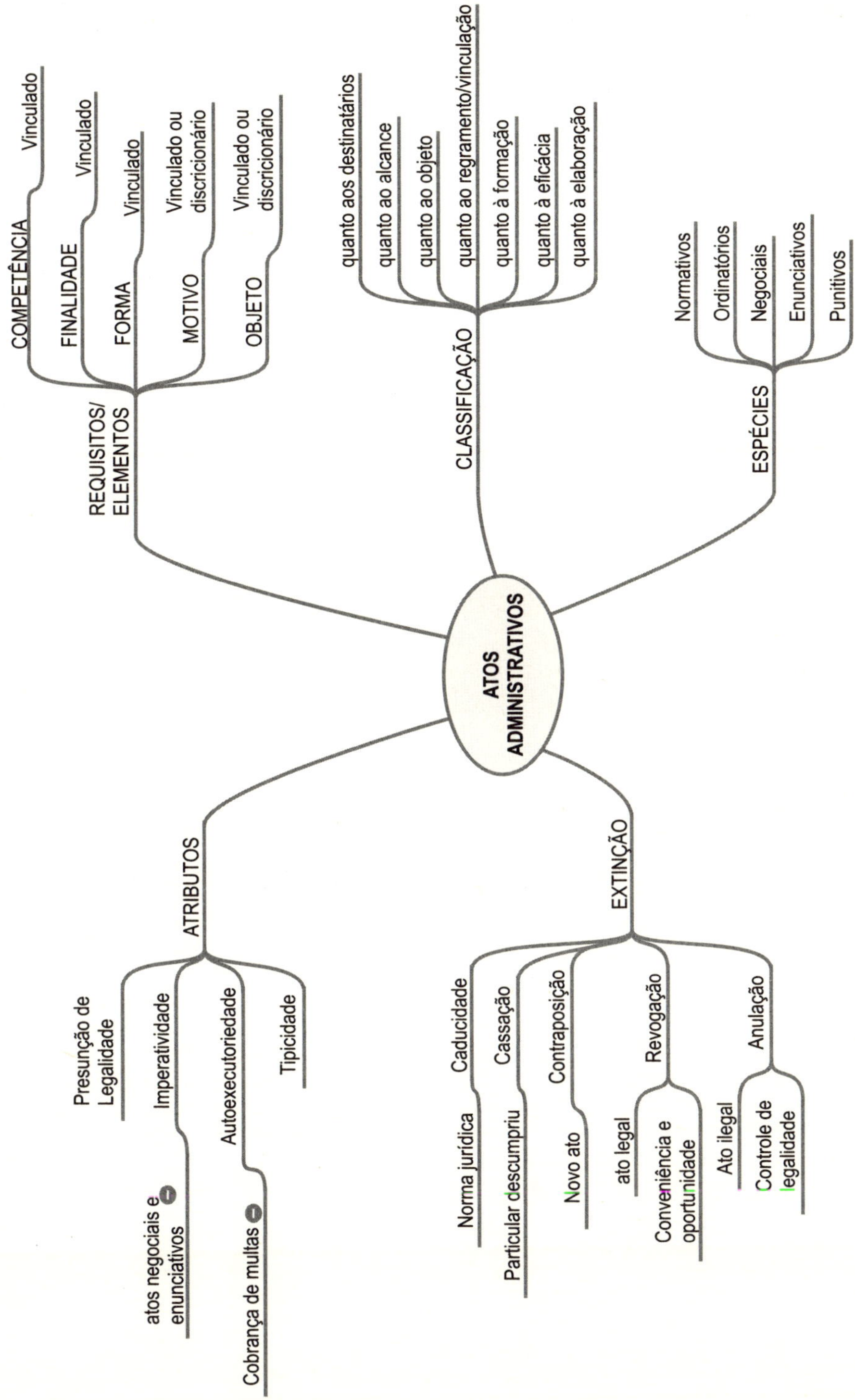
ATOS ADMINISTRATIVOS
REQUISITOS/ ELEMENTOS
COMPETÊNCIA
Vinculado
FINALIDADE
Vinculado
FORMA
Vinculado
MOTIVO
Vinculado ou discricionário
OBJETO
Vinculado ou discricionário
CLASSIFICAÇÃO
quanto aos destinatários
quanto ao alcance
quanto ao objeto
quanto ao regramento/vinculação
quanto à formação
quanto à eficácia
quanto à elaboração
ESPÉCIES
Normativos
Ordinatórios
Negociais
Enunciativos
Punitivos
ATRIBUTOS
Presunção de Legalidade
Imperatividade
atos negociais e enunciativos
Autoexecutoriedade
Cobrança de multas
Tipicidade
EXTINÇÃO
Caducidade
Norma jurídica
Cassação
Particular descumpriu
Contraposição
Novo ato
Revogação
ato legal
Conveniência e oportunidade
Anulação
Ato ilegal
Controle de legalidade

CAPÍTULO 5
Poderes Administrativos

1. CONCEITO

Segundo José dos Santos Carvalho Filho (2009), trata-se do conjunto de prerrogativas de Direito Público que a ordem jurídica confere aos agentes administrativos para o fim de permitir que o Estado alcance seus fins.

2. DEVERES DO ADMINISTRADOR

Em razão dos poderes conferidos ao agente público, surgem alguns deveres:

- **dever de agir**: não pode o agente público manter-se inerte diante de situação em que o poder deva ser exercido;
- **dever de prestar contas**: o agente público ocupa função pública e representa a sociedade, portanto, tem o dever de ser transparente e expor a atividade desenvolvida e os custos dessa atividade;
- **dever de eficiência**: não basta atuar de acordo com a lei. No exercício de seus poderes, o administrador deve desempenhá-los com eficiência;
- **dever de probidade**: deve o agente público atuar com boa-fé, ética e honestidade no exercício de suas funções.

A inobservância do dever de probidade pode resultar na interposição de ação de improbidade, com as sanções impostas pelo art. 37, § 4º, da CF e pela Lei nº 8.429/1992.

3. ABUSO DE PODER

O exercício dos poderes administrativos deve ser utilizado de modo correto, a fim de que o agente público não cometa **abuso de poder**.

O abuso de poder ocorre quando a autoridade, embora competente para praticar o ato, **ultrapassa** os limites de suas atribuições; ou pratica ato visando ao interesse próprio ou utilizando atos para **finalidades** não previstas em lei.

O abuso de poder pode ocorrer de duas formas:

- **excesso de poder**: quando a autoridade, embora competente para praticar o ato, vai além do permitido e exorbita no uso de suas atribuições administrativas. O abuso de poder pelo excesso viola o requisito de **competência** do ato administrativo.
- **desvio de finalidade/desvio de poder**: embora atuando nos limites de sua competência, pratica o ato por motivos pessoais ou com fins diversos dos objetivos dados pela lei ou exigidos pelo interesse público. O abuso de poder pelo desvio viola o requisito da **finalidade.** *Ex.*: desapropriação para prejudicar desafeto político, remoção de servidor com caráter punitivo.

O desvio da finalidade pode ser genérico ou específico. Os atos administrativos têm **finalidade genérica**, satisfação do interesse público, e **finalidade específica**, fim específico do ato que foi criado.

Importante salientar que a remoção prevista na Lei nº 8.112/1990 somente pode ser utilizada para adequação de lotação do servidor, pois essa foi a finalidade de interesse público atribuída à remoção. Portanto, se a remoção for utilizada para punir o servidor, será ato ilegal e que deve ser anulado.

A remoção prevista na Lei nº 8.112/1990 não pode ter caráter punitivo.

4. ESPÉCIES DE PODERES

4.1 Poder Hierárquico

Poder hierárquico é o poder de que dispõe a Administração para distribuir e escalonar as funções de seus órgãos, ordenar e rever a atuação de seus agentes, estabelecendo a relação de subordinação entre os servidores do seu quadro de pessoal.

Hierarquia é a relação de subordinação existente entre os vários órgãos e agentes do Executivo. Assim, conclui-se que não há hierarquia no Judiciário e no Legislativo, **nas suas funções próprias (típicas)**, pois ela é privativa da função administrativa.

Vale também lembrar que não há relação de hierarquia entre os entes da Administração direta e as entidades da Administração indireta, pois o que existe, na verdade, é apenas uma vinculação, sendo o controle exercido apenas finalístico.

Também não há hierarquia entre os entes federativos: União, Estados, DF e Municípios.

4.1.1 Consequências da hierarquia

- **Poder de fiscalização e revisão**: com efeito, órgãos superiores fazem a fiscalização e a revisão de atos praticados por órgãos inferiores para a verificação do exercício correto da atividade e para a devida correção de atos irregulares.
- **Poder de delegação e avocação**: a delegação e avocação ocorrem em situações onde o sujeito que recebeu atribuição da lei não pratica o ato. No caso da delegação, a autoridade transfere parte de sua competência para outro agente praticar o ato em seu lugar. Na avocação, uma autoridade chama para si ato que seria de seu subordinado.

A competência é irrenunciável, uma vez que o agente público não pode recusar uma competência que lhe foi atribuída. Entretanto, ela pode ser objeto de delegação.

O art. 12 da Lei nº 9.784/1999 determina que um órgão administrativo e seu titular possam, se não houver impedimento legal, delegar parte da sua competência a outros órgãos ou titulares, ainda que estes não lhe sejam hierarquicamente subordinados, quando for conveniente, em razão de circunstâncias de índole técnica, social, econômica, jurídica ou territorial.

Por outro lado, a **avocação** ocorre quando o superior hierárquico subtrai parte da competência atribuída originariamente ao seu subordinado. Importante salientar que a avocação é uma medida excepcional, bem como a lei não prevê a avocação de atribuição de órgão ou agente não subordinado.

Entretanto, ao contrário da delegação, a avocação só ocorre em situações excepcionais e temporárias e exige relação de hierarquia. Assim, para haver avocação deve existir uma autoridade superior que chama para si ato que seria de seu subordinado. (Veja tabela diferenciando **delegação** e **avocação** na pág. 86).

- **Poder de punir**: o exercício do poder de punir exige relação de hierarquia. Com efeito, se não houvesse na Administração uma estrutura dividida em vários órgãos e agentes com relação de hierarquia entre si, não haveria a possibilidade de serem aplicadas sanções aos servidores, pois, para isso, é essencial que um superior aplique punição ao seu subordinado.

4.2 Poder disciplinar

É o poder de punir internamente as infrações funcionais dos servidores e demais pessoas sujeitas à disciplina dos órgãos e serviços da Administração como, por exemplo, aplicação de multa/advertência em particular que foi contratado pela Administração para execução de algum serviço.

Exemplo

Concessionários e permissionários de serviço público e alunos em universidades.

A característica deste poder é a discricionariedade, no sentido de que a Administração não está vinculada à sanção a ser aplicada. O art. 128 da Lei nº 8.112/1990 exige que antes de ser aplicada a sanção ao servidor devem ser analisados: a conduta do servidor, os seus antecedentes, a gravidade da situação e os danos gerados ao serviço público. Trata-se de **discricionariedade limitada**, pois a Administração tem liberdade de aplicar apenas as sanções já previstas em lei.

Mas, cuidado: se ficar provado que o servidor cometeu um ato ilegal, ele deve ser punido, nesse aspecto não há liberdade, passando a ser **ato vinculado**.

Também é discricionário porque não há a necessidade de todas as infrações administrativas estarem previamente definidas em lei. Prevalece no Direito Administrativo o princípio da atipicidade, ao contrário do Direito Penal em que todos os ilícitos penais já estão descritos em lei.

A motivação da punição disciplinar é sempre imprescindível para a validade da sanção.

O poder disciplinar é exercido pela Administração. Entretanto, se a infração disciplinar praticada pelo servidor caracterizar ilícito, penal o servidor responderá também na esfera penal, sendo as duas instâncias independentes, salvo no caso do art. 126 da Lei nº 8.112/1990:

> **Art. 126.** A responsabilidade administrativa do servidor será afastada no caso de absolvição criminal que negue a existência do fato ou sua autoria.

Assim, absolvido na esfera penal com base em um desses dois fundamentos, o servidor não poderá receber punição na via administrativa.

CUIDADO!

As bancas de concurso, geralmente, colocam questões em que o servidor foi absolvido na esfera penal por **falta/ausência de provas**, mas esta hipótese não vincula a decisão administrativa.

Conforme a Súmula Vinculante nº 5 do STF, "A falta de defesa técnica por advogado no processo administrativo disciplinar não ofende a Constituição."

4.3 Poder regulamentar

O Poder Legislativo, ao editar as leis, nem sempre possibilita que sejam elas executadas. Cumpre à Administração criar mecanismos de complementação das leis indispensáveis a sua efetiva aplicabilidade.

Dessa forma, poder regulamentar é o poder de que dispõem os chefes do Poder Executivo para editarem decretos visando à correta execução da lei.

Alguns autores preferem falar em **poder normativo**, no sentido de que é a competência da **Administração** para a edição de atos de caráter normativo, pois o poder regulamentar não esgota toda competência normativa da Administração. Assim, o poder regulamentar pertence aos chefes do Poder Executivo e o poder normativo pertence a toda a Administração.

A prerrogativa é somente para complementar a lei, não pode, por isso, alterá-la a pretexto de estar regulamentando. Por essa razão, o art. 49, V, da CF autoriza o Congresso Nacional a sustar atos normativos que extrapolem o poder de regulamentação.

4.3.1 Regulamentos autônomos

Há profunda divergência na doutrina sobre a possibilidade de o Executivo editar os denominados regulamentos autônomos (atos que não regulamentam lei anterior). Contudo, para concursos é possível admitir decretos autônomos unicamente na hipótese do art. 84, VI, da CF:

> *a*) **organização e funcionamento** da Administração Federal, quando não implicar aumento de despesa nem criação ou extinção de órgãos públicos;
> *b*) **extinção** de funções ou cargos públicos, quando **vagos**;

4.4 Poder discricionário

É a prerrogativa concedida aos agentes administrativos de elegerem, entre as várias condutas possíveis, a que traduz maior conveniência e oportunidade para o interesse público.

Há possibilidade de limitação ao poder discricionário, permitindo maior controle do Judiciário sobre os atos que dele derivem. O controle judicial alcançará todos os aspectos de legalidade.

4.5 Poder de polícia

É o poder de que dispõe o Estado para condicionar e restringir o uso e o gozo de **bens, atividades e direitos**, em benefício da coletividade.

Seu fundamento é o princípio da supremacia do interesse público sobre o privado.

Diz-se que o poder de polícia é **negativo** no sentido de que por meio dele o Poder Público interfere na vida do particular para limitar, restringir sua esfera de direitos e, muitas vezes, impondo dever de abster-se de praticar determinadas condutas (*ex.*: não construir acima de certa altura).

4.5.1 Poder de polícia no Direito Positivo

A CF autoriza a União, os Estados, o DF e os Municípios a instituírem **taxas** em razão do exercício do poder de polícia (art. 145, II).

O Código Tributário Nacional, em seu art. 78, também permite a imposição de taxas e considera poder de polícia a

> atividade da Administração Pública que, limitando ou disciplinando direito, interesse ou liberdade, regula a prática de ato ou a abstenção de fato, em razão de interesse público concernente à segurança, à higiene, à ordem, aos costumes, à disciplina da produção e do mercado, ao exercício de atividades econômicas dependentes de concessão ou autorização do Poder Público, à tranquilidade pública ou ao respeito à propriedade e aos direitos individuais ou coletivos.

CUIDADO!

Em razão do exercício do poder de polícia, a espécie tributária que pode ser cobrada é a **taxa**. Outras espécies tributárias como impostos e contribuições não decorrem do exercício do poder de polícia, pois possuem outro fato gerador. Vale salientar também que taxa é diferente de tarifa ou preço público.

4.5.2 Atributos

a) **Discricionariedade**: existe liberdade no uso das atividades a serem **policiadas**, na gradação das sanções aplicáveis aos infratores, bem como para decidir o melhor momento de atuação.

Entretanto, o poder de polícia também pode manifestar-se de modo **vinculado**, em especial, por meio de **licenças** para a realização de atividades. A licença é espécie de ato vinculado, tendo em vista que o preenchimento de todas as exigências fixadas em lei gera para o interessado o direito à pretensão requerida, como acontece com a licença para construir ou dirigir veículos.

NOTA!

- **Autorização**: poder de polícia atuando de modo discricionário, pois a autorização é ato discricionário e precário.
- **Licença**: poder de polícia atuando de modo vinculado, pois a licença é ato vinculado e definitivo.

b) **Autoexecutoriedade**: sem necessidade de intervenção prévia do Poder Judiciário.

Exemplo

Demolição de edificação irregular.

OBSERVAÇÃO!

Excluem-se da autoexecutoriedade a cobrança de multas. Somente podem ser cobradas por via judicial.

Celso Antônio Bandeira de Mello (2009) aponta três hipóteses em que é possível a autoexecutoriedade:

a) quando a lei autoriza;

b) quando for urgente a providência administrativa;

c) quando não houver outra via de resguardar o interesse público.

c) **Coercibilidade**: imposição coativa das medidas adotadas. Todo ato de polícia é imperativo, admitindo até força pública para o seu cumprimento, quando resistido pelo administrado.

4.5.3 Condições de validade

- **Proporcionalidade da sanção**: o poder de polícia autoriza limitações, restrições, condicionamentos; **nunca** supressão total do direito individual ou da propriedade particular, o que só poderá ser feito por desapropriação.
- **Legalidade dos meios empregados**: os meios devem ser legítimos. A demolição de obras, a destruição de bens particulares, o emprego da força física, só se justificam como expedientes extremos do Poder Público. Enquanto houver outros meios de se realizar o poder de polícia, tais medidas devem ser evitadas.

4.5.4 Polícia administrativa e polícia judiciária

	Polícia Administrativa	Polícia Judiciária
Momento de atuação	Regra: preventivo (evita danos à sociedade) Pode ser repressivo (*ex.*: aplicação de multa, demolição)	Regra: repressivo (apuração de crimes) Pode ser preventivo
Regime jurídico	Normas e princípios administrativos	Lei processual penal
Competência para exercer as atividades	Qualquer órgão/entidade designado por lei	Corporações especializadas (*ex.*: Polícia Civil/Federal)
Finalidades	Combater atividades antissociais	Responsabilizar os infratores da lei penal
Destinatários	Bens, direitos, atividades (não é a pessoa)	A pessoa

OBSERVAÇÃO!

Ambas as atividades (polícias administrativa e judiciária) exercem e decorrem do poder de polícia do Estado.

4.5.5 Poder de polícia em sentido amplo

Abrange tanto os **atos do Legislativo** quanto os do **Executivo**. Refere-se ao complexo de medidas do Estado que delineia a esfera juridicamente tutelada da liberdade e da propriedade dos cidadãos. Reporta-se, sobretudo, às normas legislativas por meio das quais o Estado regula direitos privados.

4.5.6 Poder de polícia em sentido estrito

São intervenções gerais e abstratas, como os regulamentos; ou concretas e específicas, como autorizações e licenças do Poder Executivo.

Configura-se como atividade administrativa, que consubstancia verdadeira prerrogativa conferida aos agentes da Administração, consistente no poder de restringir e condicionar a **liberdade e a propriedade**.

4.5.7 Atos pelos quais se expressa a polícia administrativa

Manifesta-se por meio de **atos normativos de alcance geral**: regulamentos ou portarias que regulam o uso de fogos de artifício ou proíbem soltar balões; normas que disciplinem horários e condições de vendas de bebidas alcoólicas em certos locais.

Também se manifesta por meio de atos **concretos e específicos**, como a apreensão de edição de revista ou jornal de uma reunião subversiva ou que tenha reportagem sediciosa, imoral ou dissoluta; fechamento de estabelecimento comercial aberto sem a prévia obediência aos requisitos normativos; interdição de hotel utilizado para exploração do lenocínio; remoção de veículo que obstrua via pública.

Bem como, por meio de **atos fiscalizadores**: a Administração previamente se acautela de eventuais danos que poderiam advir da ação de particulares.

Exemplo

Fiscalização de condições de higiene dos estabelecimentos; vistoria de veículos; fiscalização da caça.

Licenças e autorizações são consentimentos dispensados aos indivíduos. Representam a resposta positiva da Administração aos pedidos formulados por indivíduos interessados em exercer determinada atividade.

Exemplo

Licença para construção; autorização para compra de arma de fogo e para o porte.

No caso da licença, há um direito preexistente à atividade ou ao uso do bem. No caso da autorização, não há qualquer direito preexistente.

O alvará é o instrumento de formalização desses atos.

4.5.8 Delegação de atos de polícia administrativa

Celso Antônio (2009) diz que somente em casos excepcionais poderiam ser delegados a particulares ou ser por eles praticados, como, por exemplo, os capitães de navio. Com efeito, ofenderia o equilíbrio entre os particulares em geral, ensejando que uns oficialmente exercessem supremacia sobre outros.

Portanto, não é possível delegar o poder de polícia para particulares.

Entretanto, certos atos materiais que são anteriores a atos jurídicos de polícia podem ser praticados por particulares. *Ex.:* verificação do cumprimento de normas de trânsito mediante equipamentos fotossensores, pertencentes e operados por empresas privadas controladas pelo Poder Público. Constatações utilizadas por tal meio caracterizam-se pela impessoalidade e asseguram, além da exatidão, a igualdade completa no tratamento dos administrados, o que não seria possível obter com o concurso da pessoa humana.

Nesse meio não está envolvida expedição de sanção administrativa e nem mesmo a decisão sobre se houve ou não violação de norma de trânsito, mas mera constatação objetiva de um fato.

Há, ainda, a possibilidade de particulares serem encarregados de praticar ato **posterior** a ato jurídico de polícia, quando se trate de executar materialmente ato jurídico referente à propriedade dos administrados.

Exemplo

Contratar uma empresa privada de demolição ou implosão para destruir obras efetuadas irregularmente.

Resumindo:

Não há delegação de ato jurídico de polícia a particular. Pode haver, entretanto, habilitação do particular à prática de ato material preparatório ou sucessivo a ato de poder de polícia.

José dos Santos Carvalho Filho (2009) entende que inexiste qualquer vedação constitucional para que **pessoas administrativas** de direito privado possam exercer o poder de polícia na modalidade **fiscalizatória**. Não lhes cabe, é claro, o poder de criação das normas restritivas de polícia. Deve ser verificado o preenchimento de três condições:

a) a entidade deve integrar a estrutura da Administração indireta (empresa pública ou sociedade de economia mista);

b) competência delegada conferida por lei;

c) somente atos de natureza fiscalizatória.

O mesmo autor deixa claro que a delegação não pode ser outorgada a pessoas da iniciativa privada, desprovidas de vinculação oficial com os agentes públicos.

Devemos destacar **decisão do STJ** que entendeu **possível a delegação à sociedade de economia mista de atos de fiscalização e consentimento** decorrentes do poder de polícia. Confira o julgado:

> ADMINISTRATIVO. PODER DE POLÍCIA. TRÂNSITO. SANÇÃO PECUNIÁRIA APLICADA POR SOCIEDADE DE ECONOMIA MISTA. IMPOSSIBILIDADE.
>
> 1. Antes de adentrar o mérito da controvérsia, convém afastar a preliminar de conhecimento levantada pela parte recorrida. Embora o fundamento da origem

tenha sido a lei local, não há dúvidas que a tese sustentada pelo recorrente em sede de especial (delegação de poder de polícia) é retirada, quando o assunto é trânsito, dos dispositivos do Código de Trânsito Brasileiro arrolados pelo recorrente (arts. 21 e 24), na medida em que estes artigos tratam da competência dos órgãos de trânsito. O enfrentamento da tese pela instância ordinária também tem por consequência o cumprimento do requisito do prequestionamento.
2. No que tange ao mérito, convém assinalar que, em sentido amplo, poder de polícia pode ser conceituado como o dever estatal de limitar-se o exercício da propriedade e da liberdade em favor do interesse público. A controvérsia em debate é a possibilidade de exercício do poder de polícia por particulares (no caso, aplicação de multas de trânsito por sociedade de economia mista).
3. As atividades que envolvem a consecução do poder de polícia podem ser sumariamente divididas em quatro grupo, a saber: (i) legislação, (ii) consentimento, (iii) fiscalização e (iv) sanção.
4. No âmbito da limitação do exercício da propriedade e da liberdade no trânsito, esses grupos ficam bem definidos: o CTB estabelece normas genéricas e abstratas para a obtenção da Carteira Nacional de Habilitação (legislação); a emissão da carteira corporifica a vontade o Poder Público (consentimento); a Administração instala equipamentos eletrônicos para verificar se há respeito à velocidade estabelecida em lei (fiscalização); e também a Administração sanciona aquele que não guarda observância ao CTB (sanção).
5. Somente os atos relativos ao consentimento e à fiscalização são delegáveis, pois aqueles referentes à legislação e à sanção derivam do poder de coerção do Poder Público.

Vale salientar que as **autarquias** (entidades da Administração indireta), por serem dotadas de personalidade jurídica de direito público, podem receber a delegação para o exercício do poder de polícia. *Ex.*: Detran e Procon.

O Supremo tribunal Federal, ao julgar a ADI nº 1.717 entendeu que pessoas de direito privado não podem exercer o poder de polícia. No caso concreto, a Lei nº 9.649/1998 conferiu natureza de direito privado aos conselhos regionais que fiscalizam profissão. Segundo o STF, o serviço de fiscalização constitui atividade típica do Estado, envolvendo, também, poder de polícia, poder de tributar e de punir, insuscetíveis de delegação a entidades privadas.

4.5.9 Sanções de polícia

Somente a lei pode instituir sanções em decorrência do exercício do poder de polícia, mas não se deve confundir sanções com medidas administrativas pois, por vezes, as duas podem ter o mesmo conteúdo. *Ex.*: interditar estabelecimento. Tanto pode ser sanção de polícia como ato punitivo, como pode também ser medida administrativa, adotada em face da prática de ato ilegal.

4.5.9.1 Prescrição

A prescrição ocorre em **cinco anos**, contados da data da prática do ato ou, em se tratando de infração permanente ou continuada, do dia em que tiver cessado.

Porém, se o fato **constituir crime**, o prazo prescricional **será o mesmo atribuído pela lei penal**, conforme a Lei nº 9.873/1999.

A prescrição ocorre também sobre procedimentos administrativos paralisados por mais de três anos na hipótese em que se aguarda despacho ou julgamento da autoridade administrativa (art. 1º, § 1º, da Lei nº 9.873/1999).

Vale salientar que a prescrição tratada na citada lei somente tem incidência específica para as infrações relacionadas ao poder de polícia, sendo inaplicável em processos administrativos funcionais e tributários. Outrossim, destina-se somente à órbita federal.

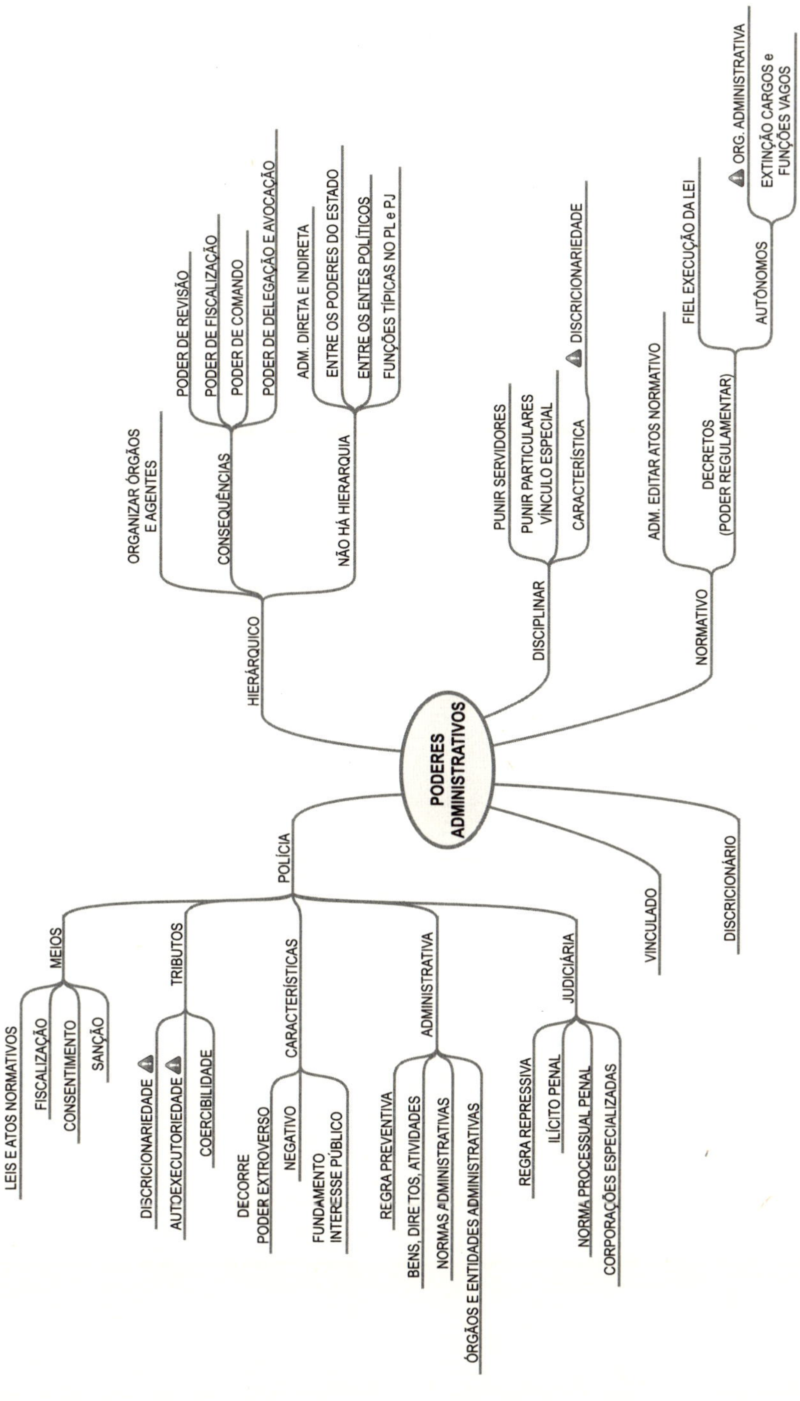
PODERES ADMINISTRATIVOS
HIERÁRQUICO
ORGANIZAR ÓRGÃOS E AGENTES
CONSEQUÊNCIAS
PODER DE REVISÃO
PODER DE FISCALIZAÇÃO
PODER DE COMANDO
PODER DE DELEGAÇÃO E AVOCAÇÃO
NÃO HÁ HIERARQUIA
ADM. DIRETA E INDIRETA
ENTRE OS PODERES DO ESTADO
ENTRE OS ENTES POLÍTICOS
FUNÇÕES TÍPICAS NO PL e PJ
DISCIPLINAR
PUNIR SERVIDORES
PUNIR PARTICULARES VÍNCULO ESPECIAL
CARACTERÍSTICA
DISCRICIONARIEDADE
NORMATIVO
ADM. EDITAR ATOS NORMATIVO
DECRETOS (PODER REGULAMENTAR)
FIEL EXECUÇÃO DA LEI
AUTÔNOMOS
ORG. ADMINISTRATIVA
EXTINÇÃO CARGOS e FUNÇÕES VAGOS
POLÍCIA
MEIOS
LEIS E ATOS NORMATIVOS
FISCALIZAÇÃO
CONSENTIMENTO
SANÇÃO
TRIBUTOS
DISCRICIONARIEDADE
AUTOEXECUTORIEDADE
COERCIBILIDADE
CARACTERÍSTICAS
DECORRE PODER EXTROVERSO
NEGATIVO
FUNDAMENTO INTERESSE PÚBLICO
ADMINISTRATIVA
REGRA PREVENTIVA
BENS, DIREITOS, ATIVIDADES
NORMAS ADMINISTRATIVAS
ÓRGÃOS E ENTIDADES ADMINISTRATIVAS
JUDICIÁRIA
REGRA REPRESSIVA
ILÍCITO PENAL
NORMA PROCESSUAL PENAL
CORPORAÇÕES ESPECIALIZADAS
VINCULADO
DISCRICIONÁRIO

CAPÍTULO 6
Licitação

1. CONCEITO

A licitação é o procedimento administrativo que visa escolher a proposta mais vantajosa para o futuro contrato. A Lei nº 8.666/1993 estabelece normas gerais de licitação e contratação para todos os níveis da Federação.

2. OBJETIVO

O art. 3º da lei estabelece que o objetivo da licitação é a escolha da proposta mais **vantajosa** para o futuro contrato, fazer prevalecer o princípio da **isonomia** e visa à promoção do desenvolvimento nacional **sustentável**.

3. NORMAS GERAIS

O art. 22, XXVII, da CF atribui competência para a União estabelecer **normas gerais** de licitação e contratação, em todas as modalidades, para as administrações públicas diretas, autárquicas e fundacionais da União, dos Estados, do Distrito Federal e dos Municípios, obedecido o disposto no art. 37, XXI, e para as empresas públicas e as sociedades de economia mista, nos termos do art. 173, § 1º, III. Dessa forma, a União fixa as normas gerais que devem ser observadas por todos os entes federativos e estes podem editar normas próprias para disciplinar o regime de licitação e contratação no seu âmbito de atuação desde que não viole a lei de normas gerais editada pela União.

A lei que rege as normas gerais é a Lei nº 8.666/1993, fixando normas para a União e para as demais unidades de Federação.

A criação de nova modalidade de licitação é de competência da União, pois é assunto de norma geral, devendo ser feita por lei.

4. OBRIGATORIEDADE

O art. 22, XXVII, da CF e o art. 1º da Lei nº 8.666/1993 exigem a obrigatoriedade de licitação antes da celebração de contratos.

Todos os níveis federativos estão abrangidos na obrigatoriedade do procedimento licitatório, seja em nível federal, estadual, do DF e Municípios, bem como toda Administração direta, autárquica e fundacional. Todas as fundações governamentais estão obrigadas a licitar, seja fundação pública de direito público ou fundação pública de direito privado.

O art. 1º da Lei nº 8.666/1993 estabelece a obrigatoriedade para todos os órgãos da Administração direta, os fundos especiais, as autarquias, as fundações públicas, as empresas públicas, as sociedades de economia mista e demais entidades **controladas** direta ou indiretamente pela União, Estados, Distrito Federal e Municípios.

Cabe destacar, também, que o entendimento atual do TCU é no sentido de que os Serviços Sociais Autônomos, Sistema "S", como, por exemplo, Sesc, Senai, Senat, Senac etc., não precisam fazer licitação nos moldes da Lei nº 8.666/1993; contudo, antes das contratações, devem realizar procedimento que **observe os princípios da licitação.**[4]

Questão de Concurso

(Consulplan/TSE/Analista Judiciário/Área Administrativa/2012 – adaptada) No Brasil, não existe exceção em relação à obrigatoriedade de licitação para a Administração Pública contratar.

Gabarito: errado. Veremos mais adiante que existem casos de contratação direta sem licitação (dispensa e inexigibilidade).

5. LICITAÇÃO PARA EMPRESAS PÚBLICAS E SOCIEDADES DE ECONOMIA MISTA

Doutrina e jurisprudência possuem o seguinte entendimento: se for empresa pública ou sociedade de economia mista que **presta serviços públicos** deve realizar licitação nos termos da Lei nº 8.666/1993; entretanto, se for entidade que **explora atividade econômica** (*ex.*: BB e CEF) deve-se verificar a atividade que será objeto do contrato. Se for **atividade-fim**, não se utiliza a Lei nº 8.666/1993, pois seria inviável para essa empresa estatal concorrer com as demais da atividade privada e ter que

[4] Acórdão nº 3.493/2010, Primeira Câmara, TC nº 019.680/2009-2, Rel. Min. Walton Alencar Rodrigues, 15/6/2010.

obedecer aos rígidos comandos da Lei de Licitações. Por outro lado, se for na **atividade-meio**, deve fazer licitação e utilizar a Lei de Licitações (veja mais detalhes no capítulo sobre organização administrativa - tópico: sociedade de economia mista e empresa pública)

6. PRINCÍPIOS

Determina o art. 3º que

> A licitação destina-se a garantir a observância do princípio constitucional da isonomia e a selecionar a proposta mais vantajosa para a Administração e a **promoção do desenvolvimento nacional**, e será processada e julgada em estrita conformidade com os princípios básicos da legalidade, da impessoalidade, da moralidade, da igualdade, da publicidade, da probidade administrativa, da vinculação ao instrumento convocatório, do julgamento objetivo e dos que lhes são correlatos.

6.1 Legalidade

O princípio da legalidade aplicável a todo o Direito Administrativo significa que o agente público somente pode fazer aquilo que a lei autoriza; sua função é cumprir a lei. Nas licitações, o princípio possui o mesmo sentido, uma vez que o agente público que atua no ramo das licitações está adstrito aos limites definidos em lei; toda sua atividade é pautada na lei.

6.2 Vinculação ao instrumento convocatório/edital

A licitação é procedimento vinculado não só à lei, mas, também, ao edital. Este é o instrumento que divulga a licitação e fixa as regras que deverão ser cumpridas, tanto pelos licitantes, como também pela própria Administração que o elaborou, portanto, ninguém poderá descumpri-lo.

> **Art. 41.** A Administração não pode descumprir as normas e condições do edital, ao qual se acha estritamente vinculada.

Significa que as regras traçadas para o procedimento devem ser fielmente observadas por todos. (CARVALHO FILHO, 2009).

6.3 Publicidade

A licitação é procedimento que exige ampla divulgação, não só do instrumento convocatório, mas, também, de todas as suas fases. Quanto maior for o número de participantes, maiores chances terá a Administração de obter uma proposta vantajosa.

Contudo, o § 3º do art. 3º contém ressalva quanto ao conteúdo das propostas até sua abertura.

Conforme a lei, a **única fase sigilosa** será desde o dia da **entrega** das propostas até o dia de sua abertura. Ninguém poderá conhecer o conteúdo da proposta de outro licitante, pois, se isto ocorrer, poderá viciar todo o procedimento, gerando anulação da licitação ou até mesmo do contrato celebrado. No dia da **abertura** das propostas, será em ato público em que os licitantes e, também, qualquer cidadão poderão comparecer para verificar a lisura do procedimento.

6.4 Sigilo na apresentação das propostas

Esse princípio decorre da interpretação do art. 3º, § 2º, que fixa o sigilo do conteúdo das propostas até a data de sua abertura.

6.5 Julgamento objetivo

Na fase de julgamento das propostas deverão ser utilizados os critérios estritamente objetivos definidos pela lei e pelo edital da licitação, não sendo permitido levar em consideração aspectos pessoais de nenhum licitante.

A lei define previamente quais são os critérios de julgamento (**tipos** de licitação) e quando cada um deles será utilizado. São critérios objetivos e não há liberdade para o agente público escolher qual o critério a ser adotado, uma vez que a lei define sua utilização.

6.6 Igualdade ou impessoalidade

Exige que todos os que participam da licitação tenham o mesmo tratamento. A lei veda estabelecer tratamento diferenciado de natureza comercial, legal, trabalhista, previdenciária ou qualquer outra, entre empresas **brasileiras e estrangeiras**, inclusive no que se refere à moeda, modalidade e local de pagamentos, mesmo quando envolvidos financiamentos de agências internacionais, bem como critérios de preferências ou distinções em razão da **naturalidade**, da sede ou **domicílio** dos licitantes ou de **qualquer outra circunstância** impertinente ou irrelevante para o específico objeto do contrato (art. 3º, I e II) (princípio da indistinção).

Apenas para o eventual **desempate** de propostas, a lei admite critérios excepcionais ao princípio da igualdade entre os licitantes previstos no art. 3º, § 2º. Ordem de preferência é para bens e produtos:

I - produzidos no País;

II - produzidos ou prestados por empresas brasileiras, e

III - produzidos ou prestados por empresas que invistam em pesquisa e no desenvolvimento de tecnologia no País.

Se o empate persistir, o art. 45, § 2º, determina que seja realizado um **sorteio**.

A Lei nº 12.349/2010 criou a possibilidade de se estabelecer preferência em relação a produtos manufaturados e serviços nacionais que atendam a normas técnicas brasileiras, conforme dispõem os §§ 5º ao 13 do art. 3º da Lei nº 8.666/1993.

6.7 Adjudicação compulsória

Adjudicar significa atribuir ao vencedor o objeto licitado, garantindo-lhe preferência no momento da contratação. Exprimi a ideia de que uma vez conhecido o vencedor da licitação, impede-se, a princípio, a contratação com outro proponente. É a declaração oficial do vencedor da licitação.

A adjudicação é a última fase da licitação; a partir dela ocorrerá a assinatura do contrato.

Cabe salientar que a adjudicação garante apenas uma **preferência** na hora da convocação para a assinatura do contrato, mas não o direito à contratação. Podem acontecer determinadas situações que levem a Administração a não celebrar o contrato administrativo como, por exemplo, a revogação da licitação quando surgem fatos supervenientes devidamente justificados (art. 49) ou por razões de ilegalidade. Nessas hipóteses, se a licitação for revogada ou anulada, o licitante vencedor não terá como obrigar o Poder Público à assinatura do contrato.

6.8 Probidade/moralidade

Exige que todos aqueles que participem da licitação pautem suas condutas conforme a ética, a boa-fé, os bons costumes e, acima de tudo, a honestidade.

6.9 Princípios correlatos

A doutrina ainda aponta outros princípios inerentes à licitação como o princípio da competitividade, formalismo procedimental e obrigatoriedade de licitação, dentre outros.

7. REQUISITOS PRÉVIOS PARA ABERTURA DE LICITAÇÃO

7.1 No caso de obras e serviços (art. 7º)

> I – projeto básico aprovado pela autoridade competente e disponível para exame dos interessados em participar do processo licitatório;
> II – existir orçamento detalhado em planilhas que expressem a composição de todos os seus custos unitários;
> III – previsão de recursos orçamentários que assegurem o pagamento das obrigações decorrentes de obras ou serviços a serem executadas no exercício financeiro em curso, de acordo com o respectivo cronograma;
> IV – o produto dela esperado estiver contemplado nas metas estabelecidas no Plano Plurianual de que trata o art. 165 da Constituição Federal, quando for o caso.

Fixa a lei que o **projeto básico** é requisito indispensável para a contratação de obras e serviços. Entretanto, o **projeto executivo** pode ser desenvolvido **concomitantemente** com a execução do contrato, desde que autorizado pela Administração (art. 7º, § 1º).

ATENÇÃO!

Projeto executivo pode ser desenvolvido concomitantemente com a execução do contrato.

Não poderão participar, **direta ou indiretamente**, da licitação ou da execução de obra ou serviço e do fornecimento de bens a eles necessários: autor do projeto, básico ou executivo, pessoa física ou jurídica; empresa, isoladamente ou em consórcio, responsável pela elaboração do projeto básico ou executivo ou da qual o autor do projeto seja dirigente, gerente, acionista ou detentor de mais de 5% (cinco por cento) do capital com direito a voto ou controlador, responsável técnico ou subcontratado; servidor ou dirigente de órgão ou entidade contratante ou responsável pela licitação (art. 9º).

Contudo, o § 1º do art. 9º permite a participação do autor do projeto ou da empresa responsável pela elaboração do projeto, na licitação de obra ou de serviço, ou na execução, como **consultor** ou **técnico**, nas funções de fiscalização, supervisão ou gerenciamento, exclusivamente a serviço da Administração interessada.

No orçamento existente, é vedado incluir no objeto da licitação a obtenção de recursos financeiros para sua execução, qualquer que seja a sua origem, exceto nos casos de empreendimentos executados e explorados sob o regime de concessão, nos termos da legislação específica (art. 7º, § 3º).

Nos contratos que terão duração superior a 1 (um) ano deve haver a previsão no plano plurianual (PPA), que trata da programação de longo prazo do governo, com previsão no art. 165, I, da CF.

7.2 No caso de compras (art. 15)

As compras, sempre que possível, deverão:

> I - atender ao princípio da **padronização**, que imponha compatibilidade de especificações técnicas e de desempenho, observadas, quando for o caso, as condições de manutenção, assistência técnica e garantia oferecidas;
> II - ser processadas através de **sistema de registro de preços**;
> III - submeter-se às condições de aquisição e pagamento semelhantes às do setor privado;
> IV - ser **subdivididas** em tantas parcelas quantas necessárias para aproveitar as peculiaridades do mercado, *visando economicidade*;
> V - balizar-se pelos preços praticados no âmbito dos órgãos e entidades da Administração Pública.

O Sistema de Registro de Preços (SRP) é um sistema para registro de preços de bens e serviços para futuras aquisições. Os preços são registrados em ata que terá validade de até um ano. O SRP somente pode utilizar as modalidades concorrência ou pregão. O SRP é regulamentado pelo Decreto nº 7.892/2013.

Será dada publicidade, **mensalmente**, em órgão de divulgação oficial ou em quadro de avisos de amplo acesso público, à relação de todas as compras feitas pela Administração direta ou indireta, de maneira a clarificar a identificação do bem comprado, seu preço unitário, a quantidade adquirida, o nome do vendedor e o valor total da operação, podendo ser aglutinadas por itens as compras feitas com dispensa e inexigibilidade de licitação (art. 16).

8. FASE EXTERNA

A lei estabelece que a as licitações sejam efetuadas no local onde se situar a repartição interessada, salvo por motivo de interesse público, devidamente justificado (art. 20).

O processo licitatório desenvolve-se, como regra, em cinco fases:

EDITAL ➤ HABILITAÇÃO ➤ JULGAMENTO ➤ HOMOLOGAÇÃO ➤ ADJUDICAÇÃO

Dependendo da modalidade a ser adotada, essas fases podem inverter-se, como é o caso do pregão, ou pode haver a sua supressão de uma delas, como ocorre com a modalidade convite que a lei não exige publicação de edital.

8.1 Instrumento convocatório/edital (arts. 20 e 21)

A fase externa da licitação inicia-se com a divulgação do instrumento convocatório, ou seja, o ato que dará publicidade ao certame a ser realizado, fixando suas regras.

ATENÇÃO!

O convite é a única modalidade que dispensa publicação de edital. O art. 40 fixa os requisitos que o edital deve conter.

8.1.1 Realização de audiência pública

Em regra, o edital é o primeiro ato da fase externa da licitação. Entretanto, o art. 39 estabelece que sempre que o valor estimado para uma licitação ou para um conjunto de licitações simultâneas ou sucessivas for superior a 100 (cem) vezes R$ 1.500.000,00, o processo licitatório será iniciado, **obrigatoriamente**, com audiência pública concedida pela autoridade responsável com antecedência mínima de 15 (quinze) dias úteis da data prevista para a publicação do edital, e divulgada, com a antecedência mínima de 10 (dez) dias úteis de sua realização, pelos mesmos meios previstos para a publicidade da licitação, à qual terão acesso e direito a todas as informações pertinentes e a se manifestar todos os interessados.

Portanto, nem sempre o edital é o primeiro ato da fase externa da licitação.

8.1.2 Prazo mínimo para apresentação das propostas

Uma vez divulgado o edital, a lei garante prazos mínimos a serem fixados para a apresentação das respectivas propostas.

Concorrência	45 dias	Contrato celebrado em regime de empreitada integral ou licitação do tipo **melhor técnica** ou **técnica e preço.**
	30 dias	Demais casos.
Tomada de preços	30 dias	Licitação do tipo **melhor técnica** ou **técnica e preço.**
	15 dias	Demais casos.
Convite	5 dias - úteis	
Concurso	45 dias	
Leilão	15 dias	
Pregão	8 dias - úteis	

8.1.3 Modificação do edital

Depois que o edital foi divulgado, é possível sua modificação. Contudo, para não causar prejuízo aos interessados com a modificação realizada no instrumento convocatório, a lei exige:

- divulgação pela **mesma forma** que se deu o texto original;
- reabertura do prazo inicialmente estabelecido, **exceto quando, inquestionavelmente, a alteração do edital não afetar a formulação das propostas.**

8.1.4 Impugnação do edital (art. 41)

A lei permite que qualquer **cidadão** impugne o edital de licitação.

A legitimação para impugnação cabe aos licitantes e ao cidadão nos seguintes prazos:

- **Cidadão**: até 5 (cinco) dias **úteis** antes da data fixada para a abertura dos envelopes de habilitação – resposta em até 3 (três) dias **úteis.**
- **Licitante**: até o segundo dia útil que anteceder a abertura dos envelopes de habilitação em concorrência, a abertura dos envelopes com as propostas em convite, tomada de preços ou concurso, ou a realização do leilão ¦ a lei não fixou prazo para resposta ao licitante.

8.2 Habilitação

Trata-se do segundo ato da fase externa da licitação em que ocorre o exame dos documentos exigidos pelo edital de licitação. Verifica-se a aptidão do candidato para a futura contratação.

A documentação exigida para habilitação poderá ser dispensada, no todo ou em parte, nos casos de convite, concurso, fornecimento de bens para pronta entrega e leilão. Bens para pronta entrega são aqueles cujo prazo de fornecimento não exceda trinta dias contados da data prevista para apresentação da proposta (art. 40, § 4º).

8.2.1 Requisitos exigidos

Não pode a Administração exigir dos interessados condições desarrazoadas ou desproporcionais.

Nesse passo, o TCU vem entendendo ilegais documentos de habilitação não previstos na Lei nº 8.666/1993. Assim, decidiu que não tem amparo legal a exigência de apresentação, pelo licitante, de certificado de qualidade ISO-9001 para fim de habilitação, uma vez que tal exigência não integra o rol de requisitos de capacitação técnica, previstos no art. 30 da Lei nº 8.666/1993, aplicável subsidiariamente à Lei do Pregão (Lei nº 10.520/2002).[5]

8.2.2 Habilitação jurídica (arts. 27 a 37)

Trata-se da comprovação de existência jurídica. Demonstração de estar legalmente constituída, se for pessoa jurídica, e de ser portador de registro civil sendo pessoa física.

A habilitação jurídica pode ser demonstrada por:

> I – cédula de identidade;
> II – registro comercial, no caso de empresa individual;
> III – ato constitutivo, estatuto ou contrato social em vigor, devidamente registrado, em se tratando de sociedades comerciais, e, no caso de sociedades por ações, acompanhado de documentos de eleição de seus administradores;
> IV – inscrição do ato constitutivo, no caso de sociedades civis, acompanhada de prova de diretoria em exercício;
> V – decreto de autorização, em se tratando de empresa ou sociedade estrangeira em funcionamento no País, e ato de registro ou autorização para funcionamento expedido pelo órgão competente, quando a atividade assim o exigir.

8.2.3 Regularidade fiscal e trabalhista

A prova da regularidade fiscal consiste na comprovação de que o licitante está apto a participar de licitação no que se refere às obrigações fiscais, estando devida-

5 Decisão monocrática no TC-029.035/2009-8 – Acórdão nº 2.521/2008-Plenário.

mente inscrito nos cadastros públicos necessários e em situação regular com seus deveres fiscais. Essa comprovação deve ser feita por meio de:

> I – prova de inscrição no Cadastro de Pessoas Físicas (CPF) ou no Cadastro Geral de Contribuintes (CGC);
> II – prova de inscrição no cadastro de contribuintes estadual ou municipal, se houver, relativo ao domicílio ou sede do licitante, pertinente ao seu ramo de atividade e compatível com o objeto contratual;
> III – prova de regularidade para com a Fazenda Federal, Estadual e Municipal do domicílio ou sede do licitante, ou outra equivalente, na forma da lei;
> IV – prova de regularidade relativa à Seguridade Social e ao Fundo de Garantia do Tempo de Serviço (FGTS), demonstrando situação regular no cumprimento dos encargos sociais instituídos por lei.
> V – prova de inexistência de débitos inadimplidos perante a Justiça do Trabalho, mediante a apresentação de certidão negativa, nos termos do Título VII-A da Consolidação das Leis do Trabalho, aprovada pelo Decreto-Lei nº 5.452, de 1º de maio de 1943.

ATENÇÃO!

Novo requisito de habilitação:

- Certidão negativa de débitos trabalhistas.

8.2.4 Prova de regularidade fiscal

Conforme o TCU, a regularidade fiscal a ser comprovada é a do efetivo estabelecimento que participa da licitação. No caso em análise, o Tribunal de Contas da União fixou o entendimento de que a **filial** da sociedade que realizará o contrato é que deve demonstrar a regularidade fiscal, não bastando que a matriz esteja em ordem com suas obrigações fiscais.[6]

Nos termos da Lei Complementar nº 123/2006, art. 42, nas licitações públicas, a comprovação de **regularidade fiscal** das microempresas e empresas de pequeno porte somente será exigida para efeito de **assinatura** do contrato.

A comprovação de regularidade fiscal é obrigatória pela Administração Pública, seja em virtude de regular processo licitatório, seja em razão de dispensa ou inexigibilidade de licitação.[7]

[6] Acórdão nº 69/2010, TC-026.755/2008-7, Rel. Min. Raimundo Carreiro, 27/1/2010.

[7] Acórdão nº 943/2010, TC nº 14.687/2007-4, Rel. Min. Walton Alencar Rodrigues, 5/5/2010.

8.2.5 Qualificação técnica

Trata-se da comprovação da aptidão para a realização do trabalho que o licitante propõe-se a desenvolver para a Administração. Essa demonstração pode ser realizada por:

> I – registro ou inscrição na entidade profissional competente;
> II – comprovação de aptidão para desempenho de atividade pertinente e compatível em características, quantidades e prazos com o objeto da licitação, e indicação das instalações e do aparelhamento e do pessoal técnico adequados e disponíveis para a realização do objeto da licitação, bem como da qualificação de cada um dos membros da equipe técnica que se responsabilizará pelos trabalhos;
> III – comprovação, fornecida pelo órgão licitante, de que recebeu os documentos, e, quando exigido, de que tomou conhecimento de todas as informações e das condições locais para o cumprimento das obrigações objeto da licitação;
> IV – prova de atendimento de requisitos previstos em lei especial, quando for o caso.

A comprovação de aptidão para desempenho de atividade, no caso das licitações pertinentes a **obras e serviços**, será feita por atestados fornecidos por pessoas jurídicas de direito público ou privado, devidamente registrados nas entidades profissionais competentes, limitadas as exigências de capacitação técnico-profissional à comprovação do licitante de possuir em seu quadro permanente, na data prevista para entrega da proposta, profissional de nível superior ou outro devidamente reconhecido pela entidade competente, detentor de atestado de responsabilidade técnica por execução de obra ou serviço de características semelhantes, limitadas estas exclusivamente às parcelas de maior relevância e valor significativo do objeto da licitação, vedadas as exigências de quantidades mínimas ou prazos máximos (art. 30, § 1º, I).

Importantes decisões têm surgido no âmbito do TCU sobre a obrigatoriedade de exigência de **vínculo empregatício** do profissional técnico e a empresa licitante. O Tribunal tem entendido que é suficiente, a comprovação da existência de um **contrato de prestação de serviços**, sem vínculo trabalhista e regido pela legislação comum.[8]

Estabelece o § 3º do art. 30 que será sempre admitida a comprovação de aptidão por meio de certidões ou atestados de obras ou serviços similares de complexidade

[8] Acórdão nº 1.393/2010-Plenário, TC nº 10.549/2010-2, Rel. Min. Raimundo Carreiro, 16/6/2010.

tecnológica e operacional equivalente ou superior, sendo vedada a exigência de comprovação de atividade ou de aptidão com limitações de tempo ou de época ou ainda em locais específicos, ou quaisquer outras não previstas na Lei de Licitações, que inibam a participação na licitação (art. 30, § 5º).

Os profissionais indicados pelo licitante para fins de comprovação da capacitação técnico-profissional deverão participar da obra ou serviço objeto da licitação, admitindo-se a substituição por profissionais de experiência equivalente ou superior, desde que aprovada pela Administração (§ 10, art. 30).

8.2.6 Qualificação econômico-financeira (art. 31)

A qualificação econômico-financeira refere-se à demonstração da saúde financeira. Comprovação de que o licitante está em condição financeira hábil para suportar o contrato a ser realizado com a Administração.

A documentação relativa à qualificação econômico-financeira limitar-se-á a:

> I – balanço patrimonial e demonstrações contábeis do último exercício social, já exigíveis e apresentados na forma da lei, que comprovem a boa situação financeira da empresa, **vedada a sua substituição por balancetes ou balanços provisórios**, podendo ser atualizados por índices oficiais quando encerrado há mais de 3 (três) meses da data de apresentação da proposta;
> II – certidão negativa de falência ou concordata expedida pelo distribuidor da sede da pessoa jurídica, ou de execução patrimonial, expedida no domicílio da pessoa física;
> III – garantia, nas mesmas modalidades e critérios previstos no *caput* e § 1º do art. 56 desta Lei, limitada a 1% (um por cento) do valor estimado do objeto da contratação.

Como visto, estabelece a lei a possibilidade de exigir garantia do licitante como condição de habilitação. A forma da garantia a ser prestada fica a critério do licitante, dentre as opções apresentadas pelo art. 56:

> I – caução em dinheiro ou em títulos da dívida pública, devendo estes ter sido emitidos sob a forma escritural, mediante registro em sistema centralizado de liquidação e de custódia autorizado pelo Banco Central do Brasil e avaliados pelos seus valores econômicos, conforme definido pelo Ministério da Fazenda;
> II – seguro-garantia;
> III – fiança bancária.

O limite da garantia a ser prestada na **licitação** é de 1% do valor estimado para a contratação. Não se deve confundir a garantia exigida para a licitação (até 1%) com a garantia que também pode ser exigida para a celebração do **contrato** que, em regra, tem como limite o valor de 5%.

Segundo entendimento do TCU, é ilegal a exigência cumulativa capital social e prestação de garantia. A utilização de garantia, como comprovante da situação financeira, somente pode ser exigida de forma alternativa em relação à exigência de capital social mínimo. O art. 31, § 2º, da Lei nº 8.666/1993 coloca três alternativas ao administrador para assegurar que os licitantes terão condições financeiras: patrimônio líquido mínimo; prestação de garantia; capital social mínimo. Tais hipóteses não são cumulativas. (AC, Plenário TCU nº 808/2003).

Entendeu também o TCU ilegal solicitação de apresentação de certidão negativa de pedido de falência ou concordata dos **sócios** das empresas, uma vez que tal certidão é fornecida somente para pessoas jurídicas.

8.2.7 Certidão que demonstre o cumprimento do art. 7º, XXXIII, CF

Trata-se de certidão feita pelo licitante afirmando que atende ao disposto no art. 7º, XXXIII, da CF:

> XXXIII – proibição de trabalho noturno, perigoso ou insalubre a menores de dezoito e de qualquer trabalho a menores de dezesseis anos, salvo na condição de aprendiz, a partir de quatorze anos;

Conforme o art. 32 da Lei nº 8.666/1993, os documentos necessários à habilitação poderão ser apresentados em original, por qualquer processo de cópia autenticada por cartório competente ou por servidor da Administração ou publicação em órgão da imprensa oficial.

8.2.8 Empresas em consórcio (art. 33)

É possível a participação de empresas em consórcio. Nesta hipótese, ocorre a reunião de empresas para atenderem aos requisitos de qualificação técnica e econômica exigidos no edital de licitação.

Na formação do consórcio de empresas devem ser observadas as seguintes regras:

I - comprovação do compromisso público ou particular de constituição de consórcio, subscrito pelos consorciados;
II - indicação da empresa responsável pelo consórcio que deverá atender às condições de liderança, obrigatoriamente fixadas no edital;
III - apresentação dos documentos exigidos nos arts. 28 a 31 desta Lei por parte de cada consorciado, admitindo-se, para efeito de qualificação técnica, o somatório dos quantitativos de cada consorciado, e, para efeito de qualificação econômico-financeira, o somatório dos valores de cada consorciado, na proporção de sua respectiva participação, podendo a Administração estabelecer, para o consórcio, um acréscimo de até 30% (trinta por cento) dos valores exigidos para licitante individual, inexigível este acréscimo para os consórcios compostos, em sua totalidade, por micro e pequenas empresas assim definidas em lei;
IV - impedimento de participação de empresa consorciada, na mesma licitação, através de mais de um consórcio ou isoladamente;
V - responsabilidade **solidária (não é subsidiária)** dos integrantes pelos atos praticados em consórcio, tanto na fase de licitação quanto na de execução do contrato.

Apenas os requisitos de capacidade **técnica** e **econômica** admitem a conjugação, devendo, em relação à capacidade econômica, ser observada a proporção de sua respectiva participação, **podendo a Administração exigir um acréscimo de 30%** dos valores exigidos para licitante individual, inexigível este acréscimo para os consórcios compostos, em sua totalidade, por microempresas e empresas de pequeno porte. Os demais requisitos de habilitação (habilitação jurídica, regularidade fiscal e certidão que comprove o atendimento ao art. 7º, XXXIII, da CF) devem ser apresentados por parte de cada consorciado.

No consórcio de empresas brasileiras e estrangeiras, a liderança caberá, **obrigatoriamente**, à empresa brasileira.

O licitante vencedor fica obrigado a promover, **antes da celebração do contrato**, a constituição e o registro do consórcio, nos termos do compromisso referido no inciso I do art. 33.

8.2.9 Desistência da proposta (art. 46, § 5º)

Após a fase de habilitação, não cabe desistência de proposta, salvo por motivo justo decorrente de fato superveniente e aceito pela comissão. Isso ocorre, por exemplo, se a empresa que ofereceu proposta vem a passar por situação financeira complicada e entra em regime falimentar, poderá pleitear a desistência da proposta, cabendo à comissão a análise do pedido realizado.

8.3 Classificação ou julgamento (art. 45)

É a terceira fase do procedimento licitatório. Nessa etapa, a comissão avaliará as propostas dos licitantes.

A abertura dos envelopes contendo a documentação para habilitação e as propostas será realizada sempre em ato público previamente designado, do qual se lavrará ata circunstanciada, assinada pelos licitantes presentes e pela Comissão.

Os **critérios para julgamento** das propostas são os chamados **tipos** de licitação. Sendo constituídos nos seguintes critérios, exceto na modalidade concurso:

> I – a de menor preço – quando o critério de seleção da proposta mais vantajosa para a Administração determinar que será vencedor o licitante que apresentar a proposta de acordo com as especificações do edital ou convite e ofertar o menor preço;
> II – a de melhor técnica;
> III – a de técnica e preço;
> IV – a de maior lance ou oferta – nos casos de alienação de bens ou concessão de direito real de uso.

No caso de **empate** entre duas ou mais propostas, e depois de obedecido o disposto no § 2º do art. 3º da Lei nº 8.666/1993, a classificação será feita, obrigatoriamente, por **sorteio**, em ato público, para o qual todos os licitantes serão convocados, vedado qualquer outro processo.

A Lei nº 10.520/2002 estabeleceu que a modalidade pregão tenha as propostas avaliadas pelo critério **menor preço.**

Os tipos de licitação **melhor técnica** ou **técnica e preço** serão utilizados exclusivamente para serviços de **natureza predominantemente intelectual**, em especial na elaboração de projetos, cálculos, fiscalização, supervisão e gerenciamento e de engenharia consultiva em geral e, em particular, para a elaboração de estudos técnicos preliminares e projetos básicos e executivos (art. 46).

ATENÇÃO!

Ultrapassada a fase de habilitação dos concorrentes e abertas as propostas, não cabe desclassificá-los por motivo relacionado com a habilitação, salvo em razão de fatos supervenientes ou só conhecidos após o julgamento (§ 5º, art. 43).

8.3.1 Comissão (art. 51)

Regra (concorrência, tomada de preço e convite)	– Habilitação preliminar, a inscrição em registro cadastral, a sua alteração ou cancelamento, e as propostas serão processadas e julgadas por comissão permanente ou especial de, no mínimo, 3 (três) membros; – Pelo menos 2 (dois) deles servidores qualificados pertencentes aos quadros permanentes dos órgãos da Administração responsáveis pela licitação.
Exceção! Convite	Excepcionalmente no caso de **convite**, a comissão de licitação, nas pequenas unidades administrativas e em face da exiguidade de pessoal disponível, poderá ser substituída por servidor formalmente designado pela autoridade competente.
Leilão	– Leiloeiro oficial **ou** a servidor designado pela Administração, procedendo-se na forma da legislação pertinente (art. 53).
Pregão	– Realizado por pregoeiro, sendo ele servidor do órgão, ***e*** por equipe de apoio integrada em sua **maioria** por servidores ocupantes de cargo efetivo ou emprego da Administração, **preferencialmente** pertencentes ao quadro permanente do órgão ou entidade promotora do evento; – No Ministério da Defesa, as funções de pregoeiro e de membro da equipe de apoio poderão ser desempenhadas por militares.
Concurso	– Comissão especial; – Servidores ou não.
Observação	Os membros das comissões de licitação responderão **solidariamente** por todos os atos praticados pela comissão, salvo se posição individual divergente estiver devidamente fundamentada e registrada em ata lavrada na reunião em que tiver sido tomada a decisão.
Observação	A investidura dos membros das comissões permanentes não excederá a 1 (um) ano, vedada a recondução da totalidade de seus membros para a mesma comissão no período subsequente.

8.4 Homologação (art. 43, VI)

É o ato de autoridade superior à comissão que analisa a regularidade de todo o procedimento realizado para posterior aprovação.

8.5 Adjudicação

Significa atribuir ao vencedor o objeto que foi licitado, garantindo-lhe **preferência** na hora da contratação. Com a adjudicação, impede-se, a princípio, que se contrate com outro licitante que não seja o vencedor.

A fase de adjudicação é a última fase da licitação. A partir desta etapa, o licitante será convocado para assinar o contrato com a Administração.

De acordo com a lei, desde o dia da apresentação da proposta até os 60 dias seguintes, os licitantes ficam obrigados a manter a validade da proposta apresentada. Dessa forma, se a licitação encerrar-se e o vencedor for convocado para assinar o contrato dentro desse período, estará ele obrigado a contratar nos termos da proposta apresentada, pois, se não quiser, ficará sujeito à aplicação das sanções previstas no art. 81 da Lei de Licitações (art. 64).

No entanto, a lei permite que quando o convocado não assinar o termo de contrato ou não aceitar ou retirar o instrumento equivalente no prazo e condições estabelecidos, sejam convocados os licitantes remanescentes, na ordem de classificação, para fazê-lo em igual prazo e nas mesmas condições propostas pelo primeiro classificado, inclusive quanto aos preços atualizados de conformidade com o ato convocatório, ou revogar a licitação independentemente da cominação prevista no art. 81. Trata-se de uma **faculdade** da Administração convocar ou não os demais licitantes; se entender necessário, poderá revogar o procedimento realizado.

Vale frisar que os licitantes remanescentes convocados para assinar o contrato, no lugar e nos termos da proposta vencedora, não estão sujeitos às sanções do art. 81 caso não desejem contratar com a Administração.

Na modalidade **pregão** o prazo de validade das propostas será fixado no edital, no caso de omissão, será de 60 dias.

A adjudicação **não gera direito à contratação** do licitante vencedor, enseja apenas expectativa de direito à contratação.

A licitação pode ser anulada que ocorrerá por razões de ilegalidade, de ofício ou por provocação de terceiros, mediante parecer escrito e devidamente fundamentado com a garantia do contraditório e ampla defesa. É o caso, por exemplo, de os licitantes apresentarem "propostas combinadas" e a Administração descobrir posteriormente tal fato que vicia a licitação. A anulação do procedimento licitatório por motivo de ilegalidade não gera obrigação de indenização. E se já foi celebrado o contrato, este também será anulado (art. 59).

9. MODALIDADES (ART. 22)

As modalidades de licitação são **normas gerais**. Portanto, é competência da **União** legislar sobre as modalidades a serem utilizadas na busca da melhor proposta. Assim, somente a União é que pode criar, por **lei**, nova modalidade de licitação.

A Lei nº 8.666/1993 veda a criação de outras modalidades de licitação ou a sua combinação. A vedação imposta pela lei direciona-se ao agente público que realizará a licitação; não abrange o ente federal (União), que terá competência para criar novas modalidades, como ocorreu com o pregão, criado pela Medida Provisória nº 2.026/2000, convertida na Lei nº 10.520/2002.

IMPORTANTE!

Não se deve confundir **modalidade** com **tipo** de licitação. **Tipo** é o critério de julgamento a ser utilizado (menor preço, melhor técnica ou técnica e preço, maior lance ou oferta), **modalidade** é o procedimento a ser fixado em lei (concorrência, tomada de preços...)

Foram previstas 5 (cinco) modalidades na Lei de Licitações: concorrência, tomada de preços, concurso, convite e leilão. O pregão foi criado pela Medida Provisória nº 2.026/2000, convertida na Lei nº 10.520/2002. Assim, atualmente existem seis modalidades licitatórias.

A concorrência, a tomada de preços e o convite são utilizadas, a princípio, em razão do **valor** da contratação. Concorrência para contratos de grandes valores; tomada de preços para contratos de médio porte e convite para contratos de pequeno valor.

O leilão e o concurso são destinados a situações específicas. A modalidade pregão tem por finalidade a aquisição de bens e serviços comuns.

Perceba-se que são seis modalidades. Contudo, são apenas três os fins a que se destinam.

9.1 Regras gerais para concorrência, tomada de preços e convite

Os valores apresentados na lei para a escolha da respectiva modalidade estão no art. 23, sendo:

	Concorrência	Tomada de Preços	Convite
Obras e serviços de engenharia	Superior a R$ 1.500.000,00	Até R$ 1.500.000,00	Até R$ 150.000,00
Compras e outros serviços	Superior a R$ 650.000,00	Até R$ 650.000,00	Até R$ 80.000,00

DICA!

No caso de consórcios públicos[11], aplicar-se-á o dobro dos valores mencionados no *caput* deste artigo, quando formado por até 3 (três) entes da Federação, e o triplo, quando formado por maior número.

9.2 Concorrência

É a modalidade de licitação entre **quaisquer interessados** que, na fase inicial de habilitação preliminar, comprovem possuir os requisitos mínimos de qualificação exigidos no edital para execução de seu objeto.

Uma das principais características da concorrência é a existência de uma fase **de habilitação preliminar** logo após a divulgação do edital. Na concorrência, uma vez divulgado o edital de licitação, qualquer interessado poderá participar, desde que comprove possuir os requisitos necessários para a habilitação. Não se exige que tenha sido convidado ou que tenha cadastro prévio.

Apesar de a modalidade concorrência ser escolhida em razão do valor, existem **outros casos** que exigem o procedimento da concorrência:

- Adquirir ou alienar imóveis - art. 23, § 3º;
- Licitação internacional - art. 23, § 3º;
- Concessão de direito real de uso - art. 23, § 3º;
- Alienação de móveis de valor superior a R$ 650.000,00 - art. 17, § 6º.

Na concorrência para a venda de bens **imóveis**, a fase de **habilitação** limitar-se-á à comprovação do recolhimento de quantia correspondente a 5% (cinco por cento) da avaliação do imóvel (art. 18).

DICA!

A concorrência é a modalidade destinada às licitações internacionais. Entretanto, é possível realizar licitação internacional mediante tomada de preços, se houver cadastro internacional de fornecedores ou, também, por meio de convite, se não houver fornecedor do produto ou do serviço no País, respeitados os limites de valor (art. 23, § 3º).

É permitido nos casos em que couber convite, utilizar a tomada de preços e, em qualquer caso, a concorrência (art. 23, § 4º).

[9] O consórcio público é a pessoa jurídica, formada exclusivamente por entes federativos, para a prestação de serviços na forma de gestão associada, nos termos do art. 241 da CF e da Lei nº 11.107/2005. É o caso, por exemplo, da conjugação dos recursos de dois ou mais municípios formando consórcio público para a construção de uma universidade ou hospital.

A concorrência, por ser a modalidade mais rigorosa e completa, poderá ser utilizada em substituição às demais. Mas, se for um valor que a lei determina que seja a modalidade concorrência, não poderá haver a substituição pelo convite ou pela tomada de preços.

Questão de Concurso

(Consulplan/TSE/Analista Judiciário/Área Administrativa/2012) No que tange às modalidades de licitações é correto afirmar que

a) a concorrência pode ser substituída por tomada de preços.

b) a tomada de preços pode ser substituída pelo convite.

c) a tomada de preços pode substituir o convite.

d) quando a lei aponta uma modalidade de licitação como a aplicável não há a possibilidade de substituição.

Gabarito: c. Em razão de a tomada de preços ser mais abrangente, pode substituir a modalidade convite.

Com o advento da modalidade pregão é possível haver a substituição no caso de concorrência, tomada de preços ou convite na aquisição de **bens e serviços comuns**. Inclusive o Decreto Federal nº 5.450/2005 tornou a modalidade pregão de uso obrigatório no âmbito da União toda vez que for aquisição de bens e serviços comuns, preferencialmente, na forma eletrônica.

9.3 Tomada de preços

É a modalidade de licitação entre interessados **devidamente cadastrados** ou que atenderem a todas as condições exigidas para cadastramento até o **terceiro** dia anterior à data do recebimento das propostas, observada a necessária qualificação.

Uma das características da tomada de preços é o **cadastramento prévio** dos interessados.

O cadastro prévio exigido para a participação na tomada de preços refere-se ao registro cadastral fixado pelo art. 34, em que os interessados comparecem antes da divulgação do edital ao órgão promotor da licitação para realizar o cadastro e apresentar os documentos de habilitação exigidos pela lei, e recebem certidão afirmando a efetuação do cadastramento, com validade de 1 (um) ano.

Na tomada de preços, se o interessado não estava cadastrado, poderá participar da licitação, desde que atenda a todas as condições para o cadastramento até o **terceiro dia** anterior ao recebimento das propostas. A habilitação será feita no decorrer da licitação. Se ficar constatado que o interessado não atende aos requisitos exigidos para a habilitação, será considerado desclassificado.

9.4 Convite

É a modalidade de licitação entre interessados do ramo pertinente ao seu objeto, **cadastrados ou não**, escolhidos e **convidados** em número **mínimo** de 3 (três) pela unidade administrativa, a qual afixará, em local apropriado, cópia do instrumento convocatório e o estenderá aos demais cadastrados na correspondente especialidade em que manifestarem seu interesse com antecedência de até 24 (vinte e quatro) horas da apresentação das propostas.

> **Questão de Concurso**
>
> **(Cespe/DPE-SE/Defensor Público/2012)** Na modalidade de licitação denominada convite, não há edital, sendo o instrumento convocatório chamado carta-convite, que deve ser enviada apenas aos interessados cadastrados, únicos com direito de participar da licitação.
>
> *Gabarito: errado. Ao enviar o convite, pode ser para cadastrados ou não; os demais interessados que estão cadastrados também podem participar.*

O convite é a única modalidade cuja lei dispensa a publicação de edital. O instrumento convocatório será mediante a carta-convite, que será enviada para, pelo menos, três interessados, cadastrados ou não, e depois fixada em local apropriado. Aquele que não recebeu a carta-convite só poderá participar se estava previamente cadastrado e manifestar seu interesse de participação com antecedência de até 24 (vinte e quatro) horas da apresentação das propostas.

Existindo na praça mais de 3 (três) possíveis interessados, a cada novo convite, realizado para objeto idêntico ou assemelhado, é obrigatório o convite a, no mínimo, mais um interessado, enquanto existirem cadastrados não convidados nas últimas licitações (art. 22, § 6º). Segundo a doutrina, não é obrigatório que o novo interessado esteja exclusivamente dentre os cadastrados, podendo o convite ser dirigido para não cadastrado.

Quando, por limitações do mercado ou manifesto desinteresse dos convidados, for impossível a obtenção do número mínimo de licitantes, essas circunstâncias deverão ser devidamente justificadas no processo, sob pena de repetição do convite (art. 22, § 7º). Ou, se preferir, pode a Administração revogar a licitação.

Em que pese à lei admitir a realização de licitação pela modalidade convite com dois licitantes quando não houver pelo menos três interessados, deve-se atentar para o entendimento do TCU no sentido de que no convite deve haver a **apresentação** de, no mínimo, três propostas **válidas**. Vejamos a Súmula nº 248 do Tribunal de Contas da União:

> Não se obtendo o número legal mínimo de três propostas aptas à seleção, na licitação sob a modalidade Convite, impõe-se a repetição do ato, com a convocação de outros possíveis interessados ressalvados as hipóteses previstas no § 7º do art. 22 da Lei nº 8.666/1993.

9.5 Concurso

É a modalidade de licitação entre quaisquer interessados para escolha de **trabalho técnico, científico ou artístico,** mediante a instituição de **prêmios** ou **remuneração** aos vencedores, conforme critérios constantes de edital publicado na imprensa oficial com antecedência mínima de 45 (quarenta e cinco) dias. Seria, por exemplo, modalidade para escolha de um concurso de monografias ou projeto arquitetônico de novo prédio a ser construído.

O concurso da Lei de Licitação é para a escolha do **melhor trabalho**, portanto, não se confunde com o concurso exigido pela Constituição para a ocupação em cargos públicos de provimento efetivo. Os contratos para a prestação de serviços técnicos profissionais especializados deverão, **preferencialmente**, ser celebrados mediante a realização de concurso, ressalvados os casos de inexigibilidade de licitação em que haverá contratação direta sem licitação (art. 13, § 1º).

NOTA!

No concurso, os critérios de julgamento serão definidos pelo edital.

9.6 Leilão

Leilão é a modalidade de licitação entre quaisquer interessados para a **venda** de bens móveis inservíveis para a Administração (qualquer valor) **ou** de produtos legalmente apreendidos ou penhorados a quem oferecer o maior lance, igual ou superior ao valor da avaliação **ou** para a venda de bens móveis avaliados, isolada ou globalmente, em quantia não superior a R$ 650.000,00.

Questão de Concurso

(FCC/TRT 6ª Região-PE/Analista Judiciário/Área Administrativa/2012)
A respeito das modalidades licitatórias previstas na Lei nº 8.666/1993 e legislação correlata é correto afirmar que se aplica

a) leilão, para alienação de bens móveis inservíveis para a Administração, independentemente do valor;

b) concurso, para a contratação de obras e serviços de engenharia de alta complexidade.
c) leilão, para alienação de bens apreendidos ou penhorados, desde que avaliados em até R$ 80.000,00 (oitenta mil reais).
d) concurso, para escolha de trabalho científico ou artístico, vedada a instituição de prêmio.

Gabarito: a. Para venda de bens móveis inservíveis, a modalidade determinada pela lei é o leilão.

Os bens móveis inservíveis que podem ser vendidos mediante leilão não são bens deteriorados, são bens que não têm mais serventia para a Administração.

Como dito anteriormente, a concorrência é a modalidade utilizada para adquirir ou alienar imóveis. Contudo, **o leilão também pode ser utilizado para alienação de bens imóveis da Administração Pública, desde que a aquisição haja derivado de procedimentos judiciais ou de dação em pagamento (art. 19).**[10]

OBSERVAÇÃO!

É possível utilizar o **leilão** para venda de **imóveis** que tenham sido adquiridos por dação em pagamento ou decorrente de procedimento judicial.

9.7 Pregão

A modalidade pregão não está prevista na Lei nº 8.666/1993. Foi criada pela Medida Provisória nº 2.026/2000, convertida na Lei nº 10.520/2002.

O pregão tem por finalidade a aquisição de bens e serviços comuns. De acordo com a lei, bens e serviços comuns são aqueles que podem ter padrões de qualidade e desempenho indicados com as condições usuais do mercado como, por exemplo, materiais de escritório, limpeza, aquisição de café, serviços de manutenção de elevadores e segurança, contratação de serviços de coleta seletiva, reciclagem e transporte final de resíduos, aquisição e instalação de ar condicionado etc.

Em nível federal, foi editado o Decreto nº 5.450/2005, que regulamenta o pregão eletrônico. O referido decreto tornou o **pregão modalidade de uso obrigatório para a União** toda vez que for contratação de aquisição de bens e serviços comuns, **preferencialmente, adotando a forma eletrônica**. Assim, para os servidores públicos

[10] A dação em pagamento é a forma de quitação de dívida por meio diverso daquele inicialmente previsto, em que o credor pode consentir em receber prestação diversa da que lhe é devida, regulada pelo art. 356 do Código Civil.

federais, não há opção de outra modalidade de licitação (concorrência, tomada de preços ou convite) quando se tratar de bens e serviços comuns.

O pregão poderá ser utilizado para **qualquer valor de contratação**; não há imposição de limites, desde que se trate de bens e serviços comuns. Não há limite de valor no pregão.

OBSERVAÇÃO!

Não há limite de valor no pregão.

O critério de julgamento (tipo de licitação) será **sempre o menor preço**.

9.7.1 Inversão de fases

Uma das peculiaridades do pregão é a **inversão de fases**, em especial entre julgamento e habilitação.

A lei estabelece que primeiro deva ser realizado o julgamento, com a escolha da proposta mais vantajosa e, posteriormente, será feita a habilitação do licitante vencedor. Se o vencedor estiver com todos os documentos de habilitação, haverá a adjudicação do objeto licitado. Contudo, se o vencedor não atender aos requisitos de habilitação fixados no edital, será desclassificado, sem prejuízo de aplicação de penalidades, devendo ser examinada a documentação do licitante seguinte.

9.7.2 Julgamento

A fase de julgamento do pregão também apresenta algumas peculiaridades. O pregoeiro selecionará a proposta de menor preço e todas as outras que são em até 10% de valor maior, convidando-as para uma sessão de lances verbais para que possam apresentar novos lances verbais e sucessivos a fim de reduzir a proposta apresentada. Nessa fase, o primeiro convidado a dar lance será o autor da proposta que apresentou o menor preço.

A lei estabelece que não havendo pelo menos 3 (três) ofertas nas condições definidas anteriormente, poderão os autores das melhores propostas, até o máximo de 3 (três), oferecer novos lances verbais e sucessivos, quaisquer que sejam os preços oferecidos.

NOTA!

No pregão, assim que for declarado o vencedor, qualquer licitante pode manifestar a intenção de recorrer. Esse é o **prazo** para interpor o recurso. O prazo de três dias é para apresentar as razões do recurso.

Questão de Concurso

(FCC/TRT-1ª Região-RJ/Técnico Judiciário/Área Administrativa/2013)
Em procedimento licitatório na modalidade pregão, declarado o vencedor,

a) qualquer licitante poderá manifestar, imediata e motivadamente a intenção de recorrer, sendo-lhe concedido o prazo de três dias para apresentação do recurso.
b) os licitantes terão o prazo de três dias para apresentação de recurso, concedido o mesmo prazo ao licitante vencedor para apresentação de contrarrazões.
c) não caberá recurso, salvo por razões relativas ao desatendimento das condições de habilitação do licitante declarado vencedor.
d) não caberá recurso em relação ao atendimento às condições de habilitação pelo licitante vencedor, mas apenas no que diz respeito aos atos de condução do procedimento, praticados pelo pregoeiro.
e) apenas os licitantes habilitados poderão apresentar recurso, no prazo de oito dias, concedido o mesmo prazo ao licitante vencedor para apresentação de contrarrazões.

Gabarito: a. Lei nº 10.520/2002, art. 4º, XVIII.

A falta de manifestação imediata e motivada do licitante de recorrer importará a decadência do direito de recurso e a adjudicação do objeto da licitação pelo pregoeiro ao vencedor.

O acolhimento de recurso importará a invalidação **apenas** dos atos insuscetíveis de aproveitamento.

9.7.3 Vedações ao pregão (art. 5º)

O art. 5º da Lei do Pregão estabelece as seguintes vedações no procedimento licitatório:

> I – garantia de proposta;
> II – aquisição do edital pelos licitantes, como condição para participação no certame, e

III - pagamento de taxas e emolumentos, salvo os referentes a fornecimento do edital, que não serão superiores ao custo de sua reprodução gráfica, e aos custos de utilização de recursos de tecnologia da informação, quando for o caso.

10. CONTRATAÇÃO DIRETA

Os casos de contratação direta são situações em que não será realizado o procedimento licitatório. Trata-se de situação **excepcional**, uma vez que a regra será a licitação para a escolha da proposta mais vantajosa antes da celebração do contrato administrativo.

Para a contratação direta, a lei exige que sejam necessariamente justificadas e a observância do parágrafo único do art. 26.

10.1 Regras relacionadas à dispensa e à inexigibilidade

As hipóteses de contratação direta são: dispensa e inexigibilidade. Os casos de dispensa constituem a licitação dispensada (art. 17) e licitação dispensável (art. 24). Os casos de inexigibilidade encontram-se no art. 25.

As hipóteses de **dispensa** de licitação são casos **taxativos/exaustivos**, ou seja, somente nos casos previstos em lei.

A **inexigibilidade** compõe-se de casos **exemplificativos**. O art. 25 estabeleceu três situações exemplificativas, mas tornou possível ao agente público, quando se encontrar em outra situação de inviabilidade de competição, fazer a contratação direta pela inexigibilidade.

Outro ponto distintivo entre dispensa e inexigibilidade é que a **licitação dispensada** é uma atuação **vinculada** em que o agente público não faz licitação porque a lei assim previamente estabeleceu, não havendo liberdade do administrador de querer licitar.

A **licitação dispensável** é atuação **discricionária**, pois diante das situações do art. 24, o agente público pode decidir em fazer ou não a licitação conforme seus critérios de conveniência e de oportunidade.

Por outro lado, nos casos de **inexigibilidade** não há o procedimento licitatório por ser **inviável a competição**, mesmo que o agente público pretendesse fazer licitação não teria como executá-la (situações que veremos mais à frente).

Resumindo:

Contratação direta	Dispensa	Dispensada (art. 17)	Atuação vinculada	Casos taxativos
		Dispensável	Atuação discricionária	
	Inexigibilidade	Inviabilidade de competição		Casos exemplificativos

10.2 Inexigibilidade (art. 25)

Como dito acima, o art. 25 da Lei de Licitações apresenta três casos exemplificativos de inexigibilidade em razão da inviabilidade de competição.

10.2.1 Fornecedor exclusivo

O primeiro caso de inexigibilidade refere-se ao caso de **fornecedor exclusivo**. Nesse caso, a inviabilidade de competição é gritante, tendo em vista que somente existe um fornecedor do produto.

> I – para aquisição de materiais, equipamentos, ou gêneros que só possam ser fornecidos por produtor, empresa ou representante comercial exclusivo, vedada a preferência de marca, devendo a comprovação de exclusividade ser feita através de atestado fornecido pelo órgão de registro do comércio do local em que se realizaria a licitação ou a obra ou o serviço, pelo Sindicato, Federação ou Confederação Patronal, ou, ainda, pelas entidades equivalentes;

A lei veda a preferência pela marca. Contudo, a vedação exposta pela lei deve ser compreendida no sentido de ser evitada a preferência pela marca com o intuito de não fazer a licitação. É possível, em algumas situações, **dentro de um processo licitatório**, a preferência pela marca. Confira os casos apontados por José dos Santos Carvalho Filho (2009):

- continuidade da utilização de marca já adotada no órgão;
- para a utilização de nova marca mais conveniente, e
- para o fim de padronização de marca no serviço público, todas evidentemente justificadas pela necessidade da Administração.

10.2.2 Serviços técnicos profissionais especializados

A segunda hipótese exemplificativa de inexigibilidade refere-se a **serviços técnicos profissionais especializados**.

> II – para a contratação de serviços técnicos enumerados no art. 13 desta Lei, de natureza singular, com profissionais ou empresas de notória especialização, vedada a inexigibilidade para serviços de publicidade e divulgação;

Os contratos para a prestação de serviços técnicos profissionais especializados deverão, preferencialmente, ser celebrados mediante a realização de **concurso**. Somente é permitida a contratação direta se preenchidas as condições previstas em lei (art. 13, § 1º).

Para a contratação de serviços técnicos especializados sem licitação devem ser atendidos três requisitos: serviço incluído no art. 13 da Lei de Licitações; o profissional deve ter notória especialização; objeto singular.

Serviço previsto no art. 13 ➤ notória especialização ➤ objeto singular

A Súmula nº 252 do TCU prescreve que a inviabilidade de competição para a contratação de serviços técnicos decorre da presença **simultânea** de três requisitos: serviço técnico especializado, entre os mencionados no art. 13 da referida lei, natureza singular do serviço e notória especialização do contratado.

O art. 13 apresenta uma lista de serviços considerados especializados para fins de contratação direta:

> **Art. 13.** Para os fins desta Lei, consideram-se serviços técnicos profissionais especializados os trabalhos relativos a:
> I – estudos técnicos, planejamentos e projetos básicos ou executivos;
> II – pareceres, perícias e avaliações em geral;
> III – assessorias ou consultorias técnicas e auditorias financeiras ou tributárias;
> IV – fiscalização, supervisão ou gerenciamento de obras ou serviços;
> V – patrocínio ou defesa de causas judiciais ou administrativas;
> VI – treinamento e aperfeiçoamento de pessoal;
> VII – restauração de obras de arte e bens de valor histórico.

O profissional deve possuir características individuais distintas dos demais que atuam no mesmo ramo, tornando-o o mais apropriado e conveniente para o desenvolvimento do trabalho.

Deve, ainda, tratar-se de objeto singular. Ou seja, deve ser uma **situação excepcional** da Administração. A contratação de serviços técnicos profissionais especializados não é para atividades corriqueiras.

Nas hipóteses de serviços técnicos profissionais especializados é **vedada a inexigibilidade para serviços de publicidade e divulgação**. A vedação expressa na lei é um tanto redundante, uma vez que o serviço de publicidade e divulgação não consta na lista de serviços do art. 13 para fins de contratação sem licitação.

10.2.3 Contratação de serviços artísticos

A terceira situação que configura caso de inexigibilidade de licitação é a **contratação de serviços artísticos**.

> III – para contratação de profissional de qualquer setor artístico, diretamente ou através de empresário exclusivo, desde que consagrado pela crítica especializada ou pela opinião pública.

Trata-se de mais um caso de inviabilidade de competição, pois na contratação de serviços artísticos seria inviável a elaboração de um edital com critérios de julgamento puramente objetivos a fim de fazer a escolha do melhor serviço artístico.

É possível para qualquer serviço (ator, cantor, artista plástico etc.), desde que consagrado pela crítica especializada ou pela opinião pública.

10.3 Licitação dispensável (art. 24)

A Lei de Licitações, atualmente, enumera trinta e dois casos **taxativos** para licitação dispensável, sendo situações em que há discricionariedade para o agente público realizar juízo de conveniência e oportunidade para decidir se realizará, ou não, licitação.

A licitação poderá ser dispensável em razão do valor, de situações excepcionais, do objeto e da pessoa a ser contratada. Vejamos:

Valor	I – para obras e serviços de engenharia de valor até 10% (dez por cento) do limite previsto na alínea *a*, do inciso I do artigo anterior, desde que não se refiram a parcelas de uma mesma obra ou serviço ou ainda para obras e serviços da mesma natureza e no mesmo local que possam ser realizadas conjunta e concomitantemente; (10% de R$ 150.000,00 = R$ 15.000,00) II – para outros serviços e compras de valor até 10% (dez por cento) do limite previsto na alínea *a*, do inciso II do artigo anterior e para alienações, nos casos previstos nesta Lei, desde que não se refiram a parcelas de um mesmo serviço, compra ou alienação de maior vulto que possa ser realizada de uma só vez; (10% de R$ 80.000,00 = R$ 8.000,00)

Situações excepcionais

III – nos casos de guerra ou grave perturbação da ordem; (**Cuidado!** Esse caso é dispensável)
IV – nos casos de emergência ou de calamidade pública, quando caracterizada urgência de atendimento de situação que possa ocasionar prejuízo ou comprometer a segurança de pessoas, obras, serviços, equipamentos e outros bens, públicos ou particulares, e somente para os bens necessários ao atendimento da situação emergencial ou calamitosa e para as parcelas de obras e serviços que possam ser concluídas no prazo máximo de 180 (cento e oitenta) dias consecutivos e ininterruptos, contados da ocorrência da emergência ou calamidade, **vedada** a prorrogação dos respectivos contratos;
V – quando não acudirem interessados à licitação anterior e esta, justificadamente, não puder ser repetida sem prejuízo para a Administração, mantidas, neste caso, todas as condições preestabelecidas; (**licitação deserta**)
VI – quando a União tiver que intervir no domínio econômico para regular preços ou normalizar o abastecimento; (**somente para a União**)
VII – quando as propostas apresentadas consignarem preços manifestamente superiores aos praticados no mercado nacional, ou forem incompatíveis com os fixados pelos órgãos oficiais competentes, casos em que, observado o parágrafo único do art. 48 desta Lei e, persistindo a situação, será admitida a adjudicação direta dos bens ou serviços, por valor não superior ao constante do registro de preços, ou dos serviços; (*Vide* § 3º do art. 48)
IX – quando houver possibilidade de comprometimento da segurança nacional, nos casos estabelecidos em decreto do Presidente da República, ouvido o Conselho de Defesa Nacional;
XI – na contratação de remanescente de obra, serviço ou fornecimento, em consequência de rescisão contratual, desde que atendida a ordem de classificação da licitação anterior e aceitas as mesmas condições oferecidas pelo licitante vencedor, inclusive quanto ao preço, devidamente corrigido;
XIV – para a aquisição de bens ou serviços nos termos de acordo internacional específico aprovado pelo Congresso Nacional, quando as condições ofertadas forem manifestamente vantajosas para o Poder Público;
XVIII – nas compras ou contratações de serviços para o abastecimento de navios, embarcações, unidades aéreas ou tropas e seus meios de deslocamento quando em estada eventual de curta duração em portos, aeroportos ou localidades diferentes de suas sedes, por motivo de movimentação operacional ou de adestramento, quando a exiguidade dos prazos legais puder comprometer a normalidade e os propósitos das operações e desde que seu valor não exceda ao limite previsto na alínea *a* do inciso II do art. 23 desta Lei (R$ 80.000,00).

Objeto

X – para a compra ou locação de imóvel destinado ao atendimento das finalidades precípuas da Administração, cujas necessidades de instalação e localização condicionem a sua escolha, desde que o preço seja compatível com o valor de mercado, segundo avaliação prévia;
XII – nas compras de hortifrutigranjeiros, pão e outros gêneros perecíveis, no tempo necessário para a realização dos processos licitatórios correspondentes, realizadas diretamente com base no preço do dia;
XV – para a aquisição ou restauração de obras de arte e objetos históricos, de autenticidade certificada, desde que compatíveis ou inerentes às finalidades do órgão ou entidade;
XVII – para a aquisição de componentes ou peças de origem nacional ou estrangeira, necessários à manutenção de equipamentos durante o período de garantia técnica, junto ao fornecedor original desses equipamentos, quando tal condição de exclusividade for indispensável para a vigência da garantia;
XIX – para as compras de material de uso pelas Forças Armadas, com exceção de materiais de uso pessoal e administrativo, quando houver necessidade de manter a padronização requerida pela estrutura de apoio logístico dos meios navais, aéreos e terrestres, mediante parecer de comissão instituída por decreto;
XXI – para a aquisição de bens e insumos destinados exclusivamente à pesquisa científica e tecnológica com recursos concedidos pela Capes, pela Finep, pelo CNPq ou por outras instituições de fomento a pesquisa credenciadas pelo CNPq para esse fim específico;
XXV – na contratação realizada por Instituição Científica e Tecnológica – ICT ou por agência de fomento para a transferência de tecnologia e para o licenciamento de direito de uso ou de exploração de criação protegida;
XXVI – na celebração de contrato de programa com ente da Federação ou com entidade de sua Administração indireta, para a prestação de serviços públicos de forma associada nos termos do autorizado em contrato de consórcio público ou em convênio de cooperação;
XXVII – na contratação da coleta, processamento e comercialização de resíduos sólidos urbanos recicláveis ou reutilizáveis, em áreas com sistema de coleta seletiva de lixo, efetuados por associações ou cooperativas formadas exclusivamente por pessoas físicas de baixa renda reconhecidas pelo Poder Público como catadores de materiais recicláveis, com o uso de equipamentos compatíveis com as normas técnicas, ambientais e de saúde pública.
XXXII – na contratação em que houver transferência de tecnologia de produtos estratégicos para o Sistema Único de Saúde (SUS), no âmbito da Lei nº 8.080, de 19 de setembro de 1990, conforme elencados em ato da direção nacional do SUS, inclusive por ocasião da aquisição destes produtos durante as etapas de absorção tecnológica.

Pessoa	VIII - para a aquisição, por pessoa jurídica de direito público interno, de bens produzidos ou serviços prestados por órgão ou entidade que integre a Administração Pública e que tenha sido criado para esse fim específico em data anterior à vigência desta Lei, desde que o preço contratado seja compatível com o praticado no mercado; XIII - na contratação de instituição brasileira incumbida regimental ou estatutariamente da pesquisa, do ensino ou do desenvolvimento institucional, ou de instituição dedicada à recuperação social do preso, desde que a contratada detenha inquestionável reputação ético-profissional e não tenha fins lucrativos; XVI - para a impressão dos diários oficiais, de formulários padronizados de uso da Administração, e de edições técnicas oficiais, bem como para prestação de serviços de informática a pessoa jurídica de direito público interno, por órgãos ou entidades que integrem a Administração Pública, criados para esse fim específico; XX - na contratação de associação de portadores de deficiência física, sem fins lucrativos e de comprovada idoneidade, por órgãos ou entidades da Administração Pública, para a prestação de serviços ou fornecimento de mão-de-obra, desde que o preço contratado seja compatível com o praticado no mercado. XXII - na contratação de fornecimento ou suprimento de energia elétrica e gás natural com concessionário, permissionário ou autorizado, segundo as normas da legislação específica; XXIV - para a celebração de contratos de prestação de serviços com as organizações sociais, qualificadas no âmbito das respectivas esferas de governo, para atividades contempladas no contrato de gestão.

10.4 Licitação dispensada (art. 17)

As hipóteses de licitação dispensada fogem à discricionariedade administrativa, por já estarem determinadas em lei.

> Ainda que se possa em falar possíveis interessados em celebrar o contrato com a Administração, a licitação não será realizada porque não existe, nas hipóteses de licitação dispensada, a liberdade do administrador de querer licitar. (FURTADO, 2007)

As hipóteses de licitação dispensada não são abordadas em concurso com a mesma frequência da licitação dispensável e da inexigibilidade. Mesmo assim, o candidato deve fazer uma leitura do art. 17 da Lei nº 8.666/1993, a fim de conhecer as hipóteses ali previstas.

Quadro-resumo das hipóteses de contratação direta

Inexigibilidade	Licitação dispensada	Licitação dispensável
1) Aquisição de materiais, equipamentos, ou gêneros que só possam ser fornecidos por produtor, empresa ou representante comercial exclusivo; 2) Serviços técnicos profissionais especializados; 3) Serviços artísticos de qualquer natureza.	As situações do art. 17 podem ser resumidas em casos de alienação de bens para pessoas da Administração (dação em pagamento, doação, permuta, investidura, venda) e para programas habitacionais ou de regularização fundiária (aforamento, concessão de direito real de uso, locação ou permissão de uso de bens imóveis residenciais).	São diversos casos: - em razão do valor; - em razão da pessoa; - em razão do objeto; - em razão da situação.

11. RECURSOS, REPRESENTAÇÃO E PEDIDO DE RECONSIDERAÇÃO (ART. 109)

<table>
<tr><td rowspan="2">Recurso
5 (cinco) dias úteis a contar da intimação do ato ou da lavratura da ata (convite 2 dias úteis)</td><td>a) habilitação ou inabilitação do licitante;
b) julgamento das propostas;</td><td>Terá efeito suspensivo</td></tr>
<tr><td>a) anulação ou revogação da licitação;
b) indeferimento do pedido de inscrição em registro cadastral, sua alteração ou cancelamento;
c) rescisão do contrato, a que se refere o inciso I do art. 79 desta Lei;
d) aplicação das penas de advertência, suspensão temporária ou de multa.</td><td>Poderá ser atribuído efeito suspensivo</td></tr>
<tr><td>Representação</td><td colspan="2">no prazo de 5 (cinco) dias úteis da intimação da decisão relacionada com o objeto da licitação ou do contrato, de que não caiba recurso hierárquico.</td></tr>
</table>

Pedido de reconsideração	decisão de Ministro de Estado, ou secretário estadual ou municipal, conforme o caso, na hipótese de sanção de declaração de inidoneidade no prazo de 10 (dez) dias úteis da intimação do ato.

Observações

1. Em regra, a intimação para início do prazo para apresentação de recurso será feita mediante publicação do ato na imprensa oficial, salvo nos casos de habilitação ou inabilitação do licitante ou julgamento das propostas se presentes os prepostos dos licitantes no ato em que foi adotada a decisão, quando poderá ser feita por comunicação direta aos interessados e lavrada em ata.
2. O recurso será dirigido à autoridade superior, por intermédio da que praticou o ato recorrido, a qual poderá reconsiderar sua decisão, no prazo de 5 (cinco) dias úteis, ou, nesse mesmo prazo, fazê-lo subir, devidamente informado, devendo, neste caso, a decisão ser proferida dentro do prazo de 5 (cinco) dias úteis, contado do recebimento do recurso, sob pena de responsabilidade.
3. No pregão declarado o vencedor, qualquer licitante poderá manifestar imediata e motivadamente a intenção de recorrer, quando lhe será concedido o prazo de 3 (três) dias para apresentação das razões do recurso, ficando os demais licitantes desde logo intimados para apresentar contrarrazões em igual número de dias, que começarão a correr do término do prazo do recorrente, sendo-lhes assegurada vista imediata dos autos. O acolhimento de recurso importará a invalidação apenas dos atos insuscetíveis de aproveitamento. A falta de manifestação imediata e motivada do licitante importará a decadência do direito de recurso e a adjudicação do objeto da licitação pelo pregoeiro ao vencedor.

12. JURISPRUDÊNCIA

O STF já teve a oportunidade de manifestar-se no sentido de que o art. 17 é norma específica destinada à União, pois disciplina a forma de alienação de bens móveis e imóveis. (Min. Carlos Velloso, Tribunal Pleno, julg. 3/11/1993, DJ 11/11/1994, p. 30.635, Ement Vol. 1.766-01, p. 39).

O STF admitiu a responsabilização solidária do parecerista nos pareceres proferidos em razão do art. 38 da Lei nº 8.666/1993. Nessa hipótese legal, a participação do órgão jurídico não é apenas de consultoria, já que, conforme a lei, tem por função examinar e aprovar as minutas do edital e do contrato. (MS nº 24.584/DF, Rel. Min. Marco Aurélio, 9/8/2007).

Para o STJ, o prazo de validade das propostas deve ser fixado pelo edital, somente se este for omisso é que se deve seguir a regra estipulada pela Lei de Licitações (60 dias). (RMS nº 15.378/SP, Rel. Ministro Luiz Fux, Primeira Turma, julg. 22/2/2005, DJ 28/3/2005, p. 186).

O STJ entende dispensável o contraditório quando a revogação da licitação ocorre antes da fase de homologação. (RMS nº 23.402/PR, Rel. Ministra Eliana Calmon, Segunda Turma, julg. 18/3/2008, DJe 2/4/2008).

O STJ entendeu que o direito ao contraditório e ampla defesa só se aplica nos casos de **revogação** de licitação. Não se aplica quando for hipótese de anulação. (REsp nº 959.733/RJ, Rel. Ministro Francisco Falcão, Primeira Turma, julg. 2/10/2007, DJ 19/11/2007, p. 208).

No convite não se admite licitação deserta. (Súmula TCU nº 248; Decisões TCU nºs 274/1994-Plenário, e 56/2000. Segunda Câmara; Acórdãos TCU nºs 1.089/2003-Plenário, e 819/2005-Plenário).

Jurisprudência do TCU admitiu as contratações emergenciais decorrentes da desídia do administrador. (Acórdão nº 3.521/2010, Segunda Câmara, TC29.596/2008-2, Rel. Min. Benjamin Zymler, 6/7/2010).

O STJ exige prova de regularidade fiscal de todos os entes federativos. (REsp nº 138.745/RS, Rel. Ministro Franciulli Netto, Segunda Turma, julg. em 5/4/2001, DJ 25/6/2001, p. 150).

STJ – Efeitos da declaração de inidoneidade são *ex nunc.* (MS nº 13.964-DF, Rel. Min. Teori Albino Zavascki, julg. em 13/5/2009).

TCU – Possibilidade de fixar em edital a exigência, para fim de habilitação, de que a visita ao local das obras seja realizada pelo responsável técnico da licitante. Precedentes citados: Acórdãos nºs 2.028/2006, Primeira Câmara, e 874/2007-Plenário. (Acórdão nº 1.264/2010-Plenário, TC-004.950/2010-0, Rel. Min. Aroldo Cedraz, 2/6/2010).

O TCU entende ilegal exigir número mínimo de profissionais nos quadros da empresa licitante e de serviços prestados anteriormente. (Acórdão nº 1.982/2010-Plenário, TC-027.116/2008-0, Rel. Min. José Jorge, 11/8/2010).

TCU - Filial também deve possuir regularidade fiscal. (Acórdão nº 69/2010, TC-026.755/2008-7, rel. Min. Raimundo Carreiro, 27/1/2010).

TCU - É ato discricionário a admissão de participação de empresas em consórcio. (Acórdão nº 280/2010, TC-016.975/2009-5, Rel. Min-Subst. Marcos Bemquerer Costa, 24/2/2010).

Para o TCU, a Petrobras deve realizar licitação em todos os casos, utilizando a Lei nº 8.666/1993, até que seja editada lei prevista no art. 173 da CF, quanto às empresas estatais que exploram atividades econômicas. STF possui entendimento diverso. (Acórdão nº 1.097/2010-Plenário, TC-015.656/2007-2, Rel. Min. Aroldo Cedraz, 19/5/2010).

TCU - Para aplicação da sanção de declaração de inidoneidade, deve haver resultado danoso. Acórdãos nºs 630/2006 e 548/2007, ambos do Plenário. (Acórdão nº 2.179/2010-Plenário, TC-016.488/2009-6, Rel. Min-Subst. André Luís de Carvalho, Revisor Min. Walton Alencar Rodrigues, 25/8/2010).

TCU - Sanção pode ser aplicada mesmo após anulação da licitação. (Acórdão nº 767/2010, TC-002.319/2010-1, Rel. Min. José Jorge, 14/4/2010).

O TCU admite um projeto básico simplificado no caso de contratações emergenciais. (Acórdão nº 933/2011-Plenário, TC-004.513/2011-8, Rel. Min-Subst. André Luís Carvalho, 13/4/2011. Informativo 58 TCU).

Súmula nº 257 – O uso do pregão nas contratações de serviços comuns de engenharia encontra amparo na Lei nº 10.520/2002.

Informativo 138 TCU - É obrigatória a comprovação, em licitações na modalidade convite, da regularidade das licitantes perante a seguridade social e o FGTS, uma vez que o comando contido no art. 195, § 3º, da Constituição Federal se sobrepõe ao disposto no art. 32, § 1º, da Lei 8.666/1993. (Acórdão nº 98/2013-Plenário, TC 016.785/2004-0, Rel. Ministro Benjamin Zymler, 30/1/2013).

Informativo 138 TCU - A exigência do emprego de cartão contendo microprocessador com *chip*, como ferramenta de controle na prestação de serviços de abastecimento com fornecimento de combustíveis, afigura-se razoável e não merece ser considerada restritiva ao caráter competitivo do certame. (Acórdão nº 112/2013-Plenário, TC 038/520/2012-5, Rel. Ministro José Múcio Monteiro, 30/1/2013).

Informativo 135 TCU – Os serviços de supervisão de obras devem, em regra, ser licitados na modalidade pregão, uma vez que seus padrões de desempenho e qualidade podem ser, na maioria das vezes, objetivamente definidos por meio de especificações usuais no mercado. (Acórdão nº 3.341/2012-Plenário, TC-026.524/2012-0, Rel. Min. José Múcio Monteiro, 5/12/2012).

Informativo 131 TCU – A realização do Enem pode ser contratada diretamente, com suporte no comando contido no art. 24, inciso XIII, da Lei nº 8.666/1993. Com o intuito de fomentar o mercado e afastar os riscos inerentes às contratações sucessivas de uma mesma prestadora de serviços, recomenda-se o rodízio das empresas contratadas. (Acórdão nº 569/2005-Plenário, Acórdão nº 1.111/2010-Plenário, Acórdão nº 1.534/2009, Primeira Câmara).

Informativo 134 TCU – A sanção prevista no inciso III (suspensão temporária) do art. 87 da Lei nº 8.666/1993 produz efeitos apenas no âmbito do órgão ou entidade que a aplicou. (Acórdão nº 3.243/2012-Plenário, TC-013.294/2011-3, Redator Ministro Raimundo Carreiro, 28/11/2012). (**Obs.:** Para o STJ, as sanções do art. 87, III e IV, estendem-se a todos os níveis federativos).

	Concorrência	Tomada de preços	Convite
Conceito (art. 22)	Modalidade de licitação entre quaisquer interessados que, na fase inicial de habilitação preliminar, comprovem possuir os requisitos mínimos de qualificação exigidos no edital para execução de seu objeto.	modalidade de licitação entre interes-sados devidamente cadastrados ou que atenderem a todas as condições exigidas para cadastramento até o terceiro dia anterior à data do recebimento das propostas, observada a necessária qualificação.	modalidade de licitação entre interessados do ramo pertinente ao seu objeto, cadastrados ou não, escolhidos e convidados em número mínimo de 3 (três) pela unidade administrativa, a qual afixará, em local apropriado, cópia do instrumento convocatório e o estenderá aos demais cadastrados na correspondente especialidade que manifestarem seu interesse com antecedência de até 24 (vinte e quatro) horas da apresentação das propostas.
Participantes	Aberta a todos que comprovarem possuir os requisitos do edital.	• cadastrados ou; • demais interessados que atenderem em condições para cadastramento até três dias antes do recebimento das propostas.	Convidados (cadastrados ou não), no mínimo, 3. demais cadastrados que manifestarem interesse até 24 horas antes da apresentação das propostas.
Habilitação	Possui fase de habilitação.	Em regra, é prévia	Prévia
Hipóteses	• obra e serviço de engenharia de valor superior a RS 1.500.000,00 • **compra** e serviço que não seja de engenharia de valor superior a RS 650.000,00 • adquirir ou alienar imóveis • Concessão de direito real de uso • Concessão de serviços públicos Lei nº 8.987/1995 • Licitações internacionais	• obra e serviço de engenharia de valor **até** RS 1.500.000,00 • **compra** e serviço que não seja de engenharia de valor **até** RS 650.000,00 • licitações internacionais desde que órgão tenha cadastro internacional de fornecedores, observados os valores da TP (art. 23, § 3º).	– obra e serviço de engenharia de valor **até** a RS 150.000,00 – **compra** e serviço que não seja de engenharia de valor **até** RS 80.000,00 – Licitações internacionais, quando não houver fornecedor do bem ou serviço no País, observados os valores do convite (art. 23, § 3º).

Tipo de licitação	Qualquer um	Qualquer um	Qualquer um
Prazo mínimo para recebimento das propostas	• 45 dias: empreitada integral ou melhor técnica ou técnica e preço • 30 dias: demais casos	• 30 dias: melhor técnica ou técnica e preço • 15 dias: demais casos	• 5 dias úteis
Comissão	Art. 51. Comissão permanente ou especial de, no mínimo, 3 (três) membros, sendo pelo menos 2 (dois) deles servidores qualificados pertencentes aos quadros permanentes dos órgãos da Administração responsáveis pela licitação.	Art. 51. Comissão permanente ou especial de, no mínimo, 3 (três) membros, sendo pelo menos 2 (dois) deles servidores qualificados pertencentes aos quadros permanentes dos órgãos da Administração responsáveis pela licitação.	Art. 51. Regra geral, comissão permanente ou especial de, no mínimo, 3 (três) membros, sendo pelo menos 2 (dois) deles servidores qualificados pertencentes aos quadros permanentes dos órgãos da Administração responsáveis pela licitação. **Observação:** excepcionalmente, nas **pequenas unidades** administrativas e em face da exiguidade de pessoal disponível, poderá ser substituída por servidor formalmente designado pela autoridade competente.

	Concurso	**Leilão**	**Pregão Lei nº 10.520/2002**
Conceito (art. 22)	Modalidade de licitação entre quaisquer interessados para escolha de trabalho técnico, científico ou artístico, mediante a instituição de prêmios ou remuneração aos vencedores, conforme critérios constantes de edital publicado na imprensa oficial com antecedência mínima de 45 (quarenta e cinco) dias.	Modalidade de licitação entre quaisquer interessados para a venda de bens móveis inservíveis para a Administração ou de produtos legalmente apreendidos ou penhorados, ou para a alienação de bens imóveis prevista no art. 19, a quem oferecer o maior lance, igual ou superior ao valor da avaliação.	Modalidade para aquisição de bens e serviços comuns. Bens e serviços comuns são aqueles cujos padrões de desempenho e qualidade possam ser objetivamente definidos pelo edital, por meio de especificações usuais no mercado.

Participantes	Em regra, aberto a todos.	Em regra, aberto a todos.	Aberto a todos.
Habilitação	Pode ou não exigir	Pode ou não exigir	Após a fase de classificação ou julgamento.
Hipóteses	Escolha do melhor trabalho técnico, científico ou artístico.	Venda de bens móveis inservíveis para a Administração **ou** de produtos legalmente apreendidos ou penhorados ou alienação de bens imóveis adquiridos por procedimentos judiciais ou de dação em pagamento (art. 18).	Aquisição de bens e serviços comuns de qualquer valor.
Tipo de licitação	Critérios conforme edital	Maior lance ou oferta	Menor preço (sempre)
Prazo mínimo para recebimento das propostas	45 dias	15 dias	8 dias úteis
Comissão	Art. 51, § 5º. comissão especial integrada por pessoas de reputação ilibada e reconhecido conhecimento da matéria em exame, **servidores públicos ou não**.	**Art. 53.** Leiloeiro oficial **ou** a servidor designado pela Administração, procedendo-se na forma da legislação pertinente.	Art. 3º, IV – 10.520/2002 – a autoridade competente designará, dentre os servidores do órgão ou entidade promotora da licitação, o pregoeiro e respectiva equipe de apoio. **Observação** A equipe de apoio deverá ser integrada em sua maioria por servidores ocupantes de cargo efetivo ou emprego da Administração, preferencialmente pertencentes ao quadro permanente do órgão ou entidade promotora do evento.

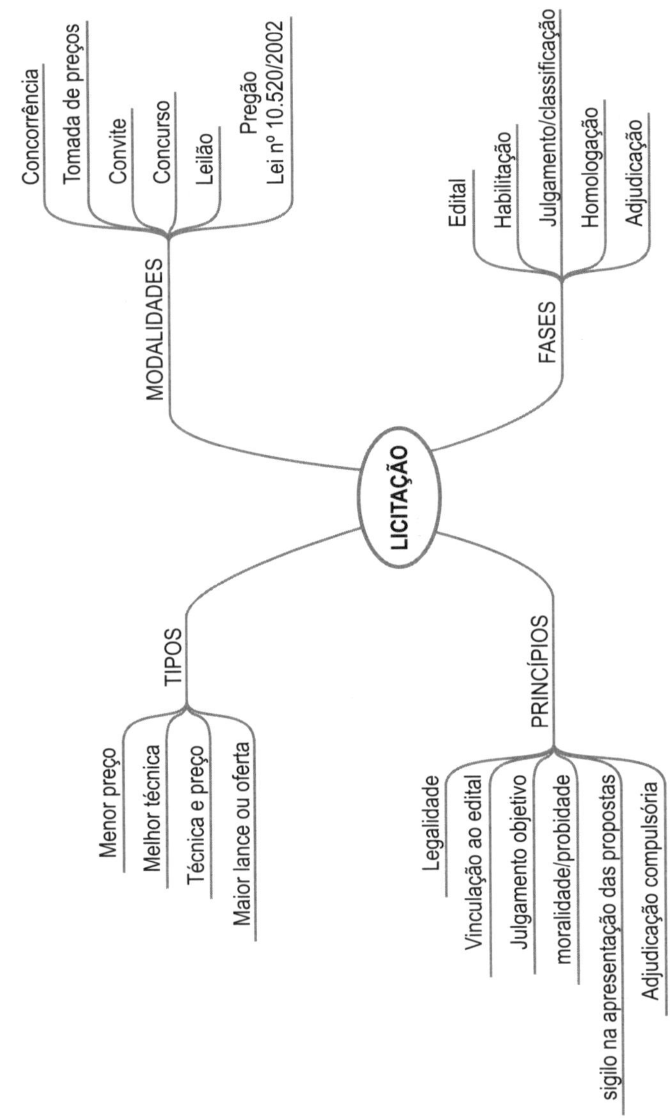
LICITAÇÃO
MODALIDADES
Concorrência
Tomada de preços
Convite
Concurso
Leilão
Pregão
Lei nº 10.520/2002
FASES
Edital
Habilitação
Julgamento/classificação
Homologação
Adjudicação
TIPOS
Menor preço
Melhor técnica
Técnica e preço
Maior lance ou oferta
PRINCÍPIOS
Legalidade
Vinculação ao edital
Julgamento objetivo
moralidade/probidade
sigilo na apresentação das propostas
Adjudicação compulsória

CAPÍTULO 7
Contrato Administrativo

1. INTRODUÇÃO

Contrato é o acordo de vontades destinado a disciplinar os interesses dos contratantes.

A Administração celebra contratos de direito público e contratos de direito privado. Tem-se utilizado a expressão **contratos da Administração** para abranger todos os contratos celebrados, em regime de direito público e de direito privado.

A denominação **contrato administrativo** é reservada para os contratos de **Direito Público** celebrados pela Administração, em que predominam as normas de Direito Público. O contrato administrativo é espécie contrato da Administração.

A principal diferença entre as duas espécies de contratos (contratos administrativos e contratos de direito privado) são as chamadas **cláusulas exorbitantes** ou **de privilégio** que conferem uma série de prerrogativas à Administração em detrimento do contratado.

Porém, é possível aplicar **supletivamente,** aos contratos administrativos, as normas de Direito Privado, conforme expresso no art. 54 do Estatuto. Assim, em determinado contrato administrativo celebrado, este será regido pela Lei nº 8.666/1993; no entanto, pode, por exemplo, a previsão sobre a garantia a ser prestada pelo contratado ficar disciplinada por norma de Direito Privado, fixada em dispositivos do Código Civil.

DICA!

As cláusulas exorbitantes estão presentes mesmo que de forma implícita nos contratos administrativos.

De outro modo, nos **contratos privados** celebrados pelo Poder Público como, por exemplo, a locação em que o Poder Público figure como locatário e o de seguro, a Administração estará no mesmo nível do contratado em relação aos direitos e obrigações, mas prevê o art. 62, § 3º, da Lei nº 8.666/1993 a aplicação de **cláusulas exorbitantes** aos contratos cujo conteúdo seja regido, predominantemente, por norma de Direito Privado.

OBSERVAÇÃO!

Apesar de a redação do art. 62, § 3º, da Lei nº 8.666/1993, estabelecer que se aplicam aos contratos regidos pelo Direito Privado as cláusulas exorbitantes, a doutrina entende que isso só ocorre se elas estiverem expressamente previstas.

1.1 Convênios administrativos

O convênio não se confunde com o contrato administrativo. O convênio é o ajuste entre entidades de direito público de natureza e de nível diversos ou entre entidades públicas ou privadas para a realização de objetivos de interesse comum, mediante regime de mútua colaboração.

Não se aplica aos convênios a exigência de licitação, pois neles não há viabilidade de competição. Exige a Lei de Licitações apenas sua aplicação **no que couber** aos convênios (art. 116).

Questão de Concurso

(Cespe/ TJ-CE/Juiz/2012) Diversamente dos contratos administrativos, os convênios administrativos não se submetem à obrigatoriedade de licitação.

Gabarito: certo. Em regra, não há licitação antes da celebração de convênios.

2. NORMAS CONSTITUCIONAIS

A Constituição Federal de 1988 inclui entre as matérias de **competência legislativa privativa da União** a edição de **normas gerais** de licitação e **contratação**, em todas as modalidades, para as Administrações Públicas diretas, autárquicas e fundacionais da União, dos Estados, do DF e dos Municípios e para as empresas públicas e sociedades de economia mista, nos termos do art. 173, § 1º, III.

3. CLASSIFICAÇÃO DO CONTRATO ADMINISTRATIVO

- **Comutativo**: tem prestação e contraprestação já estabelecidas e equivalentes. No contrato comutativo, as partes, além de receber da outra prestação equivalente à sua, podem apreciar imediatamente essa equivalência.
- **Oneroso**: é aquele que, por ser bilateral, traz vantagens para ambos os contraentes, pois estes sofrem um sacrifício patrimonial correspondente a um

proveito almejado. Há um benefício recebido que corresponde a um sacrifício. Ambas as partes experimentam benefícios e deveres.

- **Formal**: exige condições específicas previstas em lei para sua validade.

A formalização do contrato é prevista no art. 60 da Lei nº 8.666/1993.

Em **regra**, o contrato administrativo é celebrado pela **forma escrita**; é o que dispõe o art. 60, parágrafo único.

ATENÇÃO!

É possível o **contrato verbal** com a Administração para as pequenas compras de pronto pagamento de valor não superior a 5% do valor para as compras pela modalidade convite (5% x R$ 80.000,00 = R$ 4.000,00).

Questão de Concurso

(Cespe/TRE-RJ/Analista Judiciário/Área Judiciária/2012) Contratos de compra de pequeno valor e com pagamento imediato podem ser celebrados verbalmente pela Administração Pública.

*Gabarito: certo. Se na prova do concurso aparecer a expressão **compra de pequeno valor**, entenda até R$ 4.000,00.*

Questão de Concurso

(Cespe/Câmara dos Deputados/Analista/Técnico em Material e Patrimônio/2012) É considerado nulo, sem qualquer efeito, o contrato verbal feito pela Administração, com exceção dos relativos a contratações de pequenas compras de pronto pagamento, como as de valor não superior a 5% do valor estimado para a modalidade convite, feitas em regime de adiantamento.

Gabarito: certo. Caso em que se admite contrato verbal. Pronto pagamento refere-se a pagamento em até 30 dias.

O art. 62 estabelece que o **instrumento de contrato** seja **obrigatório** nos casos de concorrência e de tomada de preços, bem como nas dispensas e inexigibilidades cujos preços estejam compreendidos nos limites destas duas modalidades de licitação, e **facultativo** nos demais em que a Administração possa substituí-lo por outros instrumentos hábeis, tais como carta-contrato, nota de empenho de despesa, autorização de compra ou ordem de execução de serviço. Esta hipótese prevista em lei não se refere ao contrato verbal, trata-se de substituição de documento escrito de maior complexidade (instrumento contratual), por outro documento escrito de menor complexidade em razão do valor a ser contratado (carta-contrato, nota de empenho de despesa, autorização de compra ou ordem de execução de serviço).

É, também, dispensável o **termo de contrato** e facultada sua substituição pela carta-contrato, nota de empenho de despesa, autorização de compra ou ordem de execução de serviço, a critério da Administração e **independentemente de seu valor**, nos casos de **compra** com entrega imediata e integral dos bens adquiridos, dos quais não resultem obrigações futuras, inclusive assistência técnica (§ 4º, art. 62). Trata-se de mais uma hipótese de substituição, e não, de contrato verbal.

ATENÇÃO!

A publicação resumida do instrumento de contrato ou de seus aditamentos na imprensa oficial, é condição indispensável para sua **eficácia**, devendo ser providenciada pela Administração até o quinto dia útil do mês seguinte ao de sua assinatura, para ocorrer no prazo de vinte dias daquela data, qualquer que seja o seu valor.

O art. 55 da Lei nº 8.666/1993 estabelece as **cláusulas necessárias** em todos os contratos. A FCC aborda muito esses requisitos em provas de concurso!

Os contratos e seus aditamentos serão lavrados nas repartições interessadas, as quais manterão arquivo cronológico dos seus autógrafos e registro sistemático do seu extrato, **salvo os relativos a direitos reais sobre imóveis, que se formalizam por instrumento lavrado em cartório de notas**, de tudo juntando-se cópia no processo que lhe deu origem (art. 60).

4. CARACTERÍSTICAS DOS CONTRATOS ADMINISTRATIVOS

4.1 Finalidade pública

Assim como todos os atos administrativos, o contrato deve ser voltado sempre ao interesse público. É sempre o interesse público que a Administração tem que ter em vista, sob pena de desvio de poder. Se for celebrado contrato administrativo visando ao interesse próprio ou ao de terceiros, será ilegal.

4.2 Natureza de contrato de adesão

Todo contrato administrativo tem natureza de contrato de adesão, pois todas as cláusulas contratuais são fixadas pela Administração. Contrato de adesão é aquele em que todas as cláusulas são fixadas por apenas uma das partes, no caso do contrato administrativo, a Administração.

Vale destacar que a **minuta** do contrato já deve vir como anexo do edital de licitação.

4.3 Prazo determinado (art. 57)

A Lei nº 8.666/1993 estabelece que obras e serviços só possam ser contratados se houver previsão de recursos orçamentários que assegurem o pagamento das obrigações (art. 7º, § 2º, III). Constitui cláusula necessária à indicação do crédito pelo qual ocorrerá a despesa (art. 55, V).

Os contratos administrativos devem ter prazo determinado. A vigência dos contratos deve ficar adstrita à vigência dos respectivos créditos orçamentários. Dessa forma, os contratos terão duração, em regra, de um ano, pois é o prazo de vigência dos créditos orçamentários repassados aos órgãos e às entidades. Conforme a Lei nº 4.320/1964, o crédito orçamentário tem duração de um ano e coincide com o ano civil.

Contudo, o art. 57 da Lei nº 8.666/1993 prevê algumas situações que escapam à regra exposta acima. São elas:

- aos projetos cujos produtos estejam contemplados nas metas estabelecidas no **Plano Plurianual**, os quais poderão ser prorrogados se houver interesse da Administração e desde que isso tenha sido previsto no ato convocatório;
- à prestação de serviços a serem **executados de forma contínua**, que poderão ter a sua duração prorrogada por iguais e sucessivos períodos com vistas à obtenção de preços e condições mais vantajosas para a Administração, **limitada a sessenta meses**; podendo, em caráter **excepcional**, devidamente justificado e mediante autorização da autoridade superior, ser prorrogado por mais doze meses. Assim, até 60 meses, prorrogável por mais 12 meses.
- ao **aluguel de equipamentos e à utilização de programas de informática**, podendo a duração estender-se pelo prazo de **até 48** (quarenta e oito) meses após o início da vigência do contrato.

Em razão da Lei nº 12.349/2010, foi acrescentado mais um dispositivo em que o contrato pode ter duração superior a um ano, que é a regra geral. A saber:

> às hipóteses previstas nos incisos IX, XIX, XXVIII e XXXI do art. 24, cujos contratos poderão ter vigência por **até cento e vinte meses**, caso haja interesse da Administração.

Os incisos do art. 24 mencionados referem-se:

> IX – quando houver possibilidade de comprometimento da segurança nacional, nos casos estabelecidos em decreto do Presidente da República, ouvido o Conselho de Defesa Nacional;
> (...)
> XIX – para as compras de material de uso pelas Forças Armadas, com exceção de materiais de uso pessoal e administrativo, quando houver necessidade de manter a padronização requerida pela estrutura de apoio logístico dos meios navais, aéreos e terrestres, mediante parecer de comissão instituída por decreto;
> (...)
> XXVIII – para o fornecimento de bens e serviços, produzidos ou prestados no País, que envolvam, cumulativamente, alta complexidade tecnológica e defesa nacional, mediante parecer de comissão especialmente designada pela autoridade máxima do órgão.
> (...)
> XXXI – nas contratações visando ao cumprimento do disposto nos arts. 3º, 4º, 5º e 20 da Lei nº 10.973, de 2 de dezembro de 2004, observados os princípios gerais de contratação dela constantes.

A Lei nº 10.973 dispõe sobre incentivos à inovação e à pesquisa científica e tecnológica no ambiente produtivo.

OBSERVAÇÃO!

O Tribunal de Contas da União decidiu pela possibilidade de a Administração Pública firmar contratos de locação de imóveis por prazo superior a 60 meses. Os contratos de locação de imóveis celebrados pelo Poder Público, com base no art. 24, X, da Lei nº 8.666/1993, não se submetem ao prazo máximo fixado no art. 57, II, da mesma Lei. Assim, os contratos estão sujeitos às normas da chamada Lei do Inquilinato (Lei nº 8.245/1991).

4.4 Mutabilidade (art. 65)

O contrato administrativo permite alteração durante sua execução. A lei fixa percentuais em que a Administração pode promover alterações quantitativas no objeto do contrato, ficando o contratado obrigado a aceitar as modificações realizadas dentro dos percentuais fixados em lei. Veremos com mais detalhes no tópico espécies de cláusulas exorbitantes (alteração unilateral).

NOTA!

Já apareceu em prova da FGV o termo **instabilidade** dos contratos como sinônimo de **mutabilidade**.

4.5 *Intuitu personae* ou pessoalidade ou pessoal

Deve ser executado pelo próprio contratante. Apesar desta obrigação, é possível a subcontratação de **parte** da execução do contrato. É o que preveem os arts. 72 e 78, VI.

> **Art. 72.** O contratado, na execução do contrato, sem prejuízo das responsabilidades contratuais e legais, poderá subcontratar partes da obra, serviço ou fornecimento, até o limite admitido, em cada caso, pela Administração.

Caso o contratado não siga estritamente as restrições para a subcontratação, está sujeito à rescisão do contrato (art. 78, VI).

Segundo o TCU

> A subcontratação parcial de serviços contratados **não necessita** ter expressa previsão no edital ou no contrato, bastando apenas que não haja expressa vedação nesses instrumentos, entendimento que se deriva do art. 72 da Lei nº 8.666/1993 e do fato de que, na maioria dos casos, a possibilidade de subcontratação deve atender a uma conveniência da Administração. (Acórdão nº 5.532/2010, Primeira Câmara, TC-004.716/2008-2, Rel. Min. Augusto Nardes, 31/8/2010).

4.6 Presença de cláusulas exorbitantes

Cláusulas exorbitantes são aquelas que conferem uma série de poderes para a Administração em detrimento do contratado. Estão presentes em todos os contratos administrativos, mesmo que de forma implícita.

5. ESPÉCIES DE CLÁUSULAS EXORBITANTES

5.1 Exigência de garantia

Desde que haja previsão no edital, pode ser exigida uma das garantias previstas na Lei de Licitações e Contratos Administrativos (art. 56):

I – **caução em dinheiro ou em títulos da dívida** pública, devendo estes ter sido emitidos sob a forma escritural, mediante registro em sistema centralizado de liquidação e de custódia autorizado pelo Banco Central do Brasil e avaliados pelos seus valores econômicos, conforme definido pelo Ministério da Fazenda;

II – **seguro-garantia**;

III – **fiança bancária**.

OBSERVAÇÃO!

A escolha da garantia cabe ao contratado.

A garantia não pode ultrapassar o correspondente a 5% do valor do contrato. **Excepcionalmente**, para obras, serviços e fornecimentos de **grande vulto** envolvendo alta complexidade técnica e riscos financeiros consideráveis, demonstrados por parecer tecnicamente aprovado pela autoridade competente, o limite de garantia poderá ser elevado para até dez por cento (10%) do valor do contrato.

ATENÇÃO!

Não confundir!

Garantia para participar da licitação: até 1%.

Garantia para o contrato administrativo: até 5%, em regra.

O art. 6º, V, da lei, fixa como obras, serviços e compras de grande vulto aquelas cujo valor estimado seja superior a 25 (vinte e cinco) vezes o valor de R$ 1.500.000,00.

Outra situação em que o valor da garantia pode superar o limite de 5% do valor do contrato refere-se aos casos de contratos que importem na **entrega de bens** pela Administração, dos quais o contratado ficará depositário; ao valor da garantia deverá ser acrescido o valor desses bens. Exemplificando melhor, seria o caso de o Poder Público transferir a execução de transporte público por trilhos (*ex.*: metrô) para um particular, com a entrega de todos os equipamentos (bens) necessários à execução do serviço. Neste caso, adicionalmente à garantia exigida (5% ou 10%, nos casos previstos em lei), pode ser exigida outra referente ao **valor** dos bens.

NOTA!

A substituição da garantia só pode ocorrer por **acordo** entre as partes (art. 65, II).

Na modalidade pregão é **vedada** a exigência de garantia pelo licitante (art. 5º).

5.2 Alteração unilateral (art. 65)

O contrato administrativo pode ser alterado de forma **unilateral ou por acordo**:

<table>
<tr><td>Acordo</td><td>
• quando conveniente a substituição da garantia de execução;
• quando necessária a modificação do regime de execução da obra ou serviço, bem como do modo de fornecimento, em face de verificação técnica da inaplicabilidade dos termos contratuais originários;
• quando necessária a modificação da forma de pagamento, por imposição de circunstâncias supervenientes, mantido o valor inicial atualizado, vedada a antecipação do pagamento, com relação ao cronograma financeiro fixado, sem a correspondente contraprestação de fornecimento de bens ou execução de obra ou serviço;
• para restabelecer a relação que as partes pactuaram inicialmente entre os encargos do contratado e a retribuição da Administração para a justa remuneração da obra, serviço ou fornecimento, objetivando a manutenção do equilíbrio econômico-financeiro inicial do contrato, na hipótese de sobrevirem fatos imprevisíveis, ou previsíveis, porém de consequências incalculáveis, retardadores ou impeditivos da execução do ajustado, ou, ainda, em caso de força maior, caso fortuito ou fato do príncipe, configurando álea econômica extraordinária e extracontratual.
</td></tr>
<tr><td>Unilateral</td><td>
• quando houver modificação do projeto ou das especificações, para melhor adequação técnica aos seus objetivos; (alteração qualitativa)
• quando necessária a modificação do valor contratual em decorrência de acréscimo ou diminuição quantitativa de seu objeto, nos limites permitidos pela lei; (alteração quantitativa).

Os limites para acréscimos ou supressões de forma unilateral nos contratos administrativos são fixados, em regra, em até 25% do valor inicial atualizado do contrato. Porém, no caso específico de reforma de edifício ou de equipamento, até 50% para seus acréscimos, ficando as supressões, nesse último caso, no percentual de até 25%, que é a regra. Assim:
– Obras, serviços e compras ⇨ acréscimos e supressões de até 25% do valor inicial atualizado do contrato.
– Reforma de edifício ou equipamentos ⇨ acréscimos de até 50% do valor inicial atualizado e supressões de até 25% (regra).
</td></tr>
</table>

As modificações impostas pela Administração referem-se a modificações **quantitativas** exigidas inicialmente no contrato, de modo que o valor final seja, consequentemente, alterado (para mais ou para menos), desde que seja dentro dos limites legais.

A Administração tem o poder de impor ao contratado que aceite as modificações efetuadas dentro dos limites fixados em lei. Não se submetendo às alterações, o contratado é considerado descumpridor do contrato, dando margem para que a Administração rescinda o ajuste, atribuindo-lhe culpa na rescisão, com aplicação da penalidade prevista no art. 87. Por outro lado, não pode a Administração impor alterações além dos limites da lei.

Pode, também, haver alteração **abaixo** dos limites fixados em lei, mas, neste caso, deve haver a **concordância** do contratado, uma vez que poderá suportar prejuízo em razão da supressão pretendida pela Administração.

Acima dos limites fixados, **não é possível** fazer alteração contratual; é necessário que se faça novo procedimento licitatório para o percentual excessivo.

NOTA!

As cláusulas que podem ser modificadas unilateralmente pela Administração são as cláusulas **regulamentares ou de serviço**. As cláusulas econômico-financeiras e monetárias não podem ser modificadas sem a anuência do contratado (art. 58).

Conforme o art. 65, § 4º, no caso de supressão de obras, bens ou serviços, se o contratado já houver adquirido materiais e posto no local dos trabalhos, estes deverão ser pagos pela Administração pelos **custos de aquisição**, regularmente comprovados e monetariamente corrigidos, podendo caber indenização por outros danos eventualmente decorrentes da supressão, desde que regularmente comprovados. E ainda ocorrerá a revisão de preços para mais ou para menos, em caso de criação, alteração ou extinção de tributos ou encargos legais, após a **apresentação das propostas** e de comprovada repercussão nos preços contratados.

Não dispensa a **motivação** o ato de alteração unilateral do contrato administrativo. Exige a lei justificativa para promover alterações.

Em razão de a lei só impor limites (25%, como regra) para as alterações quantitativas, o TCU vem entendendo que as alterações **qualitativas** devem observar os mesmos limites para as alterações **quantitativas**, salvo em situações excepcionais tecnicamente justificáveis.

5.3 Rescisão unilateral (arts. 78 e 79)

A rescisão unilateral pela Administração é uma forma de pôr termo ao contrato administrativo. O art. 78 prevê várias formas de extinção dos contratos administrativos, mas nem todas são casos de rescisão unilateral. Em algumas hipóteses, a rescisão será proposta pelo contratado.

Rescisão unilateral (somente pela Administração!)	I - o **não cumprimento** de cláusulas contratuais, especificações, projetos ou prazos; II - o **cumprimento irregular** de cláusulas contratuais, especificações, projetos e prazos; III - a **lentidão** do seu cumprimento, levando a Administração a comprovar a impossibilidade da conclusão da obra, do serviço ou do fornecimento, nos prazos estipulados; IV - o **atraso injustificado** no início da obra, serviço ou fornecimento; V - a **paralisação** da obra, do serviço ou do fornecimento, sem justa causa e prévia comunicação à Administração; VI - a **subcontratação** total ou parcial do seu objeto, a associação do contratado com outrem, a cessão ou transferência, total ou parcial, bem como a fusão, cisão ou incorporação, **não admitidas no edital** e **no contrato**; VII - o **desatendimento** das determinações regulares da autoridade designada para acompanhar e fiscalizar a sua execução, assim como as de seus superiores; VIII - o cometimento reiterado de **faltas na sua execução**, anotadas na forma do § 1º do art. 67 desta Lei; IX - a decretação de **falência** ou a instauração de **insolvência civil**; X - a **dissolução** da sociedade ou o **falecimento** do contratado; XI - a alteração social ou a modificação da finalidade ou da estrutura da empresa, que prejudique a execução do contrato; XII - razões de **interesse público**, de alta relevância e amplo conhecimento, justificadas e determinadas pela máxima autoridade da esfera administrativa a que está subordinado o contratante e exaradas no processo administrativo a que se refere o contrato; e XVII - a ocorrência de **caso fortuito ou de força maior**, regularmente comprovada, impeditiva da execução do contrato. *Parágrafo único.* Os casos de rescisão contratual serão formalmente motivados nos autos do processo, assegurado o contraditório e a ampla defesa. XVIII- descumprimento do disposto no inciso V do art. 27, sem prejuízo das sanções penais cabíveis.

Rescisão por iniciativa do contratado	XIII – a **supressão**, por parte da Administração, de obras, serviços ou compras, acarretando modificação do valor inicial do contrato além do limite permitido no § 1º do art. 65 desta Lei; XIV – a **suspensão** de sua execução, por ordem escrita da Administração, por prazo superior a 120 (cento e vinte) dias, salvo em caso de calamidade pública, grave perturbação da ordem interna ou guerra, ou ainda por repetidas suspensões que totalizem o mesmo prazo, independentemente do pagamento obrigatório de indenizações pelas sucessivas e contratualmente imprevistas desmobilizações e mobilizações e outras previstas, assegurado ao contratado, nesses casos, o direito de optar pela suspensão do cumprimento das obrigações assumidas até que seja normalizada a situação; XV – o **atraso** superior a 90 (noventa) dias dos pagamentos devidos pela Administração decorrentes de obras, serviços ou fornecimento, ou parcelas destes, já recebidos ou executados, salvo em caso de calamidade pública, grave perturbação da ordem interna ou guerra, assegurado ao contratado o direito de optar pela suspensão do cumprimento de suas obrigações até que seja normalizada a situação; XVI – a **não liberação**, por parte da Administração, de área, local ou objeto para execução de obra, serviço ou fornecimento, nos prazos contratuais, bem como das fontes de materiais naturais especificadas no projeto.

NOTA!

O contratado não tem o poder de fazer rescisão unilateral. Ocorrendo qualquer das hipóteses dos incisos XIII a XVI, o contratado propõe (postula) a rescisão. Se a Administração não quiser rescindir amigavelmente, o contratado deverá buscar a via judicial.

Quando o motivo para rescisão estiver previsto nos incisos XII a XVII do referido artigo, a Administração fica obrigada a **ressarcir** o contratado dos prejuízos regularmente comprovados e, ainda, devolver a garantia, pagar as prestações devidas até a data da rescisão e o custo da desmobilização (art. 79, § 2º). Atente-se para o fato de que dentre as situações mencionadas estão: **motivo de interesse público e caso fortuito ou força maior.** Assim, mesmo nessas hipóteses de rescisão, o contratado tem direito ao ressarcimento dos prejuízos obtidos.

A rescisão deverá ser precedida de autorização escrita e fundamentada (com motivação) da autoridade competente, assegurado o contraditório e a ampla defesa (art. 79, § 1º).

5.4 Fiscalização

A execução do contrato **deverá** ser acompanhada e fiscalizada por um representante da Administração especialmente designado, **permitida** a contratação de terceiros para **assisti-lo e subsidiá-lo** de informações pertinentes a essa atribuição. O representante da Administração anotará em registro próprio todas as ocorrências relacionadas com a execução do contrato, determinando o que for necessário à regularização das faltas ou defeitos observados.

Nos termos do art. 9º da Lei de Licitações, é permitida a participação do autor do projeto ou da empresa como consultor ou técnico, nas funções de **fiscalização**, **supervisão** ou **gerenciamento**, exclusivamente a serviço da Administração interessada.

Por fim, conforme determina o art. 70 da Lei, o contratado é responsável pelos danos causados diretamente à Administração ou a terceiros, decorrentes de sua culpa ou dolo na execução do contrato, **não excluindo ou reduzindo** essa responsabilidade a fiscalização ou o acompanhamento pelo órgão interessado.

O dever da Administração de fiscalizar o contrato administrativo **não** retira do contratado a responsabilidade por eventuais danos causados aos particulares.

5.5 Penalidades

A inexecução total ou parcial do contrato confere à Administração a prerrogativa de aplicar sanções de natureza administrativa previstas no art. 87, a saber:

> **Art. 87**. Pela inexecução total ou parcial do contrato a Administração poderá, garantida a prévia defesa, aplicar ao contratado as seguintes sanções:
> I - **advertência**;
> II - **multa**, na forma prevista no instrumento convocatório ou no contrato;
> III - **suspensão temporária** de participação em licitação e impedimento de contratar com a Administração, por prazo não superior a 2 (dois) anos;
> IV - **declaração de inidoneidade** para licitar ou contratar com a Administração Pública enquanto perdurarem os motivos determinantes da punição ou até que seja promovida a reabilitação perante a própria autoridade que aplicou a penalidade, que será concedida sempre que o contratado ressarcir a Administração pelos prejuízos resultantes e após decorrido o prazo da sanção aplicada com base no inciso anterior.

NOTA!

A pena de multa é a única que pode ser aplicada cumulativamente com qualquer uma das outras.

Enquanto a pena de suspensão não pode ultrapassar dois anos, a de **declaração de inidoneidade não tem limite definido**. Apesar da má redação do inciso IV do art. 87, deduz-se que o limite mínimo é de dois anos, já que a lei, na parte final do dispositivo, assim se expressa "**após decorrido o prazo da sanção aplicada com base no inciso anterior, ou seja, dois anos**".

Quanto à suspensão temporária de licitar e impedimento de contratar com a Administração (art. 87, III) e de declaração de idoneidade (87, IV), José do Santos Carvalho Filho (2009) entende ter caráter **extensivo** para **todos os entes da Federação.** Essa é a posição do STJ. Mas, para o TCU, a suspensão só se refere ao órgão que aplicou a sanção e a declaração de inidoneidade se estende a todos os entes federativos.

Importante, também, destacar que a Lei do Pregão estabeleceu para as sanções de impedimento de licitar e contratar prazo de até 5 (cinco) anos, ou seja, prazo superior ao previsto na Lei nº 8.666/1993, inclusive, estendendo a sanção para todos os entes federativos.

> **Art. 7º** Quem, convocado dentro do prazo de validade da sua proposta, não celebrar o contrato, deixar de entregar ou apresentar documentação falsa exigida para o certame, ensejar o retardamento da execução de seu objeto, não mantiver a proposta, falhar ou fraudar na execução do contrato, comportar-se de modo inidôneo ou cometer fraude fiscal, **ficará impedido de licitar e contratar com a União, Estados, Distrito Federal ou Municípios e, será descredenciado no Sicaf, ou nos sistemas de cadastramento de fornecedores a que se refere o inciso XIV do art. 4º desta Lei, pelo prazo de até 5 (cinco) anos, sem prejuízo das multas previstas em edital e no contrato e das demais cominações legais.**

5.6 Anulação

A anulação do contrato decorre de ilegalidade constatada na sua execução ou, até mesmo, na fase de licitação, pois os vícios gerados no procedimento licitatório acarretam a anulação do contrato.

Nos termos do art. 59 da Lei de Licitações, a nulidade não exonera a Administração do dever de indenizar o contratado pelo que este houver executado até a data em que ela for declarada e por outros prejuízos regularmente comprovados, contanto que não lhe seja imputável, promovendo-se a responsabilidade de quem lhe deu causa.

5.7 Retomada do objeto

A rescisão unilateral pela Administração acarreta a assunção imediata do objeto do contrato, no estado e local em que se encontrar, por ato próprio da Administração com a consequente ocupação e utilização do local, instalações, equipamentos, material e pessoal empregados na execução do contrato, necessários à sua continuidade, podendo essa continuidade da obra ou do serviço ser por execução direta ou indireta.

A referida cláusula exorbitante tem por objetivo assegurar a continuidade da execução do contrato, sempre que sua paralisação possa ocasionar prejuízo ao interesse público e, principalmente, ao andamento do serviço público essencial; trata-se, neste último caso, de aplicação do **princípio da continuidade do serviço público**.

5.8 Restrições ao uso da *exceptio non adimpleti contractus*

Significa que os contratantes só podem exigir a execução do contrato pela outra parte, desde que já tenha realizado a parte para qual estava obrigado (**exceção ao contrato não cumprido**). Vale dizer, enquanto a parte não fez o que lhe cabia no contrato, não poderá exigir a contraprestação da parte contrária.

Portanto, quando uma das partes descumprir sua obrigação, poderá a outra opor a exceção ao contrato não cumprido, para, legitimamente, negar-se a cumprir sua obrigação contratual.

Contudo, essa regra sofre atenuação nos contratos administrativos, pois o contratado não pode interromper, sem ordem judicial, a execução do contrato quando a Administração estiver inadimplente em sua obrigação. Isso decorre do princípio da continuidade do serviço público.

Em relação a atraso no pagamento, só se permite o uso da cláusula se esse atraso ocorrer por período **superior a 90 dias** (art. 78, V).

Quando a mora (atraso) no cumprimento da obrigação for do contrato, a Administração poderá de imediato alegar a exceção ao contrato não cumprido. Em outros termos, a aplicação relativa da cláusula só se refere a quando a falta é da Administração.

6. REAJUSTE E REVISÃO/RECOMPOSIÇÃO

O reajuste e revisão podem ensejar alteração no valor a ser pago ao contratado. Contudo, as duas expressões têm sentidos diferentes.

O **reajuste** busca neutralizar um **fato certo**, a inflação, ficando vinculado a índice determinado. É feita por apostila.

A **revisão** deriva da ocorrência de **fato superveniente e imprevisível** como, por exemplo, eventos da natureza ou crise mundial que alteram as condições econômicas, trazendo prejuízo ao contratado. A revisão é realizada por aditamento contratual.

NOTA!

Repactuação é o reajustamento de todos os insumos do contrato. Tudo o que compõe o contrato e que sofreu alteração de valor será repactuado. Não é apenas corrigir inflação.
Só ocorre nos contratos de natureza contínua e após decorridos 12 meses (veja Decreto n° 2.271/1997).

7. CAUSAS JUSTIFICADORAS DA INEXECUÇÃO E FATOS POSTERIORES À CELEBRAÇÃO DO CONTRATO

As causas justificadoras de inexecução podem gerar apenas a interrupção momentânea da execução contratual ou até mesmo a total impossibilidade de sua conclusão.

O equilíbrio econômico-financeiro, **assegurado pela Constituição Federal**, consiste na manutenção das condições de pagamento estabelecidas inicialmente no contrato, de maneira que se mantenha estável a relação entre as obrigações do contratado e a justa retribuição da Administração pelo fornecimento do bem, execução de obra ou prestação de serviço. Sobrevindo qualquer motivo que provoque sua alteração, sem culpa do contratado, ela terá que ser restabelecida. Essa garantia é de cunho constitucional. Nesse contexto, se o contrato for afetado por fatos posteriores à sua celebração, onerando o contratado, o equilíbrio econômico-financeiro inicial deverá ser restabelecido por meio da recomposição contratual.

Desse modo, a inexecução sem culpa do contratado acarreta a revisão contratual, caso haja alteração do equilíbrio econômico-financeiro.

7.1 Fato do príncipe

São determinações **estatais** que afetam todos aqueles que se encontram na mesma situação, o contratado e os demais particulares. São medidas de **ordem geral**, não relacionadas diretamente com o contrato administrativo, mas nele provocam efeitos.

Quebra-se o equilíbrio do contrato administrativo por força de **ato ou medida** instituída pelo próprio Estado. Caracteriza-se por ser imprevisível, extracontratual e extraordinário.

Exemplo

O aumento de um tributo e a proibição de importação de determinada matéria-prima.

O fato do príncipe obriga o Poder Público contratante a compensar os prejuízos suportados pelo contratado a fim de possibilitar o prosseguimento da execução do contrato e, se isto for impossível, rende ensejo à rescisão do contrato com as **indenizações cabíveis**, conforme entendimento de Carvalho Filho (2009) e Maria Sylvia (2010).

7.2 Fato da Administração

O ato relaciona-se diretamente com o contrato; a autoridade é **parte** no contrato. Compreende qualquer conduta ou comportamento da Administração que, **como parte contratual**, torne impossível a execução do contrato ou provoque seu desequilíbrio econômico.

Pode provocar a suspensão da execução do contrato, transitoriamente, ou pode levar à paralisação definitiva, tornando justificável o descumprimento do contrato pelo contratado e, portanto, isentando-o das sanções administrativas.

Exemplo

A Administração deixa de entregar o local da obra ou do serviço, ou não providencia as desapropriações necessárias, ou não expede a tempo as competentes ordens de serviço; atraso no pagamento por período superior a 90 dias; a suspensão de sua execução, por ordem escrita da Administração, por prazo superior a 120 (cento e vinte) dias (art. 78, XIV).

7.3 Teoria da imprevisão

É todo acontecimento **externo ao contrato, estranho à vontade das partes, imprevisível e inevitável, que causa grande desequilíbrio financeiro**, tornando a execução do contrato excessivamente onerosa para o contratado (DI PIETRO, 2010).

Exemplo

Os contratos afetados por crise mundial da economia, do dólar, guerras. Como diz a doutrina, geralmente, decorre de desarranjos **econômicos**.

7.4 Interferências imprevistas

São fatos materiais imprevistos, mas **existentes ao tempo da celebração do contrato.** *Exemplos:* a diversidade de terrenos conhecidos somente no curso da execução de uma obra pública; terreno arenoso; lençol de água subterrâneo de pouca profundidade onde haverá uma construção; descoberta de rochas de grande proporção no fundo do lago em que se pretende fazer a perfuração para a colocação da base de uma ponte que será construída.

Celso Antônio Bandeira de Mello (2010) também destaca que na teoria da imprevisão o que altera o equilíbrio contratual são circunstâncias, incidentes **econômicos**, ao passo que as interferências/**sujeições imprevistas** decorrem de fatos materiais, incidentes técnicos.

7.5 Caso fortuito e força maior

Decorre de evento humano ou da natureza que não permitem a execução contratual. *Exemplos*: furacão ou terremoto que destrói parte da obra já executada ou, então, movimento de naturalistas ou sem terra (MST) que impede o contratado de executar determinada obra.

OBSERVAÇÃO!

Alguns autores não mencionam o **caso fortuito** e a **força maior**, pois entendem ser o mesmo que **interferências imprevistas.**

8. RESPONSABILIDADE PELA EXECUÇÃO DO CONTRATO E ENCARGOS TRABALHISTAS, PREVIDENCIÁRIOS, FISCAIS E COMERCIAIS (ART. 71)

Nos termos do art. 69, o contratado é obrigado a reparar, corrigir, remover, reconstruir ou substituir, às suas expensas, no total ou em parte, o objeto do contrato em que se verificarem vícios, defeitos ou incorreções resultantes da execução ou de materiais empregados.

Fixa, ainda, a Lei de Licitações, art. 70, que o contratado é responsável pelos encargos trabalhistas, previdenciários, fiscais e comerciais resultantes da execução do contrato. Ou seja, o contratado é o responsável pelo pagamento de tais débitos.

OBSERVAÇÃO!

Em relação aos encargos **previdenciários** há responsabilidade **solidária** da Administração (art. 71, § 2º).

O STF, ao julgar a Ação Declaratória de Constitucionalidade nº 16, firmou o entendimento de que a Administração não é responsável por pagamentos trabalhistas na inadimplência de empresas contratadas, confirmando a constitucionalidade do art. 71, § 1º, da Lei de Licitações, salvo nos casos de omissão na fiscalização.

ATENÇÃO!

Fique atento a essas regras.

- O contratado é responsável pelos encargos decorrentes da execução do contrato.
- A Administração responde de forma **solidária** por débitos **previdenciários**.
- Se houver **omissão** na fiscalização dos pagamentos trabalhistas a Administração pode ser acionada, desde que prove a omissão.

Não se pode esquecer que nos termos do art. 195, § 3º, da CF a pessoa em débito com a Seguridade Social não pode contratar com o Poder Público. No mesmo sentido o art. 29 da Lei nº 8.666/1993.

Se o débito surge durante a vigência do contrato, impõe-se a rescisão do contrato, conforme o art. 55, XII, da Lei nº 8.666/1993, uma vez que o contratante deve manter durante a execução do contrato as condições de habilitação exigidas.

9. EXTINÇÃO DO CONTRATO

Existem três formas de extinção do contrato administrativo: término do prazo ou conclusão do objeto contrato, rescisão e anulação.

9.1 Término do prazo ou conclusão do objeto contratado

Tendo em vista que todo contrato administrativo deve ter prazo certo (art. 57) após o advento do termo fixado, o contrato está extinto. Da mesma forma, é cláusula obrigatória (art. 55) do contrato administrativo a definição do objeto; sendo assim, após a conclusão do objeto licitado (*ex.*: construção da rodovia), o contrato também está extinto.

9.2 Rescisão (art. 79)

A rescisão não é a forma natural de extinção do contrato administrativo.

A rescisão pode ocorrer de três formas:

- **Amigável**: decorre de acordo entre as partes quando nenhuma das partes tem interesse na continuidade do contrato.
- **Judicial**: requerida pelo contratado quando haja inadimplemento da Administração, já que o contratado não pode paralisar a execução do contrato nem fazer a rescisão unilateral.
- **Unilateral**: a rescisão de modo unilateral só pode ser utilizada pela Administração, tendo em vista que é cláusula exorbitante, ocorrendo nas hipóteses do art. 78, I a XII e XVII e XVIII.

9.3 Anulação

Quando se verificar a ilegalidade na sua formalização ou mesmo na licitação que antecedeu a celebração do contrato, como, por exemplo, não observância do prazo de publicação do edital ou a publicação por meios incorretos, utilização de modalidade menos rigorosa etc.

Conforme o art. 59 do Estatuto das Licitações, a nulidade **não exonera** a Administração do dever de indenizar o contratado pelo que este houver executado até a data em que ela for declarada e por outros prejuízos regularmente comprovados, **contanto que** não lhe seja imputável, promovendo-se a responsabilidade de quem lhe deu causa.

No entanto, mesmo no caso de contrato nulo, pode tornar-se devido o pagamento dos trabalhos realizados para a Administração, não com fundamento em obrigação contratual, mas, sim, no dever moral e legal que impede o enriquecimento ilícito, bem como em razão da responsabilidade do Estado, consagrada no art. 37, § 6º, da CF.

10. JURISPRUDÊNCIA

STJ – Os efeitos das sanções previstas no art. 87 da Lei nº 8.666/1993 se estendem a qualquer órgão da Administração Pública. (REsp nº 151.567/RJ, Rel. Ministro Francisco Peçanha Martins, Segunda Turma, julg. 25/2/2003, DJ 14/4/2003, p. 208).

O TCU entende que o impedimento temporário de participar de procedimentos licitatórios está adstrito à **Administração**, assim entendida, pela definição constante do inciso XI do art. 6º do diploma legal em comento, como sendo o "órgão, entidade ou unidade administrativa pela qual a Administração Pública opera e atua concretamente". Por outro lado, a declaração de inidoneidade, por ser de natureza mais grave, estende-se a toda a **Administração Pública**, definida pela Lei de Licitações como sendo o universo de órgãos e entidades da União, dos Estados, do Distrito Federal e dos Municípios (art. 6º, inciso XI). (Decisão nº 352/1998-Plenário; AC, Primeira Câmara, TCU 1.727/2006).

STJ – Possibilidade de desconsideração da personalidade jurídica através da via administrativa para estender a penalidade administrativa à nova sociedade constituída com o intuito de burlar as sanções aplicadas na forma do art. 87 da Lei de Licitações. (RMS nº 15.166/BA, Rel. Ministro Castro Meira, Segunda Turma, julg. 7/8/2003, DJ 8/9/2003, p. 262).

STJ E TCU – A declaração de inidoneidade somente deve produzir efeitos *ex nunc*, não devendo provocar a rescisão dos contratos já firmados com a empresa que recebeu a penalidade. (MS nº 14.002/DF, Rel. Ministro Teori Albino Zavascki, Primeira Seção, julg. 28/10/2009, DJe 6/11/2009).

STJ – A declaração de inidoneidade não se restringe àqueles que celebraram o contrato administrativo, alcançado todos os que de alguma forma participaram do certame. (REsp nº 1.192.775/SP, Rel. Ministro Castro Meira, Segunda Turma, julg. 18/11/2010, DJe 1/12/2010).

O TCU não admite a utilização da taxa Selic para reajuste dos contratos. Acórdão nº 474/2005 e Decisão nº 1.315/2002, ambos do Plenário. (Decisão monocrática no TC 22.606/2010-6, Rel. Min-Subst. Weder de Oliveira, 8/9/2010. Informativo 33).

TCU – Eventos futuros e incertos ensejam, quando ocorrentes, o reequilíbrio econômico-financeiro do contrato, com a sua consequente revisão, pois resultam de fatos supervenientes imprevisíveis, não podendo ser cobertos por dotações genéricas previamente estabelecidas. Acórdão nº 311/2011-Plenário, TC 6.306/2008-3, Rel. Min-Subst. André Luís de Carvalho, 9/2/2011. (Informativo 50)

A teoria da imprevisão aplica-se somente a contratos **onerosos, comutativos (prestações certas e determinadas) e de execução continuada ou diferida**, quando sobrevierem circunstâncias que impliquem a onerosidade excessiva ou a impossibilidade de execução contratual. (TRF 1ª Região, AC nº 1998.01.00.095245-6, Rel. Des. Daniel Paes Ribeiro).

STJ - Não é possível alegar teoria da imprevisão em razão de dissídio coletivo. (REsp nº 650.613/SP, Rel. Ministro João Otávio de Noronha, Segunda Turma, julg. 23/10/2007, DJ 23/11/2007, p. 454; REsp nº 668.367/PR, Rel. Ministro Teori Albino Zavascki, Primeira Turma, julg. 21/9/2006, DJ 5/10/2006, p. 242).

STJ - Não admissão de leis estaduais que veiculam obrigação aos concessionários de serviços de telefonia, por entender que, na hipótese, trata-se de competência privativa da União para legislar sobre serviços de telecomunicações, nos termos dos arts. 21, XI, e 22, IV, da Constituição Federal. (RMS nº 17.112/SC, Rel. Ministra Denise Arruda, Primeira Turma, julg. 15/12/2009, DJe 2/2/2010).

TCU - 135 - A concessão do benefício de participação nos lucros e resultados a empregados de empresas que prestam serviços continuados à Administração não pode ser invocada como justificativa para promoção de reequilíbrio econômico-financeiro do respectivo contrato. (Acórdão nº 3.336/2012-Plenário, TC-018.784/2012-7, Redator Ministro José Múcio Monteiro, 5/12/2012).

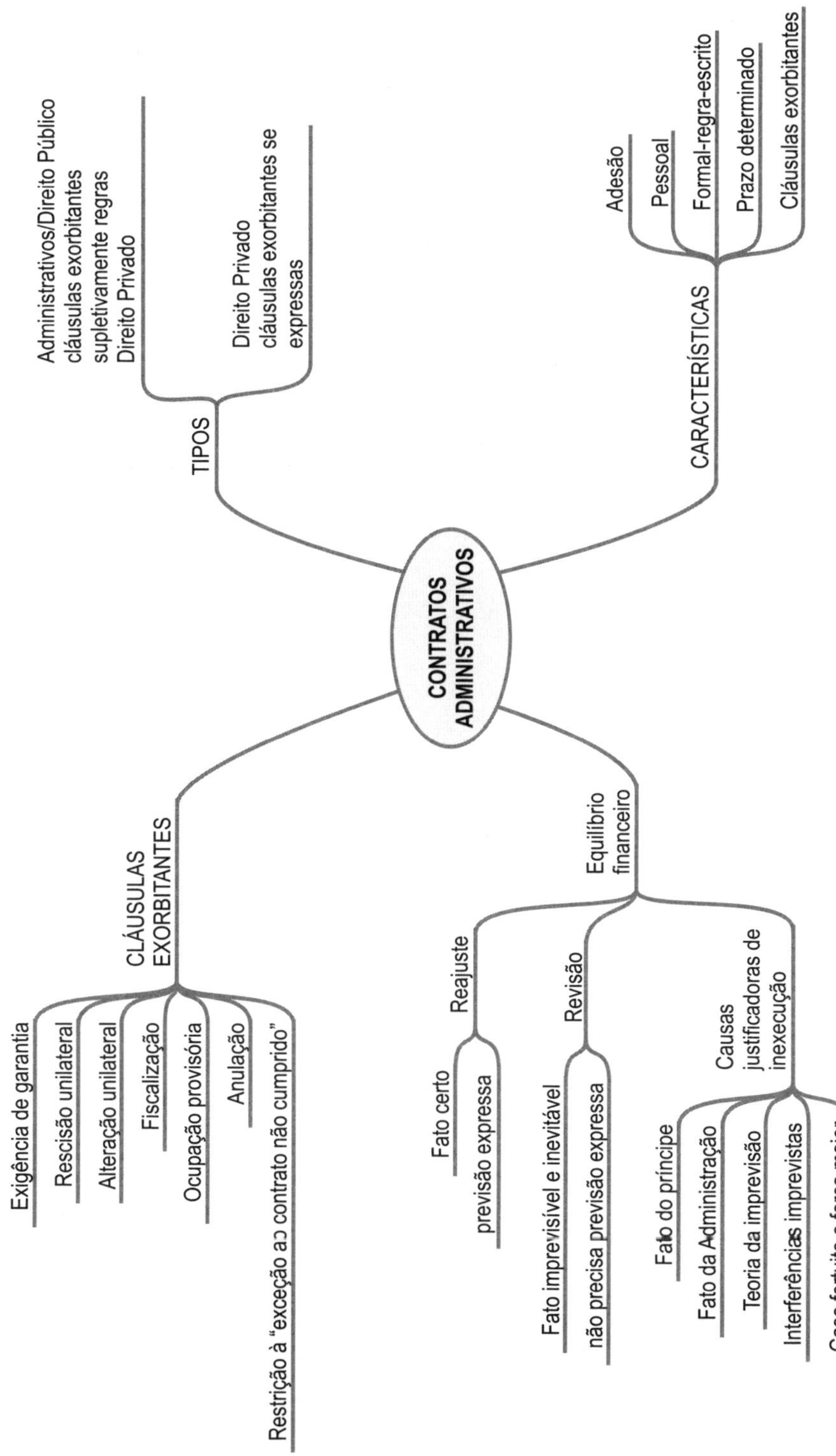
CONTRATOS ADMINISTRATIVOS
TIPOS
Administrativos/Direito Público cláusulas exorbitantes supletivamente regras Direito Privado
Direito Privado cláusulas exorbitantes se expressas
CARACTERÍSTICAS
Adesão
Pessoal
Formal-regra-escrito
Prazo determinado
Cláusulas exorbitantes
CLÁUSULAS EXORBITANTES
Exigência de garantia
Rescisão unilateral
Alteração unilateral
Fiscalização
Ocupação provisória
Anulação
Restrição à "exceção ao contrato não cumprido"
Equilíbrio financeiro
Reajuste
Fato certo
previsão expressa
Revisão
Fato imprevisível e inevitável
não precisa previsão expressa
Causas justificadoras de inexecução
Fato do príncipe
Fato da Administração
Teoria da imprevisão
Interferências imprevistas
Caso fortuito e força maior

CAPÍTULO 8
Serviços Públicos

1. INTRODUÇÃO

Serviço público é toda atividade que a **lei** atribui ao Estado para que a exerça diretamente, ou por meio de seus delegatários, para atender às necessidades da sociedade.

Atualmente, adota-se a teoria **formal/formalista** no sentido de que serviço público são todas as atividades definidas por lei.

No Direito brasileiro, a prestação de serviços públicos compete ao Estado, diretamente ou sob o regime de concessão ou permissão, conforme dispõe o art. 175 da Constituição Federal de 1988. Extrai-se que o Texto Constitucional conferiu ao Poder Público a **titularidade** para o exercício dessa atividade, estabelecendo, também, que a prestação será de forma direta ou mediante concessão ou permissão, sempre por meio de licitação:

> **Art. 175.** Incumbe ao Poder Público, na forma da lei, diretamente ou sob regime de concessão ou permissão, sempre através de licitação, a prestação de serviços públicos.
> *Parágrafo único.* A lei disporá sobre:
> I - o regime das empresas concessionárias e permissionárias de serviços públicos, o caráter especial de seu contrato e de sua prorrogação, bem como as condições de caducidade, fiscalização e rescisão da concessão ou permissão;
> II - os direitos dos usuários;
> III - política tarifária;
> IV - a obrigação de manter serviço adequado.

2. CLASSIFICAÇÃO DOS SERVIÇOS PÚBLICOS

2.1 Serviços públicos e de utilidade pública

Serviços públicos propriamente ditos são os que a Administração presta diretamente à comunidade, por reconhecer sua **essencialidade e necessidade** para sobrevivência do grupo social e do próprio Estado.

Exemplo

Defesa nacional, polícia e fiscalização de atividades, água, saneamento básico.

Serviços de utilidade pública são os que a Administração, reconhecendo sua **conveniência** (não essencialidade, nem necessidade) para os membros da coletividade, presta-os diretamente ou consente que sejam prestados por terceiros (concessionários, permissionários ou autorizatários), nas condições regulamentadas e sob seu controle, mas por conta e risco dos prestadores, mediante remuneração dos usuários. Assim, são convenientes, mas não essenciais.

Exemplo

Telefonia, transporte etc.

2.2 Serviços próprios e impróprios do Estado

- **Serviços próprios do Estado**: são aqueles que, atendendo a necessidades coletivas, o Estado assume como seus e presta-os diretamente ou mediante delegação a concessionários ou permissionários.
- **Serviços impróprios do Estado**: são os que, embora também destinados à satisfação das necessidades coletivas, não são assumidos nem prestados pelo Estado, seja de forma direta ou por delegação a particulares, mas apenas autorizados, regulamentados e fiscalizados. **Eles correspondem a atividades privadas e recebem impropriamente o nome de serviços públicos, porque atendem a necessidades de interesse geral**. Por serem atividades privadas, são exercidas por particulares, mas, por atenderem a necessidades coletivas, dependem de autorização do Poder Público, estando sujeitas a maior ingerência do poder de polícia do Estado.

Existe corrente doutrinária, Hely Lopes Meirelles (2009), que apresenta a seguinte classificação:

> os **serviços próprios** são aqueles que se relacionam intimamente com as atribuições do Poder Público (segurança, polícia, higiene e saúde públicas etc.) para a execução dos quais a Administração usa de sua supremacia sobre os administrados. Por essa razão, só devem ser prestados por órgãos ou entidades públicas, sem delegação a particulares.

E, continua o autor,

> os **serviços impróprios** são os que não afetam necessariamente as necessidades da comunidade, mas satisfazem interesses comuns de seus membros,

e, por isso, a Administração os presta remuneradamente, por seus órgãos ou entidades descentralizadas, ou delega sua realização a concessionários, permissionários ou autorizatários.

2.3 Quanto ao objeto: serviços administrativos e industriais

- **Serviços administrativos:** são os que a Administração executa para atender às suas necessidades internas ou preparar outros serviços que serão prestados ao público, tais como o da imprensa oficial, das estações experimentais e outros dessa natureza.
- **Serviços comerciais ou industriais**: são os que produzem renda para quem os presta, mediante a remuneração da utilidade usada ou consumida, remuneração essa que, tecnicamente, é denominada tarifa ou preço público, por ser sempre fixada pelo Poder Público, quer quando o serviço é prestado por seus órgãos e entidades, quer quando por concessionários, autorizatários ou permissionários. Esse tipo de serviço pode ser prestado direta ou indiretamente pelo Estado (por concessionários, autorizatários ou permissionários).

2.4 Quanto à maneira como ocorrem para satisfazer o interesse geral: serviços *uti universi* e *uti singuli*

- **Serviços *uti universi* ou gerais**: são aqueles que a Administração presta **sem ter usuários determinados**, para atender à coletividade no seu todo, como os de polícia, iluminação pública, calçamento e outros dessa espécie, limpeza de ruas etc.
- **Serviços *uti singuli* ou individuais**: são os que **têm usuários determinados** e utilização particular ou mensurável para cada destinatário, como ocorre com o telefone, a água e a energia elétrica domiciliares.

3. RESPONSABILIDADE DAS CONCESSIONÁRIAS DE SERVIÇO PÚBLICO

A Constituição Federal, art. 37, § 6º, consagra a responsabilidade objetiva do Estado e das demais pessoas jurídicas de direito privado prestadoras de serviços públicos.

O STF fixou o entendimento de que as prestadoras de serviços públicos respondem **objetivamente** pelos danos decorrentes da prestação do serviço, inclusive em relação a **terceiros não usuários** (RE nº 591.874, decidido pelo Pleno do STF).

4. PRINCÍPIOS DO SERVIÇO PÚBLICO

a) **Cortesia**: por esse princípio, exige-se urbanidade no tratamento com os usuários do serviço. Refere-se ao trato educado para com o público destinatário da prestação estatal.

b) **Continuidade**: significa que os serviços públicos não devem sofrer interrupção. Contudo, esse princípio não tem caráter absoluto. O art. 6º, § 3º, II, da Lei nº 8.987/1995 permite suspender a prestação em situação de **emergência ou após prévio aviso**, quando:

> I – motivada por razões de ordem técnica ou de segurança das instalações;
> II – por inadimplemento do usuário, considerado o interesse da coletividade.

c) **Modicidade**: significa que, quando o serviço público for cobrado, as tarifas devem ter preços razoáveis. Não são todos os serviços que exigem contraprestação pecuniária, como, por exemplo, saúde e educação prestadas pelo Estado, mas, se houver cobrança pela sua disposição, não deve haver, por parte do Poder Público, intuito de lucro, e, se o serviço for prestado mediante concessão e permissão, as tarifas cobradas devem ter valores módicos, até para viabilizar a observância do princípio da generalidade.

Portanto, o princípio da modicidade tem estreita relação com o da generalidade, na medida em que a imposição de cobrança de valores módicos ressalta a prestação ao maior número possível de pessoas, sem privar aqueles que necessitam usufruir o serviço público.

d) **Generalidade ou universalidade**: a prestação deve ocorrer com a maior amplitude possível, a fim de beneficiar maior número possível de pessoas. Ademais, não deverá haver variação das características técnicas em relação aos usuários, ou seja, não pode haver distinção entre os usuários que se encontram na mesma situação (regularidade).

e) **Segurança**: não deve causar danos aos usuários.

f) **Atualidade**: a atualidade compreende a modernidade das técnicas, prevista no art. 6º, § 2º, da Lei nº 8.987/1995. Conforme essa lei, a atualidade compreende a modernidade das técnicas, do equipamento e das instalações e a sua conservação, bem como a melhoria e a expansão do serviço.

g) **Eficiência**: exige execução eficiente do serviço, com constante aperfeiçoamento. O princípio da eficiência está relacionado com diversos princípios do serviço público, uma vez que a eficiência compreende a não interrupção de sua prestação, a segurança aos usuários, o atendimento, com qualidade, ao maior número de pessoas.

Conceito de serviço é adequado: quando satisfaz as condições de regularidade, continuidade, eficiência, segurança, atualidade, generalidade, cortesia na sua prestação e modicidade das tarifas (art. 6º, § 1º, da Lei nº 8.987/1995).

5. FORMAS DE PRESTAÇÃO

Nos termos do art. 175 da CF, o Estado poderá prestar o serviço diretamente ou mediante concessão e permissão. Estes dois institutos são contratos administrativos para a delegação de serviço público a particular. A Lei nº 8.987/1995 regulamenta os dois institutos.

Concessão	Permissão	Autorização
Contrato administrativo	Contrato administrativo	Ato administrativo
Licitação - concorrência	Licitação - qualquer modalidade	Regra: não há licitação
Prazo certo	Não há (**precariedade**)	Ato discricionário (regra)
Pessoas jurídicas ou consórcio de empresas podem participar	Pessoas físicas ou jurídicas	Pessoas físicas ou jurídicas
Obra e serviço ou apenas o serviço público	Somente o serviço público	Somente serviço público

6. ESPÉCIES DE CONCESSÃO

O art. 2º da Lei nº 8.987/1995 conceitua dois tipos de concessão:
- concessão de **serviço público;**
- concessão de **serviço público** precedida da execução de obra pública.

A Lei nº 8.987/1995 determina que sejam aplicadas às permissões, no que couber, as disposições sobre as concessões.

7. FORMAS DE EXTINÇÃO DA CONCESSÃO (ART. 35)

A Lei nº 8.987/1995 somente disciplinou as formas de extinção da concessão, pois a permissão não tem prazo certo, podendo o contrato ser extinto a qualquer momento a critério do poder concedente (precariedade). Contudo, se houver fixação de prazo na permissão, haverá garantia maior para o permissionário. Assim, poderão ser aplicadas as formas de extinção da concessão.

O contrato de concessão deve ter prazo certo; portanto, chegando ao fim do prazo estipulado, o contrato estará extinto. Essa é a forma natural de extinção. No entanto, outras situações podem ocorrer e levar o contrato a termo. Estabelece a lei que extinta a concessão, retornam ao poder concedente todos os bens reversíveis, direitos e privilégios transferidos ao concessionário, conforme previsto no edital e estabelecido no contrato.

NOTA!

Reversão não é forma de extinguir a concessão. Trata-se do retorno ao poder concedente dos bens transferidos ao concessionário (bens reversíveis).

Durante a prestação do serviço, o concessionário necessitou empregar diversos bens. O poder concedente precisará desses bens, a fim de não interromper a prestação da atividade. Com efeito, não ocorrerá o **retorno** ao poder concedente dos bens reversíveis, pois os bens não eram de propriedade do Estado. O que ocorre é a **amortização** do valor dos bens utilizados durante a concessão. Ou seja, no decorrer do período do contrato de concessão, deve haver a retribuição pecuniária ao concessionário do valor dos bens que serão repassados ao poder concedente. Inclusive, o prazo contratual a ser fixado deve levar em consideração o valor dos bens reversíveis.

7.1 Advento do termo contratual

É a forma natural de extinção do contrato. Atingindo o prazo estipulado, sem que haja prorrogação, ocorre a extinção do contrato.

7.2 Encampação

É a retomada do serviço pelo poder concedente, antes do prazo estabelecido no contrato, por motivo de interesse público.

Requisitos para encampação:
- interesse público;
- **lei** autorizativa específica;
- indenização prévia.

7.3 Caducidade

Decorre de ato irregular praticado pelo **concessionário**. O poder concedente declara a caducidade, gerando a extinção do contrato.

O art. 38 da Lei nº 8.987/1995 apresenta as situações para declaração de caducidade:

> I – o serviço estiver sendo prestado de forma inadequada ou deficiente, tendo por base as normas, critérios, indicadores e parâmetros definidores da qualidade do serviço;
> II – a concessionária descumprir cláusulas contratuais ou disposições legais ou regulamentares concernentes à concessão;
> III – a concessionária paralisar o serviço ou concorrer para tanto, ressalvadas as hipóteses decorrentes de caso fortuito ou força maior;
> IV – a concessionária perder as condições econômicas, técnicas ou operacionais para manter a adequada prestação do serviço concedido;
> V – a concessionária não cumprir as penalidades impostas por infrações, nos devidos prazos;
> VI – a concessionária não atender a intimação do poder concedente no sentido de regularizar a prestação do serviço; e
> VII – a concessionária não atender a intimação do poder concedente para, em 180 (cento e oitenta) dias, apresentar a documentação relativa a regularidade fiscal, no curso da concessão, na forma do art. 29 da Lei nº 8.666, de 21 de junho de 1993.

Vale destacar que a declaração de caducidade, geralmente, decorre de má conduta do concessionário, durante o prazo contratual. No caso de descumprimento de normas contratuais pelo poder concedente, o contratado poderá buscar a **rescisão** contratual.

Requisitos para declaração de caducidade:
- processo administrativo com garantia de ampla defesa;
- declaração por **decreto** do poder concedente;
- havendo indenização, será posterior.

Questão de Concurso

(FCC/INSS/Técnico do Seguro Social/2012) Em relação à extinção do contrato de concessão é correto afirmar que

a) caducidade é a resilição unilateral antes de findo o prazo de concessão, que se consubstancia na retomada do serviço pelo poder concedente por razões de interesse público.
b) reversão é a extinção da concessão que se consubstancia na retomada do serviço pelo poder concedente por razões de interesse público.
c) encampação é a extinção unilateral da concessão por motivo de inadimplemento contratual, não cabendo, portanto, indenização ao concessionário pelos prejuízos que sofrer.

d) reversão é a rescisão unilateral da concessão por motivo de inadimplemento contratual do concessionário, cabendo indenização pela interrupção do contrato antes de findo seu prazo.
e) encampação é a retomada do serviço pelo poder concedente por razões de interesse público, durante o prazo de concessão, mediante lei autorizativa específica.

*Gabarito: e. A alternativa **e** apresenta todos os requisitos para a encampação.*

7.4 Rescisão

A rescisão ocorrerá por iniciativa do **concessionário**, no caso de descumprimento das normas contratuais pelo poder concedente, mediante **ação judicial** especialmente intentada para esse fim. Quando o poder concedente pretender extinguir o contrato antes do prazo fixado, deve valer-se da encampação, desde que preencha os requisitos legais, ou, então, da caducidade, caso o contratado não cumpra o contrato corretamente.

IMPORTANTE!

Estabelece a lei que os serviços prestados pela concessionária não poderão ser interrompidos ou paralisados, até a decisão judicial transitada em julgado.

7.5 Anulação

A anulação ocorrerá em caso de ilegalidade praticada no decorrer da licitação, ou mesmo na formação do contrato de concessão.

7.6 Falência ou extinção da empresa concessionária e falecimento ou incapacidade do titular, no caso de empresa individual

Com a falência da empresa concessionária ou qualquer outra forma de extinção, não haverá possibilidade de continuidade na prestação dos serviços.

8. PARCERIA PÚBLICO-PRIVADA

Os contratos de PPP são contratos de concessão de serviços públicos. A doutrina denomina-os de **concessão especial** de serviços públicos, uma vez que a lei denomina as concessões regidas pela Lei nº 8.987/1995 de **concessões comuns**.

A PPP é regida pela Lei nº 11.079/2005, sendo disciplinada, também, pela Lei nº 8.987/1995 e pela Lei nº 8.666/1993.

A Lei nº 11.079/2005 contém normas gerais, aplicáveis a todos os entes federativos (União, Estados, DF e Municípios), dispostas nos arts. 1º a 14. Os dispositivos seguintes são normas específicas, aplicáveis à União.

O Poder Público deve optar pela PPP quando não for possível fazer a concessão comum (Lei nº 8.987/1995), pois na PPP haverá, necessariamente, contraprestação pecuniária do Poder Público, o que não ocorre nas concessões comuns, em que a remuneração do concessionário é feita pela tarifa cobrada dos usuários do serviço.

8.1 Espécies de PPP

a) **Concessão patrocinada**: é a concessão de serviços públicos ou de obras públicas de que trata a Lei nº 8.987, de 13 de fevereiro de 1995, quando envolver, **adicionalmente** à tarifa cobrada dos usuários contraprestação pecuniária do parceiro público ao parceiro privado. *Ex.*: construção de um estádio de futebol com contraprestação do Poder Público e retribuição pecuniária adicional mediante tarifa cobrada dos usuários.

b) **Concessão administrativa**: é o contrato de prestação de serviços de que a Administração Pública seja a usuária direta ou indireta, ainda que envolva execução de obra ou fornecimento e instalação de bens. *Ex.*: construção de um prédio pelo parceiro privado em terreno do Poder Público e, após a entrega da obra, o parceiro privado ficará durante 15 anos administrando o prédio e a Administração efetuará pagamento mensal para utilizar o prédio com todos os serviços necessários. Depois do prazo de 15 anos fixado em contrato, a Administração passa a assumir a gestão direta do edifício construído.

NOTA!

Não constitui parceria público-privada a concessão comum, assim entendida a concessão de serviços públicos ou de obras públicas de que trata a Lei nº 8.987, de 1995, quando não envolver contraprestação pecuniária do parceiro público ao parceiro privado.

Pontos importantes da Lei nº 8.987/1995

Art. 2º Para os fins do disposto nesta lei, considera-se:
I – **poder concedente**: a União, o Estado, o Distrito Federal ou o Município, em cuja competência se encontre o serviço público, precedido ou não da execução de obra pública, objeto de concessão ou permissão;

II - **concessão de serviço público**: a delegação de sua prestação, feita pelo poder concedente, mediante licitação, na modalidade de concorrência, à pessoa jurídica ou consórcio de empresas que demonstre capacidade para seu desempenho, por sua conta e risco e por prazo determinado;

III - **concessão de serviço público precedida da execução de obra pública**: a construção, total ou parcial, conservação, reforma, ampliação ou melhoramento de quaisquer obras de interesse público, delegada pelo poder concedente, mediante licitação, na modalidade de concorrência, à pessoa jurídica ou consórcio de empresas que demonstre capacidade para a sua realização, por sua conta e risco, de forma que o investimento da concessionária seja remunerado e amortizado mediante a exploração do serviço ou da obra por prazo determinado;

IV - **permissão de serviço público**: a delegação, a título precário, mediante licitação da prestação de serviços públicos, feita pelo poder concedente à pessoa física ou jurídica que demonstre capacidade para seu desempenho, por sua conta e risco.

(...)

Art. 9º A **tarifa do serviço público** concedido será fixada pelo preço da proposta vencedora da licitação e preservada pelas regras de revisão previstas nesta lei, no edital e no contrato.

§ 1º A tarifa não será subordinada à legislação específica anterior.

§ 2º Os contratos poderão prever mecanismos de revisão das tarifas, a fim de manter-se o equilíbrio econômico-financeiro.

§ 3º **Ressalvados os impostos sobre a renda**, a criação, alteração ou extinção de quaisquer tributos ou encargos legais, após a apresentação da proposta, quando comprovado seu impacto, implicará a revisão da tarifa, para mais ou para menos, conforme o caso.

§ 4º Em havendo alteração unilateral do contrato que afete o seu inicial equilíbrio econômico-financeiro, o poder concedente deverá restabelecê-lo, concomitantemente à alteração.

Art. 10. Sempre que forem atendidas as condições do contrato, considera-se mantido seus equilíbrio econômico-financeiro.

Art. 11. No atendimento às peculiaridades de cada serviço público, poderá o poder concedente prever, em favor da concessionária, no edital de licitação, a possibilidade de outras fontes provenientes de receitas alternativas, complementares, acessórias ou de projetos associados, com ou sem exclusividade, com vistas a favorecer a modicidade das tarifas, observado o disposto no art. 17 desta lei.

Parágrafo único. As fontes de receita previstas neste artigo serão obrigatoriamente consideradas para a aferição do inicial equilíbrio econômico-financeiro do contrato.

(...)

Art. 13. As tarifas poderão ser diferenciadas em função das características técnicas e dos custos específicos provenientes do atendimento aos distintos segmentos de usuários.

(...)

Art. 23-A. O contrato de concessão poderá prever o emprego de mecanismos privados para resolução de disputas decorrentes ou relacionadas ao contrato, inclusive a arbitragem, a ser realizada no Brasil e em língua portuguesa, nos termos da Lei nº 9.307, de 23 de setembro de 1996. (**Explicação**: litígio entre poder concedente e concessionário podem não ser submetidos à solução do Poder Judiciário e levados à Justiça arbitral - "**justiça privada**").

(...)

Art. 26. É admitida a subconcessão, nos termos previstos no contrato de concessão, desde que expressamente autorizada pelo poder concedente.

§ 1º A outorga de subconcessão será sempre precedida de concorrência.

§ 2º O subconcessionário se sub-rogará todos os direitos e obrigações da subconcedente dentro dos limites da subconcessão.

(...)

Da Intervenção na concessão

Art. 16. A outorga de concessão ou permissão **não terá caráter de exclusividade**, salvo no caso de inviabilidade técnica ou econômica justificada no ato a que se refere o art. 5º desta Lei.

(...)

Art. 32. O poder concedente poderá intervir na concessão, com o fim de assegurar a adequação na prestação do serviço, bem como o fiel cumprimento das normas contratuais, regulamentares e legais pertinentes.

Parágrafo único. A intervenção far-se-á por decreto do poder concedente, que conterá a designação do interventor, o prazo da intervenção e os objetivos e limites da medida.

Art. 33. Declarada a intervenção, o poder concedente deverá, no prazo de trinta dias, instaurar procedimento administrativo para comprovar as causas determinantes da medida e apurar responsabilidades, assegurado o direito de ampla defesa.

§ 1º Se ficar comprovado que a intervenção não observou os pressupostos legais e regulamentares será declarada sua nulidade, devendo o serviço ser imediatamente devolvido à concessionária, sem prejuízo de seu direito à indenização.

§ 2º O procedimento administrativo a que se refere o *caput* deste artigo deverá ser concluído no prazo de **até cento e oitenta dias**, sob pena de considerar-se inválida a intervenção.

Art. 34. Cessada a intervenção, se não for extinta a concessão, a Administração do serviço será devolvida à concessionária, precedida de prestação de contas pelo interventor, que responderá pelos atos praticados durante a sua gestão.

Pontos importantes da Lei das PPPs

Art. 4º, § 4º É **vedada** a celebração de contrato de parceria público-privada:
I - cujo valor do contrato seja inferior a R$ 20.000.000,00 (vinte milhões de reais);
II - cujo período de prestação do serviço seja inferior a 5 (cinco) anos;
III - que tenha como objeto único o fornecimento de mão-de-obra, o fornecimento e instalação de equipamentos ou a execução de obra pública.

NOTA!

Prazo dos contratos de PPP: de 5 a 35 anos, já com eventuais prorrogações.

Art. 4º Na contratação de parceria público-privada serão observadas as seguintes **diretrizes**:
I - eficiência no cumprimento das missões de Estado e no emprego dos recursos da sociedade;
II - respeito aos interesses e direitos dos destinatários dos serviços e dos entes privados incumbidos da sua execução;
III - **indelegabilidade das funções de regulação, jurisdicional, do exercício do poder de polícia e de outras atividades exclusivas do Estado**; (**Explicação**: como a PPP é delegação de atividade para particulares, essas atividades não podem ser objeto de PPP, pois são exclusivas do Estado.)
IV - responsabilidade fiscal na celebração e execução das parcerias;
V - transparência dos procedimentos e das decisões;
VI - repartição objetiva de riscos entre as partes;
VII - sustentabilidade financeira e vantagens socioeconômicas dos projetos de parceria.
Art. 5º As **cláusulas dos contratos de parceria público-privada** atenderão ao disposto no art. 23 da Lei nº 8.987, de 13 de fevereiro de 1995, no que couber, devendo também prever:
I - o prazo de vigência do contrato, compatível com a amortização dos investimentos realizados, não inferior a 5 (cinco), nem superior a 35 (trinta e cinco) anos, incluindo eventual prorrogação;
II - as penalidades aplicáveis à Administração Pública e ao parceiro privado em caso de inadimplemento contratual, fixadas sempre de forma proporcional à gravidade da falta cometida, e às obrigações assumidas;
III - a repartição de riscos entre as partes, inclusive os referentes a caso fortuito, força maior, fato do príncipe e álea econômica extraordinária;
IV - as formas de remuneração e de atualização dos valores contratuais;
V - os mecanismos para a preservação da atualidade da prestação dos serviços;

VI - os fatos que caracterizem a inadimplência pecuniária do parceiro público, os modos e o prazo de regularização e, quando houver, a forma de acionamento da garantia;

VII - os critérios objetivos de avaliação do desempenho do parceiro privado;

VIII - a prestação, pelo parceiro privado, de garantias de execução suficientes e compatíveis com os ônus e riscos envolvidos, observados os limites dos §§ 3º e 5º do art. 56 da Lei nº 8.666, de 21 de junho de 1993, e, no que se refere às concessões patrocinadas, o disposto no inciso XV do art. 18 da Lei nº 8.987, de 13 de fevereiro de 1995;

IX - o compartilhamento com a Administração Pública de ganhos econômicos efetivos do parceiro privado decorrentes da redução do risco de crédito dos financiamentos utilizados pelo parceiro privado;

X - a realização de vistoria dos bens reversíveis, podendo o parceiro público reter os pagamentos ao parceiro privado, no valor necessário para reparar as irregularidades eventualmente detectadas.

Art. 6º A contraprestação da Administração Pública nos contratos de parceria público-privada poderá ser feita por:

I - ordem bancária;

II - cessão de créditos não tributários;

III - outorga de direitos em face da Administração Pública;

IV - outorga de direitos sobre bens públicos dominicais;

V - outros meios admitidos em lei.

Parágrafo único. O contrato poderá prever o pagamento ao parceiro privado de remuneração variável vinculada ao seu desempenho, conforme metas e padrões de qualidade e disponibilidade definidos no contrato.

Art. 7º A contraprestação da Administração Pública será obrigatoriamente precedida da disponibilização do serviço objeto do contrato de parceria público-privada.

Parágrafo único. É facultado à Administração Pública, nos termos do contrato, efetuar o pagamento da contraprestação relativa a parcela fruível de serviço objeto do contrato de parceria público-privada.

Art. 8º As obrigações pecuniárias contraídas pela Administração Pública em contrato de parceria público-privada poderão ser **garantidas** mediante:

I - vinculação de receitas, observado o disposto no inciso IV do art. 167 da Constituição Federal;

II - instituição ou utilização de fundos especiais previstos em lei;

III - contratação de seguro-garantia com as companhias seguradoras que não sejam controladas pelo Poder Público;

IV - garantia prestada por organismos internacionais ou instituições financeiras que não sejam controladas pelo Poder Público;

V - garantias prestadas por fundo garantidor ou empresa estatal criada para essa finalidade;

VI - outros mecanismos admitidos em lei.

Art. 9º Antes da celebração do contrato, deverá ser constituída **sociedade de propósito específico**, incumbida de implantar e gerir o objeto da parceria.

§ 1º A transferência do controle da sociedade de propósito específico estará condicionada à autorização expressa da Administração Pública, nos termos do edital e do contrato, observado o disposto no parágrafo único do art. 27 da Lei nº 8.987, de 13 de fevereiro de 1995.

§ 2º A sociedade de propósito específico poderá assumir a forma de companhia aberta, com valores mobiliários admitidos a negociação no mercado.

§ 3º A sociedade de propósito específico deverá obedecer a padrões de governança corporativa e adotar contabilidade e demonstrações financeiras padronizadas, conforme regulamento.

§ 4º Fica vedado à Administração Pública ser titular da maioria do capital votante das sociedades de que trata este Capítulo.

§ 5º A vedação prevista no § 4º deste artigo não se aplica à eventual aquisição da maioria do capital votante da sociedade de propósito específico por instituição financeira controlada pelo Poder Público em caso de inadimplemento de contratos de financiamento.

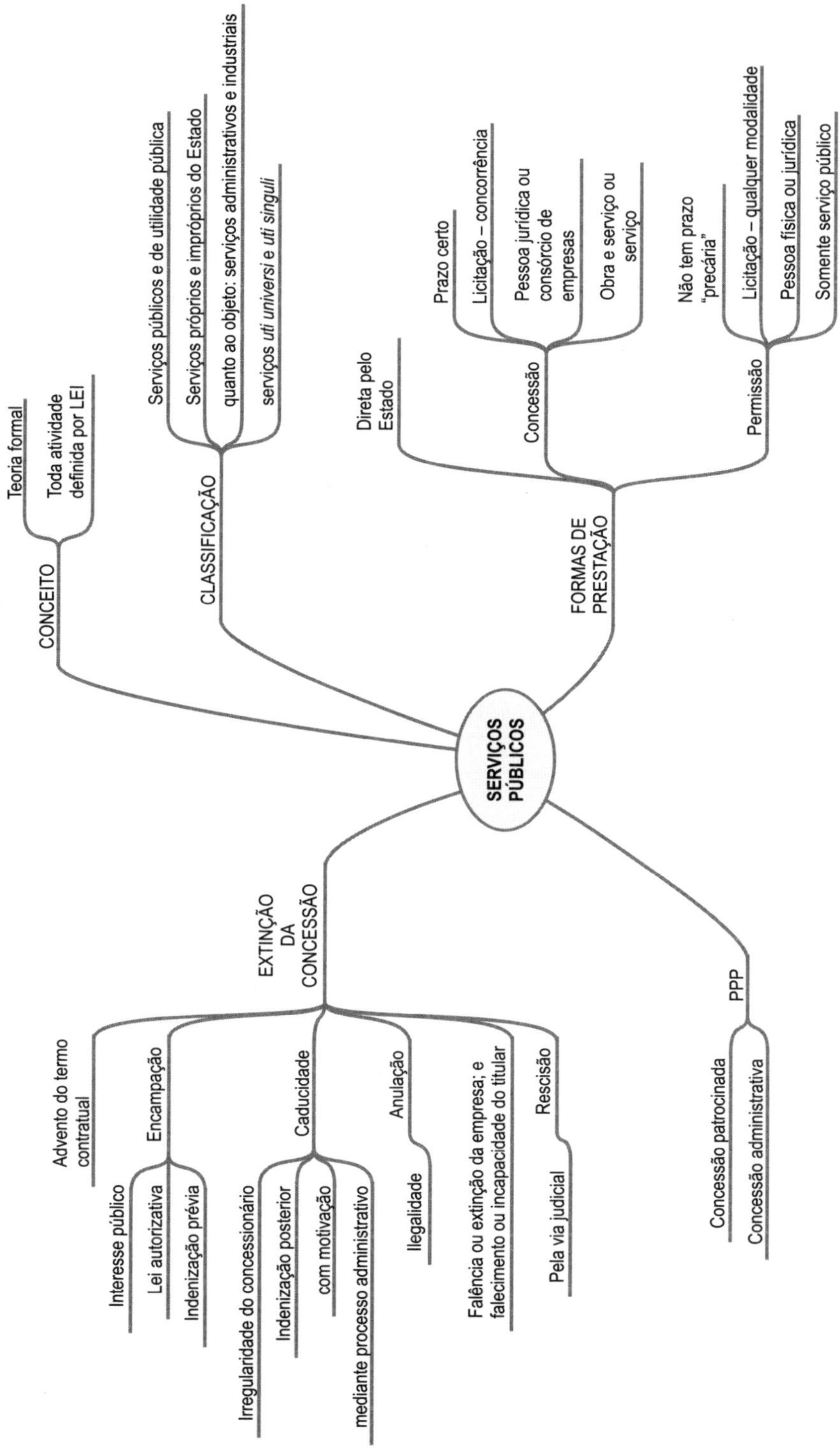
SERVIÇOS PÚBLICOS
CONCEITO
Teoria formal
Toda atividade definida por LEI
CLASSIFICAÇÃO
Serviços públicos e de utilidade pública
Serviços próprios e impróprios do Estado
quanto ao objeto: serviços administrativos e industriais
serviços *uti universi* e *uti singuli*
FORMAS DE PRESTAÇÃO
Direta pelo Estado
Concessão
Prazo certo
Licitação – concorrência
Pessoa jurídica ou consórcio de empresas
Obra e serviço ou serviço
Permissão
Não tem prazo "precária"
Licitação – qualquer modalidade
Pessoa física ou jurídica
Somente serviço público
EXTINÇÃO DA CONCESSÃO
Advento do termo contratual
Encampação
Interesse público
Lei autorizativa
Indenização prévia
Caducidade
Irregularidade do concessionário
Indenização posterior
com motivação
mediante processo administrativo
Anulação
Ilegalidade
Falência ou extinção da empresa; e falecimento ou incapacidade do titular
Rescisão
Pela via judicial
PPP
Concessão patrocinada
Concessão administrativa

CAPÍTULO 9
Lei nº 9.784/1999 Processo Administrativo Federal

1. INTRODUÇÃO

A Lei nº 9.784/1999 é a lei geral do processo administrativo, vale dizer, deve ser aplicada aos processos administrativos que não tenham legislação específica e, também, em relação aos processos administrativos dotados de norma própria, mas neste último caso a aplicação dá-se de forma subsidiária (art. 69).

> **Questão de Concurso**
>
> **(Cespe/Ministério das Comunicações - Direito/2008)** A lei em questão incide sobre processos administrativos específicos, a exemplo do processo administrativo disciplinar.
>
> *Gabarito: errado. Trata-se de uma lei geral de processos administrativos federais. Será aplicada a processos com legislação própria (ex.: licitação - Lei nº 8.666/1993) de forma subsidiária.*

Assim, por exemplo, no caso de um servidor público federal praticar ato ilegal, deverá haver a abertura de processo para verificar o ato praticado com a aplicação da sanção cabível. Para esse tipo de processo já existe lei editada, qual seja, a Lei nº 8.112/1990, que possui capítulo próprio sobre o processo administrativo disciplinar. Nesse contexto, o processo seguirá as determinações da citada lei, mas não há impedimento para que sejam aplicados os ditames da Lei nº 9.784/1999.

2. APLICAÇÃO AOS ENTES FEDERATIVOS

A Lei nº 9.784/1999 trata do Processo Administrativo **Federal**. A norma, em princípio, é aplicável apenas aos órgãos e às entidades da **União** no desempenho de atividade administrativa.

Desse modo, os demais entes federativos, Estados, DF e Municípios, deverão editar lei própria para tratar dos processos administrativos dentro de sua área de atuação, pois a Lei nº 9.784/1999 rege o processo administrativo em nível federal. No entanto, não há impedimento para que ocorra a adoção da Lei nº 9.784/1999 a determinado Estado, por exemplo, desde que faça edição de lei contendo tal determinação. É o que ocorre no Distrito Federal. Com a edição da Lei nº 2.834, de 7 de dezembro de 2001, que estabelece que se aplicam aos atos e processos administrativos no âmbito da Administração direta e indireta do Distrito Federal, no que couber, as disposições da Lei federal nº 9.784, de 29 de janeiro de 1999.

O STJ, por sua vez, já reconheceu a aplicação da Lei do Processo Administrativo Federal aos Estados e aos Municípios de forma subsidiária na ausência de legislação própria.

3. APLICAÇÃO NA ADMINISTRAÇÃO DIRETA E INDIRETA E NOS PODERES LEGISLATIVO E JUDICIÁRIO

O art. 1º estabelece a aplicação da Lei nº 9.784/1999 a toda a Administração direta e indireta federal, bem como aos órgãos dos Poderes Legislativo e Judiciário da União, quando no desempenho de função administrativa.

NOTA!

A Lei nº 9.784/1999 também se aplica aos Poderes Judiciário e Legislativo da União quando estiverem no exercício de função administrativa.

4. PRINCÍPIOS EXPRESSOS

A Lei nº 9.784/1999 é constituída de 11 princípios expressos: legalidade, finalidade, motivação, razoabilidade, proporcionalidade, moralidade, ampla defesa, contraditório, segurança jurídica, interesse público e eficiência. Todos esses princípios são de índole constitucional; alguns expressos na Constituição, outros implícitos.

Os princípios da legalidade, impessoalidade, moralidade, publicidade e eficiência são expressos no art. 37 da CF. Os demais, são retirados implicitamente do Texto Constitucional.

a) **Legalidade**: significa que o administrador está, em toda a sua atividade funcional, sujeito aos mandamentos da lei. O art. 2º, I, exige do agente público atuação conforme a lei e o Direito.

b) **Impessoalidade**: visa evitar que o administrador pratique ato visando a interesse pessoal ou de terceiros ou com finalidade diversa daquela determinada em lei. Como consequência dos efeitos de tal princípio, o art. 2º, III, exige objetividade no atendimento do interesse público, vedada a promoção pessoal de agentes ou autoridades.

c) **Moralidade**: exige que os atos sejam praticados de acordo com a procura do bem comum, boa-fé e honestidade.

d) **Publicidade**: é a divulgação oficial do ato para conhecimento do público e para o início da produção de seus efeitos (eficácia), bem como para permitir o acesso às condutas administrativas. O art. 2º, V, estabelece a divulgação oficial dos atos administrativos, ressalvadas as hipóteses de sigilo previstas na Constituição. A CF, no art. 5º, XXXIII, garante que todos têm direito a receber dos órgãos públicos informações de seu interesse particular, ou de interesse coletivo ou geral, que serão prestadas no prazo da lei, sob pena de responsabilidade, ressalvadas aquelas cujo sigilo seja imprescindível à **segurança da sociedade e do Estado**.

O princípio da publicidade também comporta restrição em razão da defesa de intimidade ou da privacidade do cidadão.

e) **Razoabilidade/proporcionalidade**: visa aferir a compatibilidade entre os meios e os fins de modo a evitar restrições desnecessárias ou abusivas pela Administração. A razoabilidade significa o bom senso na prática dos atos; a proporcionalidade; a compatibilidade entre os meios e os fins.

O art. 2º, VI, detalha os dois princípios ao prever a adequação entre meios e fins, vedada a imposição de obrigações, restrições e sanções em medida superior àquelas estritamente necessárias ao atendimento do interesse público.

f) **Eficiência**: exige que a atividade administrativa seja exercida com presteza, perfeição, rendimento e economicidade para a Administração. O princípio da eficiência está previsto também no art. 5º, LXXVIII, da CF ao estabelecer que a todos, no âmbito judicial e administrativo, são assegurados a razoável duração do processo e os meios que garantam a celeridade de sua tramitação.

A doutrina tem entendido que o comando refere-se à aplicação do princípio da eficiência ao processo administrativo. O dispositivo foi acrescentado com a Emenda Constitucional nº 45/2004, reforma do Judiciário.

g) **Segurança jurídica**: visa dar maior estabilidade às situações jurídicas, mesmo daquelas que a princípio apresentavam vício de ilegalidade. O processo administrativo deve respeitar o direito adquirido, o ato jurídico perfeito e a coisa julgada (CF, art. 5º, XXXVI), pois um dos fins do processo é justamente resguardar a estabilidade das relações jurídicas, evitando que a todo o momento haja mudanças desnecessárias. Uma decorrência desse princípio é a proibição de que seja aplicada a fatos passados nova interpretação.

OBSERVAÇÃO!

O art. 2º, XIII, veda a aplicação retroativa da nova interpretação da lei.

Como decorrência do princípio da segurança jurídica, quando a Administração realizar nova interpretação da norma só poderá aplicar a nova interpretação para casos novos.

IMPORTANTE!

Súmula nº 249: "É dispensada a reposição de importâncias indevidamente percebidas, de boa-fé, por servidores ativos e inativos, e pensionistas, em virtude de erro escusável de interpretação de lei por parte do órgão/entidade, ou por parte de autoridade legalmente investida em função de orientação e supervisão, à vista da presunção de legalidade do ato administrativo e do caráter alimentar das parcelas salariais."

Como decorrência do princípio da segurança jurídica, o art. 54 fixou prazo de cinco anos para a Administração **anular** seus atos ilegais, pois é preferível a estabilidade das relações jurídicas à sua incerteza. A opção da lei foi a de determinado ato ilegal que beneficiou terceiro de boa-fé permanecer existindo, do que haver a possibilidade de ser anulado a qualquer tempo pela Administração.

> **Art. 53.** A Administração **deve** anular seus próprios atos, quando eivados de vício de legalidade, e **pode** revogá-los por motivo de conveniência ou oportunidade, respeitados os direitos adquiridos.
> **Art. 54.** O direito de a Administração de anular os atos administrativos de que decorram efeitos favoráveis para os destinatários decai em cinco anos, contados da data em que foram praticados, **salvo comprovada má-fé**.

Determina a lei que no caso de atos de **efeitos patrimoniais contínuos**, o prazo de decadência contar-se-á da percepção do **primeiro pagamento**. Os atos de efeitos patrimoniais contínuos são os que se prolongam no tempo, repetindo-se continuamente. Imagine que um servidor de boa-fé, pretendendo perceber adicional de 7% em sua remuneração realize curso de pós-graduação com número inferior de horas exigido em lei. No entanto, apresenta o certificado perante a Administração e esta confere o adicional ao servidor a partir de 1º de janeiro de 2000. Nesse caso, com a percepção do primeiro pagamento (1/1/2000), será iniciada a contagem dos cinco anos para a anulação do ato.

Segundo a Lei nº 9.784/1999, considera-se exercício do direito de anular qualquer medida de autoridade administrativa que importe impugnação à validade do ato. Desse modo, qualquer conduta administrativa no sentido de buscar a correção da ilegalidade obstará o transcurso do prazo quinquenal.

Como decorrência, também do princípio da segurança jurídica houve a positivação do instituto da **convalidação** (art. 55). A **convalidação**, também conhecida como **sanatória**, é a correção do vício existente no ato administrativo como forma de manter esse ato produzindo seus regulares efeitos e aproveitando os já produzidos (efeito *ex tunc*).

O art. 55 da Lei nº 9.784/1999 trouxe três requisitos para a possibilidade de convalidação dos atos administrativos:

a) não acarretar lesão ao interesse público;

b) não acarretar prejuízo a terceiros;

c) apresentar vício sanável.

A doutrina tem entendido que os vícios sanáveis, passíveis de convalidação, são os vícios de competência (salvo se for competência exclusiva) e forma, salvo quando a forma não for essencial à validade do ato administrativo. *Ex.*: necessidade de a desapropriação ser iniciada mediante decreto do Chefe do Poder Executivo, se o processo de desapropriação for iniciado mediante outro ato (*ex.*: portaria) haverá vício de forma insanável, pois a lei exigiu ato específico, decreto.

Assim, havendo os três requisitos acima apresentados a Administração Pública pode convalidar atos administrativos inválidos. De acordo com o texto do art. 55 da Lei nº 9.784/1999, a convalidação é uma faculdade da Administração. Parte da doutrina liderada por Weida Zacaner entende que haverá um dever de convalidar para a Administração Pública e não uma faculdade, desde que o ato não tenha sido impugnado pelo interessado.

f) **motivação**: é a indicação de fatos e fundamentos jurídicos que autorizaram a prática do ato. É a justificação do ato praticado. Significa o administrador apontar os motivos de fato e de direito que o levaram a praticar o ato administrativo.

O art. 50 da Lei do Processo Administrativo contém um rol de atos que obrigatoriamente devam ser motivados.

> **Art. 50.** Os atos administrativos deverão ser motivados, com indicação dos fatos e dos fundamentos jurídicos, quando:
>
> I – neguem, limitem ou afetem direitos ou interesses;
>
> II – imponham ou agravem deveres, encargos ou sanções;
>
> III – decidam processos administrativos de concurso ou seleção pública;
>
> IV – dispensem ou declarem a inexigibilidade de processo licitatório;

> V – decidam recursos administrativos;
> VI – decorram de reexame de ofício;
> VII – **deixem de aplicar** jurisprudência firmada sobre a questão **ou discrepem** de pareceres, laudos, propostas e relatórios oficiais;
> VIII – importem anulação, revogação, suspensão ou convalidação de ato administrativo.

A motivação deve ser explícita, clara e congruente, podendo consistir em declaração de concordância com fundamentos de anteriores pareceres, informações, decisões ou propostas, que, neste caso, serão parte integrante do ato (§ 1º, art. 50). Temos aqui a **motivação aliunde**, ou seja, aquela motivação que faz remissão a determinado ato anteriormente praticado. Assim, por exemplo, quando o Presidente da República aplica demissão a servidor público federal, convencido pelo parecer exarado pela Advocacia-Geral da União (AGU), apontando as razões do parecer como sua justificativa, o ato não padecerá de falta de motivação. Outrossim, pode o Presidente da República, neste caso, motivar sucintamente apontando as razões do parecer.

Na solução de vários assuntos da mesma natureza, **pode** ser utilizado meio mecânico que reproduza os fundamentos das decisões, desde que não prejudique direito ou garantia dos interessados (§ 2º).

g) **interesse público**: significa que toda a atividade administrativa deve ser sempre voltada para a satisfação do interesse público, estando impedida de praticar atos voltados para a satisfação pessoal do administrador.

h) **finalidade**: exige-se que o ato deve ser praticado conforme a finalidade pública definida pela lei.

i) **ampla defesa e contraditório**: trata-se de exigência constitucional, prevista no art. 5º, inciso LV, que prevê aos litigantes, em processo judicial ou administrativo, e aos acusados em geral são assegurados o contraditório e ampla defesa, com os meios e os recursos a ela inerentes.

Contraditório é a garantia que cada parte tem de se manifestar sobre todas as provas e alegações produzidas pela parte contrária. Significa dar ciência da existência do processo administrativo e dos atos praticados.

Devem ser objeto de intimação os atos do processo que resultem para o interessado em imposição de deveres, ônus, sanções ou restrição ao exercício de direitos e atividades e os atos de outra natureza, de seu interesse (art. 28).

As intimações podem ser realizadas por ciência no processo, por via postal com aviso de recebimento, por telegrama ou por outro meio que assegure a certeza da ciência do interessado (art. 26, § 3º). No caso de interessados **indeterminados,**

desconhecidos ou com domicílio indefinido, a intimação deve ser efetuada por meio de **publicação oficial** (art. 26, § 4º).

A intimação deverá conter:

I - identificação do intimado e nome do órgão ou entidade administrativa;

II - finalidade da intimação;

III - data, hora e local em que deve comparecer;

IV - se o intimado deve comparecer pessoalmente, ou fazer-se representar;

V - informação da continuidade do processo independentemente do seu comparecimento;

VI - indicação dos fatos e fundamentos legais pertinentes.

NOTA!

Nos atos de intimação deve-se observar a antecedência mínima de três dias úteis entre a data da intimação e o ato em que o interessado deva comparecer.

Desse modo, em princípio, o interessado não pode ser intimado em determinado dia para comparecer no dia seguinte, pois, praticamente, ficará impossibilidade de exercer plenamente seus meios de defesa.

Regras sobre prazos:

- Os prazos começam a correr a partir da data da cientificação oficial, **excluindo-se da contagem o dia do começo e incluindo-se o do vencimento**.
- Os prazos expressos em dias contam-se de **modo contínuo**. Os prazos fixados em meses ou anos contam-se de **data a data**.
- Se no mês do vencimento não houver o dia equivalente àquele do início do prazo, tem-se como termo o **último dia do mês**.
- Considera-se **prorrogado** o prazo até o primeiro dia útil seguinte se o vencimento cair em dia em que não houver expediente ou este for encerrado antes da hora normal.
- Salvo motivo de força maior devidamente comprovado, os prazos processuais não se suspendem (art. 67).

NOTA!

As intimações serão nulas quando feitas sem observância das prescrições legais, mas o comparecimento do administrado supre sua falta ou irregularidade (art. 26, § 5º).

Questão de Concurso

(Cespe/TJDFT/Analista Judiciário/Área: Apoio Especializado/Administração/2008) O não comparecimento do administrado intimado para se defender importará na sua revelia e, consequentemente, no reconhecimento da verdade dos fatos não impugnados.

Gabarito: errado. Revelia ocorre no processo judicial, quando o réu citado não comparece, nem constitui advogado. De modo diferente, no processo administrativo, se o interessado for intimado e não comparecer, isso não importa no reconhecimento da verdade dos fatos e nem constitui renúncia a direitos.

Dessa forma, se o interessado não foi intimado ou se foi intimado irregularmente, seu comparecimento ao ato faz desaparecer a ilegalidade.

Ampla defesa é direito que a parte tem de usar no processo todos os meios legais de prova para defender as suas alegações. Prevê a lei, art. 2º, X, a garantia dos direitos à comunicação, à apresentação de alegações finais, à produção de provas e à interposição de recursos, nos processos de que possam resultar sanções e nas situações de litígio.

Consta na lei que cabe ao interessado a prova dos fatos que tenha alegado, sem prejuízo do dever atribuído ao órgão competente para a instrução (art. 36). Quando o interessado declarar que fatos e dados estão registrados em documentos existentes na própria Administração responsável pelo processo ou em outro órgão administrativo, o órgão competente para a instrução proverá, de ofício, à obtenção dos documentos ou das respectivas cópias (art. 37).

O interessado poderá, na fase instrutória e antes da tomada da decisão, juntar documentos e pareceres, requerer diligências e perícias, bem como aduzir alegações referentes à matéria objeto do processo que deverão ser considerados na motivação do relatório e da decisão (art. 38).

CUIDADO!

Somente poderão ser recusadas, mediante decisão fundamentada, as provas propostas pelos interessados quando sejam ilícitas, impertinentes, desnecessárias ou protelatórias.

Quando for necessária a prestação de informações ou a apresentação de provas pelos interessados ou terceiros, serão expedidas intimações para esse fim, mencionando-se data, prazo, forma e condições de atendimento. Não sendo atendida a intimação, poderá o órgão competente, se entender relevante a matéria, suprir de ofício a omissão, não se eximindo de proferir a decisão (art. 38).

Quando dados, atuações ou documentos solicitados ao interessado forem necessários à apreciação de pedido formulado, o não atendimento no prazo fixado pela Administração para a respectiva apresentação implicará arquivamento do processo (art. 40).

Na fase de instrução, pode ser necessária a apresentação de pareceres por parte da Administração. Nesse caso, estabelece a lei que quando deva ser obrigatoriamente ouvido um órgão consultivo, o parecer deverá ser emitido no prazo máximo de quinze dias, salvo norma especial ou comprovada necessidade de maior prazo (art. 42).

Parecer **obrigatório** e **vinculante**	Não foi emitido	- Processo paralisa - Responsabiliza parecerista
Parecer **obrigatório** e **não vinculante**	Não foi emitido	- Processo segue - Responsabiliza parecerista

Parecer obrigatório: a lei exige o pronunciamento do órgão.
Parecer vinculante: a decisão final (ato administrativo) deve seguir o pronunciamento do órgão conforme consta no parecer.

Fixa, ainda, a lei que, quando por disposição de ato normativo devam ser previamente obtidos laudos técnicos de órgãos administrativos e estes não cumprirem o encargo no prazo assinalado, o órgão responsável pela instrução deverá solicitar laudo técnico de outro órgão dotado de qualificação e capacidade técnica equivalentes.

Os interessados serão intimados de prova ou de diligência ordenada, com antecedência mínima de três dias úteis, mencionando-se data, hora e local de realização (art. 41).

Ainda no que se refere à atuação dos administrados no exercício da ampla defesa, estabeleceu a lei os seguintes **direitos e deveres** perante a Administração:

Direitos dos administrados (art. 3º)	**Deveres dos administrados (art. 4º)**
I – ser tratado com respeito pelas autoridades e servidores, que deverão facilitar o exercício de seus direitos e o cumprimento de suas obrigações; II – ter ciência da tramitação dos processos administrativos em que tenha a condição de interessado, ter vista dos autos, obter cópias de documentos neles contidos e conhecer as decisões proferidas; III – formular alegações e apresentar documentos antes da decisão, os quais serão objeto de consideração pelo órgão competente; IV – fazer-se assistir, **facultativamente**, por advogado, salvo quando obrigatória a representação, por força de lei.	I – expor os fatos conforme a verdade; II – proceder com lealdade, urbanidade e boa-fé; III – não agir de modo temerário; IV – prestar as informações que lhe forem solicitadas e colaborar para o esclarecimento dos fatos.

ATENÇÃO!

A lei não exige a presença de advogado, uma vez que previu apenas que o interessado poderá ser assistido **facultativamente** por advogado, salvo quando, por disposição legal, exigir-se a defesa técnica por advogado.

O art. 46 ainda prevê os interessados têm direito à vista do processo e a obter certidões ou cópias reprográficas dos dados e documentos que o integram, ressalvados os dados e documentos de terceiros protegidos por sigilo ou pelo direito à privacidade, à honra e à imagem.

5. PRINCÍPIOS IMPLÍCITOS

Além dos princípios expressos já mencionados, a Lei nº 9.784/1999 contém princípios implícitos.

5.1 Gratuidade

Consiste na vedação de cobrança de despesas processuais, salvo aquelas previstas em lei (art. 2º, XI).

5.2 Impulso oficial ou oficialidade

Significa que a Administração tem o dever de impulsionar o processo independentemente do requerimento do interessado. Quer dizer que, uma vez iniciado o processo, não poderá ficar paralisado à espera de solicitações do administrado para seu andamento.

O art. 29 prevê que as atividades de instrução destinadas a averiguar e comprovar os dados necessários à tomada de decisão realizam-se **de ofício** ou mediante impulsão do órgão responsável pelo processo, sem prejuízo do direito dos interessados de propor atuações probatórias. Do mesmo modo, o inciso XIII do art. 2º exige impulsão, de ofício, do processo administrativo, sem prejuízo da atuação dos interessados.

Visando estimular o andamento do processo, prevê a Lei nº 9.784/1999 que inexistindo disposição específica, os atos do órgão ou autoridade responsável pelo processo e dos administrados que dele participem devem ser praticados no prazo de

cinco dias, salvo motivo de força maior, podendo ser dilatado até o dobro, mediante comprovada justificação. E concluída a instrução de processo administrativo, a Administração tem o prazo de **até** trinta dias para decidir, salvo prorrogação por igual período expressamente motivada (art. 49).

Encerrada a instrução, o interessado terá o direito de manifestar-se no prazo máximo de dez dias, salvo se outro prazo for legalmente fixado (art. 44).

O órgão de instrução que não for competente para emitir a decisão final elaborará relatório indicando o pedido inicial, o conteúdo das fases do procedimento e formulará proposta de decisão, objetivamente justificada, encaminhando o processo à autoridade competente (art. 47).

Em caso de risco iminente, a Administração Pública poderá motivadamente adotar providências acauteladoras sem a prévia manifestação do interessado (art. 45).

Nesse mesmo contexto, positivou-se a vedação ao silêncio administrativo com a obrigação para a Administração explicitamente emitir decisão nos processos administrativos e sobre solicitações ou reclamações, em matéria de sua competência (art. 48).

5.3 Informalismo/formalismo moderado

Exige-se apenas a adoção de formas simples, suficientes para propiciar adequado grau de certeza, segurança e respeito aos direitos dos administrados (art. 2º, IX). Contudo, com observância das formalidades essenciais à garantia dos direitos dos administrados (art. 2º, VIII).

> **Art. 22.** Os atos do processo administrativo **não dependem de forma determinada** senão quando a lei expressamente a exigir.
> § 1º **Os atos do processo devem ser produzidos por escrito**, em vernáculo, com a data e o local de sua realização e a assinatura da autoridade responsável.

O reconhecimento de firma somente será exigido quando houver **dúvida** de autenticidade, salvo norma em sentido contrário (art. 22, § 2º).

Possibilita a lei que o próprio servidor realize a autenticação de documentos apresentados pelo administrado (art. 22, § 3º). Como o servidor possui fé pública, poderá, caso requeira o interessado, proceder à autenticação dos documentos constantes do processo.

Os atos do processo devem realizar-se em dias **úteis**, no **horário normal** de funcionamento da repartição na qual tramitar o processo (art. 23). **Serão** concluídos depois do horário normal os atos já iniciados, cujo adiamento prejudique o curso regular do procedimento ou cause dano ao interessado ou à Administração.

Os atos do processo devem realizar-se **preferencialmente** na sede do órgão, cientificando-se o interessado se outro for o local de realização (art. 25) Como decorrência do princípio do informalismo, quando um recurso for interposto perante autoridade incorreta a Administração deve informar quem é o sujeito competente para apreciação, inclusive com devolução do prazo recursal.

5.4 Verdade material

A Administração, a fim de esclarecer a verdade sobre os fatos, pode buscar novas provas. Não precisa prender-se apenas naquelas constantes do processo.

Questão de Concurso

(Cespe/TRE-ES/Analista Judiciário/Área Judiciária/2011) Entre os princípios que orientam a condução do processo administrativo, está o da verdade formal, segundo o qual a Administração Pública deve decidir a controvérsia fundamentando-se somente nas provas produzidas no processo.

Gabarito: errado. O processo administrativo é orientado pelo princípio da verdade material.

6. INTERESSADOS

São legitimados como interessados no processo administrativo (art. 9º):

> I – pessoas **físicas** ou **jurídicas** que o iniciem como titulares de direitos ou interesses individuais ou no exercício do direito de representação;
> II – aqueles que, sem terem iniciado o processo, têm direitos ou interesses que possam ser afetados pela decisão a ser adotada;
> III – as organizações e associações representativas, no tocante a direitos e interesses coletivos;
> IV – as pessoas ou as associações legalmente constituídas quanto a direitos ou interesses difusos.

Direito coletivo é aquele que tem por fundamento uma relação jurídica-base e os destinatários são pessoas determinadas como, por exemplo, os donos de quiosques a serem atingidos, caso a autoridade competente resolva revogar as autorizações para uso de área pública. Existe título jurídico (autorização de uso) que liga todos os destinatários, ou seja, os próprios donos dos estabelecimentos.

Direito difuso é aquele que os destinatários são ligados por uma situação de fato e são indeterminados como, por exemplo, o direito ao meio ambiente.

Questão de Concurso

(Cespe/Ministério da Saúde/Agente Administrativo/2008) No âmbito do processo administrativo, não há previsão de defesa de interesses difusos ou coletivos.

Gabarito: errado. A lei expressamente prevê a tutela de interesses difusos e coletivos.

ATENÇÃO!

Apenas são *capazes*, para fins de processo administrativo, os maiores de dezoito anos, ressalvada previsão especial em ato normativo próprio (art. 10).

A capacidade só é adquirida, em princípio, aos 18 anos. Dessa forma, é possível ter legitimidade sem ter capacidade para o processo administrativo.

Quando a matéria do processo envolver assunto de interesse geral, o órgão competente **poderá**, mediante despacho motivado, abrir período de **consulta pública** para manifestação de terceiros, antes da decisão do pedido, se não houver prejuízo para a parte interessada. A abertura da consulta pública será objeto de divulgação pelos meios oficiais, a fim de que pessoas físicas ou jurídicas possam examinar os autos, fixando-se prazo para oferecimento de alegações escritas (art. 31).

O comparecimento à consulta pública não confere, por si, a condição de interessado do processo, mas confere o direito de obter da Administração resposta fundamentada, que poderá ser comum a todas as alegações substancialmente iguais.

Antes da tomada de decisão, a juízo da autoridade, diante da **relevância da questão**, **poderá** ser realizada **audiência pública** para debates sobre a matéria do processo. Os órgãos e entidades administrativas, em matéria relevante, poderão estabelecer outros meios de participação de administrados, diretamente ou por meio de organizações e associações legalmente reconhecidas (arts. 32 e 33).

Os resultados da consulta e audiência pública e de outros meios de participação de administrados deverão ser apresentados com a indicação do procedimento adotado (art. 34).

Quando necessária à instrução do processo, a audiência de outros órgãos ou entidades administrativas poderá ser realizada em reunião conjunta, com a participação de titulares ou representantes dos órgãos competentes, lavrando-se a respectiva ata, a ser juntada aos autos (art. 35).

7. IMPEDIMENTO E SUSPEIÇÃO

Os **impedimentos** são hipóteses **objetivas** em que a autoridade não terá a imparcialidade necessária para decidir o processo administrativo ou nele atuar.

É **impedido** de atuar em processo administrativo o servidor ou autoridade que (art. 18):

> I – tenha interesse direto ou indireto na matéria;
> II – tenha participado ou venha a participar como perito, testemunha ou representante, ou se tais situações ocorrem quanto ao cônjuge, companheiro ou parente e afins até o terceiro grau;
> III – esteja litigando judicial ou administrativamente com o interessado ou respectivo cônjuge ou companheiro.

Pode ser arguida a **suspeição** de autoridade ou servidor que tenha **amizade íntima** ou **inimizade notória** com algum dos interessados ou com os respectivos cônjuges, companheiros, parentes e afins até o terceiro grau (art. 20).

Amizade íntima e inimizade notória são conceitos jurídicos indeterminados, carecendo de análise, caso a caso, pelo intérprete da norma para decidir se houve ou não a situação de suspeição..

O indeferimento de alegação de **suspeição** poderá ser objeto de recurso, sem efeito suspensivo (art. 21).

A autoridade ou servidor que incorrer em **impedimento** deve comunicar o fato à autoridade competente, abstendo-se de atuar (art. 19). A omissão do dever de comunicar o impedimento constitui falta grave, para efeitos disciplinares. Não há na lei o mesmo dever para o agente público que estiver em situação de suspeição. No entanto, por questões de moralidade e lisura do processo administrativo, aquele que estiver em situação de suspeição deve comunicar o fato, privando-se de atuar no processo.

8. INÍCIO DO PROCESSO

O processo administrativo pode iniciar-se de **ofício** ou a **pedido** de interessado. Em razão do princípio do impulso oficial, a Administração pode iniciar de ofício o processo administrativo caso o interesse público assim exija.

O requerimento inicial do interessado, salvo casos em que for admitida solicitação oral, deve ser formulado por escrito e conter os seguintes dados:

> I – órgão ou autoridade administrativa a que se dirige;
> II – identificação do interessado ou de quem o represente;

III – domicílio do requerente ou local para recebimento de comunicações;
IV – formulação do pedido, com exposição dos fatos e de seus fundamentos.
V – data e assinatura do requerente ou de seu representante (art. 6º).

É vedada à Administração a recusa imotivada de recebimento de documentos, **devendo o servidor orientar o interessado quanto ao suprimento de eventuais falhas** (art. 6º, parágrafo único).

IMPORTANTE!

A lei veda a recusa **imotivada**, e não a recusa de documentos.

Os órgãos e entidades administrativas deverão elaborar modelos ou formulários padronizados para assuntos que importem **pretensões equivalentes** (art. 7º). Quando os pedidos de uma **pluralidade de interessados** tiverem conteúdo e fundamentos **idênticos**, podem ser formulados em um único requerimento, salvo preceito legal em contrário (art. 8º).

Questão de Concurso

(Cespe/Ibama/Analista Ambiental/2009) A elaboração de modelos ou formulários padronizados que atinjam pretensões equivalentes no tratamento de um mesmo assunto no âmbito da Administração Pública é medida burocratizante, que deve ser evitada, porque, com isso, desconsidera-se a peculiaridade de cada situação.

Gabarito: errado. A elaboração de modelos ou formulários padronizados não é medida burocratizante. É, inclusive, orientação da Lei nº 9.784/1999.

9. DA COMPETÊNCIA

A competência é o poder atribuído ao agente da Administração para o desempenho específico de suas funções. A competência resulta da lei e por ela é delimitada.

A competência é irrenunciável, pois é conferida pela lei. Não é possível o agente público **abrir mão** dos poderes dados pela lei, sob pena de ser responsabilizado por esse ato. Entretanto, é possível delegar a competência, desde que atendidos os requisitos da lei.

Na esfera federal, o art. 12 estabelece que em razão de circunstâncias de índole **técnica, social, econômica, jurídica ou territorial** pode haver delegação se não houver impedimento legal.

9.1 Delegação e avocação

<table>
<tr><td rowspan="11">Delegação</td><td>Ocorre quando um agente público transfere parte de suas atribuições.</td></tr>
<tr><td>A regra é a possibilidade de delegação, não sendo admitida se houver impedimento legal.</td></tr>
<tr><td>Atos que não podem ser delegados:
- atos de caráter NOrmativo;
- decisão de REcurso administrativo;
- questões de competência EXclusiva;
(NOREEX)</td></tr>
<tr><td>Não exige hierarquia.</td></tr>
<tr><td>A delegação deve ser apenas de parte das atribuições.</td></tr>
<tr><td>O ato de delegação e sua revogação deverão ser publicados no meio oficial.</td></tr>
<tr><td>O ato de delegação especificará as matérias e poderes transferidos, os limites da atuação do delegado, a duração e os objetivos da delegação e o recurso cabível.</td></tr>
<tr><td>Pode haver ressalva de exercício da atribuição delegada.</td></tr>
<tr><td>O ato de delegação é revogável a qualquer tempo pela autoridade delegante.</td></tr>
<tr><td>Os atos praticados no exercício da delegação são considerados praticados pelo sujeito delegado (recebe a atribuição).</td></tr>
<tr><td></td></tr>
<tr><td rowspan="3">Avocação</td><td>Ocorre quando um superior chama para si atribuição de seu subordinado.</td></tr>
<tr><td>Exige hierarquia.</td></tr>
<tr><td>É medida excepcional e temporária.</td></tr>
</table>

10. DESISTÊNCIA E EXTINÇÃO DO PROCESSO

O interessado poderá, mediante **manifestação escrita**, desistir **total ou parcialmente** do pedido formulado ou, ainda, renunciar a direitos disponíveis. Havendo vários interessados, a desistência ou renúncia atinge somente quem a tenha formulado (art. 51). A desistência ou renúncia do interessado, conforme o caso, não prejudica o prosseguimento do processo, se a Administração considerar que o interesse público assim o exige (art. 5º, § 2º).

O órgão competente poderá declarar extinto o processo quando exaurida sua finalidade ou o objeto da decisão tornar-se impossível, inútil ou prejudicado por fato superveniente (art. 52). Utilizando-se do exemplo citado, exercício provisório requerido por dois servidores, caso ambos saiam do órgão por qualquer motivo (*ex.*: demissão, exoneração, aposentadoria etc.), a Administração poderá extinguir o processo administrativo por motivo de fato superveniente.

11. RECURSOS

Das decisões administrativas cabe recurso, em face de razões de **legalidade e de mérito** (art. 56). O recurso será **dirigido à autoridade que proferiu a decisão**, a qual, se não a reconsiderar no prazo de cinco dias, o encaminhará à autoridade superior.

O recurso previsto na Lei nº 9.784/1999 será **dirigido** à **autoridade que proferiu** a decisão que terá a oportunidade de rever a decisão tomada em até cinco dias. Caso contrário, deverá encaminhar o recurso à autoridade superior para exame. A regra prevista na lei sobre a possibilidade de reconsideração é válida no sentido de visar eficiência administrativa, mas na prática será de pouca eficácia, uma vez que, na maioria, dos casos é difícil a autoridade retroceder na decisão proferida.

A interposição de recurso administrativo independe de caução, salvo exigência legal em contrário. De acordo com a Lei do Processo Administrativo Federal, é possível que lei específica exija caução para a interposição de recurso. Tal previsão não está em sintonia com a jurisprudência dos Tribunais Superiores. O STF entendeu ser inconstitucional exigência de depósito como condição para admissibilidade do recurso. O STJ possui jurisprudência no mesmo sentido, inclusive com edição de súmula que expressa a posição já consolidada (Súmula nº 373: É ilegítima a exigência de depósito prévio para admissibilidade de recurso administrativo).

NOTA!

O recurso administrativo tramitará no máximo por três instâncias administrativas, salvo disposição legal diversa.

O recurso interpõe-se por meio de requerimento no qual o recorrente deverá expor os fundamentos do pedido de reexame, podendo juntar os documentos que julgar convenientes (art. 60).

NOTA!

Salvo disposição legal em contrário, o recurso **não** tem efeito suspensivo.

Havendo justo receio de prejuízo de difícil ou incerta reparação decorrente da execução, a autoridade recorrida ou a imediatamente superior poderá, de ofício ou a pedido, dar efeito suspensivo ao recurso (art. 61).

Interposto o recurso, o órgão competente para de ele conhecer deverá intimar os demais interessados para que, no prazo de cinco dias úteis, apresentem alegações (art. 62).

O recurso não será conhecido quando interposto (art. 63):

> I – fora do prazo;
> II – perante órgão incompetente;
> III – por quem não seja legitimado;
> IV – após exaurida a esfera administrativa.

O não conhecimento do recurso não impede a Administração de rever de ofício o ato ilegal, desde que não ocorrida preclusão[11] administrativa.

Se o recorrente alegar que a decisão administrativa contraria enunciado da súmula vinculante, caberá à autoridade prolatora da decisão impugnada, se não a reconsiderar, explicitar, antes de encaminhar o recurso à autoridade superior, as razões da aplicabilidade ou da inaplicabilidade da súmula, conforme o caso. Acolhida pelo Supremo Tribunal Federal a reclamação fundada em violação de enunciado da súmula vinculante, dar-se-á ciência à autoridade prolatora e ao órgão competente para o julgamento do recurso, que deverão **adequar** as futuras decisões administrativas em casos semelhantes, sob pena de responsabilização pessoal nas esferas cível, administrativa e penal.

11.1 Legitimados

Têm legitimidade para interpor recurso administrativo:

> I – os titulares de direitos e interesses que forem parte no processo;
> II – aqueles cujos direitos ou interesses forem indiretamente afetados pela decisão recorrida;
> III – as organizações e associações representativas, no tocante a direitos e interesses coletivos;
> I – os cidadãos ou associações, quanto a direitos ou interesses difusos.

Conforme foi visto no art. 9º a lei apresenta os interessados em participar do processo. O rol dos legitimados para manifestação do recurso é semelhante àquele

[11] Preclusão é a impossibilidade de se alegar determinado fato por perda do momento oportuno para agir.

previsto no art. 9º com o acréscimo dos titulares de direitos e interesse que foram **parte** no processo (inciso I).

Vale, também, salientar que o art. 9º ao mencionar os direitos difusos expressa que as **pessoas ou associações** são interessados, mas em relação aos recursos a lei referiu-se a **cidadãos ou associações**.

11.2 Prazos

Salvo disposição legal específica, é de **dez dias** o prazo para interposição de recurso administrativo, contado a partir da ciência ou divulgação oficial da decisão recorrida. Aplicam-se aqui as disposições sobre prazos previstas no art. 66 da lei ao enunciar que os prazos começam a correr a partir da data da cientificação oficial, excluindo-se da contagem o dia do começo e incluindo-se o do vencimento. Considera-se prorrogado o prazo até o primeiro dia útil seguinte se o vencimento cair em dia em que não houver expediente ou este for encerrado antes da hora normal.

Quando a lei não fixar prazo diferente, o recurso administrativo deverá ser **decidido** no prazo máximo de **trinta dias**, a partir do recebimento dos autos pelo órgão competente, podendo ser prorrogado por igual período, ante justificativa explícita.

11.3 Agravamento/*reformatio in pejus*

O órgão competente para decidir o recurso poderá confirmar, modificar, anular ou revogar, total ou parcialmente, a decisão recorrida, se a matéria for de sua competência. Se da decisão do recurso puder decorrer **gravame** à situação do recorrente, este deverá ser cientificado para que formule suas **alegações** antes da decisão.

Nesse sentido, é possível que da decisão do recurso resulte em agravamento da situação do administrado, vale dizer, cabe a *reformatio in pejus*. Para tanto, exige a lei sua cientificação antes da decisão para que possa apresentar alegações.

Por outro lado, da **revisão**, que pode ser realizada a qualquer tempo, quando surgirem fatos novos, podendo ser realizada a pedido ou de ofício, não poderá re sulta em agravamento da decisão.

NOTA!

Do **recurso** cabe agravamento. Da **revisão** não cabe.

Questão de Concurso

(Cespe/Ipea/Recursos Humanos/Nível Superior/2009) Considere que Pedro sofreu determinada sanção após a regular conclusão de um processo administrativo. Diante do surgimento de fatos novos, Pedro requereu a revisão do processo. Nessa situação, da revisão do processo poderá resultar agravamento da sanção.

Gabarito: errado. Da revisão do processo (fatos novos) não pode resultar em agravamento. Do recurso pode. Admite-se reformatio in pejus nos recursos administrativos.

Prazos previstos na Lei nº 9.784/1999

Art. 24. Inexistência de disposição específica.	Cinco dias, salvo motivo de força maior.
Art. 26, § 2º. Antecedência mínima da intimação.	Três dias **úteis** quanto à data de comparecimento.
Art. 41. Os interessados serão intimados de prova ou diligência ordenada.	Antecedência mínima de 3 dias **úteis**, mencionando-se data, hora e local de realização.
Art. 42. Parecer	Deverá ser emitido no prazo máximo de 15 dias, salvo norma especial ou comprovada necessidade de maior prazo.
Art. 44. interessado se manifestar encerrada a instrução	Prazo máximo de 10 dias, salvo se outro prazo for legalmente fixado.
Art. 49. Prazo para a Administração decidir, concluída a instrução de processo administrativo.	**Até** 30 dias para decidir, salvo **prorrogação** por igual período expressamente motivada.
Art. 56, § 1º, prazo para reconsideração	Cinco dias.
Art. 59, interposição de recurso.	Dez dias, salvo disposição legal específica.
Art. 59, § 1º, prazo para decidir o recurso.	Quando a lei não fixar prazo diferente, o recurso administrativo deverá ser decidido no prazo máximo de 30 dias, a partir do **recebimento** dos autos pelo órgão competente.
Art. 62. Prazo para apresentar alegações.	Cinco dias **úteis**.

Prazos que admitem prorrogação:

- Prazo para **decisão** após a instrução do processo (30+30 dias) (art. 49).
- Prazo para **interpor recurso** administrativo (10 dias) (art. 59).
- Prazo para **praticar os atos** quando não houver prazo específico (5 dias, podendo ser dilatado até o dobro, mediante comprovada justificação). (Art. 24).

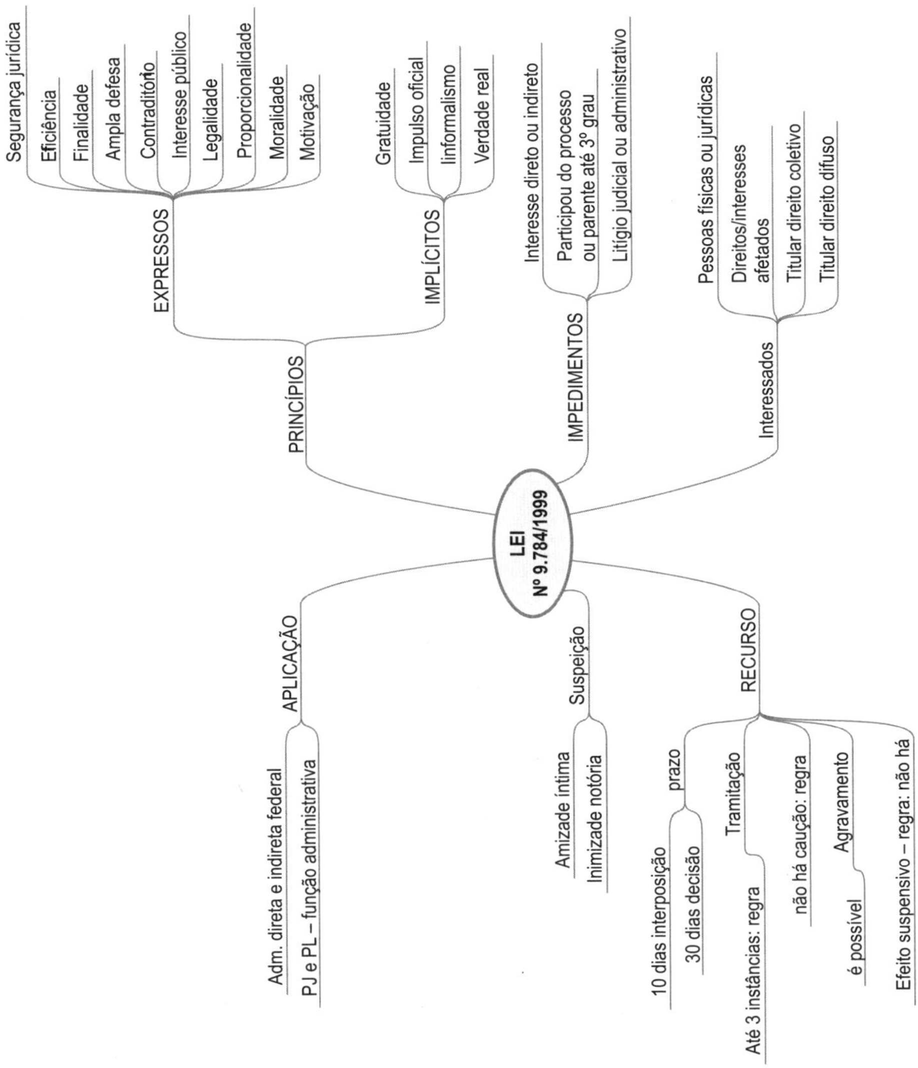

LEI
Nº 9.784/1999
PRINCÍPIOS
EXPRESSOS
Segurança jurídica
Eficiência
Finalidade
Ampla defesa
Contraditório
Interesse público
Legalidade
Proporcionalidade
Moralidade
Motivação
IMPLÍCITOS
Gratuidade
Impulso oficial
Iinformalismo
Verdade real
IMPEDIMENTOS
Interesse direto ou indireto
Participou do processo ou parente até 3º grau
Litígio judicial ou administrativo
Interessados
Pessoas físicas ou jurídicas
Direitos/interesses afetados
Titular direito coletivo
Titular direito difuso
APLICAÇÃO
Adm. direta e indireta federal
PJ e PL – função administrativa
Suspeição
Amizade íntima
Inimizade notória
RECURSO
prazo
10 dias interposição
30 dias decisão
Tramitação
Até 3 instâncias: regra
não há caução: regra
Agravamento
é possível
Efeito suspensivo – regra: não há

CAPÍTULO 10
Improbidade Administrativa

1. FUNDAMENTO CONSTITUCIONAL

A ação de improbidade é de cunho constitucional, seu fundamento legal está no art. 37, § 4º, da CF:

> Os atos de improbidade administrativa importarão a suspensão dos direitos políticos, a perda da função pública, a indisponibilidade dos bens e o ressarcimento ao erário, na forma e gradação previstas em lei, **sem prejuízo da ação penal cabível**.

A Constituição prevê 4 (quatro) consequências para aqueles que praticarem ato de improbidade:

Suspensão dos direitos políticos	É a incapacidade **temporária** de se exercer os direitos políticos previstos na Constituição. **Cuidado!** Não pode haver **cassação** dos direitos políticos (art. 15, CF).
Perda da função pública	A perda da função pública e a suspensão dos direitos políticos só se efetivam com o **trânsito em julgado** da sentença condenatória. É possível o **afastamento** preventivo, sem prejuízo da remuneração.
Ressarcimento ao erário	Ocorrendo lesão ao patrimônio público por **ação ou omissão, dolosa ou culposa**, do agente ou de terceiro, dar-se-á o integral ressarcimento do dano. O sucessor daquele que causar lesão ao patrimônio público ou se enriquecer ilicitamente está sujeito às medidas da lei de improbidade **até o limite do valor da herança.**
Indisponibilidade dos bens	Quando o ato de improbidade causar **lesão ao patrimônio público ou** ensejar **enriquecimento ilícito**, caberá a autoridade administrativa responsável pelo inquérito representar ao Ministério Público, para a indisponibilidade dos bens do indiciado. A indisponibilidade recairá sobre bens que assegurem o **integral** ressarcimento do dano, ou sobre o acréscimo patrimonial resultante do enriquecimento ilícito.
Para não esquecer as sanções previstas na CF, lembre-se: **R I S P**	

2. REGULAMENTAÇÃO E SANÇÕES PREVISTAS NA LIA

Como dito, a Lei de Improbidade Administrativa (LIA) regulamenta o art. 37, § 4º, da CF e, ainda, estabelece duas sanções: pagamento de multa civil e proibição de contratar com o Poder Público ou receber benefícios ou incentivos fiscais ou creditícios, direta ou indiretamente, ainda que por intermédio de pessoa jurídica da qual seja sócio majoritário. Vejamos como ficam essas regulamentações a teor do art. 12 da Lei nº 8.429/1992:

Atos de improbidade	Suspensão dos direitos políticos	Multa	Proibição de contratar/receber benefício ou incentivos do Poder Público
Enriquecimento ilícito (art. 9º)	8 a 10 anos	**Até** 3 vezes o valor acrescido	dez anos
Prejuízo ao erário – (art. 10)	5 a 8 anos	**Até** duas vezes o valor do prejuízo	cinco anos
Atenta contra princípio administrativo (art. 11)	3 a 5 anos	**Até** 100 vezes a remuneração	três anos

NOTA!

O art. 21 da Lei nº 8.429/1992 determina que as sanções podem ser aplicadas independentemente da aprovação ou rejeição do órgão de controle interno ou pelo Tribunal ou Conselho de Contas competente e mesmo que não ocorra dano ao patrimônio público, salvo quanto à sanção de ressarcimento ao erário.

3. NATUREZA DA AÇÃO DE IMPROBIDADE

A ação de improbidade é de caráter **civil** e não penal. Em razão do art. 37, § 4º, dispor que as sanções serão aplicadas **sem prejuízo da ação penal cabível** entende-se que se trata de ação civil, uma vez que ainda poderá ser interposta ação penal, se o ato de improbidade também for tipificado como crime na lei penal.

4. LEI DE IMPROBIDADE E AGENTES POLÍTICOS

O STF (Reclamação nº 2.138) decidiu que aos agentes políticos, mencionados na Lei de Crime de Responsabilidade, Lei nº 1.079/1950, não se aplica a Lei de

Improbidade Administrativa, mas apenas as disposições da Lei de Crime de Responsabilidade. Esse diploma faz referência às seguintes autoridades: Presidente da República, Ministros de Estado, Ministros do Supremo Tribunal Federal, Procurador-Geral da República, Governadores e seus Secretários.

NOTA!

O STJ entende que **magistrados** respondem por ato de improbidade, inclusive no exercício da atividade jurisdicional.

5. ELEMENTOS DO ATO DE IMPROBIDADE

5.1 Sujeito ativo

O sujeito ativo do ato de improbidade é aquele que pratica um dos atos descritos nos arts. 9º, 10 ou 11 da Lei de Improbidade.

O art. 2º apresenta uma lista bem extensa dos agentes públicos para fins da prática de ato de improbidade:

> **Art. 2º** Reputa-se agente público, para os efeitos desta lei, todo aquele que exerce, ainda que transitoriamente ou sem remuneração, por eleição, nomeação, designação, contratação ou qualquer outra forma de investidura ou vínculo, mandato, cargo, emprego ou função nas entidades mencionadas no artigo anterior.

Inclusive, o art. 3º expande ainda mais o rol apresentado pelo art. 2º ao preceituar que

> as disposições desta lei são aplicáveis, no que couber, àquele que, mesmo não sendo agente público, **induza** ou **concorra** para a prática do ato de improbidade ou dele se **beneficie** sob qualquer forma direta ou indireta.

O autor do ato que não tiver nenhum vínculo com a Administração responderá na medida de suas possibilidades. Não será possível a perda da função, uma vez que não havia vínculo algum, mas caberá a aplicação das demais penalidades.

5.1.1 Ação de improbidade e foro por prerrogativa de função

O STF declarou inconstitucional a Lei nº 10.628/2000, que acrescentou os §§ 1º e 2º ao art. 84 do Código de Processo Penal. Os dispositivos inconstitucionais estendiam para a ação de improbidade administrativa a mesma competência para o processamento e julgamento das **ações penais** referentes a autoridades que possuem foro por prerrogativa de função.

De acordo com o STF, não poderia lei infraconstitucional estabelecer foro por prerrogativa de função, pois tal matéria é de assento constitucional. Igualmente, não seria possível a equiparação da ação de improbidade, de natureza civil, com a ação penal com o intuito de fixar foro processual especial.

5.2 Sujeito passivo

O art. 1º enuncia os órgãos e entidades que podem sofrer o ato de improbidade administrativa:

> **Art. 1º** Os atos de improbidade praticados por qualquer agente público, servidor ou não, contra a Administração direta, indireta ou fundacional de qualquer dos Poderes da União, dos Estados, do Distrito Federal, dos Municípios, de Território, de empresa incorporada ao patrimônio público ou de **entidade para cuja criação ou custeio o erário haja concorrido ou concorra com mais de cinquenta por cento do patrimônio ou da receita anual**, serão punidos na forma desta lei.
> *Parágrafo único.* Estão também sujeitos às penalidades desta lei os atos de improbidade praticados contra o patrimônio de entidade que receba subvenção, benefício ou incentivo, fiscal ou creditício, de órgão público bem como daquelas para cuja **criação ou custeio o erário haja concorrido ou concorra com menos de cinquenta por cento do patrimônio ou da receita anual**, limitando-se, nestes casos, a **sanção patrimonial à repercussão do ilícito sobre a contribuição dos cofres públicos**.

As entidades que recebem **subvenção**, **benefício** ou **incentivo**, **fiscal** ou **creditício**, bem como aquelas para cuja criação ou custeio o erário haja concorrido ou concorra com **menos** de cinquenta por cento do patrimônio ou da receita anual, também são sujeitos passivos do ato de improbidade. Porém, nesse caso apenas a sanção pecuniária é que terá aplicação diferenciada.

5.3 Ocorrência de ato de improbidade previsto nos arts. 9º, 10 e 11

A LIA descreve três tipos de atos de improbidade administrativa:

a) atos que importam enriquecimento ilícito;

b) atos que causam prejuízo ao erário;

c) atos que atentam contra princípios da Administração Pública.

A enumeração dos atos nos arts. 9º, 10 e 11 é apenas **exemplificativa.** É possível o ato ilícito praticado não estar expresso nos referidos artigos, mas, ainda assim, o agente ser enquadrado na Lei de Improbidade. Note que a lei, nos três artigos descreve a infração e logo depois utiliza a expressão **e notadamente**, induzindo o caráter exemplificativo dos dispositivos.

Art. 9º Enriquecimento ilícito	I - **receber**, para si ou para outrem, dinheiro, bem móvel ou imóvel, ou qualquer outra vantagem econômica, direta ou indireta, a título de comissão, percentagem, gratificação ou presente de quem tenha interesse, direto ou indireto, que possa ser atingido ou amparado por ação ou omissão decorrente das atribuições do agente público; II - **perceber** vantagem econômica, direta ou indireta, para facilitar a aquisição, permuta ou locação de bem móvel ou imóvel, ou a contratação de serviços pelas entidades referidas no art. 1° por preço superior ao valor de mercado; III - **perceber** vantagem econômica, direta ou indireta, para facilitar a alienação, permuta ou locação de bem público ou o fornecimento de serviço por ente estatal por preço inferior ao valor de mercado; IV - **utilizar**, em obra ou serviço particular, veículos, máquinas, equipamentos ou material de qualquer natureza, de propriedade ou à disposição de qualquer das entidades mencionadas no art. 1° desta lei, bem como o trabalho de servidores públicos, empregados ou terceiros contratados por essas entidades; V - **receber** vantagem econômica de qualquer natureza, direta ou indireta, para tolerar a exploração ou a prática de jogos de azar, de lenocínio, de narcotráfico, de contrabando, de usura ou de qualquer outra atividade ilícita, ou aceitar promessa de tal vantagem; VI - **receber** vantagem econômica de qualquer natureza, direta ou indireta, para fazer declaração falsa sobre medição ou avaliação em obras públicas ou qualquer outro serviço, ou sobre quantidade, peso, medida, qualidade ou característica de mercadorias ou bens fornecidos a qualquer das entidades mencionadas no art. 1º desta lei; VII - **adquirir**, para si ou para outrem, no exercício de mandato, cargo, emprego ou função pública, bens de qualquer natureza cujo valor seja desproporcional à evolução do patrimônio ou à renda do agente público; VIII - **aceitar** emprego, comissão ou exercer atividade de consultoria ou assessoramento para pessoa física ou jurídica que tenha interesse suscetível de ser atingido ou amparado por ação ou omissão decorrente das atribuições do agente público, durante a atividade; IX - **perceber** vantagem econômica para intermediar a liberação ou aplicação de verba pública de qualquer natureza; X - **receber** vantagem econômica de qualquer natureza, direta ou indiretamente, para omitir ato de ofício, providência ou declaração a que esteja obrigado; XI - **incorporar**, por qualquer forma, ao seu patrimônio bens, rendas, verbas ou valores integrantes do acervo patrimonial das entidades mencionadas no art. 1° desta lei; XII - **usar**, em proveito próprio, bens, rendas, verbas ou valores integrantes do acervo patrimonial das entidades mencionadas no art. 1° desta lei.

Art. 10
Causa lesão ao Erário

I - **facilitar** ou concorrer por qualquer forma para a incorporação ao patrimônio particular, de pessoa física ou jurídica, de bens, rendas, verbas ou valores integrantes do acervo patrimonial das entidades mencionadas no art. 1º desta lei;

II - **permitir** ou concorrer para que pessoa física ou jurídica privada utilize bens, rendas, verbas ou valores integrantes do acervo patrimonial das entidades mencionadas no art. 1º desta lei, sem a observância das formalidades legais ou regulamentares aplicáveis à espécie;

III - **doar** à pessoa física ou jurídica bem como ao ente despersonalizado, ainda que de fins educativos ou assistências, bens, rendas, verbas ou valores do patrimônio de qualquer das entidades mencionadas no art. 1º desta lei, sem observância das formalidades legais e regulamentares aplicáveis à espécie;

IV - **permitir** ou facilitar a alienação, permuta ou locação de bem integrante do patrimônio de qualquer das entidades referidas no art. 1º desta lei, ou ainda a prestação de serviço por parte delas, por preço inferior ao de mercado;

V - **permitir** ou facilitar a aquisição, permuta ou locação de bem ou serviço por preço superior ao de mercado;

VI - **realizar** operação financeira sem observância das normas legais e regulamentares ou aceitar garantia insuficiente ou inidônea;

VII- **conceder** benefício administrativo ou fiscal sem a observância das formalidades legais ou regulamentares aplicáveis à espécie;

VIII - **frustrar** a licitude de processo licitatório ou dispensá-lo indevidamente;

IX - **ordenar** ou permitir a realização de despesas não autorizadas em lei ou regulamento;

X - **agir** negligentemente na arrecadação de tributo ou renda, bem como no que diz respeito à conservação do patrimônio público;

XI - **liberar** verba pública sem a estrita observância das normas pertinentes ou influir de qualquer forma para a sua aplicação irregular;

XII- **permitir**, facilitar ou concorrer para que terceiro se enriqueça ilicitamente;

XIII - **permitir** que se utilize, em obra ou serviço particular, veículos, máquinas, equipamentos ou material de qualquer natureza, de propriedade ou à disposição de qualquer das entidades mencionadas no art. 1° desta lei, bem como o trabalho de servidor público, empregados ou terceiros contratados por essas entidades.

XIV - **celebrar** contrato ou outro instrumento que tenha por objeto a prestação de serviços públicos por meio da gestão associada sem observar as formalidades previstas na lei;

XV - **celebrar** contrato de rateio de consórcio público sem suficiente e prévia dotação orçamentária, ou sem observar as formalidades previstas na lei.

Art. 11 Atenta contra o princípio da Administração Pública	I - **praticar** ato visando fim proibido em lei ou regulamento ou diverso daquele previsto, na regra de competência; II - **retardar** ou deixar de praticar, indevidamente, ato de ofício; III - **revelar** fato ou circunstância de que tem ciência em razão das atribuições e que deva permanecer em segredo; IV - **negar** publicidade aos atos oficiais; V - **frustrar** a licitude de concurso público; VI - **deixar** de prestar contas quando esteja obrigado a fazê-lo; VII - **revelar** ou permitir que chegue ao conhecimento de terceiro, antes da respectiva divulgação oficial, teor de medida política ou econômica capaz de afetar o preço de mercadoria, bem ou serviço.

CUIDADO!

Frustrar a licitude de processo **licitatório** é ato que causa prejuízo ao erário, art. 10; frustrar a licitude de **concurso** público é ato que viola princípio da Administração (art. 11).

Utilizar, em obra ou serviço particular, veículos, máquinas, equipamentos ou material de qualquer natureza, de propriedade ou à disposição de qualquer das entidades mencionadas no art. 1° da LIA, bem como o trabalho de servidores públicos, empregados ou terceiros contratados por essas entidades é ato que importa em enriquecimento ilícito (art. 9º); permitir que se utilize é ato causa prejuízo ao erário (art. 10).

ATENÇÃO!

Se disser: **receber**, **perceber** ou **vantagem econômica** são atos do art. 10, importam enriquecimento ilícito.

Vale também destacar que se uma ação ou omissão enquadrar-se em mais de um tipo, aplicam-se as sanções para a infração **mais grave**.

Questão de Concurso

(Cespe/CNJ/Técnico Administrativo/2013) Ordenar ou permitir a realização de despesas não autorizadas em lei ou regulamento é ato de improbidade que atenta contra princípio da Administração Pública.

Gabarito: errado. É ato previsto no art. 10, causa lesão ao erário.

6. ELEMENTO SUBJETIVO E EXIGÊNCIA DE DANO

	Art. 9º enriquecimento ilícito	**Art. 10 causa lesão ao erário**	**Art. 11 atenta contra o princípio da Administração Pública**
Elemento subjetivo	Dolo	Dolo ou culpa	Dolo
Exigência de dano ao patrimônio público	Não	Não*	Não
Aprovação/rejeição de contas pelo Tribunal de Contas	Independe (art. 21)	Independe (art. 21)	Independe (art. 21)

* Entendimento do STJ: atos do art. 10 (lesão ao erário) exigem o efetivo prejuízo (econômico).

7. AÇÃO JUDICIAL

7.1 Representação

Qualquer pessoa poderá **representar** à autoridade administrativa competente para que seja instaurada investigação destinada a apurar a prática de ato de improbidade. A representação, que será escrita ou reduzida a termo e assinada, conterá a qualificação do representante, as informações sobre o fato e sua autoria e a indicação das provas de que tenha conhecimento (art. 14).

Atendidos os requisitos da representação, a autoridade determinará a imediata apuração dos fatos que, em se tratando de **servidores federais**, será processada na forma prevista nos arts. 148 a 182 da Lei nº 8.112/1990 e, em se tratando de servidor militar, de acordo com os respectivos regulamentos disciplinares, caso contrário, a autoridade administrativa rejeitará a representação, em despacho fundamentado, sem prejuízo de nova representação ao Ministério Público (art. 14, §§ 1º e 2º).

No caso de admissão da representação, a comissão processante dará conhecimento ao Ministério Público e ao Tribunal ou Conselho de Contas da existência de procedimento administrativo para apurar a prática de ato de improbidade. O Ministério Público ou Tribunal ou Conselho de Contas poderá designar representante para acompanhar o procedimento administrativo (art. 15).

Durante a apuração na via administrativa, havendo fundados **indícios** de responsabilidade, a comissão representará ao Ministério Público ou à procuradoria do órgão ou entidade para que requeira ao juízo competente a decretação do **sequestro** dos bens do agente ou terceiro que tenha enriquecido ilicitamente ou causado dano ao patrimônio público para garantir o resultado útil do processo.

Após a medida cautelar de sequestro, a ação principal, que terá o **rito ordinário**, deve ser proposta dentro de trinta dias da **efetivação** da ação de sequestro.

Quando for o caso, o pedido incluirá a investigação, o exame e o bloqueio de bens, contas bancárias e aplicações financeiras mantidas pelo indiciado no exterior, nos termos da lei e dos tratados internacionais (art. 16, § 2º).

7.2 Legitimidade

A legitimidade para a propositura da ação caberá ao Ministério Público ou pessoa jurídica interessada (aquela que sofreu o ato – entidades referidas no art. 1º).

Não se confunde com a representação. Esta significa a comunicação aos órgãos competentes do suposto ato de improbidade.

No caso de a ação principal ter sido proposta pelo Ministério Público, aplica-se, no que couber, o disposto no § 3º do art. 6º da Lei nº 4.717, de 29 de junho de 1965 (art. 17, § 3º, LIA). Por meio dos dispositivos legais, é possível a pessoa jurídica em que o ato é objeto de impugnação **abster-se** de contestar o pedido ou atuar ao lado do autor, desde que seja para atender ao interesse público. Nessa situação, a pessoa jurídica inicia o processo no polo passivo, mas passa a fazer parte do polo ativo da relação.

NOTA!

O Ministério Público, se não intervir no processo como parte atuará, **obrigatoriamente**, como fiscal da lei, sob pena de nulidade (art. 17, § 4º).

A propositura da ação prevenirá a jurisdição do juízo para todas as ações posteriormente intentadas que possuam a mesma causa de pedir ou o mesmo objeto (art. 17, § 5º).

A ação será instruída com documentos ou justificação que contenham indícios suficientes da existência do ato de improbidade ou com razões fundamentadas da impossibilidade de apresentação de qualquer dessas provas, observada a legislação vigente, inclusive as disposições do Código de Processo Civil (art. 17, § 6º).

7.3 Rito da ação de improbidade

Estando a inicial em devida forma, o juiz mandará autuá-la e ordenará a **notificação do requerido,** para oferecer **manifestação** por escrito, que poderá ser instruída com documentos e justificações, dentro do prazo de quinze dias. Na ação de improbidade, antes de o juiz analisar se recebe ou não a ação, deverá obedecer a esse procedimento especial previsto na LIA. Trata-se de peculiaridade que não é encontrada no trâmite processual das demais ações civis. O STJ decidiu que o distinto procedimento da LIA não se aplica se for **ação comum** de ressarcimento ao erário.

Recebida a manifestação, o juiz, no prazo de trinta dias, em decisão fundamentada, rejeitará a ação, se convencido da inexistência do ato de improbidade, da improcedência da ação ou da inadequação da via eleita (art. 17, § 8º); ou poderá receber a ação e dar continuidade ao processo.

Recebida a petição inicial, será o réu citado para apresentar contestação. Na ação de improbidade **antes** do recebimento da ação há a notificação do requerido para apresentar **manifestação** por escrito e, se houver o recebimento da ação, o réu será **citado** para apresentar **contestação.**

OBSERVAÇÕES!

1. Da decisão que **receber** a petição inicial, caberá agravo de instrumento.
2. Nas ações de improbidade é vedada a transação, acordo ou conciliação (art. 17, § 1º).

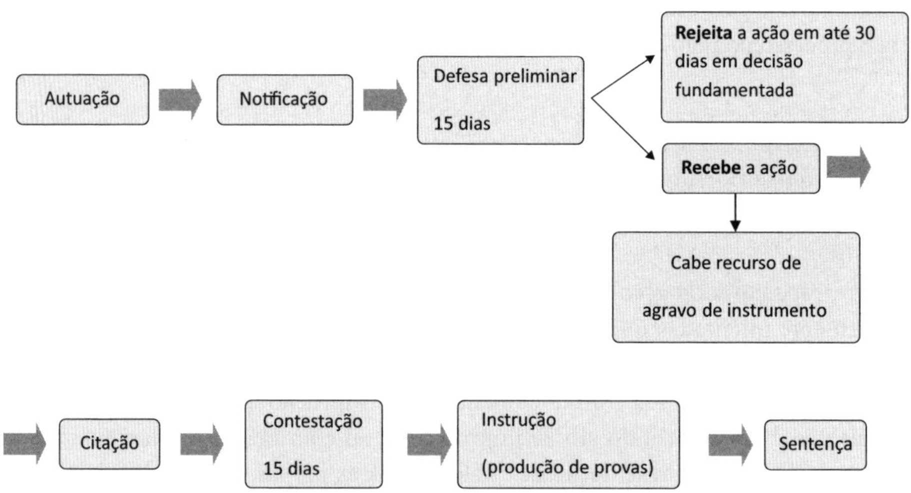

8. PRESCRIÇÃO

A prescrição está disposta na lei da seguinte forma:

> **Art. 23**. As ações destinadas a levar a efeitos as sanções previstas nesta lei podem ser propostas:

> I - até cinco anos após o término do exercício de mandato, de cargo em comissão ou de função de confiança;
> II - dentro do prazo prescricional previsto em lei específica para faltas disciplinares puníveis com demissão a bem do serviço público, nos casos de exercício de cargo efetivo ou emprego.

Se o agente exercia mandato, cargo em comissão ou função de confiança, conta-se o prazo de cinco anos a partir da extinção do vínculo. Assim, se o agente público exerceu **exclusivamente** cargo em comissão entre os períodos de 10 de fevereiro de 2000 a 10 de fevereiro de 2005 e em março e 2001 praticou ato de improbidade, a partir de 10 de fevereiro de 2005 terá início a contagem do prazo de cinco anos.

O STJ vem entendendo que o termo inicial do prazo prescricional da ação de improbidade administrativa, no caso de **reeleição**, se aperfeiçoa após o término do segundo mandato. O STJ entende que não há a ruptura do vínculo no caso de reeleição[12]. Com o mesmo raciocínio, o Tribunal entendeu que na hipótese em que o agente se mantém em cargo **comissionado** por períodos sucessivos, o termo inaugural da prescrição relativa a ato de improbidade administrativa é o momento do término do último exercício, quando da extinção do vínculo com a Administração[13].

No que se refere ao inciso II (cargo efetivo ou emprego), em nível federal, a União, estabelece o prazo de cinco anos para a aplicação de penalidade de demissão a bem do serviço público, contando-se o prazo prescricional a partir da data do **conhecimento** do fato, conforme prevê a Lei nº 8.112/1990. Dessa forma, para **servidores públicos federais**, regidos pela Lei nº 8.112/1990, praticado suposto ato de improbidade administrativa, contar-se-á o prazo prescricional segundo a referida forma.

O art. 2º da LIA determina que o terceiro, estranho ao serviço público, que induz, concorre ou se beneficia do ato de improbidade responderá também pelo ato de improbidade, mas observe a ausência de previsão quanto ao prazo de prescrição. Frente à carência legal o STJ definiu que em relação ao terceiro, não servidor, quando pratica ato de improbidade administrativa, aplicam-se os prazos prescricionais incidentes aos demais demandados ocupantes de cargos públicos[14].

Segundo o STJ, o servidor, exercendo cumulativamente cargo efetivo e cargo comissionado, ao tempo do ato reputado ímprobo, há de prevalecer o primeiro, para fins de contagem prescricional, pelo simples fato de o vínculo entre agente e Administração pública não cessar com a exoneração do cargo em comissão, por ser temporário. Assim, devem ser aplicadas as regras do cargo efetivo (5 anos a partir do conhecimento do fato, para servidores públicos federais) para fins de contagem de prazo prescricional. (REsp nº 1.060.529/MG, Rel. Ministro Mauro Campbell Marques, Segunda Turma, julg. 8/9/2009, DJe 18/9/2009).

---

[12] REsp nº 1.153.079/BA, Rel. Ministro Hamilton Carvalhido, Primeira Turma, julg. 13/4/2010.

[13] REsp nº 1.179.085/SC, Rel. Ministra Eliana Calmon, Segunda Turma, julg. 23/3/2010.

[14] REsp nº 965.340/AM, Rel. Min. Castro Meira, DJ 8/10/2007; REsp nº 1.087.855/PR, Rel. Ministro Francisco Falcão, Primeira Turma, julg. 3/3/2009.

IMPORTANTE!

As **ações de ressarcimento** ao erário são imprescritíveis a teor do que prevê o art. 37, § 5º, da CF. Portanto, pode haver a prescrição da ação de improbidade com o fim de impor as consequências previstas para o ato de improbidade, mas será possível ingressar com ação de ressarcimento visando recuperar aos cofres públicos o prejuízo causado.

9. DA DECLARAÇÃO DE BENS

Exige a lei que a **posse e** o **exercício** de agente público ficam condicionados à apresentação de declaração dos bens e valores que compõem o seu patrimônio privado, a fim de ser arquivada no serviço de pessoal competente (art. 13).

A declaração compreenderá imóveis, móveis, semoventes, dinheiro, títulos, ações, e qualquer outra espécie de bens e valores patrimoniais, localizado no País ou no exterior, e, quando for o caso, abrangerá os bens e valores patrimoniais do cônjuge ou companheiro, dos filhos e de outras pessoas que vivam sob a dependência econômica do declarante, excluídos apenas os objetos e utensílios de uso doméstico (art. 13, § 1º), devendo ser anualmente atualizada na data em que o agente público **deixar** o exercício do mandato, cargo, emprego ou função (art. 13, § 2º). Contudo, poderá haver entrega de cópia da declaração anual de bens apresentada à Delegacia da Receita Federal na conformidade da legislação do Imposto sobre a Renda e proventos de qualquer natureza, com as necessárias atualizações, como forma de suprir a exigência mencionada.

Será punido com a pena de **demissão**, a bem do serviço público, sem prejuízo de outras sanções cabíveis, o agente público que se **recusar** a prestar declaração dos bens, dentro do prazo determinado, ou que a **prestar falsa** (art. 13, § 3º).

10. JURISPRUDÊNCIA

Entende o STJ que a decretação da indisponibilidade dos bens alcança aqueles adquiridos **anteriormente** à prática do suposto ao ímprobo. (AgRg no REsp nº 895.608/PR, Rel. Ministro Humberto Martins, Segunda Turma, julg. 15/5/2008, DJe 27/5/2008).

STJ com entendimento diverso da Rcl nº 2.138, admitindo ação de improbidade em face de agentes políticos. (Rcl nº 2.790/SC, Rel. Ministro Teori Albino Zavascki, Corte Especial, julg. 2/12/2009, DJe 4//2010)

STJ não admite aplicação do princípio da insignificância na ação de improbidade (REsp nº 799.511; REsp nº 769.317 e 892.818/STJ)

Julgado do STJ acerca de ação de improbidade e agentes políticos:
Os **vereadores não se enquadram** dentre as autoridades submetidas à Lei nº 1.070/50, que trata dos crimes de responsabilidade, podendo responder por seus atos em sede de ação civil pública de improbidade administrativa. O precedente do STF invocado pelos recorrentes - Rcl nº 2.138/RJ - em apoio à tese sobre o descabimento da ação de improbidade em face de agente político de qualquer esfera do Poderes da União, Estados e Municípios, não se presta, porque cuida de caso específico de Ministros de Estado. (REsp nº 1.135.767/SP, Rel. Ministro Castro Meira, Segunda Turma, julg. 5/5/2010, DJe 9/6/2010).

Aplica-se a Lei nº 8.429/1992 aos **agentes políticos municipais**. Precedente do STJ. (REsp nº 1.119.143/MG, Rel. Ministra Eliana Calmon, Segunda Turma, julg. 3/8/2010, DJe 9/8/2010).

A jurisprudência do Superior Tribunal de Justiça é firme em que se aplica a **agentes políticos municipais, tais como prefeitos, ex-prefeitos e vereadores**, as sanções previstas na Lei de Improbidade Administrativa (Lei nº 8.429/1992). (AgRg no REsp nº 1158623/RJ, Rel. Ministro Hamilton Carvalhido, Primeira Turma, julg. 18/3/2010, DJe 9/4/2010).

A peculiaridade das condutas tipificadas na Lei dos Crimes de Responsabilidade, quanto aos **membros do Tribunal de Contas**, indica que a eles não se estende a novel jurisprudência do STF, que exclui os agentes políticos do âmbito da Lei de Improbidade Administrativa. (QO na AIA nº 27/DF, Rel. Ministra Nancy Andrighi, Corte Especial, julg. 27/11/2008, DJe 9/2/2009)

DIREITO ADMINISTRATIVO E PROCESSUAL CIVIL. BLOQUEIO DE BENS EM VALOR SUPERIOR AO INDICADO NA INICIAL DA AÇÃO DE IMPROBIDADE. Em ação de improbidade administrativa, é possível que se determine a indisponibilidade de bens (art. 7º da Lei 8.429/1992) - inclusive os adquiridos anteriormente ao suposto ato de improbidade - em valor superior ao indicado na inicial da ação visando a garantir o integral ressarcimento de eventual prejuízo ao erário, levando-se em consideração, até mesmo, o valor de possível multa civil como sanção autônoma. Isso porque a indisponibilidade acautelatória prevista na Lei de Improbidade Administrativa tem como finalidade a reparação integral dos danos que porventura tenham sido causados ao erário. **REsp 1.176.440-RO, Rel. Min. Napoleão Nunes Maia Filho, julgado em 17/9/2013. (informativo n. 54 STJ)**

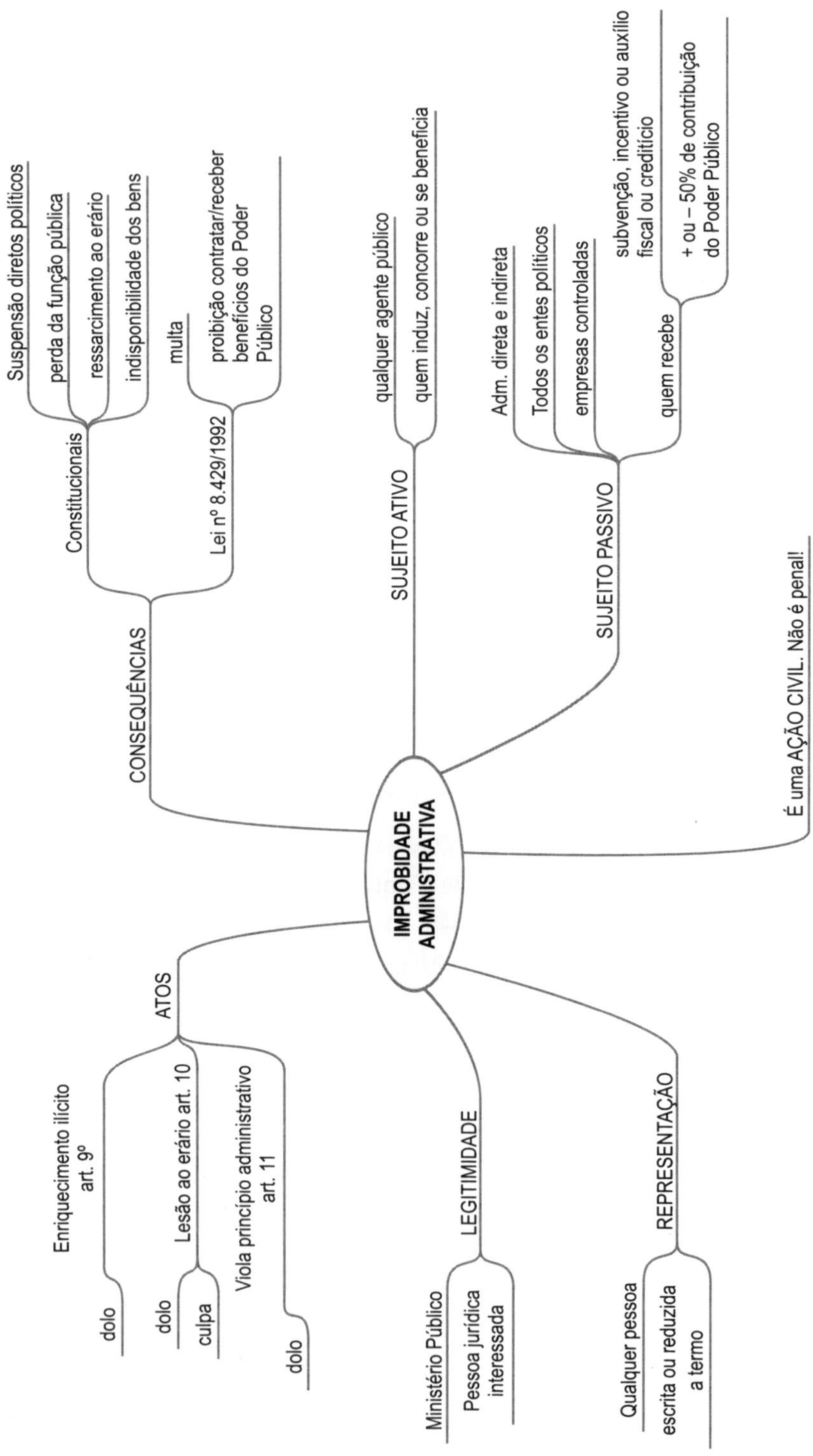
IMPROBIDADE ADMINISTRATIVA
CONSEQUÊNCIAS
Constitucionais
Suspensão diretos políticos
perda da função pública
ressarcimento ao erário
indisponibilidade dos bens
Lei nº 8.429/1992
multa
proibição contratar/receber benefícios do Poder Público
SUJEITO ATIVO
qualquer agente público
quem induz, concorre ou se beneficia
SUJEITO PASSIVO
Adm. direta e indireta
Todos os entes políticos
empresas controladas
subvenção, incentivo ou auxílio fiscal ou creditício
quem recebe
+ ou – 50% de contribuição do Poder Público
É uma AÇÃO CIVIL. Não é penal!
ATOS
Enriquecimento ilícito art. 9º
dolo
Lesão ao erário art. 10
dolo
culpa
Viola princípio administrativo art. 11
dolo
LEGITIMIDADE
Ministério Público
Pessoa jurídica interessada
REPRESENTAÇÃO
Qualquer pessoa
escrita ou reduzida a termo

CAPÍTULO 11
Bens Públicos

1. CONCEITO

Para a doutrina, bem público são todos os bens vinculados à prestação de um serviço público, seja o bem pertencente à pessoa de direito público ou privado.

Entretanto, o Código Civil de 2002 apresenta o seguinte conceito:

> **Art. 98**. São públicos os bens do domínio nacional pertencentes às pessoas jurídicas de direito público interno; todos os outros são particulares, seja qual for a pessoa a que pertencerem.

Dessa forma, devemos fazer a observação de que o ordenamento jurídico brasileiro fixou um conceito mais restrito, considerando bens públicos somente aqueles pertencentes às pessoas jurídicas de direito público, quais sejam: a União, os Estados, o DF, os Territórios, os Municípios e suas respectivas autarquias e fundações de direito público.

Para **concursos**, a primeira opção é seguir o texto da lei.

2. CLASSIFICAÇÃO

• **Quanto à titularidade**

a) **Federais (da União) – art. 20 da CF**

I – os que atualmente lhe pertencem e os que lhe vierem a ser atribuídos;	Significa que é um rol exemplificativo. União pode adquirir outros bens.
II – as terras devolutas **indispensáveis à defesa das fronteiras, das fortificações e construções militares, das vias federais de comunicação e à preservação ambiental, definidas em lei;**	As terras devolutas, em regra, pertencem aos Estados. Somente estas previstas no art. 20 da CF são de titularidade da União. Terra devoluta significa **devolvida**. Com a proclamação da República e o modelo federativo, as terras da coroa portuguesa que não tiveram destinação foram atribuídas, como regra, aos Estados.

III – os lagos, rios e quaisquer correntes de água em terrenos de seu domínio, ou que banhem mais de um Estado, sirvam de limites com outros países, ou se estendam a território estrangeiro ou dele provenham, bem como os terrenos marginais e as praias fluviais;	Lagos, rios e correntes de água (regras) – Banha mais de um Estado: é da União; – Faz limite com outro país: é da União; – Vai para outro país: é da União; – Vem de outro país: é da União; **Praias fluviais**: começa na área coberta e descoberta regularmente pelas águas do rio, e termina no limite com a vegetação natural ou no ponto em que há alteração do ecossistema. Praia fluvial de rio federal pertence à União. **Terrenos marginais**: porção de terra banhada pelas correntes navegáveis, fora do alcance da influência das marés, que se estende até a distância de 15 metros, medidos horizontalmente para a parte da terra, contados a partir da Linha Média das Enchentes Ordinárias (LMEO). Se o rio é federal, as praias fluviais e os terrenos marginais pertencem à União.
IV – as ilhas fluviais e lacustres nas zonas limítrofes com outros países; as praias marítimas; as ilhas oceânicas e as costeiras, excluídas, destas, as que contenham a sede de Municípios, exceto aquelas áreas afetadas ao serviço público e a unidade ambiental federal, e as referidas no art. 26, II;	– ilhas fluviais (situadas em rios) e as ilhas lacustres (situadas em lagos), **quando estiverem nas zonas limítrofes com outros países**, pertencem à União. Fora dessa regra, as demais ilhas (fluviais e lacustres) pertencem aos Estados (art. 26, III, CF). – Ilhas oceânicas (alto-mar) e costeiras (próximas ao continente), salvo as que contenham a sede de Municípios, exceto aquelas áreas afetadas ao serviço público e a unidade ambiental federal – praias marítimas: são da União; **Observação**: Mesmo nas ilhas oceânicas que tenham sede de município, as praias e terrenos de marinha são de propriedade da União.

V – os **recursos** naturais da plataforma continental e da zona econômica exclusiva;	- A plataforma continental do Brasil compreende o leito e o subsolo das áreas submarinas que se estendem além do seu mar territorial. - A Zona Econômica Exclusiva (ZEE) compreende uma faixa que se estende das 12 às 200 milhas marítimas, contadas a partir das linhas de base que servem para medir a largura do mar territorial.
VI – o mar territorial;	- Faixa de 12 milhas marítimas.
VII – os terrenos de marinha e seus acrescidos;	- São terrenos de marinha, em uma profundidade de 33 (trinta e três) metros, medidos horizontalmente, para a parte da terra, da posição da linha da preamar médio de 1831. Somente são definidos nos terrenos onde se possa sentir a influência das marés. - Os acrescidos de marinha são "Os que se tiverem formado, natural ou artificialmente, para o lado do mar ou dos rios e lagoas, em seguimento aos terrenos de marinha" (arts. 2º e 3º, Decreto-Lei nº 9.760/1946).
VIII – os **potenciais** de energia hidráulica;	São as fontes que produzem a energia por meio da água e pertencem à União. Sua utilização, para fins de exploração industrial, está sujeita ao sistema de autorizações e concessões.
IX – os recursos minerais, inclusive os do subsolo;	Podem estar na superfície ou no subsolo. Nas duas hipóteses pertence à União. A pesquisa, exploração ou aproveitamento necessitam de uma autorização e concessão pela União mesmo em terras privadas.
X – as cavidades naturais subterrâneas e os sítios arqueológicos e pré-históricos;	- cavernas e grutas; - Os sítios arqueológicos e pré-históricos são locais onde se encontram vestígios de civilizações pré-históricas.
XI – as terras tradicionalmente ocupadas pelos índios.	Essas terras pertencem à União. **Veja**: art. 231, § 1°, da Constituição Federal.

b) **Estaduais**

São aqueles que estão previstos no art. 26 da CF.

c) **Municipais**

Bens municipais não tiveram capítulo específico na CF. Pertencem aos municípios aqueles bens em suas linhas territoriais e que não sejam de titularidade da União ou dos Estados.

- **Quanto à natureza**

Bem de uso comum do povo	destinados ao uso comum e geral de toda a comunidade	*Ex.:* rios, os mares, as estradas, ruas e praças.
Bens de uso especial	Destinam-se à prestação dos serviços administrativos. São bens vinculados ao exercício de alguma atividade administrativa.	*Ex.:* os edifícios ou terrenos destinados a serviço ou estabelecimento da Administração; veículos oficiais, prédios públicos, bibliotecas públicas, **terras tradicionalmente ocupadas pelos índios**.
Bens dominicais ou dominiais (bens de domínio privado ou bens do patrimônio disponível).	não possuem uma destinação específica.	*Ex.:* terrenos de marinha e seus acrescidos; terras devolutas; terrenos marginais.

NOTA!

Os bens de uso comum do povo e os de uso especial são bens públicos com destinação pública específica (**afetados**) e, portanto, são inalienáveis enquanto conservarem essa qualificação, na forma em que a lei dispuser. Os bens dominicais, por não terem destinação específica, podem ser alienados respeitadas as exigências legais. No caso de bens imóveis (art. 17, I, Lei nº 8.666/1993).

A **afetação** é o ato ou fato por meio do qual um bem, não vinculado a um fim específico, passa a sofrer destinação ao fim público se tornando bem de uso comum do povo ou de uso especial.

A **desafetação** ocorre por meio de ato em que um determinado bem vinculado ao uso coletivo ou ao uso especial tem suprimida essa destinação pública.

Questão de Concurso

(Cespe/Anatel/Analista Administrativo/2009) Julgue os itens.

1. A desativação do prédio sede de uma agência reguladora localizada na capital federal implica sua desafetação.
2. A instalação de uma escola pública de ensino médio organizada pelo Estado em um prédio público desocupado há meses implicará na afetação, pois o bem passou a ter destinação pública.
3. Segundo a classificação doutrinária do Direito Administrativo brasileiro, a sede de uma agência reguladora é um bem dominical, pois esse tipo de bem é parte daqueles destinados a serviços ou estabelecimentos da Administração Pública Federal, estadual, municipal e de suas autarquias.

4. Na linha da doutrina dominante do Direito Administrativo, a destinação pública é característica comum dos bens de uso especial e de uso comum do povo.

Gabarito: 1. Certo. 2. Certo. 3. Errado. 4. Certo.

NOTA!

Afetação ou desafetação pode ser **expressa** ou **tácita**. Será **expressa** quando decorrer de lei ou de ato administrativo. Será **tácita** quando resultar da atuação da Administração Pública, porém sem manifestação expressa a respeito, ou de fato da natureza, o que pode ocorrer, por exemplo, quando a Administração Pública determina a instalação de uma escola pública em determinado prédio público desocupado ou quando determina a mudança dessa escola, deixando o referido prédio novamente desocupado, sem nenhuma destinação, ou, ainda, quando um terreno põe abaixo um prédio público que sediava uma Secretaria de Estado.

IMPORTANTE!

Súmula nº 479 STF: "As margens dos rios navegáveis são de domínio público, insuscetíveis de expropriação e, por isso mesmo, excluídas de indenização."

3. CARACTERÍSTICAS

3.1 Inalienabilidade

Impossibilidade de se transferir a terceiros, mas essa característica não é absoluta.

Tratando-se de bem **afetado**, ele precisa ser, previamente, **desafetado**, para que possa ser alienado. Isso significa que, **enquanto afetados, os bens públicos são absolutamente inalienáveis,** ou seja, não poderá haver sua transferência para terceiros. Nesse sentido, diz o art. 100 do Código Civil que os **bens públicos de uso comum do povo e os de uso especial (bens afetados) são inalienáveis, enquanto conservarem a sua qualificação**, na forma que a lei determinar. Em termos mais claros, desafetados estes bens – isto é, suprimindo sua destinação – eles podem ser alienados, desde que sejam atendidas as exigências legais conforme veremos mais adiante.

Em relação a bens públicos federais, deve ser observado o art. 17 da Lei nº 8.666/1993.

3.2 Impenhorabilidade

A Administração Pública submete-se a um processo de execução especial na forma do art. 730 do CPC. Trata-se de um processo de execução próprio, via precatórios, regido pelo art. 100 da Constituição Federal, não se admitindo a penhora de bens públicos.

3.3 Imprescritibilidade

Não podem ser adquiridos mediante usucapião (arts. 183 da CF e 102 do CC).

3.4 Impossibilidade de oneração

Não podem incidir direitos reais de garantia como, por exemplo, **hipoteca**, **penhor** e **anticrese**.

Silvio Rodrigues (1980) ensina que a **hipoteca** é o direito real que recai sobre um **imóvel**, um navio ou um avião, que, embora **não entregues ao credor**, o asseguram, preferentemente, do cumprimento da obrigação. Assim sendo, não paga a dívida, cabe ao credor o direito de excutir o bem dado em garantia, para com o produto apurado em praça pagar-se, preferentemente e com exclusão dos outros credores, que só terão direito às sobras, se houver.

O **penhor** é o direito real de garantia sobre coisa **móvel** alheia cuja posse, no penhor comum, é transferida ao credor, que fica com o direito de promover a sua venda judicial e preferir no pagamento a outros credores, caso a dívida não seja paga no vencimento.

Já a **anticrese** é um direito real de garantia estabelecido em favor do credor e com a finalidade de compensar a dívida do devedor, por meio do qual este entrega aquele coisa frutífera, transferindo-lhe o direito de auferir os rendimentos e os frutos do citado bem.

4. USO DE BENS PÚBLICOS POR PARTICULAR

4.1 Normal e anormal

O **uso normal** é o que se dá de acordo com a destinação principal. *Ex.*: rua aberta à circulação.

Já o **uso anormal** é o que ocorre em desconformidade com a destinação principal como, por exemplo, ginásio esportivo para *show* musical.

Exemplos

1. Um estacionamento público utilizado por motoristas para estacionarem veículos durante jogo de futebol estará em uso comum normal; no caso de estar fechado para evento festivo, tem-se o uso comum anormal.
2. Se uma praia está aberta à visitação para prática de esportes e banho, entre outros lazeres, tem-se uso comum normal; se estiver sendo utilizada para festas, tem-se uso comum anormal. Se for utilizada, porém, uma parte da calçada para instalar barraca ou tabuleiro de venda de acarajé, tem-se uso privativo anormal.

4.2 Comum e privativo

O **uso comum** é aquele diante do qual todos podem, igualmente, utilizar o bem, dispensando, em regra, manifestação prévia do Poder Público.

O uso privativo de bem público consiste na utilização, em caráter exclusivo, de um bem público pelo particular, mediante consentimento estatal prévio. Assim ocorre quando o particular deseja utilizar um dos boxes em mercados municipais; colocar mesas do restaurante em via pública; instalar bancas de revista e jornal nos calçadões e nas praças etc.

ATENÇÃO!

Em provas do Cespe pode aparecer **uso especial** como sinônimo de **uso privativo.**

O uso **privativo** de bens públicos pode ser de bens afetados (uso comum e especial) ou de não afetados (dominicais).

Os bens **afetados** podem ser utilizados pelo particular mediante autorização, permissão ou concessão de uso.

Autorização	Permissão
Ato discricionário e precário. Pode ser condicionada (com prazo)	Ato discricionário e precário. Pode ser condicionada (com prazo)
Interesse predominantemente particular	interesse predominantemente público
Dispensa licitação	Em regra, exige licitação

Exemplo

Autorização de uso para colocar nas ruas pequenas barracas durante o carnaval; autorização de uso para instalar em determinados locais públicos modestas bancas de camelô; autorização de uso para colocar-se nas ruas mesas e cadeiras de bar etc.

Permissão para instalação de bancas de jornal e revista em ruas ou praças; permissão para uso de boxes em mercados públicos etc.

Questão de Concurso

(Cespe/TJ-CE/Juiz/2012) O fechamento de rua para a realização de festa comunitária caracteriza autorização de uso, ato pelo qual a Administração consente, a título precário, que particulares se utilizem de bem público de modo privativo, atendendo primordialmente a seus próprios interesses.

Gabarito: certo. É autorização, pois, no uso, predomina o interesse do particular.

Concessão de uso (**contrato** – precedido da modalidade licitatória concorrência) de áreas localizadas nas dependências de aeroportos, de portos e de estações rodoviárias, para exploração de lojas, lanchonetes e restaurantes; concessão de uso de áreas localizadas nas dependências de escolas e universidades públicas, para instalação de cantinas e livrarias; concessão de uso de sepultura etc.

Bens **não afetados** podem ser utilizados mediante locação, arrendamento, comodato, enfiteuse, concessão de direito real de uso.

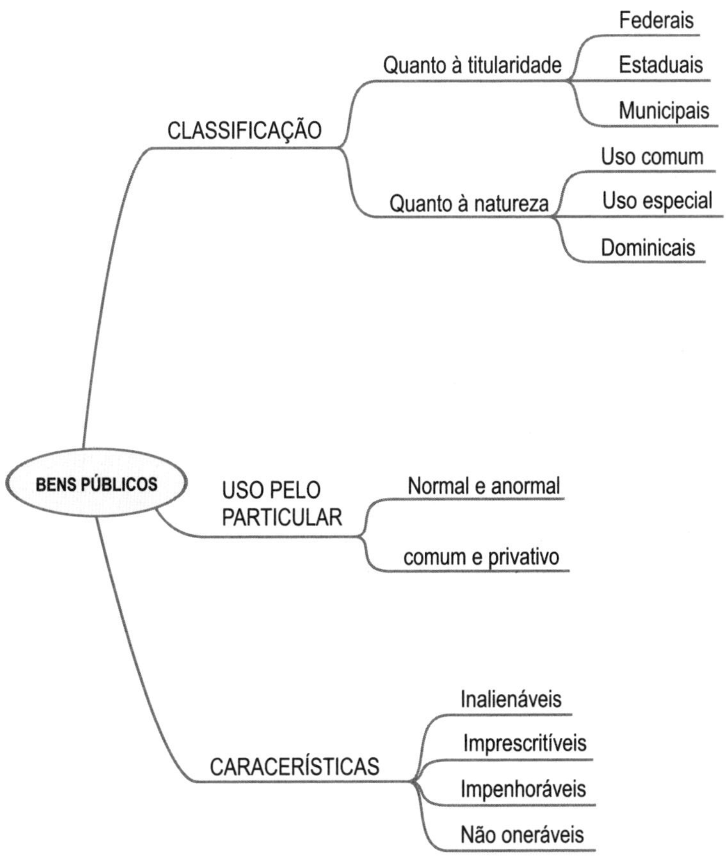
BENS PÚBLICOS
CLASSIFICAÇÃO
Quanto à titularidade
Federais
Estaduais
Municipais
Quanto à natureza
Uso comum
Uso especial
Dominicais
USO PELO PARTICULAR
Normal e anormal
comum e privativo
CARACERÍSTICAS
Inalienáveis
Imprescritíveis
Impenhoráveis
Não oneráveis

CAPÍTULO 12
Intervenção do Estado na Propriedade

1. COMPETÊNCIA

A intervenção na propriedade é estabelecida pela CF, que dispõe em seu art. 22, I, II e III, que a competência para **legislar** sobre o direito da propriedade, desapropriação e requisição é da **União Federal**. No que diz respeito à competência para legislar sobre as restrições e o condicionamento ao uso da propriedade divide-se entre a **União, os Estados, o Distrito Federal e os Municípios**.

NOTA!

A competência para legislar sobre desapropriação é da União, mas para promover a desapropriação, a competência é comum.
Promover a desapropriação significa efetivá-la. *Ex.*: entrar com a ação judicial; pagar a indenização.

2. MODALIDADES

Conforme aponta a doutrina, a intervenção do Estado na propriedade pode admitir duas formas básicas, a intervenção restritiva e a intervenção supressiva.

A intervenção restritiva ocorre quando o Estado impõe restrições e condicionamentos ao uso da propriedade sem retirar de seu dono. São modalidades: a servidão administrativa, a requisição, a ocupação temporária, as limitações administrativas e o tombamento.

Já a intervenção supressiva ocorre quando o Estado, utilizando o princípio da supremacia do interesse público, transfere coercitivamente para si a propriedade de terceiro, em nome do interesse publico. A modalidade desta intervenção é a desapropriação.

3. INTERVENÇÃO RESTRITIVA

Servidão administrativa	**Direito real** que autoriza o Poder Público a usar a propriedade imóvel para permitir a execução de obras e serviços de interesse coletivo. *Ex.*: instalação de redes elétricas e a implementação de gasodutos. Pode incidir sobre bens públicos e particulares. Instituída por acordo ou sentença judicial. **Não há autoexecutoriedade**. Em regra, é permanente. Pode ser extinta, por exemplo, se a coisa gravada desaparece. Em regra, não há indenização.
Requisição	O Estado utiliza bens **móveis**, **imóveis** e **serviços** particulares em situação de perigo público iminente. *Ex.*: requer carro de particular para captura de quadrilha em fuga. Fundamento constitucional: arts. 5º, XXIII, e 170, III, da CF e também o inciso XXV do art. 5º da CF. Se houver direito à indenização, será posterior. Possui autoexecutoriedade, dispensando autorização prévia do Poder Judiciário. É extinta depois que a situação de perigo desaparece.
Ocupação temporária	Ocorre quando o Poder Público deixa alocados, em algum terreno desocupado, máquinas, equipamentos, barracões de operários etc. Pode haver indenização quando a ocupação decorre de obras e serviços vinculados a processo de desapropriação.
Limitação administrativa	São determinações de caráter **geral** que o Poder Público impõe a pessoas indeterminadas. Pode consistir em obrigações **positivas** (imposição da limpeza de terreno), **negativas** (impedimento de construir além de determinado número de pavimentos) ou **permissivas** (ingresso de agentes da vigilância sanitária), para o fim de condicionar as propriedades ao atendimento da função social. Instituída por leis ou por atos normativos. Fundamento constitucional: arts. 5º, XXIII, e 170, III, da CF. Em regra, não há indenização.

<table>
<tr><td rowspan="5">Tombamento</td><td>É a forma de intervenção na propriedade, em que o Poder Público protege o patrimônio cultural brasileiro, com a finalidade de preservar a memória nacional. Regulamentado pelo Decreto-Lei nº 25/1937.</td></tr>
<tr><td>Incide sobre bens móveis e imóveis.</td></tr>
<tr><td>Quanto à vontade o tombamento pode ser:
a) voluntário: quando o proprietário consente o tombamento, seja este por meio de pedido que ele mesmo formula ou se concorda com a notificação que lhe é dirigida pelo Poder Público no sentido de tombamento do bem.
b) compulsório: quando o Poder Público inscreve o bem como tombado, apesar da resistência e do inconformismo do proprietário.
Quanto à eficácia:
a) provisório: quando estiver em curso o processo administrativo, instaurado pela notificação.
b) definitivo: depois de concluído o processo administrativo de inscrição no livro do tombo.</td></tr>
<tr><td>É possível ser desfeito, mediante manifestação do poder Público de oficio ou em razão de solicitação do proprietário ou de outro interessado.</td></tr>
<tr><td>– Tem que haver inscrição no registro de imóveis.
– Proprietário deve conservar o bem tombado.
– Em regra, não há indenização.</td></tr>
</table>

Questão de Concurso

(Cespe/TJ-CE/Juiz/2012) A servidão administrativa, direito real que autoriza o poder público a usar propriedade alheia para permitir a execução de obras e serviços de interesse público, gera, como regra, a obrigação de indenizar o proprietário.

Gabarito: errado. Não há, como regra, direito à indenização na servidão administrativa.

Questão de Concurso

O tombamento, forma de intervenção do Estado na propriedade privada, tem por objetivo a proteção do patrimônio histórico e artístico, podendo atingir bens móveis ou imóveis, materiais ou imateriais, mas não bens públicos.

Gabarito: errado. Tombamento pode atingir bens públicos.

4. INTERVENÇÃO SUPRESSIVA: DESAPROPRIAÇÃO

Desapropriação é o procedimento pelo qual o Poder Público retira a propriedade do particular, transferindo para si, ou para terceiros, por razões de utilidade pública, necessidade pública, ou de interesse social.

A Constituição garante o direito de propriedade em ser art. 5º, inciso XXII, mais adiante estabelece que a propriedade atenderá a sua função social (inciso XXIII).

> XXII – é garantido o direito de propriedade;
> XXIII – a propriedade atenderá a sua função social;

A desapropriação e forma **originária** de aquisição de propriedade, porque não decorre de nenhum título anterior, tornando-se o bem expropriado insuscetível de reivindicação, bem como a liberação de quaisquer ônus que sobre ele incidissem (*ex.*: hipoteca), ficando eventuais credores sub-rogados no preço.

4.1 Fundamentos da desapropriação

O art. 5º, inciso XXIV, determina que a lei estabelecerá o procedimento para desapropriação por necessidade ou utilidade pública, ou por interesse social, mediante justa e prévia indenização em dinheiro, ressalvados os casos previstos na Constituição.

Portanto, são três tipos diferentes de desapropriação:

a) necessidade pública;

b) utilidade pública;

c) interesse social.

4.2 Desapropriação por necessidade pública

A necessidade pública decorre de situações de **emergência**, em que é imprescindível a intervenção imediata do Estado com a necessária transferência inadiável de bens de terceiros para o Poder Público.

O art. 5º do Decreto-Lei nº 3.365/1941 apresenta algumas situações em que ocorre necessidade pública: segurança nacional, defesa do Estado, socorro público em caso de calamidade, salubridade pública entre outras.

4.3 Desapropriação por utilidade pública

A utilidade pública ocorre nas situações em que é **conveniente** a transferência do bem para o Estado.

O art. 5º do Decreto-Lei nº 3.365/1941 apresenta algumas situações em que ocorre necessidade pública: criação e melhoramento de centros de população, seu abastecimento regular de meios de subsistência, criação e melhoramento de centros de população, seu abastecimento regular de meios de subsistência, abertura, conservação e melhoramento de vias ou logradouros públicos; a execução de planos de urbanização; o parcelamento do solo, com ou sem edificação, para sua melhor utilização econômica, higiênica ou estética; a construção ou ampliação de distritos industriais entre outras.

4.4 Desapropriação por interesse social

O interesse social consiste nas situações em que mais se destaca a função social da propriedade. A Lei nº 4.132/1962 determina que a desapropriação por interesse social será decretada para promover a justa distribuição da propriedade ou condicionar o seu uso ao bem-estar social.

A desapropriação por interesse social comporta três espécies:

a) desapropriação por interesse social genérica;

b) desapropriação por interesse social para fins de reforma agrária;

c) desapropriação por interesse social - desapropriação urbanística.

Denominamos **desapropriação genérica**, uma vez que não terá disciplina própria, ao contrário do que ocorre com as demais: desapropriação para fins de reforma agrária e desapropriação urbanística. Esta forma de desapropriação é de competência de todos os entes federativos, União, Estados, DF e Municípios.

A **desapropriação de terras rurais, para fins de reforma agrária**, é caso típico de interesse social, pois busca condicionar o uso da terra à sua função social, cuja competência é exclusiva da União.

NOTA!

Somente a União pode desapropriar imóveis rurais para reforma agrária.

A desapropriação de imóveis rurais para fins de reforma agrária, que tem como fundamento o interesse social, é disciplinada pelos arts. 184 a 191 da CF, pela Lei nº 8.629/1993, arts. 18 a 23 do Estatuto da Terra (Lei nº 4.504/1964), e seu procedimento judicial regido pela Lei Complementar nº 76/1993.

A **desapropriação urbanística** tem como pano de fundo o interesse social, de **competência dos Municípios**, originada pela Constituição de 1988, em seu art. 182, § 4º, que possui o caráter de **punir** o proprietário que não utiliza a propriedade urbana conforme sua função social.

4.5 Desapropriação por sanção ou confiscatória

Trata-se de modalidade de desapropriação com caráter punitivo ao proprietário que explora o cultivo de plantas psicotrópicas, não adequando o uso de sua propriedade à função social. Sua fonte constitucional está no art. 243 da CF.

5. COMPETÊNCIA

A competência para **legislar** sobre desapropriação é privativa da União, nos termos do art. 22, II, da Constituição.

A competência para **declarar** a utilidade pública ou o interesse social do bem, visando à futura desapropriação, é da União, dos Estados, do Distrito Federal e dos Municípios, bem como de pessoas administrativas que tenham recebido essa atribuição por lei (*ex.*: DNIT e Aneel).

⚠ IMPORTANTE!

União, Estados, DF e Municípios podem desapropriar por interesse social, mas a desapropriação por interesse social para fins de reforma agrária é privativa da União.

Quanto à desapropriação de imóveis urbanos não aproveitados de forma adequada (art. 182, CF), a competência é exclusiva do **Município**.

A competência **executória** se refere à atribuição para promover efetivamente a desapropriação, providenciando todas as medidas e exercendo as atividades que culminarão na transferência da propriedade, é mais ampla, alcançando, além das entidades da Administração direta e indireta, os agentes delegados do Poder Público, como os concessionários e permissionários.

NOTA!

Competências na desapropriação:

- **para legislar**: somente a União;
- **para declarar**: todos os entes federativos, eventualmente, demais pessoas administrativas;
- **para executar**: todos os entes federativos, eventualmente, demais pessoas administrativas e particulares.

6. SUJEITOS ATIVOS DA DESAPROPRIAÇÃO

Entes políticos **superiores**[15] podem desapropriar bens de outros entes da Federação, **desde que haja autorização legislativa**. Desse modo, a União pode desapropriar bens dos Estados, do Distrito Federal e dos Municípios; os Estados podem desapropriar bens dos Municípios; os bens da União não são passíveis de expropriação; os Municípios e o Distrito Federal não têm poder de desapropriar os bens das demais entidades federativas.

7. SUJEITOS PASSIVOS DA DESAPROPRIAÇÃO

O sujeito passivo da desapropriação é a pessoa que terá o bem expropriado. Pode ser uma pessoa física ou jurídica, pública ou privada.

O art. 2º, § 2º, do Decreto-Lei nº 3.365/1941 prevê que os bens do domínio dos Estados, Municípios, Distrito Federal e Territórios poderão ser desapropriados pela União, e os dos Municípios pelos Estados, mas, em qualquer caso, ao ato deverá preceder autorização legislativa.

Percebe-se que os entes federativos menores não detêm competência para desapropriar bens de outros entes federativos.

8. BENS DESAPROPRIÁVEIS

Em regra, a desapropriação pode recair sobre qualquer espécie de bem com conteúdo patrimonial, podendo ser móvel ou imóvel, corpóreo ou incorpóreo. Admite-se que a desapropriação incida sobre: o espaço aéreo; o subsolo; as ações, quotas ou direitos de qualquer sociedade etc.

Contudo, existem bens que não podem ser desapropriados, como a moeda corrente do País e os chamados direitos personalíssimos, tais como a honra, a liberdade, a cidadania etc.

Questão de Concurso

(Cespe/OAB/2009) A desapropriação, que consiste na transferência de propriedade de terceiro ao Poder Público, tem por objeto bens móveis ou imóveis, corpóreos ou incorpóreos, públicos ou privados.

Gabarito: certo.

[15] Utilizamos a expressão **superiores** em destaque porque, na verdade, não há uma hierarquia propriamente dita entre os Entes Políticos (União, Estados, DF e Municípios).

9. PROCEDIMENTO DE DESAPROPRIAÇÃO

O procedimento administrativo de desapropriação é composto de duas fases distintas: fase declaratória e fase executória.

Na fase **declaratória**, o Poder Público expõe (declara) a existência de um dos pressupostos constitucionais para a desapropriação (necessidade pública, utilidade pública ou interesse social); na fase **executória**, são adotadas as providências para consumar a transferência do bem do patrimônio particular para o Poder Público.

José dos Santos aponta a divergência doutrinária sobre a possibilidade de desapropriação do cadáver, inclinando-se para a corrente que admite a desapropriação para pesquisa científica e proteção a sociedade.

É possível a desistência do processo de desapropriação, caso não persistam os motivos que provocaram a sua iniciativa. A desistência pode ocorrer, inclusive, no decorrer da ação judicial.

Com a desistência, terá direito o expropriado direito à indenização por todos os prejuízos causados pelo expropriante. No entanto, não pode se opor à desistência.[16]

9.1 Fase declaratória/prazo de caducidade

Na declaração expropriatória devem **constar**: *a*) a descrição precisa do bem a ser desapropriado; *b*) a finalidade da desapropriação; *c*) o dispositivo legal da lei expropriatória que autoriza tal hipótese de desapropriação.

Após o ato de declaração, a indenização somente abrange as benfeitorias **necessárias**. As benfeitoria **úteis** serão indenizadas quando o proprietário for autorizado pelo Poder Público. Não são passíveis de indenização as benfeitorias voluptuárias feitas após referida declaração.

Com a expedição do decreto, declarando a utilidade pública, necessidade pública ou o interesse social, as autoridades competentes podem **penetrar** no prédio objeto da declaração, sendo possível o recurso à força policial no caso de resistência do proprietário. Ademais, inicia-se a **contagem do prazo** para ocorrência da caducidade do ato, tendo ainda por efeito a indicação do estado em que se encontra o bem objeto da desapropriação.

No caso de declaração de utilidade ou necessidade pública, o decreto expropriatório caduca no prazo de **cinco anos** (art. 10, Decreto-Lei nº 3.365/1941)[17], contado da data da expedição do decreto, se a desapropriação não for efetivada mediante acordo ou sentença judicial nesse prazo. Vale dizer, possui a Administração, desde

[16] RE nº 99.528, Rel. Min. Néri da Silveira, julgamento em 29/111988, Primeira Turma, DJ 20/3/1992)

[17] Súmula nº 23 do STF.

o ato declaratório, cinco anos para dar início à fase executória da desapropriação. Ocorrendo a caducidade, somente decorrido **um ano** poderá ser o mesmo bem objeto de nova declaração. Após esse período, o Poder Público poderá expedir novo decreto declaratório da utilidade pública ou do interesse social na desapropriação do mesmo bem.

Na hipótese de desapropriação por **interesse social**, o prazo de caducidade é de **dois anos**, também contado a partir da expedição do decreto (art. 3º, Lei nº 4.132/1962). Não consta da Lei nº 4.132/1962 estipulação de prazo para nova declaração após a caducidade, quando o motivo da desapropriação for por interesse social. Destaca a doutrina que esse prazo refere-se não apenas à efetivação da desapropriação, mas, também, às providências de aproveitamento do bem expropriado, diferindo da desapropriação por utilidade ou necessidade pública previstas no Decreto-Lei nº 3.365/1941. No entanto, entende o STF que ocorre a caducidade do próprio direito, sendo vedada nova declaração de interesse social sobre o mesmo bem.

NOTA!

Caducidade
Necessidade ou utilidade pública: cinco anos - nova declaração - um ano;
Interesse social: dois anos - nova declaração - não é possível (STF).

9.2 Imissão provisória na posse

Ocorre quando o expropriante passa a ter a posse provisória do bem antes da finalização da ação de desapropriação. Para tanto, deve haver declaração de urgência e depósito prévio (art. 15 do Decreto-Lei nº 3.365/1941).

A alegação de urgência, que não poderá ser renovada, obrigará o expropriante a requerer a imissão provisória dentro do prazo improrrogável de 120 (cento e vinte) dias. Excedido este prazo não será concedida a imissão provisória. A imissão provisória na posse será registrada no registro de imóveis competente. (§§ 2º, 3º e 4º do art. 15 do Decreto-Lei nº 3.365/1941).

O expropriante tem direito subjetivo à imissão provisória, não podendo o juiz denegar o requerimento, desde que cumpridos os pressupostos acima indicados.

O desapropriado, ainda que discorde do preço oferecido, do arbitrado ou do fixado pela sentença, poderá levantar até 80% (oitenta por cento) do depósito feito (§ 2º, art. 33, Decreto-Lei nº 3.365/1941). Para tanto, exige-se prova de propriedade, de quitação de dívidas fiscais que recaiam sobre o bem expropriado, e publicação de editais, com o prazo de 10 dias, para conhecimento de terceiros. Se o juiz verificar que há dúvida fundada sobre o domínio, o preço ficará em depósito, ressalvada aos interessados a ação própria para disputá-lo (art. 34, Decreto-Lei nº 3.365/1941).

O direito ao levantamento independe da concordância do expropriado.

10. INDENIZAÇÃO

Conforme o texto constitucional, a indenização deve ser prévia, justa e em dinheiro.

	Base de cálculo	Percentual (%)	Início do pagamento
Juros moratórios	Valor da indenização fixado na sentença	Até seis por cento ao ano. (Medida Provisória nº 2.183-56/2001).	A partir de 1º de janeiro do exercício seguinte àquele em que o pagamento deveria ser feito.
Juros compensatórios	Diferença entre o valor ofertado em juízo e o valor fixado na sentença (Medida Provisória nº 2.183-56/2001). STF - diferença apurada entre 80% do preço ofertado em juízo e o valor do bem fixado na sentença (ADI nº 2.332).	12% ao ano. Até 6% ao ano. Teve eficácia suspensa pelo STF (ADI nº 2.332).	Imissão provisória na posse do bem pelo expropriante.
Honorários Advocatícios	Diferença entre o valor ofertado em juízo e o valor fixado na sentença (Medida Provisória nº 2.183-56/2001)	Meio e cinco por cento do valor da diferença entre o ofertado pelo expropriante e o fixado na sentença. (Medida Provisória nº 2.183-56/2001)	-------

ATENÇÃO!

ADI nº 2.332 MC/DF. O STF suspendeu a eficácia da expressão “não podendo os honorários ultrapassar R$ 151.000,00 (cento e cinquenta e um mil reais)” do § 1º do art. 27 do Decreto-Lei nº 3.365, em sua nova redação, mas manteve o percentual de meio e cinco por cento.

Se no bem desapropriado estiver fundo de comércio só haverá sua inclusão no valor da indenização se o expropriado também for o proprietário do fundo. Se for **terceiro** o proprietário do fundo de comércio, deverá promover **ação autônoma** contra o expropriante (art. 26, Decreto-Lei nº 3.365/1941) (REsp nº 704.726/RS, Rel. Ministra Eliana Calmon, Segunda Turma, julg. em 15/12/2005)

10.1 Indenização mediante títulos da dívida agrária e títulos da dívida pública

Como dito anteriormente, a indenização deve ser prévia, justa e em dinheiro. No entanto, essa regra geral comporta exceções:

Forma de desapropriação	Indenização	Resgate
Para fins de reforma agrária. Imóvel não cumpre função social. (CF, art. 184)	- Títulos da **dívida agrária**, com cláusula de preservação do valor real;	- Resgatáveis no prazo de até vinte anos, a partir do segundo ano de sua emissão.
Para **fins urbanísticos** (CF, art. 182, § 4º, III)	- **Títulos da dívida pública**; - Emissão anteriormente aprovada pelo Senado Federal.	- Resgate de até dez anos, em parcelas iguais e sucessivas; - Assegurado o valor real da indenização e os juros legais.
Confiscatória (art. 243, CF)	Não há indenização.	

Questão de Concurso

(Ministério Público-PR/Promotor de Justiça/2011) São requisitos constitucionais para proceder-se a desapropriação a prévia e justa indenização em dinheiro, salvo dos casos de expropriação para reforma agrária e para urbanização, hipóteses em que a indenização pode ser paga com títulos da dívida agrária e da dívida pública municipal.

Gabarito: certo.

11. ESPÉCIES DE DESAPROPRIAÇÃO

11.1 Desapropriação para fins de reforma agrária – interesse social

A função social é cumprida quando a propriedade rural atende, **simultaneamente**, segundo critérios e graus de exigência estabelecidos em lei, aos seguintes requisitos (art. 186, CF):

> I – aproveitamento racional e adequado;
> II – utilização adequada dos recursos naturais disponíveis e preservação do meio ambiente;
> III – observância das disposições que regulam as relações de trabalho;
> IV – exploração que favoreça o bem-estar dos proprietários e dos trabalhadores.

A desapropriação para fins de reforma agrária é modalidade de desapropriação por interesse social de competência da **União** e disciplinada pelos arts. 184 a 191 da CF.

> **Art. 184.** Compete à União desapropriar por interesse social, para fins de reforma agrária, o imóvel rural que não esteja cumprindo sua função social, mediante prévia e justa indenização em títulos da dívida agrária, com cláusula de preservação do valor real, resgatáveis no prazo de até vinte anos, a partir do segundo ano de sua emissão, e cuja utilização será definida em lei.

Trata-se de desapropriação incidente sobre imóveis rurais que não estejam cumprindo sua função social. O expropriante nessa hipótese é exclusivamente a União, e a indenização será em títulos da dívida agrária, com cláusula de preservação do valor real, resgatáveis no prazo de até vinte anos, a partir do segundo ano de sua emissão, e cuja utilização será definida em lei.

NOTA!

As benfeitorias úteis e necessárias serão indenizadas em dinheiro (§ 1º, art. 184, CF).
Por determinação constitucional, são isentas de impostos federais, estaduais e municipais as operações de transferência de imóveis desapropriados para fins de reforma agrária (§ 5º, art. 185).

Na esteira do comando constitucional que autoriza a desapropriação para fins de reforma agrária, foi editada a Lei nº 8.629/1993 que regulamento o dispositivo constitucional referente ao assunto.

Conforme a Constituição, são insuscetíveis de desapropriação para fins de reforma agrária (art. 185, CF):

> I – a pequena e média propriedade rural, assim definida em lei, desde que seu proprietário não possua outra;
> II – a propriedade produtiva.

Basta que qualquer desses requisitos se verifique para que a imunidade objetiva prevista no art. 185 da Constituição atue plenamente, em ordem a pré-excluir a possibilidade jurídica de a União Federal valer-se do instrumento extraordinário da desapropriação-sanção.

NOTA!

A pequena e a média propriedades rurais podem ser desapropriadas por interesse social para reforma agrária, se o proprietário possuir outra propriedade rural. Também podem ser desapropriadas por outro fundamento (necessidade, utilidade ou interesse social).

11.2 Desapropriação urbanística – interesse social

> **Art. 182.** (...)
> § 4º É facultado ao Poder Público municipal, mediante lei específica para área incluída no plano diretor, exigir, nos termos da lei federal, do proprietário do solo urbano não edificado, subutilizado ou não utilizado, que promova seu adequado aproveitamento, sob pena, sucessivamente, de:
> I - parcelamento ou edificação compulsórios;
> II - imposto sobre a propriedade predial e territorial urbana progressivo no tempo;
> III - desapropriação com pagamento mediante títulos da dívida pública de emissão previamente aprovada pelo Senado Federal, com prazo de resgate de até dez anos, em parcelas anuais, iguais e sucessivas, assegurados o valor real da indenização e os juros legais.

Tal hipótese de desapropriação possui caráter sancionatório e pode ser aplicada ao proprietário de solo urbano que não atenda à exigência de promover o adequado aproveitamento de sua propriedade, nos termos do plano diretor do Município. O expropriante, nessa hipótese, será o **Município**, segundo as regras gerais de desapropriação estabelecidas em lei federal. A indenização será paga mediante títulos da dívida pública de emissão previamente aprovada pelo Senado Federal, com prazo de resgate de até dez anos, em parcelas anuais, iguais e sucessivas, assegurados o valor real da indenização e os juros legais.

A Lei nº 10.257/1991 regulamenta os arts. 182 e 183 da CF.

Para essa modalidade de desapropriação exige-se que o Município tenha editado plano diretor, destacando-se que ele é obrigatório para Municípios com mais de 20.000 habitantes (§ 1º, art. 182, CF).

Nessa espécie de desapropriação, o Município procederá à aplicação do imposto sobre a propriedade predial e territorial urbana (IPTU) progressivo no tempo, mediante a majoração da alíquota pelo prazo de cinco anos consecutivos (art. 7º, Lei nº 10.257/1991).

Decorridos cinco anos de cobrança do IPTU progressivo sem que o proprietário tenha cumprido a obrigação de parcelamento, edificação ou utilização, o Município poderá proceder à desapropriação do imóvel, com pagamento em títulos da dívida pública (art. 8º, Lei nº 10.257/1991).

11.3 Desapropriação sanção ou confiscatória

O art. 243 da CF assim dispõe:

> **Art. 243.** As glebas de qualquer região do País onde forem localizadas culturas ilegais de plantas psicotrópicas serão imediatamente expropriadas e especificamente destinadas ao assentamento de colonos, para o cultivo de produtos alimentícios e medicamentosos, sem qualquer indenização ao proprietário e sem prejuízo de outras sanções previstas em lei.
> *Parágrafo único.* Todo e qualquer bem de valor econômico apreendido em decorrência do tráfico ilícito de entorpecentes e drogas afins será confiscado e reverterá em benefício de instituições e pessoal especializados no tratamento e recuperação de viciados e no aparelhamento e custeio de atividades de fiscalização, controle, prevenção e repressão do crime de tráfico dessas substâncias.

Trata-se de modalidade de desapropriação com caráter punitivo ao proprietário que explora o cultivo de plantas psicotrópicas, desse modo não adequando uso de sua propriedade à função social.

O STF entende que a desapropriação deve ser estendida a toda a propriedade, mesmo que o cultivo seja em apenas parte dela.[18]

Essa forma de desapropriação é regida pela Lei nº 8.257/2001, sendo de competência da União.

[18] O entendimento sufragado no acórdão recorrido não pode ser acolhido, conduzindo ao absurdo de expropriar-se 150 m² de terra rural para nesses mesmos 150 m2 assentar-se colonos, tendo em vista o cultivo de produtos alimentícios e medicamentosos. 6. Não violação do preceito veiculado pelo artigo 5º, LIV da Constituição do Brasil e do chamado **princípio** da proporcionalidade." (RE nº 543.974, Rel. Min. Eros Grau, Tribunal Pleno, julg. 26/3/2009, DJe-99, divulg. 28/5/2009, publ. 29/5/2009, Ement Vol. 2.362-08, p. 1.477 RTJ, Vol. 209-01, p. 395)

11.4 Desapropriação indireta

Ocorre quando o patrimônio particular passa para o domínio estatal sem a observância dos procedimentos legais.

O fundamento legal para a desapropriação indireta está previsto no art. 35 do Decreto-Lei nº 3.365/1941:

> Os bens expropriados, uma vez incorporados à Fazenda Pública, não podem ser objeto de reivindicação, ainda que fundada em nulidade do processo de desapropriação. Qualquer ação, julgada procedente, resolver-se-á em perdas e danos.

Desse modo, se o Poder Público veio a incorporar determinado patrimônio privado, conferindo-lhe destinação pública, restará apenas a propositura de ação judicial para a fixação da indenização.

O STJ decidiu que, após a entrada em vigor do Código Civil de 2002, é de **dez anos** o prazo de prescrição aplicável nas ações de desapropriação indireta. O Tribunal entendeu que incide nessas hipóteses o mesmo prazo previsto para o usucapião extraordinário por posse-trabalho, previsto no parágrafo único do artigo 1.238 do Código, observadas as regras de transição prevista no artigo 2.028 da Lei.

11.5 Desapropriação por zona

Consiste na ampliação da expropriação às áreas que se valorizem extraordinariamente em consequência da obra ou do serviço público. O Decreto-Lei nº 3.365/1941, no art. 4º, especifica que a

> desapropriação poderá abranger a área contínua necessária ao desenvolvimento da obra a que se destina, e as zonas que se valorizam extraordinariamente, em consequência da realização do serviço. Em qualquer caso, a declaração de utilidade pública deverá compreendê-las, mencionando-se quais as indispensáveis à continuação da obra e as que se destinam à revenda.

A presente forma de desapropriação visa auferir aproveitamento econômico decorrente de obra pública anteriormente realizada. Trata-se de desapropriação que tem por fundamento a utilidade pública.

12. DIREITO DE EXTENSÃO

O direito de extensão consiste no direito do expropriado de exigir que a desapropriação e a respectiva indenização se estendam a totalidade do bem, quando o remanescente permanecer sem aproveitamento econômico.

A Súmula nº 119 do STJ fixa que "a ação de desapropriação indireta prescreve em vinte anos."

Tal direito deve ser manifestado pelo expropriado durante as fases administrativa ou judicial do procedimento de desapropriação. Não se admite o pedido após o término da desapropriação.

13. TREDESTINAÇÃO

A tredestinação ocorre quando o Poder Público confere destinação diversa da prevista inicialmente ao bem desapropriado.

A tredestinação pode ser:

- **lícita**: a tredestinação continua sendo uma destinação pública;
- **ilícita**: a destinação é diversa e não visa a interesse público, cabendo retrocessão (direito de preferência do ex-proprietário de reaver o bem objeto de tredestinação ilícita).

14. RETROCESSÃO

Trata-se do direito conferido ao expropriado de reivindicar que o bem retorne ao seu patrimônio, caso a Administração não dê destinação pública ao bem desapropriado.

A retrocessão surge quando há desinteresse superveniente do Poder Público pelo bem que desapropriou.

Muitos autores veem na retrocessão direito de natureza pessoal, na medida em que o caso será resolvido em perdas e danos. Há profunda divergência doutrinária e jurisprudencial acerca da natureza da retrocessão se seria de direito real ou pessoal. Nesta corrente (**direito pessoal**) está José dos Santos Carvalho Filho (2009).

Para Celso Antônio Bandeira de Mello (2007), trata-se de instituto de natureza de **direito real**, não se podendo negar ao ex-proprietário o direito de reaver o bem. Destaca o autor que esse é o entendimento majoritário da jurisprudência pátria.

Uma terceira corrente também ecoa em nossa doutrina. Para os que perfilham essa direção a retrocessão teria natureza **mista** (pessoa e real), pois caberia ao expropriado a ação de preempção ou preferência (de natureza real) ou, se preferir, perdas e danos. Maria Sylvia (2010) é adepta desta teoria; porém, afirma que, com a o novo Código Civil e a redação de seu art. 519 é provável que volte a prevalecer a tese da retrocessão como direito real.

OBSERVAÇÃO!

Só haverá direito à retrocessão no caso de tredestinação ilícita.

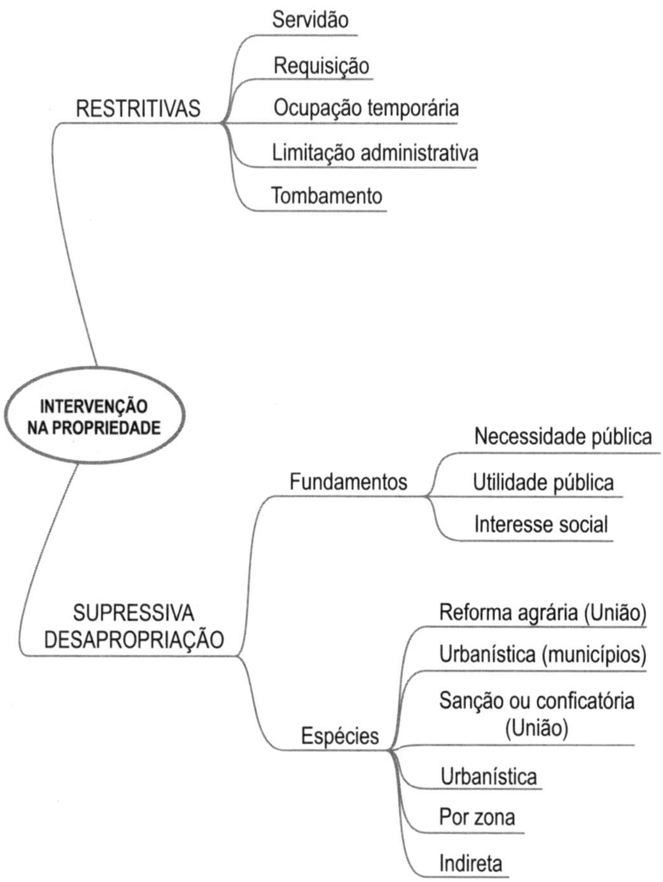
INTERVENÇÃO NA PROPRIEDADE
RESTRITIVAS
Servidão
Requisição
Ocupação temporária
Limitação administrativa
Tombamento
SUPRESSIVA DESAPROPRIAÇÃO
Fundamentos
Necessidade pública
Utilidade pública
Interesse social
Espécies
Reforma agrária (União)
Urbanística (municípios)
Sanção ou conficatória (União)
Urbanística
Por zona
Indireta

CAPÍTULO 13
Agentes Públicos

1. CLASSIFICAÇÃO DOUTRINÁRIA

1ª corrente: os agentes públicos são de 4 espécies (Oswaldo Aranha Bandeira de Mello, Celso Antônio Bandeira de Mello e Maria Sylvia Z. Di Pietro):	**2ª corrente**: os agentes públicos são todas as pessoas físicas incumbidas, definitivamente ou transitoriamente, do exercício de alguma função estatal.: (Hely Lopes Meirelles)
a) **Agentes políticos**: são os titulares dos cargos estruturais à organização do País, sendo os ocupantes dos cargos que compõe o **arcabouço constitucional** do Estado. Sua função é **formar a vontade superior do Estado.** Para esses autores somente são agentes políticos o Presidente e Vice, os Governadores e Vices, os Prefeitos e Vices, os auxiliares diretos como os Ministros e Secretários, e mais os Senadores, Deputados Federais e Estaduais, e ainda os Vereadores.	*a)* **Agentes políticos**: são os componentes do Governo nos seus primeiros escalões, para o exercício de **atribuições constitucionais.** Atuam com plena liberdade funcional, desempenham suas atribuições com prerrogativas e responsabilidades próprias, estabelecidas na CF e em leis esparsas. Não estão hierarquizados, sujeitando-se apenas aos graus e limites constitucionais impostos. Têm plena liberdade funcional, ficando a salvo de responsabilização civil por seus eventuais erros de atuação, a menos que tenham agido com culpa grosseira, má-fé ou abuso de poder. *Ex.:* Chefes do Executivo e seus auxiliares (Ministros e Secretários); Membros das Corporações Legislativas (Senadores, Deputados e Vereadores); **membros do Poder Judiciário (magistrados)**; **membros do MP**; membros dos Tribunais de Contas; representantes diplomáticos e demais autoridades do alto escalão.
b) **Servidores públicos**: são todos que se ligam ao Estado ou às entidades da Administração indireta com vínculo empregatício. Incluem-se aí os servidores propriamente ditos, regidos pelo regime estatutário, empregados regidos pela CLT e os contratados temporariamente (Lei nº 8.745/1993).	*b)* **Agentes administrativos**: são os servidores públicos, com maior ou menor grau de hierarquia, encargos e responsabilidades profissionais dentro do órgão ou da entidade a que servem. São os servidores públicos concursados, servidores exercentes de cargo em comissão, servidores temporários.
c) **Militares**: abrange os militares das Forças Armadas e os militares dos Estados e do DF (art. 42, CF). São servidores estatutários sujeitos a regime jurídico próprio.	

d) **Particulares em colaboração com o Poder Público**: são as pessoas físicas que prestam serviço ao Estado, com ou sem vínculo empregatício, compreendendo:
- Os empregados das concessionárias de serviços públicos, os notários e registradores (art. 236, CF);
- Os requisitados, nomeados e designados para funções públicas, tais como jurados, mesários, os convocados para o serviço militar, comissários de menores.

c) **Agentes honoríficos**: são cidadãos convocados, designados ou nomeados para prestar, transitoriamente, determinados serviços ao Estado, em razão de sua condição cívica, sua honorabilidade ou de sua notória capacidade profissional, mas sem qualquer vínculo empregatício ou estatutário e, **normalmente**, sem remuneração. *Ex.*: função de jurado; mesário eleitoral.

d) **Agentes delegados**: são particulares que recebem a incumbência da **execução** de determinada atividade, obra ou serviço público e o realizam em nome próprio por sua conta e risco, mas segundo as normas do Estado e permanente fiscalização do agente. *Ex.*: concessionários e permissionários de obras e serviços públicos; serventuários de ofícios e cartórios;

e) **Agentes credenciados**: são aqueles que recebem a incumbência de representar a Administração em prática de determinado ato ou para praticar determinada atividade específica mediante remuneração.

NOTA!

Apesar da divergência acerca da classificação dos magistrados, o STF já se manifestou entendendo que são agentes políticos. Confira:

> A autoridade judiciária não tem responsabilidade civil pelos atos jurisdicionais praticados. Os magistrados enquadram-se na espécie agente político, investidos para o exercício de atribuições constitucionais, sendo dotados de plena liberdade funcional no desempenho de suas funções, com prerrogativas próprias e legislação específica. Ação que deveria ter sido ajuizada contra a Fazenda Estadual – responsável eventual pelos alegados danos causados pela autoridade judicial, ao exercer suas atribuições –, a qual, posteriormente, terá assegurado o direito de regresso contra o magistrado responsável, nas hipóteses de dolo ou culpa. Legitimidade passiva reservada ao Estado. (RE nº 228.977, Rel. Min. Néri da Silveira, julg. em 5/3/2002, Segunda Turma, DJ 12/4/2002).

Há também o conceito legal de agente público, definido pelo art. 2º da Lei de Improbidade Administrativa:

> **Art. 2º** Reputa-se agente público, para os efeitos desta lei, todo aquele que exerce, ainda que transitoriamente ou sem remuneração, por eleição, nomeação, designação, contratação ou qualquer outra forma de investidura ou vínculo, mandato, cargo, emprego ou função nas entidades mencionadas no artigo anterior.

OBSERVAÇÃO!

Para o STF os agentes políticos que respondem por crime de responsabilidade não praticam ato de improbidade.

2. TIPOS DE VÍNCULO – FUNÇÃO, EMPREGO E CARGO

Função pública significa o exercício de **atividades** da competência da Administração, em nome e de acordo com as finalidades desta, ou seja, para atender ao interesse público.

Para o desempenho da função pública **pode** ser atribuído à pessoa um cargo público, assim, a função pública pode ser exercida sem estar revestida de cargo público. Portanto, nem toda função pública implica cargo público. Nesse aspecto, o sentido da expressão função pública serve para designar o tipo de vínculo de trabalho em que as atividades são exercidas. *Ex.*: contratados por tempo determinado nos termos do art. 37, IX, da CF.

Quando a função é exercida com base em contrato de trabalho regido pela CLT, esse vínculo denomina-se **emprego público.** Nesse caso, a pessoa tem função (no sentido de tarefa, atividade), mas não ocupa cargo.

Cargo público é o conjunto de atribuições e responsabilidades, criado por lei em número determinado, com nome certo e remuneração especificada. O **servidor público**, segundo o art. 2º da Lei nº 8.112/1990 é a pessoa legalmente investida em cargo público.

3. CLASSIFICAÇÃO DOS CARGOS

3.1 Vitalícios

Garantem uma permanência a seus ocupantes. A única hipótese de perda é por meio de processo judicial com decisão transitada em julgado. A vitaliciedade tem previsão constitucional. Atualmente, são cargos vitalícios os dos Magistrados, membros do MP, membros dos Tribunais de Contas. Por ser prerrogativa de sede constitucional, em função da qual cabe ao Constituinte aferir a natureza do cargo e da função para atribuí-la, não podem as Constituições Estaduais e Leis Orgânicas municipais, nem mesmo lei de qualquer esfera, criar outros cargos com a garantia da vitaliciedade. Consequentemente, apenas Emenda à CF poderá fazê-lo.[19]

3.2 Efetivos ("concursados")

São aqueles cujo ocupante possui uma pretensão de definitividade, pois foi aprovado em concurso público de provas ou de provas e títulos (art. 37, II, CF) e, justo por isso, é o único que pode adquirir estabilidade (CF, art. 41), se for aprovado no estágio probatório.

A efetividade é alcançada com a nomeação e posse, porém, a **estabilidade** somente se adquire após **três anos** de efetivo exercício (art. 41, CF).

A perda do cargo só poderá ocorrer, depois que adquirirem a estabilidade, nos seguintes casos, art. 41, § 1º, CF:

> I - em virtude de sentença judicial transitada em julgado;
> II – mediante processo administrativo em que lhe seja assegurada ampla defesa;
> III – mediante procedimento de avaliação periódica de desempenho, na forma de lei complementar, assegurada ampla defesa.

O art. 169, § 3º, da Constituição prevê outra hipótese de perda do cargo do servidor estável. Ocorrerá quando a despesa com pessoal ativo e inativo da União, dos Estados, do Distrito Federal e dos Municípios exceder os limites estabelecidos em lei complementar. A fim de cumprir os limites fixados, durante o prazo fixado na lei complementar referida, a União, os Estados, o Distrito Federal e os Municípios adotarão as seguintes providências:

> Art. 169, CF: A despesa com pessoal ativo e inativo da União, dos Estados, do Distrito Federal e dos Municípios não poderá exceder os limites estabelecidos em lei complementar.
> (...)
> § 3º Para o cumprimento dos limites estabelecidos com base neste artigo, durante o prazo fixado na lei complementar referida no caput, a União, os Estados, o Distrito Federal e os Municípios adotarão as seguintes providências:

[19] Informativo 409 STF.

I – redução em pelo menos vinte por cento das despesas com cargos em comissão e funções de confiança;
II – exoneração dos servidores não estáveis.
§ 4º Se as medidas adotadas com base no parágrafo anterior não forem suficientes para assegurar o cumprimento da determinação da lei complementar referida neste artigo, o servidor **estável poderá perder o cargo**, desde que ato normativo motivado de cada um dos Poderes especifique a atividade funcional, o órgão ou unidade administrativa objeto da redução de pessoal.

Portanto, adotadas as medidas acima mencionadas e, mesmo assim, o limite fixado em lei complementar não for alcançado o servidor estável poderá perder o cargo. Caso isso ocorra servidor fará jus a indenização correspondente a um mês de remuneração por ano de serviço. Sendo vedada a criação de cargo, emprego ou função com atribuições iguais ou assemelhadas pelo prazo de quatro anos (art. 169, §§ 4º, 5º e 6º, CF).

Os cargos efetivos podem ser isolados ou de carreira.

Cargos de carreira admitem progressão funcional dos servidores por meio de diversas classes.

Os **cargos isolados** não admitem progressão.

- **Carreira** é o conjunto de classes funcionais em que seus integrantes vão percorrendo os diversos patamares de que se constitui a progressão funcional. As **classes** são compostas de cargos que tenham as mesmas atribuições. Os cargos que compõem as classes são cargos de carreira, diversos dos cargos isolados que, embora integrando o quadro, não ensejam o percurso progressivo do servidor. *Ex.:* procurador de 1ª, 2ª e 3ª classes.
- **Quadro** é o conjunto de cargos isolados ou de carreira.
- **Lotação** é o número de servidores que devem ter exercício em cada unidade da repartição.

3.3 Comissão

São de livre nomeação e exoneração (CF, art. 37, II), e não necessitam de concurso público para o provimento. O ocupante, porém, tem um vínculo precário (pode ser exonerado *ad nutum*, a juízo da autoridade nomeante) e, obviamente, não adquire estabilidade. Devem ser ocupados por servidores de carreira (efetivos) nos casos, condições e percentuais mínimos estabelecidos em lei, é o que diz o art. 37, V, da Constituição.

> V – as **funções de confiança**, exercidas exclusivamente por servidores ocupantes de cargo **efetivo**, e os **cargos em comissão**, a serem preenchidos por servidores de **carreira** nos casos, condições e percentuais mínimos previstos em lei, destinam-se apenas às atribuições de direção, chefia e assessoramento;

Assim, a lei fixará o **percentual** dos cargos em comissão a serem preenchidos por servidores de carreira. As funções de confiança, entretanto, serão preenchidas **exclusivamente** por servidores de **cargo efetivo**, mas, em ambos os casos, destinam-se apenas às atribuições de **direção, chefia** e **assessoramento.**

NOTA!

Vale lembrar a Súmula Vinculante nº 13 do STF: "A nomeação de cônjuge, companheiro ou parente em linha reta, colateral ou por afinidade, até o terceiro grau, inclusive, da autoridade nomeante ou de servidor da mesma pessoa jurídica, investido em cargo de direção, chefia ou assessoramento, para o exercício de cargo em comissão ou de confiança, ou, ainda, de função gratificada na Administração Pública direta e indireta, em qualquer dos Poderes da União, dos Estados, do Distrito Federal e dos municípios, compreendido o ajuste mediante designações recíprocas, viola a Constituição Federal."

OBSERVAÇÃO!

Conforme o art. 37, XI, da CF pode haver pode haver contratação por tempo determinado para atender à necessidade temporária de excepcional interesse público. Não se trata de cargo público, é uma **função pública remunerada**.

4. CRIAÇÃO, TRANSFORMAÇÃO E EXTINÇÃO DOS CARGOS PÚBLICOS

A **criação** dos cargos dá-se por meio de **lei**, de iniciativa privativa do Presidente da República quanto aos cargos do Executivo (CF, art. 61, § 1º, II, *a*), salvo quanto aos cargos do Congresso Nacional e das Casas Legislativas, que podem ser criados por **resolução**, nos termos dos arts. 51, IV, e 52, XIII, da CF. O mesmo ocorre na hipótese de transformação.

Quanto ao **Judiciário**, a iniciativa cabe ao **Tribunal interessado**, como também aos próprios cargos da magistratura (art. 96, II, *b*, CF). A regra aplicável ao Judiciário é aplicável aos cargos dos Tribunais de Contas. No Ministério Público cabe ao seu Procurador-Geral propor ao Legislativo a criação de cargos para os membros do Ministério Público e, também, do quadro de apoio. Essa regra explica também a criação de cargos no TCU, por expressa previsão constitucional (art. 73, que, por sua vez, manda aplicar ao TCU as regras do já estudado art. 96 da CF).

No Ministério Público da União, quanto à criação/extinção de cargos e a fixação das respectivas remunerações ou subsídios, a iniciativa é privativa (= exclusiva = reservada) do próprio MPU, por meio do chefe da instituição: o Procurador-Geral da República (CF, art. 127, § 2º). Ressalte-se que,

> na competência reconhecida ao Ministério Público, pelo art. 127, § 2º, da CF, para propor ao Poder Legislativo a criação e extinção de cargos e serviços auxiliares, compreende-se a de propor a fixação dos respectivos vencimentos, bem como a sua revisão (STF, Pleno, ADI nº 63/AL, Relator Ministro Ilmar Galvão, DJ 27/5/1994).

A extinção dos cargos é feita por meio de lei, podendo ser feita mediante decreto (autônomo) do Presidente da República, quando os cargos estiverem vagos (sem ocupantes) (CF, art. 84, VI, *b*). Nos casos de criação por resolução, deve-se resguardar o paralelismo das formas - isto é, o cargo só pode ser extinto por resolução.

NOTA!

Funções ou cargos públicos **vagos** podem ser extintos mediante **decreto** (art. 84, VI, *b*, CF).

5. PROVIMENTO

É o preenchimento de um cargo público, consubstanciado por meio de um ato administrativo de caráter funcional, pois o ato é que materializa ou formaliza o provimento.

A Lei nº 8.112/1990 contém seis formas de provimento derivado que serão detalhadas mais à frente: promoção, readaptação, reversão, aproveitamento, reversão, aproveitamento, reintegração e recondução.

6. DEMISSÃO E EXONERAÇÃO

A demissão e a exoneração provocam a ruptura do vínculo entre o servidor e a Administração, gerando a vacância do cargo público, ou seja, o cargo ficará desocupado.

NOTA!

Distinguem-se os dois institutos na medida em que a demissão provoca a extinção do vínculo em virtude de conduta ilegal anterior provocada pelo servidor, constituindo penalidade. A exoneração é a dispensa do servidor por interesse deste ou da Administração sem caráter punitivo.

A exoneração pode ser a pedido, quando o servidor deseja sair do serviço público e desocupar o cargo de que é titular; ou *ex officio*, constituindo-se pela iniciativa da Administração em dispensar o servidor. Esta última (*ex officio*) possui três espécies:

a) Não aprovação no estágio probatório, no caso de servidor efetivo;
b) Servidor que toma posse, mas não entra em exercício no prazo legal;
c) Do cargo em comissão a critério da autoridade competente.

Com o advento da EC nº 19/1998, institui-se, com previsão no art. 41, § 1º, III, mais um caso de **perda de cargo**, a ser disciplinado por **lei complementar**. Essa hipótese ocorrerá quando o servidor, após sofrer avaliação funcional, demonstrar insuficiência de desempenho, comprovada em processo administrativo com ampla defesa. No entanto, a exigida lei complementar para disciplinar essa nova possibilidade de demissão, até o momento, não foi editada, portanto, não há margem para ser efetiva a demissão sob esse fundamento.

Criou-se, também, outra hipótese de **exoneração** de servidor estável, quando tiverem sido insuficientes as providências administrativas com a finalidade de adequar as despesas de pessoal aos limites fixados na LC nº 101/2000, que regulamentou o art. 169 da CF. Esta forma foi abordada em tópico anterior.

7. RETRIBUIÇÕES PECUNIÁRIAS

A retribuição pecuniária devida ao agente público pode ter várias denominações e características. Isso dependerá da situação atual do agente ou do cargo ocupado.

Vencimento **"Vencimento básico"**	Valor que retribui o trabalho efetivo do servidor durante os trinta dias mensais. Tem valor fixado na lei que criou ou reestruturou os cargos e tem valor igual para todos os servidores que ocuparem os mesmos cargos.
Remuneração	É o vencimento do cargo efetivo, acrescido das vantagens pecuniárias permanentes estabelecidas em lei.
Observação: O art. 41, § 5º, da Lei nº 8.112/1990, com a redação dada pela Lei nº 11.784, de 2008, estabelece que nenhum servidor receberá **remuneração** inferior ao salário mínimo. O dispositivo antes previa que o **vencimento** não poderia ser inferior ao salário mínimo.	
Proventos	É a retribuição pecuniária de quem está em **inatividade**, podendo estar aposentado ou em disponibilidade.
Observação: A disponibilidade é a colocação do servidor **estável** em inatividade remunerada, até seu adequado aproveitamento em outro cargo, com proventos proporcionais ao **tempo de serviço**.	
Subsídio	Conforme o art. 39, § 4º, da CF/1988, trata-se de contraprestação pelo exercício de função ou cargo público composto de parcela única e insuscetível de qualquer outra gratificação, adicional, abono, prêmio ou outra espécie remuneratória.
Observação: Recebem subsídio os membros de Poder (Poder Executivo, Poder Legislativo e Poder Judiciário), os integrantes do Ministério Público, Defensorias Públicas, Procuradorias dos Estados e do DF, Polícias e Corpo de Bombeiros (art. 144 da CF). Servidores organizados em carreira (art. 38, § 8º, CF).	

O art. 37, X, da CF prevê que a remuneração dos servidores públicos e o subsídio de que trata o § 4º do art. 39 somente poderão ser **fixados** ou **alterados** por **lei específica**, observada a iniciativa privativa em cada caso, assegurada **revisão geral anual**, sempre na mesma data e sem distinção de índices. Trata-se do direito dos servidores públicos de verem as remunerações reajustadas anualmente. "Não cabe ao Poder Judiciário, que não tem função legislativa, aumentar vencimentos de servidores públicos sob fundamento de isonomia." (Súmula nº 339/STF).

A remuneração do servidor ativo, o provento do aposentado ou servidor em disponibilidade e a pensão têm natureza alimentar, não podendo, portanto, sofrer qualquer espécie de desconto. Somente podem incidir os descontos decorrentes de **lei** (tributos em geral, *p. ex.*), **mandado judicial** (pensão alimentícia, por exemplo) – mesmo assim, não pode haver penhora, arresto nem sequestro (art. 48), empréstimo consignado em folha de pagamento, faltas injustificadas ou justificadas não compensadas, atrasos e saídas antecipadas não compensadas e reposições/indenizações.

O art. 46 da Lei nº 8.112/1990, por sua vez, prevê que as **reposições** e **indenizações** ao erário, atualizadas até 30 de junho de 1994, serão previamente comunicadas ao servidor ativo, aposentado ou ao pensionista, para pagamento, no prazo máximo de trinta dias, podendo ser parceladas, a pedido do interessado. O valor de cada parcela **não poderá ser inferior** (no mínimo) ao correspondente a **dez por cento** da remuneração, provento ou pensão.

Quando o pagamento indevido houver ocorrido no mês anterior ao do processamento da folha, a reposição será feita imediatamente, em uma única parcela.

Servidor que perde o cargo (ou a aposentadoria ou disponibilidade) estando em débito com o erário: deverá quitar o débito dentro de 60 dias, a contar do ato que determinou a perda do cargo ou da aposentadoria ou disponibilidade, sob pena de inscrição na dívida ativa da União, com todos os efeitos e restrições daí decorrentes (possibilidade de cobrança judicial, compensação de créditos de natureza tributária etc.) (art. 47).

8. NORMAS CONSTITUCIONAIS APLICÁVEIS AOS AGENTES PÚBLICOS

8.1 Acessibilidade aos cargos públicos

Os cargos, empregos e funções públicas são acessíveis aos **brasileiros** que preencham os requisitos estabelecidos em lei, assim como aos **estrangeiros, na forma da lei.**[20]

No plano federal, a Lei nº 8.112/1990, art. 5º, estabelece os requisitos exigidos para a ocupação de cargo:

> **Art. 5º** São requisitos básicos para investidura em cargo público:
> I – a nacionalidade brasileira;
> II – o gozo dos direitos políticos;
> III – a quitação com as obrigações militares e eleitorais;
> IV – o nível de escolaridade exigido para o exercício do cargo;
> V – a idade mínima de dezoito anos;
> VI – aptidão física e mental.
> § 1º As atribuições do cargo podem justificar a exigência de outros requisitos estabelecidos em lei.

[20] STF – Súmula nº 14: "Não é admissível, por ato administrativo, restringir, em razão da idade, inscrição em concurso para cargo público". STF – Súmula nº 683: "O limite de idade para a inscrição em concurso público somente se legitima em face do art. 7º, XXX, da Constituição, quando possa ser justificado pela natureza das atribuições do cargo a ser preenchido".. STF – Súmula nº 686: "Só por lei se pode sujeitar a exame psicotécnico a habilitação de candidato a cargo público."

> § 2º Às pessoas portadoras de deficiência é assegurado o direito de se inscrever em concurso público para provimento de cargo cujas atribuições sejam compatíveis com a deficiência de que são portadoras; para tais pessoas serão reservadas até 20% (vinte por cento) das vagas oferecidas no concurso.
> § 3º As universidades e instituições de pesquisa científica e tecnológica federais poderão prover seus cargos com professores, técnicos e cientistas estrangeiros, de acordo com as normas e os procedimentos desta Lei.

A nacionalidade brasileira não é requisito imprescindível em todos os casos, pois, em alguns se admite o acesso de estrangeiros (§ 3º). O art. 12, § 3º, da CF exige a condição de brasileiro nato[21] para os seguintes cargos:

> § 3º São privativos de brasileiro nato os cargos:
> I - de Presidente e Vice-Presidente da República;
> II - de Presidente da Câmara dos Deputados;
> III - de Presidente do Senado Federal;
> IV - de Ministro do Supremo Tribunal Federal;
> V - da carreira diplomática;
> VI - de oficial das Forças Armadas.
> VII - de Ministro de Estado da Defesa

NOTA!

A CF não fixa o percentual dos cargos e empregos públicos para as pessoas portadoras de deficiência. Ela determina que a **lei** reservará o percentual e definirá os critérios de sua admissão. A Lei nº 8.112/1990 fixa o limite máximo de (até) 20% das vagas do concurso para os portadores de necessidades especiais. O Decreto nº 3.298/1999 define o percentual mínimo de 5% a ser destinado aos deficientes em todos os concursos públicos federais, devendo a fração ser arredondada quando não se atingir tal percentual.

8.2 Concurso público

Nos termos do art. 37, II, da CF, a nomeação para **cargos efetivos** (isolados ou de carreira) deve ser necessariamente precedida de concurso público de provas ou de provas e títulos.

A norma constitucional exigiu a realização de concurso para ingresso no cargo e emprego público.

[21] A CF, art. 12, define a condição de brasileiro nato.

NOTA!

O prazo de validade do concurso público (v. CF, art. 37, III) é de **até** dois anos, prorrogável **uma** vez por **igual período.**

De acordo com o posicionamento do Supremo Tribunal Federal (Primeira Turma), o candidato aprovado em concurso público dentro do número de vagas tem direito subjetivo à nomeação (direito de exigir a nomeação), e não mais mera expectativa de direito. Nesse sentido também a Sexta Turma do STJ (RMS nº 20.718), afirmando que o servidor classificado (aprovado dentro das vagas) tem direito subjetivo à nomeação.

A jurisprudência também vem entendendo que no caso de **desistência** de candidatos que foram nomeados dentro do número de vagas gera aos candidatos subsequentes direito subjetivo à nomeação (RMS nº 32.105/DF, Rel. Ministra Eliana Calmon, Segunda Turma, julg. 19/8/2010, DJe 30/8/2010).

8.2.1 Abertura de concurso quando há candidato aprovado em concurso anterior com prazo de validade não expirado

A CF dispõe, no art. 37, IV, apenas que durante o prazo improrrogável previsto no edital de convocação, aquele aprovado em concurso público de provas ou de provas e títulos será convocado com prioridade sobre novos concursados para assumir cargo ou emprego, na carreira.

Dessa maneira, a CF dá espaço para a abertura de novo certame mesmo com o concurso ainda válido (desde que não seja ainda o primeiro período do prazo de validade). Ressalva, apenas, que o anterior aprovado tem direito à **precedência** na nomeação.

O art. 12, § 2º, da Lei nº 8.112, porém, proíbe a União até mesmo de abrir outro concurso enquanto ainda houver candidato aprovado em concurso com o prazo não expirado.

> § 2º Não se abrirá novo concurso enquanto houver candidato aprovado em concurso anterior com prazo de validade não expirado.

8.2.2 Exceções ao concurso público

Quanto aos **cargos vitalícios**, é inexigível o concurso para a investidura dos membros integrantes do quinto constitucional dos Tribunais Judiciários, composto de membros do Ministério Público e de advogados (art. 94, CF). A investidura nos Tribunais de Contas sujeita-se à mesma regra (art. 73, §§ 1º e 2º, CF). Também não se submetem ao concurso os Ministros do STF e do STJ.

Não há também exigência de concurso para o provimento do **cargo em comissão** declarados em lei como de livre nomeação e exoneração, art. 37, V, CF.

Por último, é inexigível o concurso para o recrutamento de agentes **temporários**, conforme art. 37, IX, da CF. A Lei nº 8.745/1993 dispõe que o recrutamento é feito por **processo seletivo** simplificado com ampla divulgação, dispensando o concurso público (art. 3º). Bem como nos casos do art. 196, § 6º, da CF: agente comunitário de saúde ou de agente de combate às endemias.

8.3 Teto remuneratório

A regra do teto remuneratório está insculpida no art. 37, XI, da CF, com a redação da EC nº 41/2003, pois, com a referida emenda, passou a CF a admitir tetos remuneratórios **geral e específicos**, estes dependendo da respectiva entidade federativa.

NOTA!

Teto geral para todos os Poderes da União, dos Estados, dos Municípios e do DF: subsídio mensal dos Ministros do STF.

No que concerne aos **tetos específicos** (ou **subtetos**), foi fixado para os Municípios o subsídio do **Prefeito** e, para Estados e o DF, foram previstos três subtetos:

- Executivo Estadual/Distrital: Governador.
- Judiciário, MP, Defensoria e Procuradorias Estaduais/Distritais: Desembargador (90,25% de Ministro do STF – v. liminar na ADI nº 3.854).
- Legislativo Estadual/Distrital: Deputados Estaduais/Distritais.

A EC nº 47/2005 introduziu o § 12 ao art. 37 da CF. Segundo a emenda, os **Estados e o DF** têm a faculdade de fixar **teto único** remuneratório, desde que o façam por meio de **emendas** às respectivas Constituições e Lei Orgânica. O limite único deverá corresponder ao subsídio mensal dos **desembargadores** do respectivo TJ, o qual ao seu turno, limita-se a percentual de 90,25% do subsídio mensal dos Ministros do STF. O dito comando não se aplica ao âmbito municipal.

NOTA!

As empresas públicas e sociedades de economia mista só estão submetidas ao teto se recebem recursos para pagamento de pessoal ou custeio em geral (CF, art. 37, § 9º).

8.4 Acumulação de cargos

> Art. 37.
> (...)
> XVI – é vedada a acumulação remunerada de cargos públicos, exceto, quando houver compatibilidade de horários, observado em qualquer caso o disposto no inciso XI.
> *a)* a de **dois cargos de professor**;
> *b)* a de um cargo de professor com outro técnico ou científico;
> *c)* a de dois cargos ou empregos privativos de profissionais de **saúde, com profissões regulamentadas**;

OBSERVAÇÃO!

1. Magistrados e membros do Ministério Público podem exercer mais uma função de magistério em instituições públicas.
2. A Emenda Constitucional n.77/2014 possibilitou aos profissionais de **saúde** das Forças Armadas a possibilidade de cumulação de outro cargo ou emprego privativo de profissional de saúde, como profissão regulamentada.

Além de estar entre as exceções constitucionalmente previstas, a acumulação remunerada deve cumprir determinados requisitos, quais sejam:

a) compatibilidade de horários: a acumulação, ainda que lícita, depende da compatibilidade de horários;

b) Respeito ao teto geral das remunerações (CF, art. 37, XI);

c) inclusão em uma das hipóteses autorizada pelo art. 37, XVI (dois cargos de professor; um cargo de professor com outro técnico ou científico; dois cargos ou empregos privativos de profissionais de saúde e com profissões regulamentadas).

ATENÇÃO!

A vedação de acumulação alcança também as subsidiárias das referidas entidades, bem como as sociedades controladas, direta ou indiretamente, pelo Poder Público, sem esquecer das autarquias, fundações, empresas públicas e sociedades de economia mista.

NOTA!

O art. 37, § 10, da CF admite acumulação de aposentadoria com recebimento de remuneração/subsídio nos casos de **cargos eletivos** e de **cargos em comissão** declarados em lei de livre nomeação e exoneração. Também é possível acumular mais de uma aposentadoria pelo regime próprio dos servidores públicos, desde que sejam cargos acumuláveis em atividade.

8.5 Regime jurídico do servidor

> **Art. 39.** A União, os Estados, o Distrito Federal e os Municípios **instituirão**, no âmbito de sua competência, regime jurídico único e planos de carreira para os servidores da Administração Pública direta, das autarquias e das fundações públicas. *(Vide ADI nº 2.135-4)*

Com o advento da Carta Constitucional de 1988, foi instituído o regime jurídico único, vale dizer, o mesmo regime para os servidores na Administração direta, nas suas autarquias e fundações. Com isso, cada ente federativo escolheu o regime a ser estabelecido dentro do respectivo ente. Ressalte-se que a grande maioria dos entes da Federação optaram pela adoção do regime estatutário. A União optou por essa modalidade editando, em 1990, a Lei nº 8.112. Esse cenário foi alterado pela EC nº 19/1998.

A referida emenda, porém, modificou a redação do art. 39, *caput*, da CF, e retirou a obrigação de unicidade do regime (extinção do regime jurídico único), de modo que poderiam conviver, dentro da mesma estrutura administrativa, servidores estatutários e empregados públicos.

Entretanto, no julgamento da ADI nº 2.135, o STF declarou inconstitucional (em sede de liminar, isto é, numa decisão provisória) a nova redação dada ao art. 39, *caput*, da CF, pela EC nº 19/1998, em virtude de vício formal (o texto não foi aprovado por 3/5 na Câmara e no Senado, em dois turnos de votação em cada Casa, como manda o art. 60 da CF). Com isso, foi revigorado o antigo dispositivo, que falava em regime jurídico único. Porém, trata-se de decisão cautelar (provisória), e ficou determinado expressamente na decisão do STF que as leis editadas com base na nova redação continuam válidas. Assim, o efeito prático da decisão é apenas um: não poderão ser editadas novas leis que modifiquem o regime jurídico dos servidores, nem no âmbito federal nem no estadual/distrital nem municipal. Eventuais contratações com base na pluralidade de regimes continuarão válidas, a não ser que o Supremo declare a inconstitucionalidade em sede de análise de mérito (definitiva).

8.6 Direitos sociais extensíveis aos servidores públicos

A CF garantiu aos servidores públicos alguns direitos sociais previstos em seu art. 7º. São eles: salário mínimo, décimo terceiro salário, adicional noturno, salário-família, jornada máxima de 8 horas diárias e 44 horas semanais, repouso semanal remunerado, hora extra de pelo menos 50%, férias anuais remuneradas, adicional de férias, licença à gestante, licença-paternidade, proteção ao mercado de trabalho da mulher, redução dos riscos inerentes ao trabalho e proibição de diferença de salários por motivos discriminatórios.[22]

8.7 Estágio probatório

O estágio probatório é o período de tempo durante o qual será avaliada a capacidade do servidor para o exercício do cargo.

O art. 20 da Lei nº 8.112/1990 estabelece que durante o estágio deverão ser avaliados os seguintes fatores:

I - assiduidade;

II - disciplina;

III - capacidade de iniciativa;

IV - produtividade;

V - responsabilidade.

Para não esquecer!!

DIsciplina
CApacidade de iniciativa
Produtividade
Assiduidade
REsponsabilidade

NOTA!

O servidor não aprovado no estágio probatório será exonerado ou, se estável, reconduzido ao cargo anteriormente ocupado.

Licenças permitidas no estágio probatório (EP)	Afastamentos permitidos no EP
• Licença para o serviço militar (art. 85) • Licença por motivo de doença em pessoa da família (art. 83) • Licença para acompanhar cônjuge ou companheiro (art. 84) • Licença para atividade política (art. 86)	• Afastamento para servir em organismo internacional (art. 96) • Afastamento para exercício de mandato eletivo (art. 94)

[22] Súmula Vinculante nº 16: "Os arts. 7º, IV, e 39, § 3º (*Redação da EC nº 19/1998*), da Constituição, referem-se ao total da remuneração percebida pelo servidor público". Os artigos citados tratam da irredutibilidade de salário. Dessa forma, segundo o STF, quem deve ser superior ao salário mínimo não é o vencimento básico, mas o total da remuneração. Por exemplo: um servidor que receba R$ 300,00 de vencimento básico e mais R$ 250,00 de gratificação possui remuneração total superior ao salário mínimo (R$ 510,00), o que é considerado constitucional pelo STF. É o que prevê, também, o art. 41, § 5º, da Lei nº 8.112/1990.

Suspensão do EP

- Licença por motivo de doença em pessoa da família (art. 83).
- Afastamento para servir em organismo internacional (art. 96).
- Licença para acompanhar do cônjuge ou companheiro (art. 84).
- Licença para atividade política (art. 86).

8.7.1 Prazo do estágio probatório

A controvérsia a ser exposta refere-se ao prazo do estágio probatório em nível **federal**, em razão da alteração do art. 41 da CF e das sucessivas mudanças na Lei nº 8.112/1990.

Prevalecia o entendimento no Superior Tribunal de Justiça de que o prazo de três anos para a aquisição da estabilidade no serviço público não estava vinculado ao prazo do estágio probatório, o que teria fundamento na interpretação do art. 41, *caput*, e § 4º, da CF; desse modo, deveria manter-se para o estágio probatório o prazo anterior a 24 meses, fixado no artigo original da Lei nº 8.112/1990. Essa decisão era baseada no MS STJ nº 9.373, Relatora Ministra Laurita Vaz.

Ocorre que em 2008, por meio de medida provisória o prazo do estágio probatório foi, conforme o art. 20 da Lei nº 8.112/1990, estabelecido em 36 meses. Entretanto, na conversão da referida medida provisória em lei essa parte não foi aprovada. Assim, retorna a redação antiga do artigo segundo o qual o prazo do estágio probatório é de 24 meses. Este é o prazo que se tem hoje fixado em lei federal.

Entretanto, o STF afirmou que a estabilidade e o estágio probatório têm que ter a mesma duração (3 anos ou 36 meses). Finalmente, porém, o STJ adotou o mesmo posicionamento, passando a considerar que o estágio probatório tem a mesma duração da estabilidade.

8.8 Aposentadoria

Aposentadoria é o benefício, consistente em obrigação de pagar, e que assegura ao servidor o recebimento de proventos durante a inatividade.

Os atuais regimes de previdência são três:

a) Regime Geral da Previdência Social (RGPS), disciplinado pela Lei nº 8.213/1990;

b) Regime Próprio dos Servidores Públicos (RPSP);

c) Regime Próprio dos Militares.

Regime próprio de previdência do servidor público titular de cargo efetivo (RPSP ou RPPS) – CF, art. 40: é um regime de caráter **contributivo** (somente participa quem efetivamente contribuir) e **solidário** (em que a contribuição de uns serve também aos outros). Difere do Regime Geral de Previdência Social (RGPS), previsto no art. 201 da CF e aplicável (além dos empregados da iniciativa privada) aos empregados públicos, servidores titulares de função temporária e de cargo de provimento em comissão (art. 40, § 13, da CF).

O custeio do RPSP dá-se por fonte tríplice: a entidade pública (União, Estado, DF ou Município), servidores ativos e inativos/pensionistas.

Para reduzir o déficit do RPSP, todos os requisitos que diziam respeito a **tempo de serviço** foram transformados em **tempo de (efetiva) contribuição**, de modo a proibir a contagem ficta de tempo de serviço, tal como ocorria com o tempo de licença-prêmio não gozada, por exemplo. A esse propósito, o art. 40, § 10, determina:

> A lei não poderá estabelecer qualquer forma de contagem de tempo de contribuição fictício.

Com a EC nº 41/2003 dois direitos foram retirados da CF: a **paridade** e a **integralidade** de proventos dos servidores que ainda estavam em atividade e ainda não possuíam os requisitos para aposentadoria.

Antes da EC nº 41/2003	**Após a EC nº 41/2003**	**Após criação da Fundação de Previdência**
• integralidade; (aposentadoria com valor da última remuneração • paridade.	• cálculo: média aritmética simples das maiores remunerações, utilizadas como base para as contribuições do servidor, correspondentes a 80% de todo o período contributivo; • não há mais paridade: reajuste vinculado a índice oficial; • vinculado a índice.	• Integralidade (teto do RGPS) • servidor pode fazer contribuição adicional. Nesse caso, a União contribuirá com até 8,5%.

NOTA!

A adesão ao novo regime, após a instituição da Fundação de Previdência Complementar do Servidor, será:

- obrigatória para novos servidores;
- facultativa para os antigos.

Além disso, as pensões somente serão concedidas parcialmente, se ultrapassarem o teto previsto no art. 201 para o Regime Geral de Previdência Social (RGPS). Nesse último caso: se a pensão não ultrapassar o teto de RGPS, será concedida na totalidade; se ultrapassar esse valor, será concedida a parcela relativa ao teto acrescida de 70% do valor que superar o referido teto (art. 40, § 7º, da CF). Com a extinção da paridade, os arts. 189 e 224 da Lei nº 8.112, que previam a atualização automática de proventos e pensões, respectivamente, foram revogados (ou, melhor dizendo, não foram recepcionados pela nova ordem constitucional).

Exemplo

Servidor ativo ganhava R$ 10.000,00
Teto do RGPS: R$ 3.800,00
Cálculo: recebe o teto do RGPS (R$ 3.800,00) + 70% do valor que exceder o teto do RGPS.
3.800 + 70% de (10.000 – 3.800)
3.800 + 70% de 6.200
3.800 + 4.340
Total: R$ 8.140,00

Conforme o art. 40, § 6º, da CF, os proventos de aposentadoria são **acumuláveis** desde que se refiram a cargos que também seriam acumuláveis, nos termos do art. 37, XVI.

8.8.1 Modalidades de aposentadoria e requisitos para a concessão de aposentadoria

Invalidez	Regra: proventos **proporcionais**	Proventos **integrais:** se decorre de acidente em serviço, moléstia profissional ou doença grave, contagiosa ou incurável, na forma da lei.	
Compulsória	Aos 70 anos de idade.	Proventos proporcionais ao tempo de contribuição.	
Voluntária	Homem: 60 anos de idade 35 anos de contribuição	Mulher: 55 anos de idade 30 anos de contribuição	Pelo menos 10 anos de serviço público e cinco anos de efetivo exercício no cargo em que se dará a aposentadoria. Os requisitos de idade e de tempo de contribuição serão reduzidos em cinco anos para o **professor** que comprove **exclusivamente** tempo de efetivo exercício das funções de magistério na educação **infantil** e no Ensino **Fundamental** e **Médio**.

Idade: com proventos proporcionas ao tempo de contribuição	Homem: 65 anos de idade	Mulher: 60 anos de idade	Pelo menos 10 anos de serviço público e cinco anos de efetivo exercício no cargo em que se dará a aposentadoria.

Art. 190. O servidor aposentado com provento proporcional ao **tempo de serviço** se acometido de qualquer das moléstias especificadas no § 1º do art. 186 desta Lei e, por esse motivo, for considerado inválido por junta médica oficial passará a perceber provento integral, calculado com base no fundamento legal de concessão da aposentadoria.
Art. 191. Quando proporcional ao tempo de serviço, o provento não será inferior a 1/3 (um terço) da remuneração da atividade.
(...)
Art. 194. Ao servidor aposentado será paga a gratificação natalina, até o dia vinte do mês de dezembro, em valor equivalente ao respectivo provento, deduzido o adiantamento recebido.

9. DISPOSIÇÕES DA LEI Nº 8.112/1990

9.1 Âmbito de aplicação

A Lei nº 8.112/1990 institui o Regime Jurídico dos Servidores Públicos Civis da **União**, das autarquias, inclusive as em regime especial, e das fundações públicas **federais**. O referido diploma não é lei nacional, mas, sim, lei federal. Portanto, cada ente federativo possui autonomia para elaborar estatuto jurídico próprio referente a seus servidores.

Ressalte-se que em relação às empresas públicas e às sociedade de economia mista o regime, tanto daquelas criadas em nível federal, como, também, pelos demais entes federativos, será o trabalhista, também chamado de **celetista**, por ser oriundo da Consolidação das Leis Trabalhistas (CLT), tendo em vista o art. 173 da CF.

9.2 Provimento (art. 8º)

Provimento é a ocupação de um cargo vago, podendo ser originário ou derivado. Provimento **originário** é aquele que não decorre de anterior vínculo da pessoa com a Administração. A **nomeação** é a única forma de provimento originário, e pode ocorrer para cargo de provimento efetivo ou em comissão (art. 9º, Lei nº 8.112/1990), devendo ser precedida de concurso público na primeira hipótese (art. 10, Lei nº 8.112/1990).

Provimento **derivado** é aquele que decorre de vínculo anterior da pessoa com a Administração, isto é, o cargo é provido em virtude de a pessoa já ser titular de um cargo.

Investidura é a efetiva atribuição de um cargo (conjunto de atribuições e responsabilidades) a uma pessoa, que agora passa a ser servidor público (se já não o era). A investidura é um ato complexo porque depende de duas manifestações que se unem para formar um ato só (a própria investidura): o provimento (ato da Administração Pública) e a concordância do **provido**, que só então passa a ser titular do cargo.

São formas de provimento:

a) **Nomeação**

É a designação para o exercício da função.

CONCURSO PÚBLICO ➤ HOMOLOGAÇÃO ➤ NOMEAÇÃO ➤ POSSE ➤ EXERCÍCIO ➤ ESTÁGIO PROBATÓRIO ➤ ESTABILIDADE

A homologação é o ato de aprovação do certame. Com ela começa o início do prazo de validade do concurso, que poderá ser de ATÉ dois anos, prorrogável uma vez por igual período.

Uma vez homologado o concurso, a Administração fará a nomeação do candidato para que em 30 dias tome posse (§ 1º, art. 13).

OBSERVAÇÃO!

Se o nomeado não toma posse no prazo legal, ficará sem efeito o ato de nomeação.

A posse em cargo público dependerá de prévia inspeção médica oficial (art. 14). Só poderá ser empossado aquele que for julgado apto física e mentalmente para o exercício do cargo.

No ato da **posse**, o servidor apresentará declaração de bens e de valores que constituem seu patrimônio e declaração quanto ao exercício ou não de outro cargo, emprego ou função pública.

A posse poderá dar-se mediante procuração específica. De outro modo, não é possível o **exercício** mediante procuração. Exercício é o efetivo desempenho das atribuições do cargo público ou da função de confiança (art. 15).

É de quinze dias o prazo para o servidor empossado em cargo público entrar em exercício, contados da data da posse. O servidor será **exonerado** do cargo ou será tornado sem efeito o ato de sua designação para função de confiança, se não entrar em exercício no prazo legal. O que ocorre na prática, normalmente, é a posse e o exercício ocorrerem no mesmo dia.

NOTA!

Servidor foi nomeado e não tomou posse – torna sem efeito o ato de nomeação.
Servidor tomou posse e não entrou em exercício – exoneração.

O servidor que deva ter exercício em outro município em razão de ter sido removido, redistribuído, requisitado, cedido ou posto em exercício provisório terá, no **mínimo, dez e, no máximo, trinta dias** de prazo, contados da publicação do ato, para a retomada do efetivo desempenho das atribuições do cargo, incluído nesse prazo o tempo necessário para o deslocamento para a nova sede. Na hipótese de o servidor encontrar-se em licença ou afastado legalmente, o referido prazo será contado a partir do término do impedimento, sendo-lhe facultado declinar dos prazos estabelecidos.

b) **Promoção**

Promoção é o ato pelo qual o servidor passa de um cargo para outro, mais elevado, dentro da mesma carreira. *Ex.*: quando se entra no cargo de Procurador da Fazenda Nacional ou nas carreiras da AGU de modo geral (Procurador Federal, Defensoria Pública da União e Procuradores do Banco Central), o servidor entra como Procurador de 2ª categoria, podendo ser elevado a Procurador de 1ª categoria e categoria especial. Com a promoção, o subsídio/remuneração recebe acréscimo pecuniário e devem ser elevadas as atribuições exercidas.

c) **Readaptação (art. 24)**

O que é?	Servidor é investido em outro cargo.
Motivo	Decorre de limitação em sua capacidade física ou mental, verificada em inspeção médica.
Requisitos	Cargo de atribuições afins, respeitada a habilitação exigida, nível de escolaridade e equivalência de vencimentos.
Excedente	Sim. Se não houver cargo vago.
Julgado incapaz para o serviço público	Será aposentado.

NOTA!

Excedente é exercer, temporariamente, a função sem o cargo.

d) **Reversão (art. 25)**

O que é?	Servidor que estava aposentado retorna à atividade.	
Motivo 1	Servidor foi aposentado por invalidez, mas junta médica oficial declara insubsistentes os motivos da aposentadoria.	Fica como excedente se não houver cargo vago.
Motivo 2	Servidor foi aposentado voluntariamente e retorna. O servidor volta a receber remuneração no lugar dos proventos de aposentadoria.	Requisitos: *a)* solicitação do aposentado; *b)* a aposentadoria tenha sido voluntária; *c)* o servidor já era estável antes de se aposentar; *d)* prazo máximo de cinco anos entre a aposentadoria e a reversão; *e)* existência cargo vago.
Observação 1	O tempo em que o servidor estiver em exercício será considerado para concessão da aposentadoria.	
Observação 2	Não poderá reverter o aposentado que já tiver completado 70 (setenta) anos de idade.	

NOTA!

Não será possível a reversão do servidor que tiver completado 70 anos, pois é a idade fixada para a aposentadoria compulsória.

e) **Reintegração (art. 28)**

O que é?	Servidor é reinvestido no cargo anteriormente ocupado;
Motivo	Demissão ilegal é invalidada por via administrativa ou judicial;
Cargo provido (ocupado)	Eventual ocupante será reconduzido ao cargo de origem, sem direito à indenização ou aproveitado em outro cargo, ou, ainda, posto em disponibilidade;
Cargo extinto	O servidor ficará em disponibilidade.

f) **Recondução (art. 29)**

O que é?	Servidor retorna ao cargo anteriormente ocupado;
Motivo 1	Inabilitação em estágio probatório relativo a outro cargo;
Motivo 2	Reintegração do anterior ocupante;
Observação	Para que possa ser reconduzido ao cargo anterior, o servidor tem que ser estável.

g) **Aproveitamento (art. 30)**

O que é?	Servidor que estava em inatividade remunerada (disponibilidade) é aproveitado em outro cargo;
Requisitos	Cargo de atribuições e vencimentos compatíveis com o anteriormente ocupado;
Observação 1	Disponibilidade: servidor estável que fica em inatividade remunerada com proventos proporcionais ao tempo de serviço;
Observação 2	Será tornado sem efeito o aproveitamento e cassada a disponibilidade se o servidor não entrar em exercício no prazo legal, salvo doença comprovada por junta médica oficial.

9.3 Da vacância (art. 33)

Vacância é o ato contraposto ao de provimento, tornando vago o cargo anteriormente ocupado.

Formas de vacância:

a) **Exoneração**: forma de perda do cargo (a pedido ou não) do servidor em atividade, mas sem caráter punitivo (art. 34).

b) **Demissão**: perda do cargo com caráter **punitivo** (ver arts. 127 e 132).

c) **Promoção**: é simultaneamente forma de provimento e de vacância.

d) **Readaptação**: também é forma de provimento e de vacância.

e) **Aposentadoria**: é a passagem do servidor definitivamente para a inatividade remunerada (passa a receber proventos). Ver arts. 186/195.

f) **Posse em outro cargo inacumulável**.

g) **Falecimento**.

Provimento	Vacância
NOmeação	exoneração
PROmoção	demissão
APROveitamento	promoção
REadaptação	readaptação
REversão	aposentadoria
REintegração	posse em outro cargo inacumulável
REcondução	falecimento

CUIDADO!

Remoção e **redistribuição** não são formas de provimento, e sim, de deslocamento do servidor e do cargo.

9.4 Remoção e redistribuição (arts. 36 e 37)

Os dois institutos acima não são formas de provimento. São formas de deslocamento do **servidor** ou do **cargo**.

A **remoção é** o deslocamento do **servidor**, no âmbito do mesmo quadro, com ou sem mudança de sede, podendo ser:

a) de ofício pela Administração;

b) a pedido, a critério da Administração;

c) a pedido, **independentemente** do interesse da Administração:

c1) **para acompanhar cônjuge ou companheiro**, também servidor público civil ou militar; de qualquer dos Poderes da União, dos Estados, do DF e Municípios, que foi deslocado no interesse da Administração;

c2) por **motivo de saúde** do servidor, do cônjuge, companheiro ou dependente que viva às suas expensas e conste do seu assentamento funcional, condicionada à comprovação por junta médica oficial;

c3) em virtude de **processo seletivo** promovido, na hipótese em que o número de interessados for superior ao número de vagas, de acordo com as normas preestabelecidas pelo órgão ou entidade em que aqueles sejam lotados;

Redistribuição é o deslocamento de **cargo**, dentro da carreira, para outro órgão ou entidade **do mesmo poder**, com atribuições, responsabilidades e vencimentos equivalentes. Pode incidir sobre cargo ocupado ou vago.

9.5 Substituição (art. 38)

De acordo com a Lei nº 8.112/1990, os servidores investidos em cargo ou função de direção ou chefia e os ocupantes de cargo de natureza especial terão substitutos indicados no **regimento interno** ou, no caso de omissão, previamente designados pelo **dirigente máximo** do órgão ou entidade.

O substituto assumirá automática e cumulativamente, sem prejuízo do cargo que ocupa, o exercício do cargo ou função de direção ou chefia e os de natureza especial, nos afastamentos, impedimentos legais ou regulamentares do titular e na vacância do cargo, hipóteses em que deverá **optar** pela remuneração de um deles durante o respectivo período.

O substituto fará jus à retribuição pelo exercício do cargo ou função de direção ou chefia ou de cargo de Natureza Especial, nos casos dos afastamentos ou impedimentos legais do titular, **superiores** a trinta dias consecutivos, paga na **proporção** dos dias de efetiva substituição, que excederem o referido período.

9.6 Das vantagens (art. 49)

Indenizações	Gratificações	Adicionais
• Ajuda de custo; • Diárias; • Transporte; • Auxílio-moradia.	• Retribuição pelo exercício de função de direção, chefia e assessoramento; • Gratificação natalina; • Gratificação por encargo de curso ou concurso.	• Atividades insalubres, perigosas ou penosas; • Serviço extraordinário; • Noturno; • Férias.

OBSERVAÇÃO!

As **indenizações** não se incorporam ao vencimento ou provento para qualquer efeito. As **gratificações** e os **adicionais** incorporam-se ao vencimento ou provento nos casos e condições indicados em lei.

9.6.1 Espécies de indenizações

Ajuda de custo (art. 53)	
Finalidade	Compensar as despesas de instalação do servidor que, no interesse do serviço, passar a ter exercício em nova sede, com mudança de domicílio em caráter **permanente**.
O cônjuge recebe?	Não. Se o cônjuge também for servidor, apenas um receberá.
Despesas de transporte do servidor	Correm por conta da Administração.

Servidor que falecer na nova sede	São assegurados à família ajuda de custo e transporte para localidade de origem dentro do prazo de um ano, contado do óbito.
Forma de cálculo	Calculada sobre a remuneração do servidor, conforme se dispuser em regulamento, não podendo exceder a importância correspondente a 3 (três) meses.
Somente para efetivos?	Não. Pessoa que é nomeada para cargo em comissão também recebe.
Restituição	Deve restituir a ajuda de custo quando, injustificadamente, não se apresentar na nova sede no prazo de 30 (trinta) dias.

Diárias (art. 58)	
Finalidade	Compensação financeira ao servidor que a serviço, afastar-se da sede em caráter **eventual ou transitório**, destinada a indenizar as parcelas de despesas extraordinária com pousada, alimentação e locomoção.
Localidade	Outro ponto do território nacional ou para o exterior.
Forma de pagamento	Será concedida por dia de afastamento, sendo devida pela metade quando o deslocamento não exigir pernoite fora da sede, ou quando a União custear, por meio diverso, as despesas extraordinárias cobertas por diárias.
Observação 1	Nos casos em que o deslocamento da sede constituir exigência permanente do cargo, o servidor não fará jus a diárias.
Observação 2	Também não fará jus a diárias o servidor que se deslocar dentro da mesma região metropolitana, aglomeração urbana ou microrregião, constituídas por municípios limítrofes e regularmente instituídas, ou em áreas de controle integrado mantidas com países limítrofes, cuja jurisdição e competência dos órgãos, entidades e servidores brasileiros considera-se estendida, salvo se houver pernoite fora da sede, hipóteses em que as diárias pagas serão sempre as fixadas para os afastamentos dentro do território nacional. *Ex.*: São Paulo – Guarulhos.
Observação 3	O servidor que receber diárias e não se afastar da sede, por qualquer motivo, fica obrigado a restituí-las integralmente, no prazo de 5 (cinco) dias.

Transporte (art. 58)	
Finalidade	Indenização de transporte ao servidor que realizar despesas com a utilização de meio próprio de locomoção para a execução de serviços externos, por força das atribuições próprias do cargo.

Auxílio-moradia (art. 60-A)	
Finalidade	Ressarcimento das despesas comprovadamente realizadas pelo servidor com aluguel de moradia ou com meio de hospedagem administrado por empresa hoteleira.
Requisitos	I – não exista imóvel funcional disponível para uso pelo servidor; II – o cônjuge ou companheiro do servidor não ocupe imóvel funcional; III – o servidor ou seu cônjuge ou companheiro não seja ou tenha sido proprietário, promitente comprador, cessionário ou promitente cessionário de imóvel no Município aonde for exercer o cargo, incluída a hipótese de lote edificado sem averbação de construção, nos doze meses que antecederem a sua nomeação; IV – nenhuma outra pessoa que resida com o servidor receba auxílio-moradia; V – o servidor tenha se mudado do local de residência para ocupar cargo em comissão ou função de confiança do Grupo-Direção e Assessoramento Superiores – DAS, níveis 4, 5 e 6, de Natureza Especial, de Ministro de Estado ou equivalentes; VI – o Município no qual assuma o cargo em comissão ou função de confiança não se enquadre nas hipóteses do art. 58, § 3º, em relação ao local de residência ou domicílio do servidor; VII – o servidor não tenha sido domiciliado ou tenha residido no Município, nos últimos doze meses, aonde for exercer o cargo em comissão ou função de confiança, desconsiderando-se prazo inferior a sessenta dias dentro desse período; VIII – o deslocamento não tenha sido por força de alteração de lotação ou nomeação para cargo efetivo. IX – o deslocamento tenha ocorrido após 30 de junho de 2006.
Prazo	Não será concedido por prazo superior a 8 (oito) anos dentro de cada período de 12 (doze) anos. Só pode receber novamente depois de 4 anos. Se já completou o período de 8 anos.
Valor	Limitado a 25% (vinte e cinco por cento) do valor do cargo em comissão, função comissionada ou cargo de Ministro de Estado ocupado. **Art. 60-D**, § 1º O valor do auxílio-moradia não poderá superar 25% (vinte e cinco por cento) da remuneração de Ministro de Estado. Independente do valor do CC ou FC fica assegurado o valor de R$ 1.800,00.
Observação	**Art. 60-E**. No caso de falecimento, exoneração, colocação de imóvel funcional à disposição do servidor ou aquisição de imóvel, o auxílio-moradia continuará sendo pago por um mês.

9.6.2 Das gratificações

Retribuição pelo exercício de função de direção, chefia e assessoramento - art. 62
Ao servidor ocupante de cargo efetivo investido em função de direçao, chefia ou assessoramento, cargo de provimento em comissão ou de Natureza Especial é devida retribuição pelo seu exercício.

Gratificação natalina (art. 63)	
Valor	1/12 (um doze avos) da remuneração a que o servidor fizer jus no mês de dezembro.
Data do pagamento	Até o dia 20 (vinte) do mês de dezembro de cada ano.
Servidor exonerado	Recebe proporcionalmente calculada sobre o mês da exoneração.
Observação	Fração igual ou superior a 15 (quinze) dias será considerada como mês integral.

Gratificação por encargo de curso ou concurso (art. 76-A)	
Motivo	Devida ao servidor que, em caráter eventual: I - atuar como instrutor em curso de formação, de desenvolvimento ou de treinamento regularmente instituído no âmbito da Administração Pública Federal; (2,2%) II - participar de banca examinadora ou de comissão para exames orais, para análise curricular, para correção de provas discursivas, para elaboração de questões de provas ou para julgamento de recursos intentados por candidatos; (2,2%)
	III - participar da logística de preparação e de realização de concurso público envolvendo atividades de planejamento, coordenação, supervisão, execução e avaliação de resultado, quando tais atividades não estiverem incluídas entre as suas atribuições permanentes; (1,2%) IV - participar da aplicação, fiscalizar ou avaliar provas de exame vestibular ou de concurso público ou supervisionar essas atividades. (1,2%)
Observação 1	A retribuição não poderá ser superior ao equivalente a 120 (cento e vinte) horas de trabalho anuais, ressalvada situação de excepcionalidade, devidamente justificada e previamente aprovada pela autoridade máxima do órgão ou entidade, que poderá autorizar o acréscimo de até 120 (cento e vinte) horas de trabalho anuais.

Observação 2	O valor máximo da hora trabalhada corresponderá aos seguintes percentuais, incidentes sobre o maior **vencimento** básico da Administração Pública Federal: - 2,2% (dois inteiros e dois décimos por cento), em se tratando de atividades previstas nos incisos I e II. - 1,2% (um inteiro e dois décimos por cento), em se tratando de atividade prevista nos incisos III e IV.
Observação 3	- A Gratificação por Encargo de Curso ou Concurso somente será paga se as atividades forem exercidas **sem prejuízo das atribuições do cargo** de que o servidor for titular, devendo ser objeto de compensação de carga horária quando desempenhadas durante a jornada de trabalho, na forma do § 4º do art. 98 da Lei nº 8.112/90. - A Gratificação por Encargo de Curso ou Concurso **não se incorpora ao vencimento ou salário do servidor para qualquer efeito e não poderá ser utilizada como base de cálculo para quaisquer outras vantagens**, inclusive para fins de cálculo dos proventos da aposentadoria e das pensões.

9.6.3 Dos adicionais

Adicionais de insalubridade, periculosidade ou atividades penosas (art. 68)	
Insalubridade	Exerce com habitualidade atividades em locais que possam causar danos irreversíveis à saúde ou em contato permanente com substâncias tóxicas ou radioativas.
Periculosidade	Risco de vida.
Cumulação	Não pode acumular insalubridade e periculosidade. O servidor deve fazer opção.
É condicional	Cessa com a situação.
Servidora gestante ou lactante	Será afastada enquanto durar a gestação ou lactação.
Atividade penosa	Devido aos servidores em exercício em zonas de fronteira ou em localidades cujas condições de vida o justifiquem, nos termos, condições e limites fixados em regulamento.
Servidor que opera raio x	Serão submetidos a exames médicos a cada 6 (seis) meses.

Adicional por serviço extraordinário (art. 73)	
Percentual do acréscimo	50% de acréscimo com relação ao valor da hora normal de trabalho. Cálculo de hora com base no art. 40.

Casos	Atender a situações excepcionais e temporárias.
Limite diário	Limite máximo de 2 horas por **jornada** (art. 19 - 6 a 8 horas diárias).

Adicional noturno (art. 75)	
Percentual do acréscimo	25% de acréscimo com relação ao valor da hora normal de trabalho.
Horário noturno	22 (vinte e duas) horas de um dia e 5 (cinco) horas do dia seguinte
Cálculo da hora	Cada hora como cinquenta e dois minutos e trinta segundos.
Observação	Em se tratando de serviço extraordinário, o acréscimo de que trata este artigo incidirá sobre a remuneração prevista no art. 73. Cada adicional incidirá sobre o valor do vencimento-hora e não um sobre o outro.

Férias (art. 77)	
Prazo	30 dias
Cumulação	Até o máximo de dois períodos, no caso de necessidade do serviço.
Período de aquisição	Para o primeiro período aquisitivo de férias serão exigidos 12 (doze) meses de exercício. Para os períodos seguintes, basta a entrada a entrada do exercício.
Parcelamento	Poderão ser parceladas em até três etapas, desde que assim requeridas pelo servidor, e no interesse da Administração Pública. Em caso de parcelamento, o servidor receberá o valor adicional previsto no inciso XVII do art. 7º da Constituição Federal quando da utilização do primeiro período.
Pagamento	O pagamento da remuneração das férias será efetuado até 2 (dois) dias antes do início do respectivo período. Adicional de 1/3 sobre a remuneração (art. 76).
Interrupção	Por motivo de calamidade pública, comoção interna, convocação para júri, serviço militar ou eleitoral, ou por necessidade do serviço declarada pela autoridade máxima do órgão ou entidade. O restante do período interrompido será gozado de uma só vez.
Observação 1	É vedado levar à conta de férias qualquer falta ao serviço.
Observação 2	O servidor que opera direta e permanentemente com Raios X ou substâncias radioativas gozará 20 dias consecutivos de férias, por semestre de atividade profissional, proibida em qualquer hipótese a acumulação.

Observação 3	O servidor exonerado do cargo efetivo, ou em comissão, perceberá indenização relativa ao período das férias a que tiver direito e ao incompleto, na proporção de um doze avos por mês de efetivo exercício, ou fração superior a quatorze dias.

9.7 Das licenças (art. 81)

Licença por motivo de doença em pessoa da família (art. 83)	
É considerado família do servidor	Cônjuge ou companheiro, dos pais, dos filhos, do padrasto ou madrasta e enteado, ou dependente que viva a suas expensas e conste do seu assentamento funcional, mediante comprovação por perícia médica oficial. (**Cuidado**! Nesse caso, irmão não é família).
Requisitos	Somente será deferida se a assistência direta do servidor for indispensável e não puder ser prestada simultaneamente com o exercício do cargo ou mediante compensação de horário.
Prazo e remuneração	Até 60 (sessenta) dias, consecutivos ou não com remuneração; até 90 (noventa) dias, consecutivos ou não, sem remuneração.
Observação	Poderá ser concedida a cada período de doze meses. O início do interstício de 12 (doze) meses será contado a partir da data do deferimento da primeira licença concedida. O período total da licença será a soma dos dias com remuneração, mais os dias de licença sem remuneração (150 dias).
Pode no EP?	Sim. Mas suspende a contagem.
Tempo de serviço	Conta apenas para efeito de aposentadoria e disponibilidade o período com remuneração, que exceder a 30 (trinta) dias em período de 12 (doze) meses. Tem se entendido que os primeiros 30 dias contam para todos os efeitos (apesar de não citados no art. 102); a prorrogação para mais 30 dias, só para aposentadoria e disponibilidade. Os demais (90 dias sem remuneração), não contam para nenhum efeito.

Licença por motivo de afastamento do cônjuge (art. 84)	
Motivo	Acompanhar cônjuge ou companheiro que foi deslocado para outro ponto do território nacional, para o exterior ou para o exercício de mandato eletivo dos Poderes Executivo e Legislativo.
Prazo e remuneração	Prazo indeterminado e sem remuneração.

Observação	Poderá haver exercício provisório em órgão ou entidade da Administração Federal direta, autárquica ou fundacional, desde que para o exercício de atividade compatível com o seu cargo.
Pode no EP?	Sim. Mas suspende a contagem.
Tempo de serviço	Não conta para nenhum efeito.

Licença para o serviço militar (art. 85)	
Motivo	Convocação para o serviço militar. Na forma e condições previstas na legislação específica.
Observação	Concluído o serviço militar, o servidor terá até 30 dias **sem** remuneração para reassumir o exercício do cargo.
Pode no EP?	Sim. **Não** suspende a contagem.
Tempo de serviço	Conta para todos os efeitos como efetivo exercício.

Licença para atividade política (art. 86)		
Momento	Escolha em convenção partidária **até** a véspera do registro na Justiça Eleitoral.	Sem remuneração
	Registro na Justiça Eleitoral **até** 10 dias após as eleições. (não pode ultrapassar 3 meses).	Com remuneração (três meses)
Observação	O servidor candidato a cargo eletivo na localidade onde desempenha suas funções e que exerça cargo de **direção**, **chefia**, **assessoramento**, **arrecadação** ou **fiscalização**, dele será afastado, a partir do dia imediato ao do registro de sua candidatura perante a Justiça Eleitoral, até o décimo dia seguinte ao do pleito.	
Pode no EP?	Sim. Mas suspende a contagem.	
Tempo de serviço	Com remuneração – conta apenas para efeito de aposentadoria e disponibilidade. Sem remuneração – não conta para nenhum efeito.	

	Licença-capacitação (art. 87)	**Licença para tratar de interesses particulares (art. 91)**
Prazo	3 meses	3 anos
Remuneração	Sim	Não

Requisitos	A cada quinquênio de efetivo exercício e curso de capacitação. Não pode no EP.	Não estar no EP
Ato	Discricionário	Discricionário
Pode no EP?	Não	Não
Tempo de serviço	Conta para todos os efeitos como efetivo exercício.	Não conta para nenhum efeito.
Observação	Os períodos de licença não são acumuláveis.	Poderá ser interrompida, a qualquer tempo, a pedido do servidor ou no interesse do serviço. Pode ser renovada.

NOTA!

Durante a licença para tratar de interesses particulares, o servidor pode participar de gerência ou administração de sociedade privada, personificada ou não personificada e exercer o comércio (art. 117, parágrafo único).

Licença para o desempenho de mandato classista (art. 92)	
Motivo	Desempenho de mandato em confederação, federação, associação de classe de âmbito nacional, sindicato representativo da categoria ou entidade fiscalizadora da profissão ou, ainda, para participar de gerência ou administração em sociedade cooperativa constituída por servidores públicos para prestar serviços a seus membros.
Limites	• Até 5.000 associados: um servidor. • 5.001 a 30.000 associados: dois servidores. • mais de 30.000: três servidores.
Prazo e remuneração	Duração igual à do mandato, podendo ser prorrogada, no caso de reeleição, e por uma única vez / **sem** remuneração.
Observação	Somente poderão ser licenciados servidores eleitos para cargos de direção ou representação nas referidas entidades, desde que cadastradas no Ministério da Administração Federal e Reforma do Estado.
Pode no EP?	**Não**
Tempo de serviço	Conta, salvo para promoção por merecimento.

9.8 Dos afastamentos

Afastamento para servir a outro órgão ou entidade (art. 93)		
Fato	O servidor poderá ser cedido para ter exercício em outro órgão ou entidade dos Poderes da União, dos Estados, ou do Distrito Federal e dos Municípios.	
Motivo 1	exercício de cargo em comissão ou função de confiança	sendo a cessão para órgãos ou entidades dos Estados, do Distrito Federal ou dos Municípios, o ônus da remuneração será do órgão ou entidade cessionária (quem recebeu o servidor), mantido o ônus para o cedente nos demais casos.
Motivo 2	Nos casos previstos em leis específicas.	
Observação	Na hipótese de o servidor cedido a empresa pública ou sociedade de economia mista, optar pela remuneração do cargo efetivo ou pela remuneração do cargo efetivo acrescida de percentual da retribuição do cargo em comissão, a entidade cessionária efetuará o reembolso das despesas realizadas pelo órgão ou entidade de origem.	
Observação	Servidor em estágio probatório só poderá ser cedido para exercer cargo em comissão de nível DAS 4, 5, 6 ou equivalente.	

Afastamento para exercício de mandato eletivo (art. 94)		
Mandato federal, estadual ou distrital	Servidor será afastado do cargo	Não poderá optar pela remuneração
Mandato de prefeito	Servidor será afastado	Poderá optar pela remuneração
Mandato de vereador	Se houver compatibilidade de horários, poderá acumular as funções.	Não havendo compatibilidade de horários, será afastado, podendo optar pela remuneração
Observação 1	No caso de afastamento do cargo, o servidor contribuirá para a seguridade social como se em exercício estivesse.	
Observação 2	O servidor investido em mandato eletivo ou classista não poderá ser removido ou redistribuído de ofício para localidade diversa daquela onde exerce o mandato.	

Afastamento para estudo ou missão no exterior (art. 95)	
Autorização	Presidente da República, Presidente dos órgãos do Poder Legislativo (Câmara ou Senado) e STF.
Concessão	É ato discricionário da Administração.
Prazo e remuneração	Não excederá a quatro anos, e finda a missão ou estudo, somente decorrido igual período, será permitida nova ausência. Requisitos e remuneração são dispostos em regulamento.

Tempo de serviço	Conta para todos os efeitos.
Observação 1	Ao servidor beneficiado com esse afastamento não será concedida exoneração ou licença para tratar de interesse particular antes de decorrido período igual ao do afastamento, ressalvada a hipótese de ressarcimento da despesa havida com seu afastamento.
Observação 2	As regras desse afastamento não se aplicam aos servidores da carreira diplomática.
Observação 3	O art. 20, § 4º, da Lei nº 8.112/90 permite o afastamento durante o estágio probatório. Contudo, com a redação do § 7º, do art. 96-A fica inviável a concessão durante o estágio probatório. Para concursos, encontramos questões no sentido de que o afastamento pode ser concedido durante o estágio probatório.
Observação 4	Art. 96. O afastamento de servidor para servir em organismo internacional de que o Brasil participe ou com o qual coopere dar-se-á com perda total da remuneração.

Afastamento para participação em programa de pós-graduação *stricto sensu* no País (art. 96-A)		
Fato	afastar-se do exercício do cargo efetivo, para participar em programa de pós-graduação *stricto sensu* em instituição de ensino superior no País (mestrado, doutorado ou pós-doutorado).	
Remuneração	Com remuneração.	
Requisitos gerais	• no interesse da Administração; • desde que a participação não possa ocorrer simultaneamente com o exercício do cargo; • ou mediante compensação de horário.	
Requisitos específicos	Para **Mestrado**: servidores titulares de cargos efetivos no órgão há pelo menos três anos.	Para **Doutorado**: servidores titulares de cargos efetivos no órgão há pelo menos quatro anos.
	Para **Pós-doutorado**: servidores titulares de cargos efetivos no órgão há pelo menos 4 anos	
Observação 1	Na contagem dos prazos acima, inclui-se o período de estágio probatório. E desde que o servidor não tenha se afastado por licença para tratar de assuntos particulares, para gozo de licença-capacitação ou para afastamento para participação em programa de pós-graduação *stricto sensu* no País nos dois anos anteriores à data da solicitação de afastamento (para mestrado e doutorado). No caso de pós-doutorado 4 anos.	

Observação 2	Os servidores beneficiados pelos afastamentos terão que permanecer no exercício de suas funções após o seu retorno por um período igual ao do afastamento. Ou, caso o servidor venha a solicitar exoneração do cargo ou aposentadoria, deverá ressarcir o órgão ou a entidade.
Observação 3	Caso o servidor não obtenha o título ou grau que justificou seu afastamento também deverá ressarcir o órgão ou entidade.

9.9 Das concessões (art. 97)

As concessões são contadas como efetivo exercício para todos os efeitos, nos termos do art. 102, *caput*.

Doação de sangue	1 dia
Alistamento como eleitor	2 dias de ausência
Casamento	8 dias corridos
Falecimento de cônjuge ou companheiro, pai, mãe, madrasta, padrasto, filho, enteado, irmão ou qualquer menor sob sua guarda ou tutela.	8 dias corridos, a partir do óbito

	Horário especial ao servidor estudante (art. 98)	**Horário especial ao servidor com deficiência (art. 98, § 1º)**
Condição	Incompatibilidade de horário	Incompatibilidade de horário Junta médica oficial deve comprovar a necessidade.
Compensação	Deve haver	Não se exige.
Observação		São extensivas ao servidor que tenha cônjuge, filho ou dependente portador de deficiência física, exigindo-se a compensação de horário.

NOTA!

Ao servidor estudante que mudar de sede no interesse da Administração é assegurada, na localidade da nova residência ou na mais próxima, matrícula em instituição de ensino congênere, em qualquer época, independentemente de vaga. Estende-se ao cônjuge ou companheiro, aos filhos, ou enteados do servidor que vivam na sua companhia, bem como aos menores sob sua guarda, com autorização judicial (art. 99).

No caso de **servidor com gratificação de curso ou concurso** quando desempenhado durante a jornada normal de trabalho, as horas relativas a esse encargo somente serão remuneradas se devidamente compensadas (art. 76-A, § 2º) durante o longo prazo de um ano.

NOTA!

No caso de servidor estudante ou que tenha filho/dependente/cônjuge portador de deficiência será exigida a compensação de horário. Se o servidor for o portador de deficiência e necessitar de horário especial, não será exigida a compensação de horário.

9.10 Tempo de serviço (art. 100)

O tempo de serviço não se confunde com o tempo de contribuição. A diferença se dá porque o tempo de contribuição pode, no máximo, ser igual ao tempo de serviço, isso porque o primeiro é contado para efeitos previdenciários e com base na efetiva contribuição do servidor para o regime próprio de previdência social, vedada qualquer forma de contagem fictícia (CF, art. 40, § 10); já o segundo (tempo de serviço) tem importância para efeitos de disponibilidade e de promoção.

A apuração do tempo de serviço será feita em dias, que serão convertidos em anos, considerado o ano como de trezentos e sessenta e cinco dias (art. 101).

Períodos que contam como efetivo exercício para todos os efeitos	Períodos que contam apenas para fins de aposentadoria e disponibilidade
a) Concessões do art. 97 (doação de sangue, alistamento eleitoral, **licença de gala** e **licença de nojo**), além de outras concessões previstas em lei específica (serviços do júri, eleições, etc. - inciso VI) - *caput*; *b*) Férias (arts. 77 a 80, inciso I); *c*) Cessão para exercer cargo de provimento em comissão ou equivalente (art. 93, I, inciso II); *d*) Cessão para exercer cargo de governo (Ministro, Presidente de Estatal) ou de Administração (Diretor de Estatal, *p.ex*), desde que a nomeação tenha sido feita pelo Presidente da República (inciso III);	*a*) Tempo de serviço público (em cargo público efetivo e também em emprego público e cargo de provimento em comissão, os quais, embora se submetam regime geral de previdência social e contem como compensação recíproca entre os regimes, não estão incluídos na previsão do inciso V deste art. 103) prestado aos Estados, ao Distrito Federal e aos Municípios, desde que devidamente averbado (inciso I); *b*) licença para tratamento de saúde de pessoa da família do servidor, com remuneração, que exceder a 30 (trinta) dias em período de 12 (doze) meses;

e) Participação em programa de treinamento regularmente instituído (inciso IV), o que não se confunde com a licença para capacitação (art. 87); aqui, o servidor vai participar de treinamento oferecido pelo próprio órgão/ entidade ou repartição conveniada, na mesma sede ou não (inclusive curso de formação, se não for etapa do concurso).

f) Júri e outros serviços obrigatórios instituídos por lei, como o trabalho em eleições (inciso VI), e que têm a natureza de concessão;

g) Afastamento para missão ou estudo no exterior (inciso VII);

h) Licença à gestante (art. 207), à adotante (art. 210) e à paternidade (art. 208, inciso VIII, *a*);

i) Licença para tratamento da própria saúde (arts. 202 a 206), até o limite (cumulativo ao longo do serviço público prestado à União) de 24 meses (inciso VIII, *b*); ultrapassado o limite de 24 meses, conta somente para fins de aposentadoria e disponibilidade, nos termos do art. 103, VII;

j) Licença por motivo de acidente em serviço (arts. 211 a 214, inciso VIII, *d)* – ver comentários ao art. 211;

k) Licença para capacitação (art. 87, inciso VIII);

l) Licença para o serviço militar (art. 85, inciso VIII, *f)*;

m) Período de trânsito para a nova sede, em caso de deslocamento (art. 18, inciso IX); (10 a 30 dias)

n) Participação em competição desportiva nacional (campeonatos, torneios, copas, etc.) ou convocação para integrar representação desportiva nacional (seleção brasileira, qualquer que seja a modalidade), no país ou no exterior, conforme disposto em lei específica (inciso X);

o) Afastamento para servir em organismo internacional de que o Brasil participe ou com o qual coopere (art. 96, inciso XI).

c) Licença para atividade política, quanto ao segundo período, remunerado, que vai do registro da candidatura na Justiça Eleitoral até o décimo dia seguinte ao pleito, desde que não ultrapassado o limite de três meses (art. 86, § 2º); o primeiro período (entre a aprovação em convenção partidária e a véspera do registro da candidatura), bem como a parcela do segundo período que eventualmente ultrapasse os três meses, como são concedidos sem remuneração, não contam como exercício para efeito algum (inciso III);

d) Mandato eletivo exercido antes do ingresso no serviço público federal (cargo ou emprego público na esfera da União) (inciso IV);

e) Tempo de serviço na iniciativa privada, desde que registrado na previdência social (regime geral) (inciso V);

f) Tempo de serviço relativo ao tiro-de-guerra (inciso VI);

g) Licença para tratamento da própria saúde (arts. 202 a 206), quanto ao período que ultrapassar o limite (cumulativo) de 24 meses durante o tempo de serviço público federal, nos termos do art. 102, VIII, *b*.

OBSERVAÇÃO!

Períodos que contam como efetivo exercício para todos os efeitos, exceto para promoção **por merecimento**:

- Afastamento para o exercício de mandato eletivo (art. 94, inc. V);
- o tempo de mandato eletivo anterior ao ingresso no serviço público federal somente conta para fins de aposentadoria ou disponibilidade, nos termos do art. 103, IV;
- licença para o desempenho de mandato classista (art. 92, inciso VIII, *c*).

9.11 Direito de petição

É assegurado ao servidor o direito de requerer aos Poderes Públicos, em defesa de direito ou interesse legítimo (art. 104).

O requerimento será dirigido à autoridade competente para decidi-lo e encaminhado por intermédio daquela a que estiver imediatamente subordinado o requerente.

Cabe pedido de reconsideração à autoridade que houver expedido o ato ou proferido a primeira decisão, não podendo ser renovado.

O requerimento e o pedido de reconsideração de que tratam os artigos anteriores deverão ser despachados no prazo de 5 (cinco) dias e decididos dentro de 30 (trinta) dias.

Caberá recurso:

I – do indeferimento do pedido de reconsideração;

II – das decisões sobre os recursos sucessivamente interpostos.

O recurso será dirigido à **autoridade imediatamente superior** à que tiver expedido o ato ou proferido a decisão, e, sucessivamente, em escala ascendente, às demais autoridades. Será encaminhado por intermédio da autoridade a que estiver imediatamente subordinado o requerente.

O prazo para interposição de pedido de reconsideração ou de recurso é de 30 (trinta) dias, a contar da publicação ou da ciência, pelo interessado, da decisão recorrida (art. 108).

O recurso **poderá** ser recebido com efeito **suspensivo**, a juízo da autoridade competente.

O direito de requerer prescreve:

- em 5 (cinco) anos, quanto aos atos de demissão e de cassação de aposentadoria ou disponibilidade, ou que afetem interesse patrimonial e créditos resultantes das relações de trabalho;
- em 120 (cento e vinte) dias, nos demais casos, salvo quando outro prazo for fixado em lei.

O prazo de prescrição será contado da data da **publicação** do ato impugnado ou da data da ciência pelo interessado, quando o ato não for publicado.

O pedido de reconsideração e o recurso, quando cabíveis, interrompem a prescrição. A interrupção inicia novamente a contagem do prazo prescricional, qualquer que seja o tempo. Quando da interrupção, deve ser desconsiderado o prazo já transcorrido, e procede-se a nova contagem, a partir do zero, tendo por termo inicial a data da interrupção. Essa é, aliás, a grande diferença entre a suspensão e a interrupção: nesta, o prazo é zerado, enquanto naquela o prazo volta a correr de onde tinha parado.

9.12 Regime disciplinar

9.12.1 Das responsabilidades (art. 121)

O servidor responde civil, penal e administrativamente pelo exercício irregular de suas atribuições.

Responsabilidade	Civil	Relativa a danos de natureza patrimonial ou moral.	Ressarcimento dos danos causados, na forma dos arts. 45 a 47 da Lei nº 8.112/1990.
	Penal	Abrange os crimes e contravenções imputa das ao servidor.	A sanção consiste na pena privativa de liberdade, em regra, e multa como pena acessória. Aplicação pelo Poder Judiciário.
	Administrativa	Decorre do descumprimento dos deveres funcionais exigidos do servidor (arts. 116 e 117).	Sanção administrativa disciplinar (art. 127).

Estabelece a lei que as sanções civis, penais e administrativas poderão **cumular**-se, sendo **independentes** entre si.

Porém, a regra não é absoluta: a absolvição penal, por **negativa do fato** ou **negativa de autoria**, gera absolvição na via administrativa (art. 126).

NOTA!

Absolvição na esfera penal por **falta ou ausência de provas** não vincula a esfera administrativa.

NOTA!

A Lei de Acesso à Informação, Lei nº 12.527/2011, acrescentou o art. 126-A na Lei nº 8.112/1990: "Art. 126-A. Nenhum servidor poderá ser responsabilizado civil, penal ou administrativamente por dar ciência à autoridade superior ou, quando houver suspeita de envolvimento desta, a outra autoridade competente para apuração de informação concernente à prática de crimes ou improbidade de que tenha conhecimento, ainda que em decorrência do exercício de cargo, emprego ou função pública.

9.12.2 Das penalidades (art. 127)

Advertência (art. 129)	Demissão (art. 130)
Aplicada nos casos do art. 117, incisos I a VIII e XIX, e de inobservância de dever funcional previsto em lei, regulamentação ou norma interna, que não justifique imposição de penalidade mais grave. I - ausentar-se do serviço durante o expediente, sem prévia autorização do chefe imediato; II - retirar, sem prévia anuência da autoridade competente, qualquer documento ou objeto da repartição; III - recusar fé a documentos públicos; IV - opor resistência injustificada ao andamento de documento e processo ou execução de serviço; V - manifestação de apreço ou desapreço no recinto da repartição; VI - cometer a pessoa estranha à repartição, fora dos casos previstos em lei, o desempenho de atribuição que seja de sua responsabilidade ou de seu subordinado;	I - crime contra a Administração Pública; (arts. 312 a 326 do CP); II - abandono de cargo; III - inassiduidade habitual; IV - improbidade administrativa; V - incontinência pública e conduta escandalosa, na repartição; VI - insubordinação grave em serviço; VII - ofensa física, em serviço, a servidor ou a particular, salvo em legítima defesa própria ou de outrem; VIII - aplicação irregular de dinheiros públicos; IX - revelação de segredo do qual se apropriou em razão do cargo; X - lesão aos cofres públicos e dilapidação do patrimônio nacional; XI - corrupção; XII - acumulação ilegal de cargos, empregos ou funções públicas; XIII - transgressão dos incisos IX a XVI do art. 117. São eles: *IX - valer-se do cargo para lograr proveito pessoal ou de outrem, em detrimento da dignidade da função pública;* *X - participar de gerência ou administração de sociedade privada, personificada ou não personificada, exercer o comércio, exceto na qualidade de acionista, cotista ou comanditário;*

VI - coagir ou aliciar subordinados no sentido de filiarem-se a associação profissional ou sindical, ou a partido político; VII - manter sob sua chefia imediata, em cargo ou função de confiança, cônjuge, companheiro ou parente até o **segundo** grau civil; XIX - recusar-se a atualizar seus dados cadastrais quando solicitado.	*XI - atuar, como procurador ou intermediário, junto a repartições públicas, salvo quando se tratar de benefícios previdenciários ou assistenciais de parentes até o* ***segundo*** *grau, e de cônjuge ou companheiro;* *XII - receber propina, comissão, presente ou vantagem de qualquer espécie, em razão de suas atribuições;* *XIII - aceitar comissão, emprego ou pensão de estado estrangeiro;* *XIV - praticar usura sob qualquer de suas formas;* *XV - proceder de forma desidiosa;* *XVI - utilizar pessoal ou recursos materiais da repartição em serviços ou atividades particulares;*

Suspensão (art. 130)
Aplicada em caso de reincidência das faltas punidas com advertência e de violação das demais proibições que não tipifiquem infração sujeita a penalidade de demissão (XVII e XVIII do art. 117). – Prazo: não pode exceder a 90 dias.
Observação 1: Será punido com suspensão de até 15 (quinze) dias o servidor que, injustificadamente, recusar-se a ser submetido a inspeção médica determinada pela autoridade competente, cessando os efeitos da penalidade uma vez cumprida a determinação (art. 130, § 1º).
Observação 2: Quando houver conveniência para o serviço, a penalidade de suspensão poderá ser **convertida** em **multa**, na base de 50% (cinquenta por cento) por dia de vencimento ou remuneração, ficando o servidor obrigado a permanecer em serviço. (art. 130, § 2º).
Cassação de aposentadoria ou disponibilidade (art. 134)
Aplicada ao inativo que houver praticado, na atividade, falta punível com a demissão.
Destituição de cargo em comissão ou da função comissionada
Será aplicada nos casos de infração sujeita às penalidades de suspensão e de demissão. **Observação:** Constatada essa hipótese, a exoneração efetuada nos termos do art. 35 será convertida em destituição de cargo em comissão.

Na aplicação das penalidades serão consideradas a **natureza** e a **gravidade** da infração cometida, os **danos** que dela provierem para o serviço público, as **circunstâncias** agravantes ou atenuantes e os antecedentes funcionais (art. 128).

O ato de imposição da penalidade mencionará **sempre** o fundamento legal e a causa da sanção disciplinar.

9.12.2.1 Competência para aplicação das penalidades (art. 141)

Sanção	Autoridade competente
Advertência	Chefe da repartição (ou outra autoridade apontada em regulamento ou regimento interno).
Suspensão até 30 dias	Idem à advertência.
Suspensão de 31 a 90 dias	Autoridade imediatamente inferior à mais alta de cada órgão ou Poder (Vice-Presidentes dos Tribunais, Vice-Procurador-Geral da República, Vice-Presidente da República e da cada Casa do Congresso Nacional).
Demissão	Autoridade mais alta de cada órgão (Presidentes dos Tribunais Federais e Procurador-Geral da República) ou Poder (Presidente da República ou da cada Casa do Congresso Nacional).
Cassação de aposentadoria ou disponibilidade	Idem à demissão.
Destituição de cargo em comissão	Autoridade que nomeou o servidor para o cargo em comissão.

A autoridade competente para destituição de cargo em comissão não é a autoridade máxima, mas a autoridade nomeante.

9.12.2.2. Prescrição da ação disciplinar (art. 142)

Sanção (art. 127)	Prazo prescricional (art. 142)	Prazo para cancelamento do registro (art. 131)
Advertência	180 dias	3 anos
Suspensão	2 anos	5 anos
Demissão e cassação de aposentadoria ou disponibilidade e destituição de CC/FC	5 anos	Nunca, pois a punição tem efeitos permanentes

Tais prazos de prescrição só tem aplicação se a infração não for também capitulada como **crime** no caso de haver coincidência entre a falta funcional e o crime, vale o prazo prescricional deste, seja menor ou maior.

O termo inicial da contagem do prazo de prescrição dos ilícitos disciplinares não é, ao contrário do Direito Penal, a data da prática do fato, mas, sim, a data em que o fato ficou **conhecido**, foi descoberto.

Estará interrompida a prescrição, de acordo com o § 3º, com a **abertura** de qualquer processo disciplinar (abertura de sindicância ou instauração de processo administrativo disciplinar propriamente dito, nos termos dos arts. 144 e 148). A interrupção **zera** a contagem a partir da data do fato interruptivo. A Lei nº 8.112/90 não fez previsão de quando a contagem do prazo prescricional reinicia. Esse prazo foi fixado pelo STJ. Veja a nota a seguir:

NOTA!

Segundo entendimento jurisprudencial, não sendo o PAD concluído em 140 dias, o prazo prescricional volta a ser contado em sua integralidade. Isso porque esse é o prazo máximo para encerramento do PAD (60+60 dias do PAD + 20 dias para decisão)

9.13 Do processo administrativo disciplinar

9.13.1 Instrumentos processuais de apuração

São meios para apurar infrações disciplinares: sindicância e processo administrativo disciplinar.

9.13.2 Consequências da sindicância

Conclui-se pela atipicidade da conduta ou pela inocorrência do fato	Arquivamento da sindicância.
Conclui-se pela existência de falta funcional punível com advertência ou com suspensão por até 30 dias, e já se conhece o autor do fato (autoria)	A penalidade deve ser aplicada por meio da própria sindicância. (dispensa PAD)
Conclui-se pela existência de infração (materialidade) punível com demissão ou suspensão superior a 30 dias	Deve ser encerrada a sindicância e instaurado processo administrativo disciplinar (art. 146).
Observação	O prazo para o término da sindicância é de 30 dias (a contar da abertura), podendo ser prorrogado uma vez por igual período (mais 30).

9.13.3 Afastamento preventivo do servidor (art. 147)

Como medida cautelar e a fim de que o servidor não venha a influir na apuração da irregularidade, a autoridade instauradora do processo disciplinar poderá determinar o seu afastamento do exercício do cargo, pelo prazo de até 60 (sessenta) dias, **sem prejuízo da remuneração** (leia-se com remuneração). Podendo ser prorrogado por igual prazo, findo o qual cessarão os seus efeitos, ainda que não concluído o processo.

9.13.4 Comissão (art. 149)

Órgão colegiado composto por **três servidores estáveis** que deve devem ser designados pela autoridade competente, na ocasião da instauração do PAD. O único requisito para integrar a comissão é ser servidor **estável**. Porém, para ser o **presidente** da comissão, é necessário, além de ser estável, possuir nível superior ou o mesmo nível de **escolaridade** do indiciado, **ou** ainda ser titular de **cargo** de nível mais elevado ou do mesmo nível.

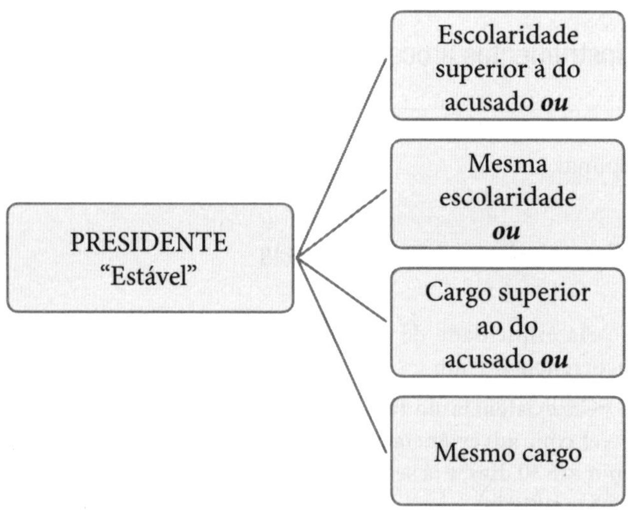

Não pode atuar nos procedimentos disciplinares, integrando comissão de sindicância ou de inquérito, quem seja cônjuge ou companheiro do investigado ou parente, consanguíneo ou afim, até o **terceiro** grau.

A Comissão exercerá suas atividades com independência e imparcialidade, assegurado o sigilo necessário à elucidação do fato ou exigido pelo interesse da Administração.

NOTA!

Segundo a Súmula Vinculante nº 5 do STF, a falta de defesa técnica por advogado no processo disciplinar **não** viola a Constituição.

O servidor deve ser **citado por meio de mandado** expedido pelo presidente da comissão, para que apresente a defesa, por escrito e no prazo de dez dias. O prazo de dez dias, prorrogável uma vez pelo dobro, será dilatado para 20 dias quando houver mais de um acusado.

Achando-se o indiciado em lugar incerto e não sabido, será **citado por edital**, publicado no *Diário Oficial da União* e em jornal de grande circulação na localidade do último domicílio conhecido, para apresentar defesa. Nesse caso, o prazo para defesa será de 15 (quinze) dias a partir da última publicação do edital.

Considerar-se-á revel o indiciado que, regularmente citado, não apresentar defesa no prazo legal.

O relatório será **sempre conclusivo** quanto à inocência ou à responsabilidade do servidor. O relatório não vincula a autoridade que julgará o processo: trata-se de um verdadeiro parecer obrigatório, imprescindível à validade do processo, mas não vinculante (art. 168, *caput*). Porém, caso não acate a decisão da comissão, a autoridade julgadora deverá motivar o ato (art. 168, parágrafo único).

Conforme dito anteriormente, o julgamento é a última fase do processo administrativo disciplinar, na qual se resolverá sobre a culpa ou não do servidor processado. O prazo para julgamento é de 20 dias, a contar do recebimento dos autos, independentemente da complexidade do processo ou do número de indiciados. A lei não prevê prorrogação do prazo, embora seja oportuno lembrar que o julgamento fora do prazo não implica nulidade do processo (art. 169, § 1º).

O julgamento **acatará** o relatório da comissão, salvo quando contrário às provas dos autos. Quando o relatório da comissão contrariar as provas dos autos, a autoridade julgadora poderá, motivadamente, agravar a penalidade proposta, abrandá-la ou isentar o servidor de responsabilidade.

9.13.5 Prazo para conclusão do PAD (art. 152)

O prazo para a conclusão do processo disciplinar não excederá 60 (sessenta) dias, contados da data de publicação do ato que constituir a comissão, **admitida a sua prorrogação** por igual prazo, quando as circunstâncias o exigirem.

O termo inicial do prazo é a publicação do ato de instauração. O julgamento fora do prazo não implica nulidade do processo (art. 169, parágrafo único), mas pode causar a prescrição intercorrente, pois a partir do término do prazo previsto em lei volta a correr o prazo prescricional. De acordo com a jurisprudência, o termo final desse prazo é a conclusão do relatório pela comissão de inquérito, e não o julgamento em si, do que resulta que o prazo total do processo é de, no máximo, 140 dias (60+60+20).

9.13.6 Revisão do PAD (art. 174)

O processo disciplinar poderá ser revisto, a qualquer tempo, a **pedido ou de ofício**, quando se aduzirem fatos novos ou circunstâncias suscetíveis de justificar a inocência do punido ou a inadequação da penalidade aplicada. Em caso de falecimento, ausência ou desaparecimento do servidor, qualquer pessoa da família poderá requerer a revisão do processo.

NOTA!

Da revisão não pode resultar agravamento da sanção aplicada.

A simples alegação de injustiça da penalidade não constitui fundamento para a revisão, que requer elementos novos, ainda não apreciados no processo originário (art. 176).

A comissão revisora terá 60 (sessenta) dias para a conclusão dos trabalhos.

O prazo para julgamento será de 20 (vinte) dias, contados do recebimento do processo, no curso do qual a autoridade julgadora poderá determinar diligências.

A autoridade julgadora do processo de revisão é a mesma que aplicou a penalidade, nos termos do art. 141, ao qual remetemos o leitor.

9.14 Processo sumário para verificação de acumulação ilegal de cargos, empregos e funções (art. 133) e para demissão por abandono de cargo e inassiduidade habitual

Cabimento: abandono de cargo, inassiduidade habitual e acumulação ilegal de cargos, empregos e funções.

9.14.1 Processo sumário para verificação de acumulação ilegal de cargos

Verificado que o servidor descumpre as normas para a acumulação lícita de cargos, empregos ou funções (arts. 118/120), deve ser notificado (por intermédio da chefia imediata) pela autoridade que tiver conhecimento do fato para optar entre um deles, no prazo de 10 dias, a contar da ciência da notificação. A opção feita dentro do prazo equivale a pedido de **exoneração** do cargo preterido (§ 5º), não podendo o servidor ser, nesse caso, punido, pois se presume a boa-fé na acumulação (§ 5º). Como efeitos da decisão **condenatória**, o servidor **perde os dois** (ambos) cargos ou empregos ou funções (§ 6º), devendo haver comunicação aos dois órgãos ou entidades.

Vejamos:

O prazo para a conclusão do procedimento sumário é de 30 dias (§ 7º), contados da instauração, podendo ser prorrogado por mais 15 dias. Porém, deve-se lembrar que o julgamento fora do prazo não acarreta nulidade do processo (art. 169, § 1º).

O abandono de cargo e inassiduidade habitual também serão apurados mediante processo sumário.

9.14.2 Abandono de cargo (art. 138)

Configura abandono de cargo a **ausência intencional** do servidor ao serviço por **mais** de **trinta dias** consecutivos. É a conduta do servidor que, intencionalmente, deixa de comparecer ao trabalho por *mais de trinta dias consecutivos.*

9.14.3 Inassiduidade habitual (art. 139)

Entende-se por inassiduidade habitual a falta ao serviço, sem causa justificada, por **sessenta dias**, **interpoladamente**, durante o período de doze meses.

9.15 Seguridade social do servidor (arts. 183 e seguintes)

NOTA!

O servidor que ocupa exclusivamente cargo em comissão é regido pela Lei nº 8.112/1990. No entanto, quanto à seguridade social, será regido pelo Regime Geral da Previdência Social (RGPS), salvo no que se refere à assistência à saúde.

Os destinatários são o servidor e a família.

9.15.1 Benefícios prestados ao servidor

a) Aposentadoria (arts. 186/195, com as modificações trazidas pelas ECs nºs 20/1998, 41/2003 e 47/2005 ao art. 40 da CF), que é a inatividade permanente e remunerada; Este benefício já foi estudado no tópico "Normas constitucionais aplicáveis aos servidores", para o qual remetemos o leitor.

b) Auxílio-natalidade (art. 196), valor pago em virtude do nascimento de filho;

c) Salário-família (arts. 197/201);

d) Licença para tratamento da própria saúde (arts. 202/206);

NOTA!

- Até o limite de vinte e quatro meses;
- A pedido do servidor ou de ofício pela Administração;
- Concedida com base em perícia oficial.

e) Licença à gestante (art. 207), à adotante (art. 210) e licença-paternidade (art. 208);

f) Licença por acidente em serviço ou moléstia profissional (arts. 211/214);

g) Garantia de condições individuais e ambientais de trabalho favoráveis, que deverão ser apurada nos termos dos arts. 154/233 da CLT (no que for aplicável), por analogia, uma vez que a Lei nº 8.112 nada dispõe a esse respeito, a não ser com relação a:

- condições de trabalho e de férias do servidor que trabalha diretamente com raios-x (arts. 72 e 79).

9.15.2 Benefícios prestados aos familiares do servidor

a) Pensão (arts. 215/225), seja vitalícia (art. 217, I) ou temporária (art. 217, II), em decorrência de morte do servidor;

b) Auxílio-funeral (arts. 226/228), em caso de óbito do servidor;

c) Auxílio-reclusão (art. 229).

Benefício prestado ao **servidor** e também aos **familiares**: Assistência à saúde (art. 230), consistente em obrigação de fazer (inciso I, *g*; inciso II, *d*).

10. JURISPRUDÊNCIA

RECURSO ESPECIAL. CONSTITUCIONAL E ADMINISTRATIVO. AGENTES DA POLÍCIA FEDERAL. REGIME DE PLANTÃO (24H DE TRABALHO POR 48H DE DESCANSO). ADICIONAL NOTURNO. ART. 7º, IX, DA CF/88. ART. 75 DA

LEI 8.112/90. CABIMENTO. PRECEDENTES DO TST. SÚMULA 213/STF. 1. **O servidor público federal, mesmo aquele que labora em regime de plantão, faz jus ao adicional noturno quando prestar serviço entre 22h e 5h da manhã do dia seguinte, nos termos do art. 75 da Lei 8.112/90, que não estabelece qualquer restrição.** 2. "É devido o adicional noturno, ainda que sujeito o empregado aoregime de revezamento" (Súmula 213/STF). 3. Ao examinar o art. 73 da CLT, o Tribunal Superior do Trabalhodecidiu, inúmeras vezes, que o adicional noturno é perfeitamente-compatível com o regime de plantões. 4. Recurso especial não provido. (STJ - REsp: 1292335 RO 2011/0267651-4, Relator: Ministro CASTRO MEIRA, Data de Julgamento: 09/04/2013, T2 - SEGUNDA TURMA, Data de Publicação: DJe 15/04/2013)

ADMINISTRATIVO. CONSELHO DE FISCALIZAÇÃO PROFISSIONAL. REGIME JURÍDICO. OBSERVÂNCIA DA LEI DE REGÊNCIA EM CADA PERÍODO. RECORRENTE CONTRATADA EM 7.11.1975 E DEMITIDA EM 2.01.2007. VIGÊNCIA DA LEI Nº 9.649/98, ART. 58, PARÁGRAFO 3º. REGIME CELETISTA. DESNECESSIDADE DE PRÉVIO PROCESSO ADMINISTRATIVO. DECISÃO DO STF NA ADI Nº 2.135-MC COM EFEITOS EX NUNC. RECURSO ESPECIAL A QUE SE NEGA PROVIMENTO.

1. O regime jurídico dos funcionários dos conselhos de fiscalização profissional, por força do art. 1.º do Decreto-Lei n.º 968/69, era o celetista, até o advento da Constituição Federal em conjunto com a Lei n.º 8.112/90, que, em seu art. 243, instituiu o regime jurídico único. Essa situação perdurou até a edição do art. 58, § 3º, da Lei nº 9.649/98, instituindo novamente o regime celetista para os servidores daqueles conselhos, em razão da promulgação da EC nº 19/98, que aboliu o regime jurídico único dos servidores públicos.
2. No julgamento da ADI 1717/DF, o Excelso Pretório declarou a inconstitucionalidade do art. 58 e seus parágrafos 1º, 2º, 4º, 5º, 6º, 7º e 8º, da Lei nº 9.649/98, afirmando que os conselhos de fiscalização possuem natureza de autarquia de regime especial, permanecendo incólume o art. 58, § 3º, que submetia os empregados desses conselhos à legislação trabalhista.
3. No julgamento da ADI nº 2.135- MC, o Supremo Tribunal Federal suspendeu liminarmente a vigência do caput do art. 39 do texto constitucional, com a redação dada pela EC 19/98, vale dizer, restabeleceu a redação original do dispositivo, exigindo o regime jurídico único para os servidores da administração pública direta, das autarquias e das fundações públicas. Ressaltou, todavia, que a decisão tem efeitos ex nunc e que subsiste a legislação editada nos termos da emenda declarada suspensa.
4. (...)
5. (...)
6. Recurso especial a que se nega provimento.

(REsp 1145265/RJ, Rel. Ministra MARIA THEREZA DE ASSIS MOURA, SEXTA TURMA, julgado em 14/02/2012, DJe 21/03/2012)

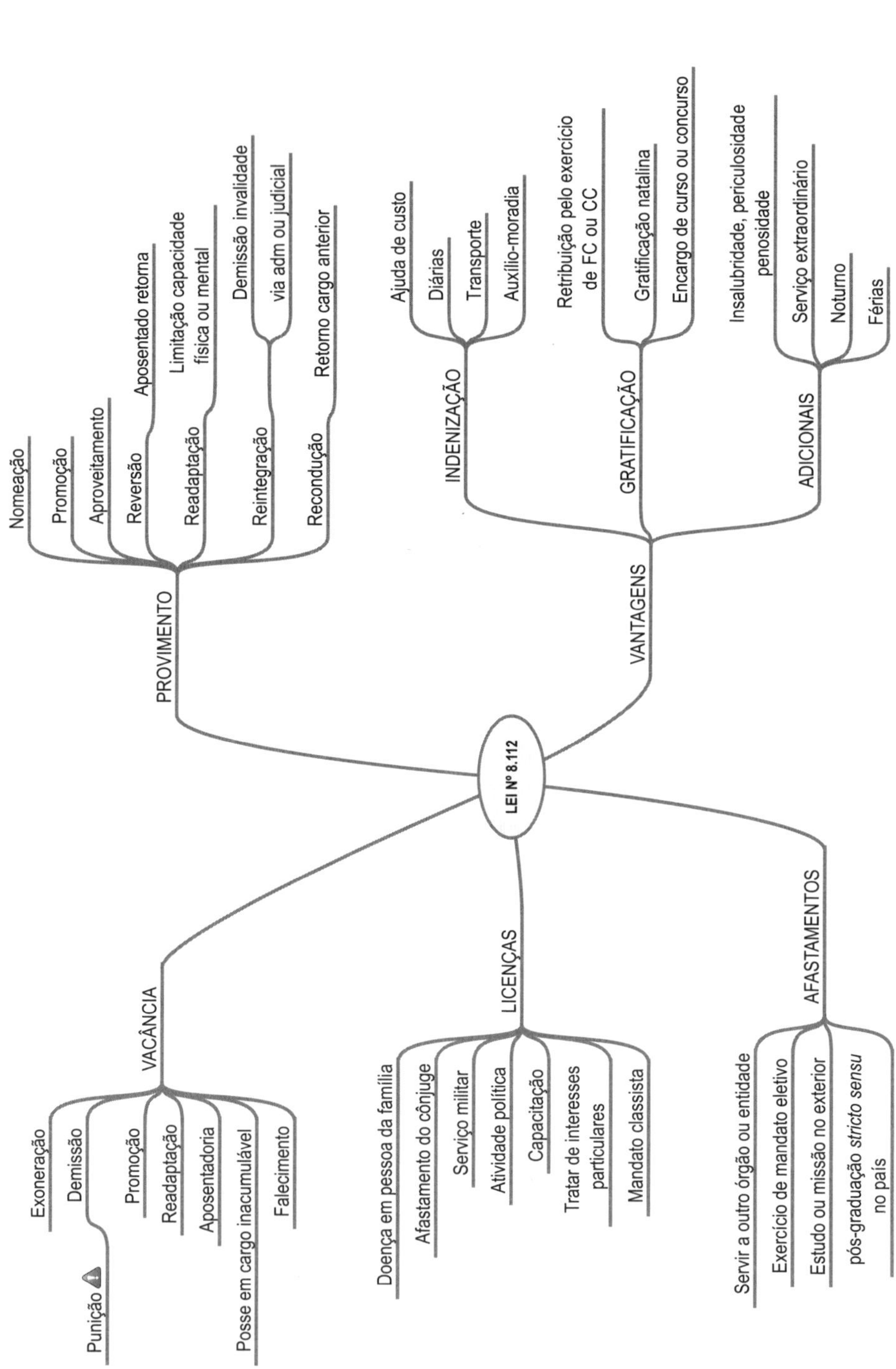
LEI Nº 8.112
PROVIMENTO
Nomeação
Promoção
Aproveitamento
Reversão
Aposentado retorna
Readaptação
Limitação capacidade física ou mental
Reintegração
Demissão invalidade
via adm ou judicial
Recondução
Retorno cargo anterior
VANTAGENS
INDENIZAÇÃO
Ajuda de custo
Diárias
Transporte
Auxílio-moradia
GRATIFICAÇÃO
Retribuição pelo exercício de FC ou CC
Gratificação natalina
Encargo de curso ou concurso
ADICIONAIS
Insalubridade, periculosidade penosidade
Serviço extraordinário
Noturno
Férias
VACÂNCIA
Exoneração
Demissão
Punição
Promoção
Readaptação
Aposentadoria
Posse em cargo inacumulável
Falecimento
LICENÇAS
Doença em pessoa da família
Afastamento do cônjuge
Serviço militar
Atividade política
Capacitação
Tratar de interesses particulares
Mandato classista
AFASTAMENTOS
Servir a outro órgão ou entidade
Exercício de mandato eletivo
Estudo ou missão no exterior
pós-graduação *stricto sensu* no país

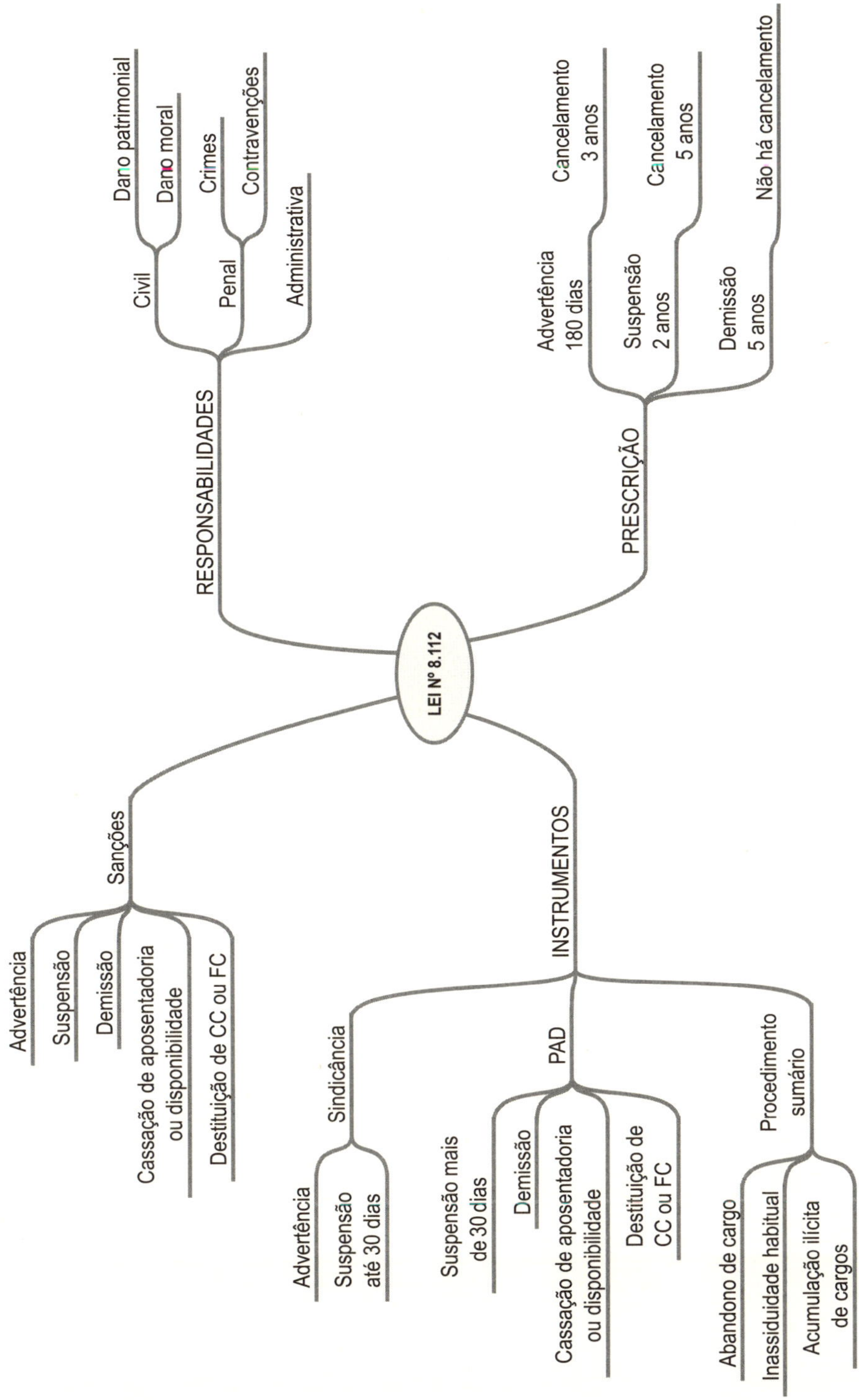
LEI Nº 8.112
RESPONSABILIDADES
Civil
Dano patrimonial
Dano moral
Penal
Crimes
Contravenções
Administrativa
PRESCRIÇÃO
Advertência
180 dias
Cancelamento
3 anos
Suspensão
2 anos
Cancelamento
5 anos
Demissão
5 anos
Não há cancelamento
Sanções
Advertência
Suspensão
Demissão
Cassação de aposentadoria
ou disponibilidade
Destituição de CC ou FC
INSTRUMENTOS
Sindicância
Advertência
Suspensão
até 30 dias
PAD
Suspensão mais
de 30 dias
Demissão
Cassação de aposentadoria
ou disponibilidade
Destituição de
CC ou FC
Procedimento
sumário
Abandono de cargo
Inassiduidade habitual
Acumulação ilícita
de cargos

CAPÍTULO 14
Controle Administrativo

1. ESPÉCIES DE CONTROLE

a) **Quanto ao âmbito ou origem**

Interno: cada um dos Poderes exerce sobre seus próprios atos. É aquele exercido dentro de um mesmo poder.

> Art. 74, CF. Os Poderes Legislativo, Executivo e Judiciário manterão, de forma integrada, sistema de controle interno com a finalidade de:
> I – avaliar o cumprimento das metas previstas no plano plurianual, a execução dos programas de governo e dos orçamentos da União;
> II – comprovar a legalidade e avaliar os resultados, quanto à eficácia e eficiência, da gestão orçamentária, financeira e patrimonial nos órgãos e entidades da administração federal, bem como da aplicação de recursos públicos por entidades de direito privado;
> III – exercer o controle das operações de crédito, avais e garantias, bem como dos direitos e haveres da União;
> IV – apoiar o controle externo no exercício de sua missão institucional.

Externo: É aquele exercido por um poder sobre os demais (um Poder sobre o outro). O controle externo é exercido pelo Congresso Nacional, com o **auxílio** do Tribunal de Contas da União (art. 71, *caput*).

> **Art. 70.** A fiscalização Contábil, Financeira, Orçamentária, Operacional e Patrimonial (**COFOP**) da União e das entidades da administração ***direta e indireta***, quanto à **LE**galidade, **LE**gitimidade, e**CO**nomicidade (LELECO), aplicação das subvenções e renúncia de receitas, **será exercida pelo Congresso Nacional**, mediante controle externo, e pelo sistema de controle interno de cada Poder.
> *Parágrafo único.* Prestará contas qualquer pessoa física ou jurídica, pública ou privada, que utilize, arrecade, guarde, gerencie ou administre dinheiros, bens e valores públicos ou pelos quais a União responda, ou que, em nome desta, assuma obrigações de natureza pecuniária.

- Fiscalização contábil: correta formalização dos registros contábeis (receitas e despesas);
- Fiscalização financeira: ingresso e saída de valores nas contas públicas;
- Fiscalização orçamentária: acompanhamento da execução orçamentária;
- Fiscalização operacional: execução das atividades administrativas;
- Fiscalização patrimonial: controle do patrimônio público. Bens móveis e imóveis.

OBSERVAÇÃO!

Alguns autores entendem que o controle da Administração direta sobre a indireta é controle externo, pois é feito entre entidades diversas. Esse tem sido o entendimento adotado pelo Cespe.

Questão de Concurso

(Cespe/TJ-CE/Juiz/2012) O controle dos órgãos da Administração direta sobre as entidades da Administração indireta consiste em um controle externo que só pode ser exercido nos limites estabelecidos em lei, sob pena de ofensa à autonomia assegurada por lei a essas entidades.

Gabarito: certo. Segundo Maria Sylvia Di Pietro (2010), o controle (finalístico) da Administração direta sobre a indireta é espécie de controle externo.

Art. 71 da CF:

> **Art. 71.** O controle externo, a cargo do Congresso Nacional, será exercido com o auxílio do Tribunal de Contas da União, ao qual compete:
> I – **apreciar** as contas prestadas anualmente pelo Presidente da República, mediante parecer prévio que deverá ser elaborado em sessenta dias a contar de seu recebimento;

Quanto às contas do PR o TCU apenas **aprecia**, mediante parecer prévio (não julga – será o Congresso Nacional). Quanto às contas dos demais administradores, o TCU tem competência para **julgá-las** (inciso II).

> II – **julgar** as contas dos administradores e demais responsáveis por dinheiros, bens e valores públicos da Administração direta e indireta, incluídas as fundações e sociedades instituídas e mantidas pelo Poder Público federal, e as contas daqueles que derem causa a perda, extravio ou outra irregularidade de que resulte prejuízo ao erário público;

No julgamento do MS nº 25.092, o STF entendeu que as sociedades de economia mista e as empresas públicas sujeitam-se à fiscalização do TCU. Todavia, falece-lhe competência para julgar as contas das empresas privadas sob o domínio de capital da União, mas que não se configurem como empresas públicas ou sociedade de economia mista (STF, MS nº 23.875, Rel. Min. Nelson Jobim, julg. 7/3/2002, DJ 30/4/2004).

III – apreciar, para fins de registro, a legalidade dos atos de **admissão de pessoal**, a qualquer título, na administração **direta e indireta**, incluídas as fundações instituídas e mantidas pelo Poder Público, excetuadas as nomeações para cargo de provimento em comissão, bem como a das **concessões de aposentadorias**, reformas e pensões, ressalvadas as melhorias posteriores que não alterem o fundamento legal do ato concessório.

O STF vem adotando o entendimento de que se trata de **ato complexo**, que só se aperfeiçoa (estará formado) quando houver o registro pelo TCU.

O TCU **não** tem prazo para registro de aposentadoria e **não** precisa conceder direito ao contraditório e ampla defesa, mas se o registro for feito depois de 5 anos da chegada do processo no TCU, o Tribunal deve assegurar previamente ao interessado o direito ao contraditório e ampla defesa.

IV – realizar, por iniciativa própria, da Câmara dos Deputados, do Senado Federal, de Comissão técnica ou de inquérito, inspeções e auditorias de natureza contábil, financeira, orçamentária, operacional e patrimonial, nas unidades administrativas dos Poderes Legislativo, Executivo e Judiciário, e demais entidades referidas no inciso II;

V – fiscalizar as contas nacionais das empresas supranacionais (*ex.*: Usina de Itaipu) de cujo capital social a União participe, de forma direta ou indireta, nos termos do tratado constitutivo;

VI – fiscalizar a aplicação de **quaisquer recursos repassados pela União** mediante convênio, acordo, ajuste ou outros instrumentos congêneres, a Estado, ao Distrito Federal ou a Município;

VII – prestar as informações solicitadas pelo Congresso Nacional, por qualquer de suas Casas, ou por qualquer das respectivas Comissões, sobre a fiscalização contábil, financeira, orçamentária, operacional e patrimonial e sobre resultados de auditorias e inspeções realizadas;

VIII – aplicar aos responsáveis, em caso de ilegalidade de despesa ou irregularidade de contas, as sanções previstas em lei, que estabelecerá, entre outras cominações, multa proporcional ao dano causado ao erário;

IX – **assinar prazo** para que o órgão ou entidade adote as providências necessárias ao exato cumprimento da lei, se verificada ilegalidade;

X – **sustar**, se não atendido, a execução do ato impugnado, **comunicando** a decisão à Câmara dos Deputados e ao Senado Federal;

Somente quando o Congresso estiver inerte durante 90 dias, após a provocação do TCU, é que o TCU poderá adotar, diretamente, a suspensão da execução do contrato (art. 71, § 2º).

XI - representar ao Poder competente sobre irregularidades ou abusos apurados.

§ 1º No caso de **contrato**, o ato de sustação será adotado **diretamente pelo Congresso Nacional**, que solicitará, de imediato, ao Poder Executivo as medidas cabíveis.

§ 2º Se o Congresso Nacional ou o Poder Executivo, no prazo de noventa dias, não efetivar as medidas previstas no parágrafo anterior, o Tribunal decidirá a respeito.

§ 3º As decisões do Tribunal de que resulte imputação de débito ou multa terão eficácia de título executivo.

§ 4º O Tribunal encaminhará ao Congresso Nacional, trimestral e anualmente, relatório de suas atividades.

OBSERVAÇÃO!

Tribunais de contas são órgãos **vinculados** ao PL para auxílio do controle externo.

Questão de Concurso

(Cespe/TCDF/Auditor/2012) De acordo com o princípio de autotutela e o sistema de controle existente, o Tribunal de Contas da União e o TCDF estão vinculados por uma relação de hierarquia, visando garantir o emprego efetivo do recurso público.

Gabarito: errado. Não estão vinculados por hierarquia. São órgãos vinculados, mas não há hierarquia.

Questão de Concurso

(Cespe/Bacen/Procurador/2009) A CGU é órgão de controle externo.

Gabarito: errado. A CGU é órgão de controle interno do Poder Executivo.

Questão de Concurso

(Cespe/EBC/Analista/Advocacia/2011) A Controladoria-Geral da União (CGU) constatou que, em determinada sindicância em curso no órgão de origem, bem como em processos administrativos disciplinares findos, a autoridade competente para aplicar as correspondentes sanções administrativas estava envolvida nos fatos em apuração e nos decididos. Nesse caso, a

CGU pode avocar a sindicância em curso, até mesmo com a possibilidade de aplicar penalidade cabível, bem como requisitar outras sindicâncias, procedimentos e processos administrativos disciplinares julgados e decididos, há menos de cinco anos, por essa autoridade, a fim de reexaminá-los

Gabarito: certo. As competências da CGU foram definidas pela Lei nº 10.683, de 28 de maio de 2003. As principais competências estão dispostas nos arts. 17 e 20 da referida lei:

> *À Controladoria-Geral da União compete assistir direta e imediatamente ao Presidente da República no desempenho de suas atribuições quanto aos assuntos e providências que, no âmbito do Poder Executivo, sejam atinentes à defesa do patrimônio público, ao controle interno, à auditoria pública, à correição, à prevenção e ao combate à corrupção, às atividades de ouvidoria e ao incremento da transparência da gestão no âmbito da administração pública federal.*
>
> *À Controladoria-Geral da União, no exercício de sua competência, cabe dar o devido andamento às representações ou denúncias fundamentadas que receber, relativas a lesão ou ameaça de lesão ao patrimônio público, velando por seu integral deslinde.*
>
> *À Controladoria-Geral da União, por seu titular, sempre que constatar omissão da autoridade competente, cumpre requisitar a instauração de sindicância, procedimentos e processos administrativos outros, e avocar aqueles já em curso em órgão ou entidade da Administração Pública Federal, para corrigir-lhes o andamento, inclusive promovendo a aplicação da penalidade administrativa cabível.*
>
> *A Controladoria-Geral da União encaminhará à Advocacia-Geral da União os casos que configurem improbidade administrativa e todos quantos recomendem a indisponibilidade de bens, o ressarcimento ao erário e outras providências a cargo daquele órgão, bem como provocará, sempre que necessária, a atuação do Tribunal de Contas da União, da Secretaria da Receita Federal, dos órgãos do Sistema de Controle Interno do Poder Executivo Federal e, quando houver indícios de responsabilidade penal, do Departamento de Polícia Federal e do Ministério Público, inclusive quanto a representações ou denúncias que se afigurarem manifestamente caluniosas.*

ATENÇÃO!

Art. 49, V, CF: cabe ao **CN sustar** os **atos normativos** do Poder Executivo que exorbitem do poder regulamentar ou dos limites de delegação legislativa.
Art. 71, X, CF: cabe ao **TCU sustar**, se não atendido, a execução do **ato** impugnado, comunicando a decisão à Câmara dos Deputados e ao Senado Federal.

Art. 71, X, § 1º No caso de **contrato**, o ato de sustação será adotado diretamente pelo **CN** que solicitará, de imediato, ao Poder Executivo as medidas cabíveis.
§ 2º Se o Congresso Nacional ou o Poder Executivo, no prazo de **noventa** dias (90), não efetivar as medidas previstas no parágrafo anterior, o Tribunal decidirá a respeito.

b) **Quanto ao momento**

Prévio: exigência na CF de autorização ou aprovação prévia pelo CN ou de uma de suas casas de determinados atos do PE. (arts. 49, II, III, XV, XVI e XVII, e 52, III, I e V)

Concomitante: acompanha a atuação administrativa. Ex: acompanhamento da execução orçamentária por auditoria; fiscalização de execução de contrato administrativo.

Posterior: rever atos já praticados. Aprovação, homologação, anulação, revogação e convalidação.

c) **Quanto ao aspecto**

Legalidade/legitimidade: verificação do ato com o ordenamento jurídico. Pode ser exercido pela própria Administração e pelo PJ e PL (exame pelo TCU de atos de admissão de pessoal).

Mérito/político: como regra, compete ao próprio Poder. A doutrina denomina de controle político o controle que o PL sobre a Administração (*ex.*: apreciação do SF dos nomes escolhidos dos diretores do Bacen).

d) **Quanto à amplitude**

Hierárquico: sempre controle interno. Presente no PE.

Finalístico/tutela administrativa/supervisão ministerial: Administração direta sobre a indireta.

NOTA!

A Administração indireta **não** está **subordinada** à Administração direta, apenas **vinculada**. Por isso, a Administração direta não sofre controle hierárquico, e sim, finalístico. Apenas para verificar se estão atuando dentro dos limites (legais) que resultaram na sua criação.

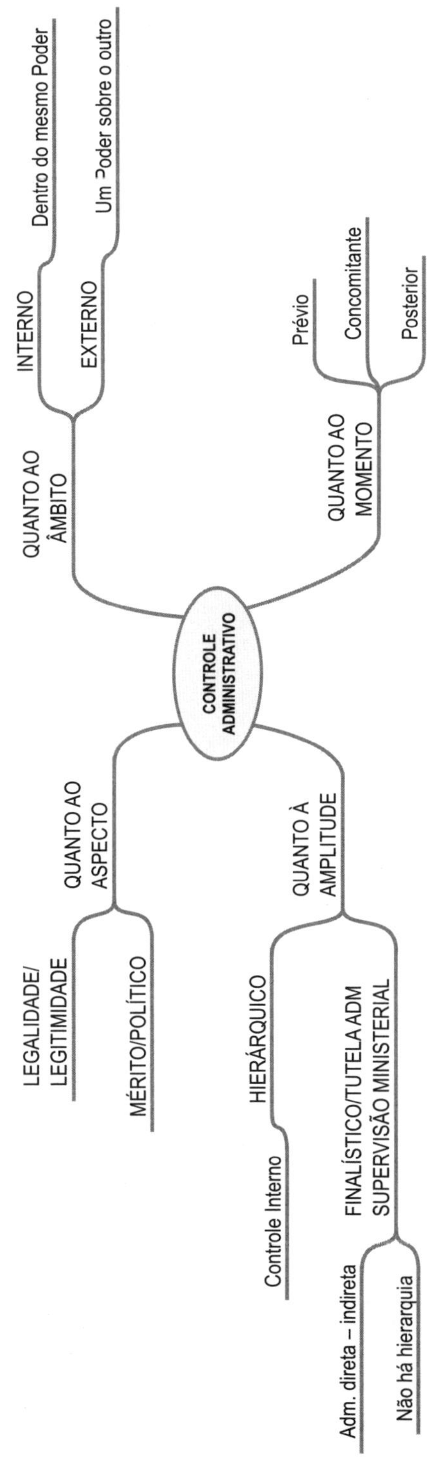
CONTROLE ADMINISTRATIVO
QUANTO AO ÂMBITO
INTERNO
Dentro do mesmo Poder
EXTERNO
Um Poder sobre o outro
QUANTO AO MOMENTO
Prévio
Concomitante
Posterior
QUANTO AO ASPECTO
LEGALIDADE/ LEGITIMIDADE
MÉRITO/POLÍTICO
QUANTO À AMPLITUDE
HIERÁRQUICO
Controle Interno
FINALÍSTICO/TUTELA ADM SUPERVISÃO MINISTERIAL
Adm. direta – indireta
Não há hierarquia

CAPÍTULO 15
Súmulas

1. SÚMULAS VINCULANTES

Súmula Vinculante nº 3: Nos processos perante o Tribunal de Contas da União asseguram-se o contraditório e a ampla defesa quando da decisão puder resultar anulação ou revogação de ato administrativo que beneficie o interessado, excetuada a apreciação da legalidade do ato de concessão inicial de aposentadoria, reforma e pensão.

Súmula Vinculante nº 5: A falta de defesa técnica por advogado no processo administrativo disciplinar não ofende a Constituição.

Súmula Vinculante 6: Não viola a Constituição o estabelecimento de remuneração inferior ao salário mínimo para as praças prestadoras de serviço militar inicial.

Súmula Vinculante nº 13: A nomeação de cônjuge, companheiro ou parente em linha reta, colateral ou por afinidade, até o terceiro grau, inclusive, da autoridade nomeante ou de servidor da mesma pessoa jurídica investido em cargo de direção, chefia ou assessoramento, para o exercício de cargo em comissão ou de confiança ou, ainda, de função gratificada na administração pública direta e indireta em qualquer dos Poderes da União, dos Estados, do Distrito Federal e dos Municípios, compreendido o ajuste mediante designações recíprocas, viola a Constituição Federal.

Súmula Vinculante nº 15: O cálculo de gratificações e outras vantagens do servidor público não incide sobre o abono utilizado para se atingir o salário mínimo.

Súmula Vinculante nº 16: Os arts. 7º, IV, e 39, § 3º (redação da EC nº 19/1998), da Constituição, referem-se ao total da remuneração percebida pelo servidor público.

Súmula Vinculante nº 21: É inconstitucional a exigência de depósito ou arrolamento prévios de dinheiro ou bens para admissibilidade de recurso administrativo.

2. SÚMULAS STF

Súmula nº 11: A vitaliciedade não impede a extinção do cargo, ficando o funcionário em disponibilidade, com todos os vencimentos.

Súmula nº 15: Dentro do prazo de validade do concurso, o candidato aprovado tem o direito à nomeação, quando o cargo for preenchido sem observância da classificação.

Súmula nº 16: Funcionário nomeado por concurso tem direito à posse.

Súmula nº 17: A nomeação de funcionário sem concurso pode ser desfeita antes da posse.

Súmula nº 18: Pela falta residual, não compreendida na absolvição pelo juízo criminal, é admissível a punição administrativa do servidor público.

Súmula nº 19: É inadmissível segunda punição de servidor público, baseada no mesmo processo em que se fundou a primeira.

Súmula nº 20: É necessário processo administrativo, com ampla defesa, para demissão de funcionário admitido por concurso.

Súmula nº 21: Funcionário em estágio probatório não pode ser exonerado nem demitido sem inquérito ou sem as formalidades legais de apuração de sua capacidade.

Súmula nº 22: O estágio probatório não protege o funcionário contra a extinção do cargo.

Súmula nº 23: Verificados os pressupostos legais para o licenciamento da obra, não o impede a declaração de utilidade pública para desapropriação do imóvel, mas o valor da obra não se incluirá na indenização, quando a desapropriação for efetivada.

Súmula nº 36: Servidor vitalício está sujeito a aposentadoria compulsória, em razão da idade.

Súmula nº 157: É necessária prévia autorização do Presidente da República para desapropriação, pelos estados, de empresa de energia elétrica.

Súmula nº 164: No processo de desapropriação, são devidos juros compensatórios desde a antecipada imissão de posse, ordenada pelo juiz, por motivo de urgência.

Súmula nº 218: É competente o juízo da Fazenda Nacional da Capital do Estado, e não o da situação da coisa, para a desapropriação promovida por empresa de energia elétrica, se a União Federal intervém como assistente.

Súmula nº 339: Não cabe ao Poder Judiciário, que não tem função legislativa, aumentar vencimentos de servidores públicos sob fundamento de isonomia.

Súmula nº 340: Desde a vigência do Código Civil, os bens dominicais, como os demais bens públicos, não podem ser adquiridos por usucapião.

Súmula nº 346: A Administração Pública pode declarar a nulidade dos seus próprios atos.

Súmula nº 358: O servidor público em disponibilidade tem direito aos vencimentos integrais do cargo.

Súmula nº 473: A Administração pode anular seus próprios atos, quando eivados de vícios que os tornam ilegais, porque deles não se originam direitos; ou revogá-los, por motivo de conveniência ou oportunidade, respeitados os direitos adquiridos, e ressalvada, em todos os casos, a apreciação judicial.

Súmula nº 477: As concessões de terras devolutas situadas na faixa de fronteira, feitas pelos estados, autorizam, apenas, o uso, permanecendo o domínio com a União, ainda que se mantenha inerte ou tolerante, em relação aos possuidores.

Súmula nº 479: As margens dos rios navegáveis são domínio público, insuscetíveis de expropriação e, por isso mesmo, excluídas de indenização.

Súmula nº 480: Pertencem ao domínio e administração da União, nos termos dos arts. 4º, IV, e 186 da Constituição Federal de 1967, as terras ocupadas por silvícolas.

Súmula nº 516: O Serviço Social da Indústria (Sesi) está sujeito a jurisdição da Justiça estadual.

Súmula nº 545: Preços de serviços públicos e taxas não se confundem, porque estas, diferentemente daqueles, são compulsórias e tem sua cobrança condicionada a prévia autorização orçamentária, em relação a lei que as instituiu.

Súmula nº 561: Em desapropriação, é devida a correção monetária até a data do efetivo pagamento da indenização, devendo proceder-se à atualização do cálculo, ainda que por mais de uma vez.

STF Súmula nº 566: Enquanto pendente, o pedido de readaptação fundado em desvio funcional não gera direitos para o servidor, relativamente ao cargo pleiteado.

Súmula nº 617: A base de cálculo dos honorários de advogado em desapropriação é a diferença entre a oferta e a indenização, corrigidas ambas monetariamente.

Súmula nº 618: Na desapropriação, direta ou indireta, a taxa dos juros compensatórios é de 12% (doze por cento) ao ano.

Súmula nº 645: É competente o Município para fixar o horário de funcionamento de estabelecimento comercial.

Súmula nº 649: É inconstitucional a criação, por Constituição estadual, de órgão de controle administrativo do Poder Judiciário do qual participem representantes de outros Poderes ou entidades.

Súmula nº 650: Os incisos I e XI do art. 20 da CF não alcançam terras de aldeamentos extintos, ainda que ocupadas por indígenas em passado remoto.

Súmula nº 652: Não contraria a Constituição o art. 15, § 1º, do Decreto-Lei nº 3.365/1941 (Lei da Desapropriação por Utilidade Pública)

Súmula nº 672: O reajuste de 28,86%, concedido aos servidores militares pelas Leis nºs 8.622/1993 e 8.627/1993, estende-se aos servidores civis do Poder Executivo, observadas as eventuais compensações decorrentes dos reajustes diferenciados concedidos pelos mesmos diplomas legais.

Súmula nº 679: A fixação de vencimentos dos servidores públicos não pode ser objeto de convenção coletiva.

Súmula nº 680: O direito ao auxílio-alimentação não se estende aos servidores inativos.

Súmula nº 681: É inconstitucional a vinculação do reajuste de vencimentos de servidores estaduais ou municipais a índices federais de correção monetária.

Súmula nº 682: Não ofende a Constituição a correção monetária no pagamento com atraso dos vencimentos de servidores públicos.

Súmula nº 683: O limite de idade para a inscrição em concurso público só se legitima em face do art. 7º, XXX, da CF, quando possa ser justificado pela natureza das atribuições do cargo a ser preenchido.

Súmula nº 684: É inconstitucional o veto não motivado à participação de candidato a concurso público.

Súmula nº 685: É inconstitucional toda modalidade de provimento que propicie ao servidor investir-se, sem prévia aprovação em concurso público destinado ao seu provimento, em cargo que não integra a carreira na qual anteriormente investido.

Súmula nº 686: Só por lei se pode sujeitar a exame psicotécnico a habilitação de candidato a cargo público.

3. SÚMULAS STJ

Súmula nº 12: Em desapropriação, são cumuláveis juros compensatórios e moratórios.

Súmula nº 56: Na desapropriação para instituir servidão administrativa são devidos os juros compensatórios pela limitação de uso da propriedade.

Súmula nº 67: Na desapropriação, cabe a atualização monetária, ainda que por mais de uma vez, independente do decurso de prazo superior a um ano entre o cálculo e o efetivo pagamento da indenização.

Súmula nº 69: Na desapropriação direta, os juros compensatórios são devidos desde a antecipada imissão na posse e, na desapropriação indireta, a partir da efetiva ocupação do imóvel.

Súmula nº 70: Os juros moratórios, na desapropriação direta ou indireta, contam-se desde o trânsito em julgado da sentença.

Súmula nº 103: Incluem-se entre os imóveis funcionais que podem ser vendidos os administrados pelas Forças Armadas e ocupados pelos servidores civis.

Súmula nº 113: Os juros compensatórios, na desapropriação direta, incidem a partir da imissão na posse, calculados sobre o valor da indenização, corrigido monetariamente.

Súmula nº 114: Os juros compensatórios, na desapropriação indireta, incidem a partir da ocupação, calculados sobre o valor da indenização, corrigidos monetariamente.

Súmula nº 120: O oficial de farmácia, inscrito no Conselho Regional de Farmácia, pode ser responsável técnico por drogaria.

Súmula nº 127: É ilegal condicionar a renovação da licença de veículo ao pagamento de multa, da qual o infrator não foi notificado.

Súmula nº 131: Nas ações de desapropriação incluem-se no cálculo da verba advocatícia as parcelas relativas aos juros compensatórios e moratórios, devidamente corrigidas.

Súmula nº 141: Os honorários de advogado em desapropriação direta são calculados sobre a diferença entre a indenização e a oferta, corrigidas monetariamente.

Súmula nº 238: A avaliação da indenização devida ao proprietário do solo, em razão de alvará de pesquisa mineral, é processada no Juízo Estadual da situação do imóvel.

Súmula nº 266: O diploma ou habilitação legal para o exercício do cargo deve ser exigido na posse e não na inscrição para o concurso público.

Súmula nº 275: O auxiliar de farmácia não pode ser responsável técnico por farmácia ou drogaria.

Súmula nº 312: No processo administrativo para imposição de multa de trânsito, são necessárias as notificações da autuação e da aplicação da pena decorrente da infração.

Súmula nº 333: Cabe mandado de segurança contra ato praticado em licitação promovida por sociedade de economia mista ou empresa pública.

Súmula nº 343: É obrigatória a presença de advogado em todas as fases do processo administrativo disciplinar.

Súmula nº 352: A obtenção ou a renovação do Certificado de Entidade Beneficente de Assistência Social (Cebas) não exime a entidade do cumprimento dos requisitos legais supervenientes.

Súmula nº 373: É ilegítima a exigência de depósito prévio para admissibilidade de recurso administrativo.

Súmula nº 377: O portador de visão monocular tem direito de concorrer, em concurso público, às vagas reservadas aos deficientes.

Súmula nº 378: Reconhecido o desvio de função, o servidor faz jus às diferenças salariais decorrentes.

Súmula nº 408: Nas ações de desapropriação, os juros compensatórios incidentes após a Medida Provisória nº 1.577, de 11/6/1997, devem ser fixados em 6% ao ano até 13/9/2001 e, a partir de então, em 12% ao ano, na forma da Súmula nº 618 do Supremo Tribunal Federal.

Súmula nº 413: O farmacêutico pode acumular a responsabilidade técnica por uma farmácia e uma drogaria ou por duas drogarias.

Súmula nº 434: O pagamento da multa por infração de trânsito não inibe a discussão judicial do débito.

Súmula nº 452: A extinção das ações de pequeno valor é faculdade da Administração Federal, vedada a atuação judicial de ofício.

Súmula nº 467: Prescreve em cinco anos, contados do término do processo administrativo, a pretensão da Administração Pública de promover a execução da multa por infração ambiental.

CAPÍTULO 16
Exercícios

1. **(Cespe/MPE-PI/Analista Ministerial/Área Administrativa/2012).** O princípio da moralidade pretende tutelar o descontentamento da sociedade em razão da deficiente prestação de serviços públicos e de inúmeros prejuízos causados aos usuários.

2. **(Cespe/MPE-PI/Analista Ministerial/Área Administrativa/2012).** O Direito Administrativo, ao reger as relações jurídicas entre as pessoas e os órgãos do Estado, visa à tutela dos interesses privados.

3. **(Consulplan/TSE/Técnico Judiciário/Área Administrativa/2012).** Marque a alternativa que contém os fundamentos ou subprincípios do princípio da proporcionalidade.
   a) Adequação, razoabilidade e racionalidade.
   b) Adequação, exigibilidade e proporcionalidade em sentido estrito.
   c) Razoabilidade, necessidade e boa-fé.
   d) Regularidade, exigibilidade e proporcionalidade em sentido estrito.

4. **(Cespe/OAB-SC/Exame da Ordem/2009).** Apontar os fundamentos de fato e de direito e a correlação existente entre a situação ocorrida e a providência tomada de forma a manifestar a consonância da conduta administrativa adotada com a lei correspondente. Tal afirmativa refere-se a qual princípio administrativo:
   a) publicidade.
   b) motivação.
   c) razoabilidade.
   d) autoexecutoriedade.

5. **(Ceperj/Procon-RJ/Advogado/2012).** A Administração Pública atua mediante a aplicação de princípios, dos quais alguns têm fundamento constitucional expresso. Se escolhe a empresa W diretamente para prestar serviços quando deveria proceder à licitação pública, o prefeito do Município Y está violando o princípio da:

a) publicidade.
b) eficiência.
c) impessoalidade.
d) autotutela.
e) continuidade.

6. **(Cespe/MPE-PI/Técnico Ministerial/Área Administrativa/2012).** O princípio da impessoalidade em relação à atuação administrativa impede que o ato administrativo seja praticado visando a interesses do agente público que o praticou ou, ainda, de terceiros, devendo ater-se, obrigatoriamente, à vontade da lei, comando geral e abstrato em essência.

7. **(FCC/DPE-SP/Defensor Público/2012).** Com relação aos princípios constitucionais da Administração Pública, está em conformidade com a
a) moralidade o ato administrativo praticado por agente público em favorecimento próprio, desde que revestido de legalidade.
b) eficiência a prestação de serviço público que satisfaça em parte às necessidades dos administrados, desde que realizados com rapidez e prontidão.
c) publicidade o sigilo imprescindível à segurança da sociedade e do Estado ou o indispensável à defesa da intimidade.
d) impessoalidade a violação da ordem cronológica dos precatórios para o pagamento dos créditos de natureza comum.

8. **(Cespe/TCU/Auditor Federal de Controle Externo/2011).** O princípio da autotutela possibilita à Administração Pública anular os próprios atos, quando possuírem vícios que os tornem ilegais, ou revogá-los por conveniência ou oportunidade, desde que sejam respeitados os direitos adquiridos e seja garantida a apreciação judicial.

9. **(Cespe/TCU/Auditor Federal de Controle Externo/Tecnologia da Informação/2010).** A CF confere aos particulares o poder de exigir, por meio da ação popular, que a Administração Pública respeite o princípio da moralidade.

10. **(Cespe/TCU/Auditor Federal de Controle Externo/Tecnologia da Informação/2010).** Os princípios da razoabilidade e da proporcionalidade estão expressos no texto da CF.

11. **(Cespe/Polícia Federal/Escrivão de Polícia Federal/2002).** Considere a seguinte situação hipotética. Certa empresa era concessionária de serviço público de telefonia. Por motivos técnicos, divulgou, pela imprensa oficial e em veículos

de imprensa de grande alcance, que determinadas centrais telefônicas ficariam inoperantes durante algumas horas em dia próximo, a fim de que, nelas, se fizessem serviços de manutenção preventiva.
Nessa situação, a despeito das cautelas adotadas pela empresa, é juridicamente correto afirmar que houve ofensa ao princípio da continuidade dos serviços públicos, o que, por sua vez, poderia justificar a aplicação de penalidade à empresa por parte do poder concedente.

12. **(Cespe/PGE-PE/Procurador de Estado/2009 - adaptada).** De acordo com o princípio da impessoalidade, é possível reconhecer a validade de atos praticados por funcionário público irregularmente investido no cargo ou função, sob o fundamento de que tais atos configuram atuação do órgão e não do agente público.

13. **(FCC/MPE-AP/Técnico Ministerial/Auxiliar Administrativo/2012).** O Prefeito de determinado Município, a fim de realizar promoção pessoal, utilizou-se de símbolo e de slogan que mencionam o seu sobrenome na publicidade institucional do Município. A utilização de publicidade governamental para promoção pessoal de agente público viola o disposto no art. 37, § 1º, da Constituição Federal, ora transcrito: "A publicidade dos atos, programas, obras, serviços e campanhas dos órgãos públicos deverá ter caráter educativo, informativo ou de orientação social, dela não podendo constar nomes, símbolos ou imagens que caracterizem promoção pessoal de autoridades ou servidores públicos". O fato narrado constitui violação ao seguinte princípio da Administração Pública, dentre outros:
    a) eficiência.
    b) publicidade.
    c) razoabilidade.
    d) impessoalidade.
    e) supremacia do interesse particular sobre o público.

14. **(UFPR/TJ-PR/Juiz/2012).** Em relação ao regime jurídico-administrativo, assinale a alternativa correta.
    a) O princípio constitucional da supremacia do interesse público é um dos princípios gerais da Administração Pública expressos no caput do art. 37 da Constituição Federal.
    b) O princípio da supremacia do interesse público não admite ponderação com outros princípios constitucionais dado o seu caráter absoluto.
    c) A supremacia do interesse público é princípio oposto ao da indisponibilidade dos interesses públicos pela Administração.

d) O princípio constitucional da supremacia do interesse público é princípio estruturante do regime jurídico-administrativo brasileiro, tendo correspondência à ideia de existirem prerrogativas especiais aos atos administrativos (o que é típico do sistema da Civil *Law*).

15. (FCC/TRE-PR/Analista Judiciário/2012). A eficiência, na lição de Hely Lopes Meirelles, é um dever que se impõe a todo agente público de realizar suas atribuições com presteza, perfeição e rendimento funcional. É o mais moderno princípio da função administrativa, que já não se contenta em ser desempenhada apenas com legalidade, exigindo resultados positivos para o serviço público e satisfatório atendimento das necessidades da comunidade e de seus membros. (*Direito Administrativo Brasileiro*. São Paulo, Malheiros, 2003. p. 102).
Infere-se que o princípio da eficiência

a) passou a se sobrepor aos demais princípios que regem a Administração Pública, após ter sua previsão inserida em nível constitucional.
b) deve ser aplicado apenas quanto ao modo de atuação do agente público, não podendo incidir quando se trata de organizar e estruturar a Administração Pública.
c) deve nortear a atuação da Administração Pública e a organização de sua estrutura, somando-se aos demais princípios impostos àquela e não se sobrepondo aos mesmos, especialmente ao da legalidade.
d) autoriza a atuação da Administração Pública dissonante de previsão legal quando for possível comprovar que assim serão alcançados melhores resultados na prestação do serviço público.
e) traduz valor material absoluto, de modo que alcançou status jurídico supraconstitucional, autorizando a preterição dos demais princípios que norteiam a Administração Pública, a fim de alcançar os melhores resultados.

16. (FCC/TCE-AP/Analista de Controle Externo/2012). De acordo com a Constituição Federal, os princípios da Administração Pública aplicam-se

a) às entidades integrantes da Administração direta e indireta de qualquer dos Poderes.
b) à Administração direta, autárquica e fundacional, exclusivamente.
c) às entidades da Administração direta e indireta, exceto às sociedades de economia mista exploradoras de atividade econômica.
d) à Administração direta, integralmente, e à indireta de todos os poderes e às entidades privadas que recebem recursos públicos, parcialmente.
e) à Administração direta, exclusivamente, sujeitando-se as entidades da Administração indireta ao controle externo exercido pelo Tribunal de Contas.

17. **(FCC/TJPE/Técnico Judiciário/Área Judiciária/2012).** Tendo em vista os princípios constitucionais que regem a Administração Pública, é incorreto afirmar que a
a) eficiência, além de desempenhada com legalidade, exige resultados positivos para o serviço público e satisfatório atendimento das necessidades da comunidade e de seus membros.
b) lei para o particular significa pode fazer assim, e para o administrador público significa deve fazer assim.
c) moral administrativa é o conjunto de regras que, para disciplinar o exercício do poder discricionário da Administração, o superior hierárquico impõe aos seus subordinados.
d) publicidade não é elemento formativo do ato; é requisito de eficácia e moralidade.
e) impessoalidade permite ao administrador público buscar objetivos ainda que sem finalidade pública e no interesse de terceiros.

18. **(Cespe/TCU/Auditor Federal de Controle Externo/2011).** Os costumes sociais também podem ser considerados fonte do Direito Administrativo, sendo classificados como fonte direta, pois influenciam a produção legislativa ou a jurisprudência.

19. **(Cespe/TCU/Auditor Federal de Controle Externo/2011).** Apesar do princípio da legalidade, que norteia toda a Administração Pública, o presidente da República pode dispor, por meio de decreto, sobre a organização e o funcionamento da Administração Federal se isso não implicar aumento de despesa nem criação ou extinção de órgãos públicos.

20. **(Cespe/FUB/Secretário Executivo/2011).** Tanto na Administração Pública quanto na particular, o administrador, para que órgão público ou a empresa alcance os objetivos pretendidos, goza de liberdade para fazer o que for necessário, desde que a lei não proíba.

21. **(FCC/TRE-PE/Técnico Judiciário/2011).** "Exige que a atividade seja prestada com presteza, perfeição e rendimento funcional" (Hely Lopes Meirelles). O conceito refere-se ao princípio da
a) impessoalidade.
b) eficiência.
c) legalidade.
d) moralidade.
e) publicidade.

22. **(FCC/TRE-PE/Analista Judiciário/Área Judiciária/2011).** No que concerne às fontes do Direito Administrativo, é correto afirmar que:
a) o costume não é considerado fonte do Direito Administrativo.
b) uma das características da jurisprudência é o seu universalismo, ou seja, enquanto a doutrina tende a nacionalizar-se, a jurisprudência tende a universalizar-se.
c) embora não influa na elaboração das leis, a doutrina exerce papel fundamental apenas nas decisões contenciosas, ordenando, assim, o próprio Direito Administrativo.
d) tanto a Constituição Federal como a lei em sentido estrito constituem fontes primárias do Direito Administrativo.
e) tendo em vista a relevância jurídica da jurisprudência, ela sempre obriga a Administração Pública.

23. **(TRT-23ª Região-MT/Juiz/2011 – adaptada).** O princípio da razoabilidade, conquanto não esteja consagrado expressamente na legislação federal que rege a atuação da Administração como princípio a ser observado na conduta da Administração Pública, revela-se importante instrumento para o controle jurisdicional da discricionariedade administrativa.

24. **(FCC/TRE-AP/Analista Judiciário/Área Judiciária/2011).** A conduta do agente público que se vale da publicidade oficial para realizar promoção pessoal atenta contra os seguintes princípios da Administração Pública:
a) razoabilidade e legalidade.
b) eficiência e publicidade.
c) publicidade e proporcionalidade.
d) motivação e eficiência.
e) impessoalidade e moralidade.

25. **(FCC/TRT-4ª Região-RS/Analista Judiciário/2011).** O conteúdo do princípio constitucional da legalidade,
a) não exclui a possibilidade de atividade discricionária pela Administração Pública, desde que observados os limites da lei, quando esta deixa alguma margem para a Administração agir conforme os critérios de conveniência e oportunidade.
b) impede o exercício do poder discricionário pela Administração, haja vista que esse princípio está voltado para a prática dos atos administrativos vinculados, punitivos e regulamentares.

c) autoriza o exercício do poder discricionário pelo administrador público, com ampla liberdade de escolha quanto ao destinatário do ato, independentemente de previsão normativa.
d) impede a realização de atos administrativos decorrentes do exercício do poder discricionário, por ser este o poder que a lei admite ultrapassar os seus parâmetros para atender satisfatoriamente o interesse público.
e) traça os limites da atuação da Administração Pública quando pratica atos discricionários externos, mas deixa ao administrador público ampla liberdade de atuação para os atos vinculados internos.

26. (FCC/TRT-23ª Região-MT/Técnico Judiciário/2011). O jurista Celso Antônio Bandeira de Mello apresenta o seguinte conceito para um dos princípios básicos da Administração Pública: De acordo com ele, a Administração e seus agentes têm de atuar na conformidade de princípios éticos. (...) Compreendem-se em seu âmbito, como é evidente, os chamados princípios da lealdade e boa-fé. Trata-se do princípio da
a) motivação.
b) eficiência.
c) legalidade.
d) razoabilidade.
e) moralidade.

27. (FCC/MPE-RS/Técnico em Informática/Área Sistemas/2008). A respeito dos órgãos públicos, pode-se dizer que
a) são unidades que congregam atribuições exercidas por vários agentes públicos que os integram com o objetivo de expressar a vontade do Estado.
b) se denominam colegiados os que são integrados por outros órgãos públicos.
c) singulares, são aqueles dotados de um único centro de competências ou atribuições.
d) superiores, são os que têm origem na Constituição. Estão colocados no ápice da pirâmide organizacional, sem qualquer subordinação hierárquica ou funcional.
e) são denominados autônomos, os órgãos de direção, controle, decisão e comando em assuntos da sua competência.

28. (Cespe/CBM-DF/Oficial Bombeiro Militar Complementar/Direito//2011). Constituem traços distintivos entre a empresa pública e a sociedade de economia mista, entre outros, o fato de que a primeira pode ser organizada sob qualquer das formas admitidas em Direito, vedado o desempenho de atividade de natureza econômica, enquanto a segunda é estruturada sob a forma de sociedade anônima e desempenha atividade de natureza econômica.

29. **(FCC/TRT-4ª Região-RS/Juiz do Trabalho/2012).** O regime jurídico a que se submete a Administração Pública é caracterizado por algumas prerrogativas e sujeições, que podem ser assim exemplificadas:
   a) impenhorabilidade dos bens de titularidade da Administração direta e das autarquias e fundações públicas.
   b) submissão a processo especial de execução judicial e juízo privativo, para as entidades integrantes da Administração direta e indireta.
   c) obrigatoriedade de concurso público para contratação de pessoal, exceto para as sociedades de economia mista que atuam em regime de competição com empresas privadas.
   d) sujeição ao controle externo pelo Tribunal de Contas, exceto em relação às empresas controladas pelo Estado que não recebam recursos para despesas de custeio.
   e) submissão das empresas públicas a regime jurídico próprio, diverso do aplicável às empresas privadas, derrogatório da legislação trabalhista e tributária.

30. **(FCC/PGE-AM/Procurador/2010).** O recurso dirigido a autoridade da Administração direta contra ato praticado por autoridade da Administração indireta
   a) não tem caráter propriamente recursal, sendo uma manifestação do direito constitucional de petição.
   b) é impossível, em razão do princípio da autonomia administrativa das entidades da Administração indireta.
   c) é chamado recurso hierárquico impróprio e depende de expressa previsão legal para que possa ser admitido.
   d) é um instrumento básico de tutela das entidades da Administração indireta e, portanto, independe de previsão legal para ser utilizado.
   e) somente é cabível nas decisões proferidas pelos dirigentes das Agências, autarquias cujo regime especial compreende essa modalidade recursal.

31. **(FC/DPE-PR/Defensor Público/2012).** A estrutura administrativa do Estado compreende a Administração Pública direta e indireta. Sobre o tema, examine as afirmações abaixo.
   I – A administração direta é constituída pela União, Estados, Municípios e Distrito Federal, todos dotados de autonomia política, administrativa e financeira.
   II – Estados e Municípios não são dotados de soberania e não têm competência legislativa para instituir sua própria Administração indireta.

III – As autarquias e as fundações de direito público são pessoas jurídicas de direito público que compõem a Administração indireta.

IV – As empresas públicas são pessoas jurídicas de direito privado, dotadas de patrimônio próprio.

V – A criação de sociedade de economia mista depende de lei específica autorizadora e o seu quadro social é constituído por pessoas jurídicas de direito público. Estão corretas apenas as afirmações

a) I e III.
b) II, IV e V.
c) I e II.
d) I, III e IV.
e) III e V.

32. **(Cespe/TJ-CE/Juiz/2012).** A Administração Pública, sob o aspecto orgânico, ou subjetivo, designa a própria função administrativa, que, exercida pelos órgãos e agentes estatais, incumbe, predominantemente, ao Poder Executivo.

33. **(Cespe/TJ-PI/Juiz/2012).** Assinale a opção correta com referência à Administração direta e indireta.

a) As autarquias são instituídas por lei, iniciando-se a sua existência legal com a inscrição, no registro próprio, de seu ato constitutivo.
b) As empresas públicas, as autarquias e as fundações instituídas e mantidas pelo Poder Público são beneficiárias do princípio da imunidade tributária, no que se refere aos impostos sobre a renda, o patrimônio e os serviços federais, estaduais e municipais.
c) As sociedades de economia mista podem revestir-se de qualquer forma admitida em direito, como, por exemplo, a de sociedade unipessoal ou pluripessoal.
d) Caracterizadas pela CF como atividades essenciais ao funcionamento do Estado, as administrações tributárias da União, dos estados, do DF e dos municípios devem atuar de forma integrada, inclusive no que concerne ao compartilhamento de dados cadastrais e de informações fiscais, na forma de lei ou de convênio.
e) O princípio da reserva legal, segundo o qual todas as entidades integrantes da administração indireta, independentemente da esfera federativa a que estejam vinculadas, devem ser instituídas por lei, aplica-se às empresas públicas e às sociedades de economia mista, mas não às suas subsidiárias.

34. **(FCC/TCE-AP/Técnico de Controle Externo/2012).** O Estado pretende efetuar reorganização administrativa, desmembrando determinados órgãos da Administração direta, extinguindo cargos vagos e realocando atribuições, tendo como premissa o não incremento de despesa. De acordo com a Constituição Federal, a referida reorganização deverá ser feita por
a) lei, obrigatoriamente em face do princípio da legalidade a que se submete a Administração Pública.
b) decreto, eis que a matéria de organização e funcionamento da Administração não se sujeita à reserva legal.
c) decreto, precedido, necessariamente, de lei autorizativa delegando competência ao Chefe do Executivo para dispor sobre a matéria.
d) contrato de gestão, precedido de decreto estabelecendo os indicadores de qualidade e as metas de melhoria dos serviços.
e) contrato de gestão, precedido de lei autorizativa, com eficácia apenas para o próximo exercício orçamentário.

35. **(FCC/TRT-6ª Região-PE/Técnico Judiciário/Administrativa/2012).** Sobre a descentralização e a desconcentração é correto afirmar que a
a) descentralização compreende a distribuição de competências para outra pessoa jurídica, enquanto a desconcentração constitui distribuição de competências dentro da mesma pessoa jurídica.
b) desconcentração compreende a distribuição de competências para outra pessoa jurídica, desde que de natureza jurídica de direito público.
c) descentralização constitui distribuição de competências dentro da mesma pessoa jurídica, admitindo, excepcionalmente, a delegação de serviço público a terceiros.
d) descentralização compreende a distribuição de competências para outra pessoa jurídica, vedada a delegação de serviço público à pessoa jurídica de direito privado.
e) desconcentração constitui a delegação de serviço público à pessoa jurídica de direito privado por meio de permissão ou concessão.

36. **(Cespe/MPE-PI/Analista Ministerial/Área Processual/2012).** Segundo classificação doutrinária, quanto ao critério relacionado à posição estatal, os órgãos autônomos são aqueles originários da Constituição e que representam os três Poderes do Estado, cujas funções são exercidas por agentes políticos.

37. **(FCC/TRE-SP/Técnico Judiciário/Área Administrativa/2012).** O Governador do Estado editou decreto reorganizando a estrutura administrativa de determinada Secretaria de Estado. De acordo com a Constituição Federal, referido decreto é

a) ilegal, em face da violação ao princípio da legalidade.
b) legal, podendo contemplar a extinção de órgãos públicos e cargos vagos.
c) legal, desde que não implique aumento de despesa, nem criação ou extinção de órgãos públicos.
d) ilegal, eis que nosso ordenamento jurídico não admite regulamento autônomo para matéria de organização administrativa.
e) legal apenas se decorrente de delegação expressa do Poder Legislativo, passando referido ato a ter força de lei formal.

38. (FCC/TJ-PE/Analista Judiciário/Área Judiciária e Administrativa/2012). Em relação aos órgãos e agentes da Administração Pública é correto afirmar:
a) a atuação dos órgãos não é imputada à pessoa jurídica que eles integram, mas tendo a prerrogativa de representá-la juridicamente por meio de seus agentes, desde que judiciais.
b) a atividade dos órgãos públicos não se identifica e nem se confunde com a da pessoa jurídica, visto que há entre a entidade e seus órgãos relação de representação ou de mandato.
c) os órgãos públicos são dotados de personalidade jurídica e vontade própria, que são atributos do corpo e não das partes porque estão ao lado da estrutura do Estado.
d) como partes das entidades que integram os órgãos são meros instrumentos de ação dessas pessoas jurídicas, preordenados ao desempenho das funções que lhe forem atribuídas pelas normas de sua constituição e funcionamento.

39. (FCC/TRT-11ª Região-AM/Analista Judiciário/Área Judiciária/2012). Existem vários critérios de classificação dos órgãos públicos, tais como, os critérios de "esfera de ação", "posição estatal", "estrutura", dentre outros.
No que concerne ao critério "posição estatal", as Casas Legislativas, a Chefia do Executivo e os Tribunais são órgãos públicos
a) autônomos.
b) superiores.
c) singulares.
d) centrais.
e) independentes.

40. (Cespe/STJ/Analista Judiciário/Área Judiciária/2012). As causas em que as autarquias federais forem interessadas, na condição de autoras, rés, assistentes ou oponentes, serão processadas e julgadas na Justiça Federal.

41. **(Cespe/STJ/Analista Judiciário/Área Judiciária/2012).** Os consórcios públicos, quando assumem personalidade jurídica de direito público, constituem-se como associações públicas, passando, assim, a integrar a administração indireta dos entes federativos consorciados.

42. **(PC-SP/PC-SP/Delegado de Polícia/2012).** Quando uma pessoa jurídica de direito público ou privado é criada por lei, cabendo-lhe a titularidade e a execução de determinado serviço público, a hipótese é de
a) descentralização territorial.
b) desconcentração.
c) descentralização por serviço.
d) descentralização por colaboração.
e) desestatização.

43. **(PC-SP/PC-SP/Delegado de Polícia/2012).** Sobre as autarquias, é **incorreto** afirmar:
a) Possuem personalidade jurídica pública.
b) São criadas por lei.
c) Têm como privilégio o processo especial de execução.
d) Possuem capacidade política.
e) Sujeitam-se a controle administrativo.

44. **(FCC/TRF-2ª Região/Técnico Judiciário/Segurança e Transporte/2012)** É certo que o patrimônio inicial da autarquia é formado a partir
a) da transferência de bens móveis e imóveis do ente federado que a tenha criado.
b) dos bens móveis e imóveis adquiridos especificamente para tal finalidade.
c) da transferência exclusiva de bens dominicais pertencentes ao órgão público responsável por sua instituição.
d) do ato de desapropriação de bens móveis e imóveis expedido pelo ente da federação responsável por sua criação.
e) da requisição de bens móveis e imóveis pertencentes a outros órgãos públicos da respectiva Administração Pública.

45. **(Cesgranrio/Caixa/Engenheiro Civil/2012).** A Administração Pública do Estado brasileiro estrutura-se em administração direta e indireta. Integram a Administração indireta e são dotadas de personalidade jurídica de direito privado as
a) autarquias e as fundações.
b) autarquias e as sociedades de economia mista.
c) fundações autárquicas e as empresas públicas.

d) empresas públicas e as sociedades de economia mista.
e) sociedades de economia mista e os entes políticos.

46. **(Cespe/Polícia Federal/Agente da Polícia Federal/2012).** Existe a possibilidade de participação de recursos particulares na formação do capital social de empresa pública federal.

47. **(Cespe/Polícia Federal/Agente da Polícia Federal/2012).** O foro competente para o julgamento de ação de indenização por danos materiais contra empresa pública federal é a Justiça Federal.

48. **(FCC/TJ-RJ/Comissário da Infância e da Juventude/2012).** Em relação aos entes que integram a Administração indireta, a sociedade de economia mista e a empresa pública
a) somente podem ser criadas por lei, salvo as subsidiárias, que dispensam autorização legislativa para sua criação.
b) sujeitam-se ao regime jurídico próprio das empresas privadas, o que afasta a incidência das normas constitucionais dirigidas à Administração Pública.
c) sujeitam-se ao regime jurídico próprio das empresas privadas, mas sua criação deve ser autorizada por lei.
d) sujeitam-se ao regime jurídico de direito público quando os fins definidos na lei instituidora abrangem a prestação de serviço público.
e) sujeitam-se ao regime jurídico próprio das empresas privadas, mas são instituídas, formalmente, por lei, o que afasta o depósito de seus atos constitutivos no Registro Público.

49. **(FCC/TJ-RJ/Analista Judiciário/Execução de Mandados/2012).** Determinado Estado da Federação editou decreto alterando a gestão da previdência complementar dos servidores públicos do Estado e transferindo-a para autarquia especial criada no mesmo ato. A medida é
a) regular, na medida em que é obrigatório ao Estado disciplinar a previdência complementar dos servidores públicos não submetidos ao sistema único.
b) regular, desde que a nova autarquia passe a gerir os recursos previdenciários dos servidores públicos admitidos após sua criação.
c) irregular, tendo em vista que a delegação operada somente poderia ter sido feita para ente integrante da Administração indireta.
d) irregular, na medida em que a gestão de recursos previdenciários dos servidores não poderia ser delegada a outro ente, ainda que integrante da Administração indireta.
e) irregular, na medida em que a autarquia somente poderia ter sido criada por lei.

50. (Cespe/TJ-PI/Juiz/2012). As autarquias são instituídas por lei, iniciando-se a sua existência legal com a inscrição, no registro próprio, de seu ato constitutivo.

51. (Cespe/PC-CE/Inspetor de Polícia Civil/2012). O Ministério da Saúde é órgão da Administração Pública indireta.

52. (FCC/TRF-2ª Região/Técnico Judiciário/Área Administrativa/2012). A administração indireta compreende, além de outras entidades, as empresas públicas e sociedades de economia mista, as quais têm personalidade jurídica de direito

a) público e privado, respectivamente, criadas por lei de iniciativa do Poder Executivo.
b) privado, instituídas mediante autorização de lei específica.
c) público e independem de lei complementar para suas instituições.
d) privado e público, respectivamente, sendo instituídas mediante lei específica.
e) público, criadas por ato específico e privativo do chefe do Poder Executivo.

53. (Cespe/STJ/Analista Judiciário/Área Judiciária/2012). O exercício do poder de polícia administrativa é um dos fatos geradores da cobrança de taxas, impostos e contribuições de melhoria.

54. (FCC/MPE- PE/Técnico Ministerial/Área Administrativa/2012). No que concerne ao poder regulamentar, considere a seguinte situação hipotética: o Prefeito de Olinda expediu decreto regulamentar cujo conteúdo contraria lei do mesmo Município, bem como impõe obrigações que não estão previstas na mencionada lei. Sobre o tema, é correto afirmar que decreto regulamentar

a) não pode contrariar a lei, nem impor obrigações que nela não estejam previstas.
b) não pode contrariar a lei, porém pode impor obrigações que nela não estejam previstas.
c) pode contrariar a lei, bem como impor obrigações que nela não estejam previstas, tendo em vista a autonomia e independência do Poder Executivo.
d) pode contrariar a lei, porém não pode impor obrigações que nela não estejam previstas.
e) não faz parte do poder normativo da Administração, vez que não é da competência do Chefe do Executivo.

55. (Cespe/MPE-PI/Analista Ministerial/Área Administrativa/2012). No exercício do poder regulamentar, os chefes do Executivo não podem editar atos que contrariem a lei ou que criem direitos e obrigações que nela não estejam previstos, sob pena de ofensa ao princípio da legalidade.

56. (Cespe/MPE-PI/Analista Ministerial/ Administrativa//2012). Como resulta do sistema hierárquico, o poder disciplinar existe no âmbito do Poder Executivo, mas não no dos poderes Legislativo e Judiciário, nos quais não há relações de hierarquia ou de subordinação.

57. (Cespe/PC-CE/Inspetor de Polícia Civil/2012). A concessão de licenças de localização e funcionamento de estabelecimentos comerciais, de alvarás e habite-se, entre outras atividades de polícia administrativa, compete aos estados e ao Distrito Federal.

58. (Esaf/SMF-RJ/Agente de Fazenda/2010). Sobre o poder de polícia, assinale a opção correta.

a) A Administração poderá implantar preço público em razão do exercício do Poder de Polícia.
b) Todas as pessoas federativas (União, Estados, Distrito Federal e Municípios) possuem, em tese, atribuição para exercer o Poder de Polícia, a ser realizado, entretanto, nos limites das suas respectivas competências.
c) Todos os atos de poder de polícia autorizam a imediata execução pela Administração, sem necessidade de autorização de outro Poder, em face do atributo da autoexecutoriedade.
d) Inexiste, no ordenamento jurídico pátrio, conceito expresso de Poder de Polícia.
e) Não há distinção entre polícia administrativa e polícia judiciária.

59. (TRT-2ª Região/TRT-2ª Região/Juiz do Trabalho/2011 – adaptada). Para bem exercer a Administração Pública, pode o governo delegar aos particulares atos próprios de polícia administrativa, como na fiscalização e cumprimento de normas de trânsito mediante equipamentos fotossensores, pertencentes e operados por empresas privadas contratadas pelo Poder Público.

60. (FCC/TRT-6ª Região-PE/Técnico judiciário/Administrativa/2012). O conceito moderno de poder de polícia o define como a atividade do Estado que limita o exercício dos direitos individuais em benefício do interesse público. Em relação ao poder de polícia administrativa, é correto afirmar que

a) é exclusivo da autoridade superior do ente público competente para a fiscalização.
b) compreende a adoção de medidas repressivas para aplicação da lei ao caso concreto.
c) incide subsidiariamente à polícia judiciária, inclusive para coibir a prática de ilícito penal.

d) cria obrigações e limitações aos direitos individuais quando a lei não tiver disposto a respeito.
e) impõe apenas obrigações de fazer, na medida em que não pode impor abstenções e proibições aos administrados.

61. **(Cespe/DPU/2011).** O poder disciplinar é aquele pelo qual a Administração Pública apura infrações e aplica penalidades aos servidores públicos e a pessoas sujeitas à disciplina administrativa, sendo o processo administrativo disciplinar obrigatório para a hipótese de aplicação da pena de demissão.

62. **(Cespe/Aneel/2010).** Com fundamento no poder disciplinar, a Administração Pública, ao ter conhecimento de prática de falta por servidor público, pode escolher entre a instauração ou não de procedimento destinado a promover a correspondente apuração da infração.

63. **(FCC/TRT-6ª Região-PE/Analista Judiciário/Execução de Mandados/2012).** De acordo com o ordenamento jurídico brasileiro, a responsabilidade civil do Estado depende necessariamente
a) da comprovação de conduta comissiva dolosa ou omissiva culposa do agente público.
b) do nexo de causalidade entre a ação ou omissão de seus agentes e o dano causado a terceiros.
c) da prévia condenação do agente público em procedimento disciplinar.
d) da comprovação da falha na prestação do serviço ou conduta dolosa do agente público.

64. **(MPE-GO/Promotor de Justiça/2012).** Em tema de responsabilidade civil do Estado é correto afirmar que:
a) a morte de detento por colegas de carceragem deve ser reparada pelo Estado em razão do dever constitucional de guarda, exonerando-se a Administração da obrigação de indenizar na hipótese de restar inequivocamente demonstrada a ausência de culpa dos agentes carcerários.
b) A responsabilidade civil do Estado funda-se no risco administrativo, decorrendo, daí a responsabilidade objetiva, que não pode ser invocada em caso de licitude da ação administrativa.
c) Fundada na teoria do risco integral ou do risco social, a Constituição da República, art. 37, § 6°, averbou que as pessoas jurídicas de direito público e as de direito privado prestadoras de serviços públicos responderão pelos danos que seus agentes, nessa qualidade, causarem a terceiros.

d) Tratando-se de ato omissivo do Poder Público, a responsabilidade civil por tal ato converte-se em subjetiva, pelo que exige dolo ou culpa, esta numa de suas três vertentes, a negligência, a imperícia ou a imprudência, não sendo, entretanto, necessário individualizá-la, dado que pode ser atribuída ao serviço público, de forma genérica, a falta do serviço.

65. (TRT-21ª Região-RN/Juiz//2012). A respeito da responsabilidade civil da Administração Pública, é correto afirmar:

a) a Administração tem o dever de reparar os danos ocasionados a terceiros, ainda que no exercício regular da atividade administrativa, devendo, todavia, esperar a citação em ação de indenização por danos, promovida pelo ofendido, para promover à reparação integral ou obter conciliação judicial, sendo-lhe defeso, por seus próprios meios, reparar o dano no âmbito administrativo.
b) a necessidade de determinação judicial para a reparação do dano causado a terceiros justifica-se pela necessidade de certeza, liquidez e arbitramento judicial do valor da indenização, com vistas a possibilitar que a Administração Pública ingresse com ação regressiva contra o servidor ou agente público causador do dano.
c) proposta a ação de indenização por danos contra o agente público, não é o caso de sua extinção por ilegitimidade passiva, mas de chamamento à lide da pessoa jurídica de direito público.
d) o Supremo Tribunal Federal firmou sua jurisprudência no sentido de que a ação de indenização por danos deve ser proposta contra a pessoa jurídica e não contra o agente público, não sendo admitido o litisconsórcio.
e) o § 6º do art. 37 da Constituição Federal estabelece a responsabilidade objetiva, por danos causados a terceiros, das pessoas jurídicas de direito público e das pessoas jurídicas de direito privado prestadoras de serviços e que exercem atividades delegadas do Estado de intervenção no domínio econômico.

66. (Cespe/TJ-ES/Juiz/2011). Assinale a opção correta no que se refere à responsabilidade civil do Estado e dos prestadores de serviços públicos.

a) A condenação do Estado ao pagamento de indenização em face da ocorrência de erro judiciário implica, segundo a doutrina, automática mudança da decisão judicial.
b) De acordo com o STF, o Estado tem o dever de indenizar o dano moral sofrido pelo servidor público em decorrência da inércia do chefe do Poder Executivo em iniciar o processo legislativo destinado à revisão geral anual dos vencimentos.

c) Segundo a jurisprudência, as concessionárias e permissionárias de serviço público respondem objetivamente pelos danos causados a terceiros, ainda que estes não sejam decorrentes da prestação do serviço.
d) A edição de lei, ainda que de efeitos concretos, não enseja a responsabilização do Estado por prejuízos que venham a ser causados ao administrado.
e) O STF reconhece a responsabilidade do Estado por danos causados em razão da falta de policiamento ostensivo em locais de alta periculosidade.

67. (Esaf/MDIC/Analista de Comércio Exterior/2012). Assinale a opção em que a responsabilidade civil dar-se-á de forma subjetiva.
a) Responsabilidade pela omissão também chamada de serviço deficiente ou falta do serviço.
b) Responsabilidade do Estado pelo ato comissivo ensejador de dano que seu agente cause a terceiro.
c) Responsabilidade dos prestadores de serviço público por ato comissivo causador de dano ao usuário do serviço.
d) Responsabilidade pela omissão ensejadora de serviço deficiente, ocasionando dano nuclear.
e) Responsabilidade pela atuação omissiva do Estado no seu dever de assegurar a integridade de pessoas ou coisas.

68. (FMP-RS/PGE-AC/Procurador/2012). No tocante à responsabilidade do Estado, considere a seguinte situação. Num jogo decisivo do campeonato, digladiaram-se, com grande rivalidade, os times do Rio Branco e do Juventus. Os dirigentes advertiram as autoridades militares de que a Arena da Floresta poderia ser palco de consideráveis tumultos. Na ocasião, com o estádio lotado pelas torcidas estrelada e tetracolor, foi montado um sistema especial de segurança no estádio e arredores. Na Rua Baguary, a um quilômetro da entrada, dois grupos de torcedores que haviam trocado ameaças numa rede social confrontaram-se violentamente. Na ocasião, o PM Y, que não estava em serviço, sacou uma faca e feriu X que julgava ter furtado o seu rádio. Marque alternativa correta.
a) Há curso causal hipotético (nexo causal), pois, mesmo fora do serviço, o policial sempre age em nome do Estado.
b) Não há curso causal hipotético (nexo causal), pois o policial agia por razões pessoais e não como agente.
c) Era hipótese de legítima defesa do patrimônio, que exclui a ilicitude, não sendo imputável a responsabilidade nem ao Estado, nem ao PM Y.
d) Houve omissão e funcionamento anormal do serviço, pois em casos de movimentos multitudinários a responsabilidade é do Estado.

69. (Cespe/MPE-PI/Analista Ministerial/Área Administrativa/2012). A regra da responsabilidade civil objetiva do Estado se aplica tanto às entidades de direito privado que prestam serviço público como às entidades da administração indireta que executem atividade econômica de natureza privada.

70. (Esaf/PGFN/Procurador/2012). Assinale a opção que corresponde ao entendimento atualmente esposado pelo Supremo Tribunal Federal sobre a responsabilidade civil das empresas concessionárias de serviços públicos.

a) Há responsabilidade somente perante os usuários do serviço público, na modalidade do risco administrativo.
b) Há responsabilidade somente perante os usuários do serviço público, desde que caracterizada ao menos culpa da prestadora do serviço.
c) É reconhecida a possibilidade de responsabilização em face de dano causado a não usuário do serviço, uma vez caracterizada ao menos culpa da concessionária e nexo de causalidade entre a conduta e o resultado prejudicial.
d) É reconhecida a possibilidade de responsabilização objetiva das concessionárias, mesmo em face de terceiros não-usuários do serviço.

71. (Cespe/TJ-AL/Conhecimentos Básicos/2012). No que se refere à responsabilidade civil, administrativa e criminal do servidor, assinale a opção correta, nos termos do regime jurídico único dos servidores públicos civis federais (Lei nº 8.112/1990) (adaptada).

a) Quando o servidor que causou danos ao erário e a terceiros falece, a obrigação de reparar o dano estende-se aos seus sucessores, que responderão até o limite da herança recebida.
b) A responsabilidade civil de servidor apenas ocorre em caso de dolo ou fraude no exercício da função.
c) É vedada a aplicação simultânea de sanções civis e administrativas ao servidor que cometer irregularidade no exercício de suas atribuições.
d) Quando o servidor é absolvido criminalmente independentemente do motivo, ele não pode ser responsabilizado administrativamente
e) A responsabilidade civil administrativa apenas ocorre por ato omissivo praticado no desempenho do cargo ou função.

72. (FCC/DPE-PR/Defensor Público/2012). Tiburcius é servidor público estadual que, no exercício de sua função de motorista, dirigia uma camionete do Estado do Paraná, quando se envolveu em grave acidente. Houve perda total tanto da camionete do Estado quanto da motocicleta de propriedade particular, também envolvida no acidente. O passageiro da motocicleta morreu na hora. São diversas as possibilidades de consequências jurídicas desse acidente. Dentre as mencionadas abaixo, a única **incorreta** ou **incabível** ao caso é:

a) Demonstrados o envolvimento do servidor público; o nexo de causalidade e os prejuízos sofridos pelo particular este, para receber indenização do Estado, fica dispensado de comprovar a culpa da Administração Pública.
b) Para excluir ou atenuar a indenização ao particular, o Estado deverá demonstrar a culpa total ou parcial do condutor da motocicleta.
c) Se comprovado que o acidente foi causado por um instantâneo, arrebatador e fortíssimo vendaval, que impediu a visibilidade dos motoristas e ocasionou a perda de controle dos veículos, há exclusão ou atenuação da responsabilidade de indenizar o particular.
d) A comprovação da culpa de Tiburcius pelo acidente é um dos requisitos para a propositura de ação regressiva do Estado contra esse servidor.
e) A absolvição definitiva de Tiburcius, por negativa de autoria, na ação penal pela morte do passageiro da motocicleta, não tem repercussão na apuração e punição de falha disciplinar por ele cometida.

73. **(Cesgranrio/Caixa/Advogado/2012).** O prazo de caducidade do decreto expropriatório nas desapropriações por utilidade pública, contado da data de sua expedição, é de
a) 120 dias.
b) 180 dias.
c) 2 anos.
d) 5 anos.
e) 10 anos.

74. **(Cespe/STJ/Analista Judiciário/Área Judiciária/2012).** Como modalidade de intervenção estatal que visa à satisfação do interesse público, a requisição incide sobre bens e sobre serviços particulares.

75. **(Vunesp/TJ-MG/Juiz/2012).** Analise as afirmativas a seguir.
Não podem os Estados e Municípios decretar a desapropriação de imóvel rural **porque é competência exclusiva da União a desapropriação que se destine à reforma agrária.**

Assinale a alternativa correta.
a) A primeira afirmativa é falsa e a segunda é verdadeira.
b) A segunda afirmativa é falsa e a primeira é verdadeira.

c) As duas afirmativas são verdadeiras e a segunda justifica a primeira.
d) As duas afirmativas são verdadeiras, mas a segunda não justifica a primeira.

76. (MPE-SC/MPE-SC/Promotor de Justiça/2012 – adaptada) O apossamento do imóvel particular pelo Poder Público, com sua integração no patrimônio público, sem obediência às formalidades do procedimento expropriatório é chamada de desapropriação indireta.

77. (FMP-RSPGE-AC/Procurador/2012). Sobre as restrições ao direito de propriedade, no plano do direito administrativo, assinale a alternativa correta.

a) Nas hipóteses de tombamento, em razão do interesse público na preservação dos bens de interesse histórico, artístico, cultural, antropológico e arquitetônico, dentre outros, será sempre efetivada a prévia indenização pela restrição da propriedade.
b) Em razão da situação de perigo iminente, como casos de enchentes, a Administração pode efetivar, permanentemente, a requisição de bens móveis, imóveis e até de serviços particulares.
c) A servidão administrativa constitui um ônus real imposto ao particular para assegurar a realização de obras e serviços públicos, sendo devida a indenização pelos prejuízos efetivamente suportados pelo proprietário do bem.
d) No caso da requisição, não há uma imposição de indenização, pois visa ao afastamento de perigo iminente, somente sendo possível a aferição de responsabilidade por ato lícito, caso danos sejam verificados após a requisição.

78. (Cespe/TJ-PI/Juiz/2012). Acerca da classificação e da utilização de bens públicos, das limitações administrativas, do tombamento e da faixa de fronteira, assinale a opção correta.

a) As limitações administrativas, como forma de restrição da propriedade privada, impõem ao Estado a obrigação de indenizar o proprietário pelo uso de imóvel particular.
b) A autorização de uso é ato administrativo unilateral e discricionário pelo qual a administração consente, a título precário, que o particular utilize bem público, mas que não pode ser concedida de modo privativo.
c) O tombamento pode ser voluntário ou compulsório, provisório ou definitivo, conforme a manifestação da vontade ou a eficácia do ato.
d) Consideram-se bens públicos apenas os que constituem o patrimônio da União, dos estados, do DF ou dos municípios, sendo eles objeto de direito pessoal ou real de cada uma das entidades federativas.

79. **(Esaf/MDIC/Analista de Comércio Exterior/2012).** As alternativas abaixo exprimem formas de provimento derivado do servidor público. Assinale a opção em que ambos os provimentos requeiram a estabilidade como uma das condições de sua implementação.
   a) Readaptação e reversão por invalidez cessada.
   b) Promoção e aproveitamento.
   c) Reintegração e recondução.
   d) Promoção e recondução.
   e) Reversão por invalidez cessada e recondução.

80. **(FCC/TRF-2ª Região/Técnico Judiciário/Enfermagem/2012).** Em matéria de vacância é certo que
   a) a exoneração de cargo em comissão dar-se-á apenas a juízo da autoridade competente.
   b) o servidor será exonerado de ofício quando não satisfeitas as condições do estágio probatório.
   c) o servidor que, tendo tomado posse, não entrar em exercício no prazo legal, será suspenso por quinze dias, não implicando em vacância.
   d) a readaptação é forma de provimento de cargo público, mas não forma de vacância.
   e) a exoneração de cargo público sempre decorre de pedido, enquanto que a dispensa de função de confiança sempre de ofício.

81. **(Cespe/MPU/Analista Processual/2010).** Assegura-se a isonomia de vencimentos para cargos de atribuições iguais ou assemelhadas do mesmo Poder, ou entre servidores dos três Poderes, ressalvadas as vantagens de caráter individual e as relativas à natureza ou ao local de trabalho.

82. **(FCC/TRT-19ª Região-AL/Técnico Judiciário/Área Administrativa/2008).** Aquiles, técnico judiciário do Tribunal Regional do Trabalho, estando em débito com o erário, cujo valor é de R$ 5.000,00, foi demitido do cargo que vinha ocupando. Nesse caso, Aquiles terá um prazo para a quitação desse débito, que será de
   a) noventa dias, e a falta de quitação nesse prazo determinará o protesto em Cartório.
   b) sessenta dias, sendo que a não quitação dentro do prazo implicará sua inscrição em dívida ativa.
   c) noventa dias, e a não quitação dentro do prazo justifica o imediato ajuizamento da ação e cobrança.

d) trinta dias, prorrogável por igual período, sendo que a falta de quitação torna o servidor inapto para outros cargos públicos.
e) sessenta dias, sendo que a não quitação dentro do prazo implica no arresto ou sequestro do saldo de sua remuneração.

83. (Cespe/TJ-AL/Técnico Judiciário/2012). Um servidor que, no interesse do serviço, passa a ter exercício em nova sede, com mudança de domicílio em caráter permanente, deve perceber, para custear suas despesas de instalação,
a) indenização de transporte.
b) adicional pela prestação de serviço extraordinária.
c) diária.
d) vencimento básico.
e) ajuda de custo.

84. (Cespe/TJ-AL/Técnico Judiciário/2012). No que diz respeito à aposentadoria, assinale a opção correta de acordo com o regime jurídico único dos servidores públicos federais.
a) O servidor será aposentado, compulsoriamente, aos setenta anos de idade com proventos integrais.
b) O servidor aposentado por invalidez permanente, ainda que decorrente de acidente em serviço, receberá proventos proporcionais ao tempo de serviço.
c) A aposentadoria por invalidez será precedida de licença para tratamento de saúde, por período não excedente a doze meses.
d) O desempenho de mandato eletivo federal, estadual ou municipal não serão contados para fins de aposentadoria do servidor.
e) O servidor poderá aposentar-se voluntariamente aos sessenta e cinco anos de idade, se homem, e aos sessenta, se mulher, com proventos proporcionais ao tempo de serviço.

85. (Cespe/TJ-AL/Técnico Judiciário/2012). Considere que a determinado servidor público estatutário tenha sido concedida licença sem remuneração e por prazo indeterminado. Nesse caso, conclui-se ao servidor foi concedida licença
a) para atividade política.
b) para serviço militar.
c) por motivo de afastamento do cônjuge.
d) por motivo de doença em pessoa da família.
e) de capacitação profissional.

86. (TRT-23ª Região-MT/Juiz do Trabalho/2012). Quanto à responsabilidade do servidor público, nos termos da Lei nº 8.112/1990, assinale a alternativa correta.

a) As reposições e indenizações ao erário serão previamente comunicadas ao servidor ativo, aposentado ou ao pensionista, para pagamento, no prazo máximo de trinta dias, devendo ser parceladas, sempre que assim for requerido pelo interessado.

b) Cabe pena de censura ao servidor que levar à autoridade superior, informação concernente à prática de improbidade da qual tomou conhecimento, em decorrência do exercício de cargo, quando, apurados os fatos, ficar constatado que a denúncia não tinha fundamento.

c) A obrigação de indenizar é personalíssima, não se transmitindo com a herança.

d) A responsabilidade penal abrange os crimes e contravenções imputadas ao servidor, e a responsabilidade civil administrativa resulta de ato omissivo ou comissivo praticado no desempenho do cargo ou função.

e) As sanções civis, penais e administrativas são dependentes entre si, podendo cumular-se.

87. (Cespe/TJ-AL/Auxiliar Judiciário/Conhecimentos Básicos/2012). Considere a situação hipotética em que uma junta médica oficial tenha declarado insubsistentes os motivos da aposentadoria por invalidez de um servidor público do Poder Judiciário do Estado de Alagoas. Com relação a essa situação hipotética, é correto afirmar que

a) a aposentadoria deverá ser mantida caso o cargo anteriormente ocupado pelo servidor já esteja provido.

b) tal declaração ensejará a reversão, ou seja, o retorno do servidor ao cargo que ele ocupava ou ao que resultou de sua transformação.

c) o servidor deverá ser reintegrado ao cargo por ele anteriormente ocupado.

d) a aposentadoria do servidor deverá ser mantida caso ele tenha sessenta anos de idade.

e) o servidor deverá ser reconduzido ao cargo por ele anteriormente ocupado.

88. (Cespe/TJ-AL/Analista Judiciário/Área Administrativa/2012). Com base nas disposições da Lei nº 8.112/1990, assinale a opção correta.

a) O servidor público pode ser responsabilizado civil, penal ou administrativamente por dar ciência à autoridade superior sobre improbidade de algum servidor, de que tenha conhecimento, mesmo que em decorrência do exercício de cargo, emprego ou função pública.

b) O zelo e a dedicação às atribuições de um cargo público são ampliadas em situações de sigilo e confidencialidade.

c) A responsabilidade civil-administrativa do servidor público resulta de ato omissivo ou comissivo praticado no desempenho de seu cargo ou função pública.
d) Comete ato de improbidade administrativa e falta ética o servidor público que exibe ato remissivo por desempenho de mandato classista.
e) O servidor público que exerce suas atribuições de forma irregular responde civil e penalmente por suas ações.

89. (FCC/INSS /Técnico do Seguro Social/2012). Sérgio, servidor público federal, teve ciência de irregularidades ocorridas no âmbito da Administração Pública Federal, em razão do cargo que ocupa. Por medo de retaliação, não relatou os fatos de que teve conhecimento.

Nos termos da Lei nº 8.112/1990, Sérgio

a) não descumpriu dever legal.
b) deveria ter levado os fatos ao conhecimento da autoridade superior.
c) agiu corretamente, pois omitiu-se para a salvaguarda de seus direitos.
d) deveria obrigatoriamente ter levado os fatos ao conhecimento do Poder Judiciário.
e) agiu expressamente nos termos da lei.

90. (FCC/TRE-CE/Analista Judiciário/Área Judiciária/2012). Considere:

I – Nenhuma outra pessoa que resida com o servidor receba auxílio-moradia.

II – O deslocamento tenha sido por força de alteração de lotação ou nomeação para cargo efetivo.

III – O deslocamento tenha ocorrido após 30 de junho de 2006.

IV – O cônjuge do servidor ocupe imóvel funcional.

De acordo com a Lei nº 8.112/1990, conceder-se-á auxílio-moradia ao servidor se atendidos, dentre outros, os requisitos mencionados **apenas** em

a) I, III e IV.
b) II e IV.
c) I e III.
d) I e IV.
e) II e III.

91. (FCC/TRE-CE/Analista Judiciário/Área Judiciária/2012). Poderá ser concedida licença ao servidor para acompanhar cônjuge ou companheiro que foi deslocado para outro ponto do território nacional, para o exterior ou para o exercício de mandato eletivo dos Poderes Executivo e Legislativo. De acordo com a Lei nº 8.112/1990, esta licença será

a) por prazo indeterminado e sem remuneração.
b) de até 120 dias consecutivos, com remuneração.
c) de até 180 dias consecutivos, sem remuneração.
d) de, no máximo, 90 dias, com remuneração na sua integralidade.
e) de, no máximo, 90 dias, com remuneração de 50% dos vencimentos líquidos.

92. (FCC/TRE-CE/Analista Judiciário/Área Judiciária/2012). Com relação a revisão do processo administrativo disciplinar considere:

I – Em caso de falecimento, ausência ou desaparecimento do servidor, qualquer pessoa da família poderá requerer a revisão do processo.

II – Julgada procedente a revisão, será declarada sem efeito a penalidade aplicada, restabelecendo-se todos os direitos do servidor, inclusive em relação à destituição do cargo em comissão.

III – A revisão correrá em apenso ao processo originário, sendo que na petição inicial, o requerente pedirá dia e hora para a produção de provas e inquirição das testemunhas que arrolar.

IV – O requerimento de revisão do processo será dirigido ao Ministro de Estado ou autoridade equivalente, que, se autorizar a revisão, encaminhará o pedido ao dirigente do órgão ou entidade onde se originou o processo disciplinar.

Segundo a Lei nº 8.112/1990, está correto o que se afirma **apenas** em
a) III e IV.
b) I, II e III.
c) II, III e IV.
d) I e IV.
e) I, III e IV.

93. (FCC/TRE-PR/Técnico Judiciário/Área Administrativa/2012). No curso do processo disciplinar, a autoridade poderá determinar, com fundamento na Lei nº 8.112/1990,
a) a disponibilidade do servidor, mantida sua remuneração até o final do processo.
b) o afastamento do servidor, a fim de que não venha a influir na apuração da irregularidade.
c) a suspensão do servidor, com prejuízo de sua remuneração, que poderá ser paga caso a decisão seja favorável ao servidor.
d) a transferência do servidor para outra unidade, a fim de que não interfira na apuração dos fatos.
e) o licenciamento do servidor, mantida sua remuneração até o final do processo, caso não se trate de infração de natureza grave.

94. (FCC/TRE-PR/Técnico Judiciário/Área Administrativa/2012). De acordo com a Lei Federal nº 8.112/1990, aos deficientes físicos é assegurado o direito

a) subjetivo à nomeação para cargo efetivo na Administração Pública, ainda que não sejam nomeados os demais aprovados no concurso do qual participaram.
b) a participar de concurso público para provimento de cargo efetivo, reservando-se às pessoas nessas condições prioridade em relação à aprovação de todos os demais participantes, em percentual de 10% das vagas.
c) à nomeação para emprego público, independentemente da participação em concurso público de provas e títulos, em percentual de 5% das vagas não ocupadas.
d) de se inscreverem em concurso público para provimento de cargo, cujas atribuições sejam compatíveis com a deficiência de que são portadores, devendo ser reservado para pessoas nessas condições 20% das vagas oferecidas no concurso.
e) à nomeação para 20% das vagas oferecidas no concurso público, independentemente da nomeação dos demais aprovados e da deficiência apresentada.

95. (FCC/TRE-PR/Técnico Judiciário/2012). A Administração Pública demitiu, sem a observância de regular processo legal, servidor estável, ocupante de cargo público efetivo, que cometeu infração disciplinar de natureza grave. Ajuizada ação judicial, obteve o servidor público decisão judicial que invalidou a demissão e determinou, com fundamento na Lei Federal nº 8.112/1990, dentre outras obrigações, à Administração Pública, sua

a) recondução ao cargo, com indenização de todo o período transcorrido desde sua demissão injustificada.
b) reintegração ao cargo, afastado o recebimento de indenização pelo período anterior em razão da natureza da infração disciplinar cometida.
c) recondução ao serviço público, nomeando-o para cargo existente no quadro da Administração Pública, ainda que de nível superior ao anteriormente ocupado.
d) reintegração ao cargo anteriormente ocupado, com ressarcimento de todas as vantagens desde a época da demissão, ainda que o cargo tenha sido extinto.
e) reintegração ao cargo anteriormente ocupado, mesmo que ocupado por outro servidor público, este que poderá ser reconduzido ao cargo de origem.

96. (FCC/TRE-PR/Analista Judiciário/Área Administrativa/2012). São formas de provimento de cargo público, de acordo com a Lei Federal nº 8.112/1990:

a) nomeação e indicação.
b) ascensão e reversão.

c) transferência e readaptação.
d) reintegração e readaptação.
e) recondução e ascensão.

97. (FCC/TRE-CE/Técnico Judiciário/2012). De acordo com a Lei nº 8.112/1990, no tocante ao processo administrativo disciplinar, como medida cautelar e a fim de que o servidor não venha a influir na apuração da irregularidade, a autoridade instauradora do processo disciplinar poderá determinar o seu afastamento do exercício do cargo, pelo prazo de até

a) sessenta dias, com prejuízo da remuneração, improrrogáveis, independentemente da conclusão do processo.
b) trinta dias, sem prejuízo da remuneração, podendo o afastamento ser prorrogado por igual prazo, findo o qual cessarão os seus efeitos, exceto se não concluído o processo.
c) noventa dias, com prejuízo da remuneração, podendo o afastamento ser prorrogado por igual prazo, findo o qual cessarão os seus efeitos, ainda que não concluído o processo.
d) trinta dias, sem prejuízo da remuneração, improrrogáveis, independentemente da conclusão do processo.
e) sessenta dias, sem prejuízo da remuneração, podendo o afastamento ser prorrogado por igual prazo, findo o qual cessarão os seus efeitos, ainda que não concluído o processo.

98. (FCC/TRE-CE/Técnico Judiciário/2012). Considere os seguintes requisitos:

I – A aposentadoria tenha sido voluntária.
II – Funcionário estável quando na atividade.
III – Aposentadoria tenha ocorrido nos sete anos anteriores à solicitação.
IV – Existência de solicitação de reversão.

Para a reversão de servidor aposentado no interesse da administração, são necessários, dentre outros requisitos, os indicados apenas em

a) I, II e III.
b) I e II.
c) II e IV.
d) I, II e IV.
e) III e IV.

99. (FCC/TRE-CE/Técnico Judiciário/2012). De acordo com a Lei nº 8.112/1990, poderá ser dispensada de perícia oficial, na forma definida em regulamento, a licença para tratamento de saúde inferior a

a) quinze dias, dentro de um ano.
b) trinta dias, dentro de um ano.
c) sessenta dias, dentro de dois anos.
d) trinta dias, dentro de dois anos.
e) noventa dias, dentro de um ano.

100. (FCC/TRE-CE/Técnico Judiciário/2012). Caroline, servidora pública efetiva, é candidata a cargo eletivo na localidade onde desempenha suas funções e que exerce cargo de direção. Neste caso, de acordo com a Lei nº 8.112/1990, Caroline

a) será afastada do cargo público que exerce, a partir do dia imediato ao do registro de sua candidatura perante a Justiça Eleitoral, até o décimo dia seguinte ao do pleito.
b) não será afastada do cargo público que exerce até a proclamação final do resultado das eleições na qual ela é candidata.
c) será afastada do cargo público que exerce, a partir do dia imediato ao do registro de sua candidatura perante a Justiça Eleitoral, até a proclamação final do resultado das eleições.
d) será afastada do cargo público que exerce, a partir do dia imediato ao do registro de sua candidatura perante a Justiça Eleitoral, até o dia seguinte ao do pleito.
e) será afastada do cargo público que exerce, a partir do dia imediato ao do registro de sua candidatura perante a Justiça Eleitoral, até o dia do pleito.

101. (FCC/TRE-CE/Técnico Judiciário/Área Administrativa/2012). Segundo o art. 104 da Lei nº 8.112/1990 "é assegurado ao servidor o direito de requerer aos Poderes Públicos, em defesa de direito ou interesse legítimo". A respeito do Direito de Petição, considere:

I – Cabe pedido de reconsideração à autoridade que houver expedido o ato ou proferido a primeira decisão, não podendo ser renovado.

II – Caberá das decisões sobre os recursos sucessivamente interpostos.

III – O direito de requerer prescreve em três anos quanto aos atos de demissão e de cassação de aposentadoria ou disponibilidade.

IV – Para o exercício do direito de petição, é assegurada vista do processo ou documento, na repartição, ao servidor ou a procurador por ele constituído.

Está correto o que se afirma **apenas** em

a) II e IV.
b) I e II.

c) III e IV.
d) I, II e III.
e) I, II e IV.

102. (FCC/TRE-CE/Técnico Judiciário/Área Administrativa/2012). Liliane e Teresa são técnicas judiciárias do Tribunal Regional Eleitoral do Estado do Ceará. No exercício do cargo, Liliane praticou usura e Teresa procedeu de forma desidiosa. Considerando que ambas não possuem qualquer infração administrativa constante nos seus prontuários, segundo a Lei nº 8.112/1990, Liliane e Teresa estão sujeitas a penalidade de
a) advertência.
b) suspensão.
c) demissão.
d) demissão e suspensão, respectivamente.
e) suspensão e demissão, respectivamente.

103. (FCC/TRE-CE/Técnico Judiciário/Área Administrativa/2012). Considere:
I – Cleópatra, técnica judiciária do Tribunal Regional Eleitoral do Estado do Ceará foi demitida em razão da prática de ato de improbidade devidamente comprovado.
II – Afrodite, auxiliar judiciária do Tribunal Regional Eleitoral do Estado do Ceará foi demitida por incontinência pública e conduta escandalosa na repartição.
III – Minotauro, funcionário público no exercício de cargo em comissão no Tribunal Regional Eleitoral do Estado do Ceará foi destituído do cargo pela prática de crime contra a Administração Pública.

De acordo com a Lei nº 8.112/1990, **não** poderá retornar ao serviço público federal
a) Minotauro, apenas.
b) Cleópatra, Afrodite e Minotauro.
c) Cleópatra, apenas.
d) Cleópatra e Minotauro, apenas.
e) Cleópatra e Afrodite, apenas.

104. (FCC/TRE-CE/Técnico Judiciário/Área Administrativa/2012). A lei permite a remoção ex officio de um funcionário para atender a necessidade do serviço público. Mauro, servidor público, praticou determinada infração e a Administração Pública utilizou a remoção como forma de punição. Nesse caso,

a) há violação à finalidade do ato administrativo.
b) inexiste vício de finalidade no ato administrativo.
c) há vício de competência no ato administrativo.
d) há vício no motivo do ato administrativo.
e) não há qualquer ilegalidade, ou seja, pode o ato administrativo ser mantido pela Administração.

105. (FCC/TRT-6ª Região-PE/Técnico Judiciário/Segurança/2012). Determinado servidor público foi condenado criminalmente pela prática de crime contra a Administração Pública. A sanção criminal, nos termos da Lei nº 8.429/1992,
a) impede a aplicação das penalidades previstas na Lei de Improbidade, sempre menos graves que a condenação criminal.
b) impede que sejam acumuladas sanções civis, administrativas e por ato de improbidade, ainda que sejam identificadas infrações residuais.
c) permite a aplicação das penalidades previstas na Lei de Improbidade, desde que por conduta culposa, tendo em vista que as infrações dolosas são absorvidas pelo ilícito penal.
d) permite a aplicação das cominações previstas na Lei de Improbidade, isolada ou cumulativamente.
e) permite a aplicação das penalidades previstas na Lei de Improbidade, desde que por conduta dolosa, porque são tão graves quando o ilícito penal.

106. (PC-SP/Delegado de Polícia/2012). Assinale a alternativa que configura ato de improbidade somente contra os princípios da Administração Pública, nos termos da Lei nº 8.429/1992.
a) Concorrer para que terceiro enriqueça ilicitamente.
b) Frustrar a licitude de processo licitatório.
c) Retardar, indevidamente, ato de ofício.
d) Celebrar contrato de rateio de consórcio público sem suficiente e prévia dotação orçamentária.
e) Perceber vantagem econômica para intermediar a liberação de verba pública de qualquer natureza.

107. (Cespe/TJ-CE/Juiz/2012). Assinale a opção correta, tendo em vista as disposições da Lei nº 8.429/1992, que trata da improbidade administrativa.
a) A lei determina que a autoridade administrativa responsável pelo inquérito apresente ao MP representação para a indisponibilidade dos bens do indiciado, nos casos em que o ato de improbidade ensejar enriquecimento ilícito, providência prescindível caso as condutas causem lesão ao erário ou atentem contra os princípios da Administração.

b) Instaurado processo administrativo, a comissão processante deverá dar conhecimento ao MP e ao tribunal de contas da existência de procedimento para apurar a prática de ato de improbidade. A lei admite que apenas o MP designe representante e intervenha no procedimento administrativo, de modo a firmar sua convicção sobre os fatos que estejam sendo apurados.
c) Qualquer pessoa poderá representar à autoridade competente para que seja instaurada investigação destinada a apurar a prática de ato de improbidade, devendo a representação ser escrita ou reduzida a termo e assinada e conter a qualificação do representante, as informações sobre o fato e sua autoria e a indicação das provas de que tenha conhecimento.
d) Entre as medidas de natureza cautelar que podem ser adotadas na esfera administrativa, contra o agente que pratique ato de improbidade, incluem-se o afastamento do exercício do cargo, emprego ou função, e o sequestro e bloqueio de bens.
e) O agente público que cometer ato lesivo ao patrimônio público responderá por ação ou omissão, dolosa ou culposa, assim como o terceiro que, de forma direta ou indireta, dele se beneficiar, desde que aja de forma dolosa.

108. (Cespe/Câmara dos Deputados/Analista/Técnico em Material e Patrimônio/Básicos/2012). Se um agente público tiver percebido vantagem econômica para intermediar liberação de verba pública de qualquer natureza, ele terá praticado ato de improbidade administrativa que importará enriquecimento ilícito e, por essa razão, estará sujeito exclusivamente às sanções impostas na Lei de Improbidade Administrativa.

109. (Ceperj/Procon-RJ/Analista de Proteção e Defesa do Consumidor/2012). Nos termos da legislação que regulamenta os atos e as punições decorrentes da improbidade administrativa, é correto afirmar:

a) A representação à autoridade administrativa sobre a existência de ato de improbidade pode ser anônima.
b) Caso receba representação sem a descrição dos fatos ímprobos e sua autoria, a autoridade administrativa deve instaurar investigação.
c) A representação poderá ser verbal e, nesse caso, será gravada para encaminhamento à autoridade competente.
d) A representação, quando escrita, deverá conter a indicação das provas sobre os atos ímprobos.
e) A rejeição da representação pela autoridade administrativa bloqueia a representação ao Ministério Público sobre os mesmos fatos.

110. (Ceperj/Procon-RJ/Advogado/2012). O prefeito do Município WW é condenado por infração à lei que rege os atos de improbidade administrativa, ainda no exercício do mandato, por **receber valores pecuniários** a título de comissão em razão do exercício do mandato. Nos termos da legislação de regência, são consequências possíveis da sentença condenatória pela prática de atos de improbidade:

a) perda de bens adquiridos ilicitamente, perda da função pública, suspensão dos direitos políticos por cinco anos.
b) pagamento de multa civil até três vezes o acréscimo obtido, proibição de contratar com o Poder Público, suspensão dos direitos políticos por oito anos.
c) perda dos valores adquiridos ilicitamente, proibição de contratar com o município WW, suspensão dos direitos políticos por seis anos.
d) proibição de receber benefícios fiscais pelo prazo de dez anos, pagamento de multa civil sobre o valor ilicitamente adquirido definido caso a caso, suspensão dos direitos políticos por quatro anos.
e) vedação de perceber benefícios creditícios pelo prazo de cinco anos, perda dos bens adquiridos ilicitamente, suspensão dos direitos políticos por três anos.

111. (Cespe/Polícia Civil-ES/Escrivão/2011). Qualquer pessoa poderá representar à autoridade administrativa competente para que seja instaurada investigação destinada a apurar a prática de ato de improbidade, sem prejuízo de representar também ao Ministério Público.

112. (Cespe/Abin/Oficial Técnico de Inteligência/Direito/2010). Foi proposta, em 5/6/1998, ação civil pública por ato de improbidade administrativa contra um ex-prefeito, por ilícito praticado na sua gestão. Na ação, foram requeridos não apenas a sua condenação por ato de improbidade, mas também o ressarcimento dos danos causados ao erário. O término do mandato do referido prefeito ocorreu em 31/12/1992. Nessa situação, de acordo com a Lei nº 8.429/1992 e os precedentes do Superior Tribunal de Justiça (STJ), o ex-prefeito não poderá ser punido pelo ato de improbidade, já prescrito, mas não ficará impune da condenação pelos danos causados ao erário, que são imprescritíveis.

113. (Cespe/MPE-PI/Promotor de Justiça/2012 – desmembrada. De acordo com entendimento do STF, é da competência privativa do Poder Judiciário a aplicação das sanções decorrentes de atos de improbidade administrativa. Verificada a prática de tais atos, cabe à autoridade administrativa apresentar representação ao MP para o ajuizamento da competente ação, e não a aplicação de pena de demissão.

114. (Cespe/MPE-PI/Promotor de Justiça/2012). De acordo com o que dispõe a Lei nº 8.429/1992, são atos de improbidade administrativa que atentam contra os princípios da Administração Pública

a) perceber o agente público vantagem econômica, direta ou indireta, para facilitar a alienação, permuta ou locação de bem público ou o fornecimento de serviço por ente estatal por preço inferior ao valor de mercado, bem como receber, para si ou para outrem, dinheiro, bem móvel ou imóvel, ou qualquer outra vantagem econômica, direta ou indireta, a título de comissão, porcentagem, gratificação ou presente de quem tenha interesse, direto ou indireto, que possa ser atingido ou amparado por ação ou omissão decorrente das atribuições do agente público.

b) adquirir o agente público, para si ou para outrem, no exercício de mandato, cargo, emprego ou função pública, bens de qualquer natureza cujo valor seja desproporcional à evolução de seu patrimônio ou renda, bem como aceitar emprego, comissão ou exercer atividade de consultoria ou assessoramento para pessoa física ou jurídica que tenha interesse suscetível de ser atingido ou amparado por ação ou omissão decorrente das atribuições do agente público, durante a atividade.

c) permitir ou facilitar o agente público a aquisição, permuta ou locação de bem ou serviço por preço superior ao de mercado e realizar operação financeira sem observância das normas legais e regulamentares ou aceitar garantia insuficiente ou inidônea.

d) conceder o agente público benefício administrativo ou fiscal sem a observância das formalidades legais ou regulamentares aplicáveis à espécie bem como frustrar a licitude de processo licitatório ou dispensá-lo indevidamente.

e) negar o agente público publicidade aos atos oficiais, frustrar a licitude de concurso público e deixar de prestar contas quando esteja obrigado a fazê-lo.

115. (Cespe/AGU/Advogado/2012). Autorizada a cumulação do pedido condenatório e do de ressarcimento em ação por improbidade administrativa, a rejeição do pedido condenatório por prescrição não obsta o prosseguimento da demanda relativa ao pedido de ressarcimento, que é imprescritível.

116. (Cespe/AGU/Advogado/2012). É necessária a comprovação de enriquecimento ilícito ou da efetiva ocorrência de dano ao patrimônio público para a tipificação de ato de improbidade administrativa que atente contra os princípios da Administração Pública.

117. (Cespe/MPE-PI/Analista Ministerial/Área Administrativa/2012). Os atos de improbidade que importam enriquecimento ilícito sujeitam seus autores, entre outras sanções, à perda da função pública, à suspensão dos direitos políticos de oito a dez anos e à perda dos bens ou valores acrescidos ilicitamente ao patrimônio.

118. (Cespe/MPE-PI/Analista Ministerial/Área Administrativa/2012). No sistema adotado pela referida lei, são sujeitos ativos do ato de improbidade os agentes públicos, assim como aqueles que, não se qualificando como tais, induzem ou concorrem para a prática do ato de improbidade ou dele se beneficiam direta ou indiretamente.

119. (PC-SP/Delegado de Polícia/2012). Ampla publicidade e universalidade são características ínsitas à seguinte modalidade de licitação:

a) convite.
b) concorrência.
c) tomada de preços.
d) leilão.
e) concurso.

120. (Vunesp/TJ-MG/Juiz/2012 - adaptada e modificada). É possível a contratação de escritório de advocacia por dispensa de licitação.

121. (MPE-SC/Promotor de Justiça/2012 - adaptada). É dispensável a licitação quando houver inviabilidade de competição, sendo inexigível em algumas situações legalmente previstas em que há competição, mas sua realização é facultada.

122. (FCC/TRT-6ª Região-PE/Analista Judiciário/Área Administrativa/2012). A respeito das modalidades licitatórias previstas na Lei nº 8.666/1993 e legislação correlata, é correto afirmar que se aplica

a) leilão, para alienação de bens móveis inservíveis para a Administração, independentemente do valor.
b) pregão, para alienação de bens móveis adquiridos pela Administração em procedimento judicial.
c) concurso, para a contratação de obras e serviços de engenharia de alta complexidade.
d) leilão, para alienação de bens apreendidos ou penhorados, desde que avaliados em até R$ 80.000,00 (oitenta mil reais).
e) concurso, para escolha de trabalho científico ou artístico, vedada a instituição de prêmio.

123. (FCC/TRT-6ª Região-PE/Analista Judiciário/Área Administrativa/2012). De acordo com a Lei nº 8.666/1993, constitui hipótese de inexigibilidade de licitação

a) contratação de profissional do setor artístico, desde que consagrado pela crítica ou opinião pública.
b) contratação de serviços de publicidade, desde que comprovada a notória especialização do contratado.
c) para aquisição de bens produzidos por um único fabricante de marca de preferência da Administração.
d) contratação de profissional de notória especialização, dispensando-se, nesse caso, a comprovação da singularidade do objeto.
e) aquisição ou alienação de obras de arte ou venda de bens adjudicados em processo judicial.

124. (Cespe/MPE-PI/Técnico Ministerial/Área Administrativa/2012). Segundo as normas da legislação específica, a contratação de fornecimento ou suprimento de energia elétrica com concessionário do Estado é hipótese de dispensa de licitação.

125. (Cespe/MPE-PI/Técnico Ministerial/Área Administrativa/2012). Na concorrência para a venda de bens imóveis, a fase de habilitação dos licitantes limita-se à comprovação do recolhimento de quantia correspondente a 5% da avaliação do bem licitado.

126. (Cespe/TJ-ES/Juiz/2011). No concurso, modalidade de licitação, o julgamento deve ser feito por comissão especial, composta necessariamente por servidores qualificados, pertencentes ao quadro permanente do órgão responsável pela licitação, de reputação ilibada e notório.

127. (Cespe/Câmara dos Deputados/Analista/Técnico em Material e Patrimônio/2012). Para a aquisição de bens e serviços de informática que atendam a determinadas peculiaridades técnicas, exige-se, em regra, licitação do tipo técnica e preço.

128. (Cespe/Câmara dos Deputados/Analista/Técnico em Material e Patrimônio/2012). Considere que o prefeito de uma cidade do interior de determinado estado da Federação, necessitando de serviços de consultoria jurídica, abra processo licitatório na modalidade convite para a contratação de um escritório de advocacia. Considere, ainda, que, concluídas as etapas do certame, ocorra a inabilitação de alguns interessados, bem como a desclassificação das propostas dos demais licitantes. Nessa situação, verifica-se a hipótese de licitação deserta, dada a impossibilidade de o processo licitatório prosseguir.

129. **(Cespe/Câmara dos Deputados/Analista/Técnico em Material e Patrimônio/2012).** É dispensável a licitação para a aquisição ou restauração de obras de arte e objetos históricos, de autenticidade certificada, desde que sejam compatíveis ou inerentes às finalidades do órgão ou entidade adquirente.

GABARITO COMENTADO

1. *Gabarito: errado.*
Não está de acordo com o conceito e intuito do princípio da moralidade que, na verdade, exige conduta ética, moral, reta, honesta dos agentes públicos.

2. *Gabarito: errado.*
Visa à tutela do interesse público e não privado.

3. *Gabarito*: **b**
Adequação: conduta apta a produzir os efeitos desejados.
Exigibilidade/Necessária: conduta dentro dos padrões normais de aceitabilidade. Meio menos gravoso.
Proporcionalidade: ponderação/equilíbrio danos e vantagens.

4. *Gabarito*: **b**
A questão apresentou o conceito do princípio da motivação.

DICA!

Leia o art. 50 da Lei nº 9.784/1999. Trata-se dos atos que obrigatoriamente deverão ser motivados.

5. *Gabarito*: **c**
O princípio da impessoalidade informa que o administrador deve sempre agir de maneira impessoal, isenta, imparcial. Da mesma forma, a finalidade pública é que deve nortear toda a sua conduta. Assim, o prefeito não agiu de forma impessoal, imparcial, pois favoreceu a empresa W.

6. *Gabarito: certo.*
Na Administração Pública não há espaço para satisfazer pretensões pessoais ou de terceiros. Toda atuação deve estar voltada ao atendimento do interesse público. Condutas contrárias nesse sentido afrontam o princípio da impessoalidade.

7. *Gabarito*: c

Alternativa **a**: *errada*. Se o ato for praticado em favorecimento próprio não será moral. Viola não só a moralidade como também a impessoalidade. É possível que o ato seja legal, mas imoral.

Alternativa **b**: *errada*. Para ser eficiente, não deve satisfazer em parte às necessidades dos administrados.

Alternativa **c**: *certa*. O art. 5°, XXXIII, dispõe que:

> todos têm direito a receber dos órgãos públicos informações de seu interesse particular, ou de interesse coletivo ou geral, que serão prestadas no prazo da lei, sob pena de responsabilidade, ressalvadas aquelas cujos sigilo seja imprescindível à segurança da sociedade e do Estado.

Alternativa **d**: *errada*: Se houver violação da ordem cronológica dos precatórios, não será observado o princípio da impessoalidade.

8. *Gabarito: certo.*

Autotutela significa controle dos próprios atos, revogando os que são legais, mas deixaram de ser convenientes e oportunos, anulando aqueles ilegais.

STF, Súmula nº 473:

> A Administração pode anular seus próprios atos, quando eivados de vícios que os tornam ilegais, porque deles não se originam direitos; ou revogá-los, por motivo de **conveniência ou oportunidade**, respeitados os direitos adquiridos, e ressalvada, em todos os casos, a apreciação judicial.

OBSERVAÇÃO!

O Poder Judiciário, em seu exercício jurisdicional, nunca aprecia a conveniência de um ato, mas tão somente a sua legalidade e legitimidade.

9. *Gabarito: certo.*

A CF/1988 dispõe em seu art. 5º, LXXIII, o seguinte:

> qualquer cidadão é parte legitima para propor ação popular que vise a anular ato lesivo ao patrimônio público ou de entidade de que o Estado participe, **à moralidade administrativa**, ao meio ambiente e ao patrimônio histórico e cultural, ficando o autor, salvo comprovada má-fé, isento de custas judiciais e do ônus da sucumbência.

10. *Gabarito: errado.*

São princípios **implícitos** na Constituição. São **expressos** na Lei nº 9.784/1999, art. 2º.

11. *Gabarito: errado.*

Vejamos os fundamentos:

Art. 175, CF/1988:

> Incumbe ao Poder Público, **na forma da lei**, diretamente ou sob regime de concessão ou permissão, sempre através de licitação, a prestação de serviços públicos.
> *Parágrafo único.* A lei disporá sobre:
> I – o regime das empresas concessionárias e permissionárias de serviços públicos, o caráter especial de seu contrato e de sua prorrogação, bem como as condições de caducidade, fiscalização e rescisão da concessão ou permissão;
> II – os direitos dos usuários;
> III – Política tarifária;
> **IV – a obrigação de manter o serviço adequado.**

Observe que a lei à qual o texto constitucional faz referência é a Lei nº 8.987/1995. No capítulo II, art. 6º desta Lei, ela define o que vem a ser serviço adequado:

> **Art. 6º** Toda concessão ou permissão pressupõe a prestação de serviço adequado ao pleno atendimento dos usuários, conforme estabelecido nesta Lei, nas normas pertinentes e no respectivo contrato
> § 1º Serviço adequado é o que satisfaz as condições de regularidade, continuidade, eficiência, segurança, atualidade, generalidade, cortesia na sua prestação e modicidade das tarifas.
> § 2º A atualidade compreende a modernidade das técnicas, do equipamento e das instalações e a sua conservação, bem como a melhoria e expansão do serviço.
> **§ 3º Não se caracteriza como descontinuidade do serviço a sua interrupção em situação de emergência ou após prévio aviso, quando:**
> **I – motivada por razões de ordem técnica ou de segurança das instalações; e**
> **II – por inadimplemento do usuário, considerado o interesse da coletividade.**

Portanto, houve interrupção do serviço dentro das hipóteses previstas em lei.

12. *Gabarito: certo.*

Para resolver essa questão, bastaria o candidato conhecer sobre a teoria do órgão. Essa teoria informa que a pessoa jurídica manifesta sua vontade por meio de seus órgãos.

Maria Sylvia Di Pietro (2010) explica que essa teoria é utilizada para justificar a validade dos atos praticados por funcionário de fato, pois considera que o ato por ele praticado é ato do órgão, imputável, portanto, à administração. Deve-se notar que não é qualquer ato que será imputado ao Estado. É necessário que o ato revista-se, ao menos, de aparência de ato jurídico legítimo e seja praticado por alguém que se deva presumir ser um agente público (teoria da aparência). Fora desses casos, o ato não será considerado do Estado.

Funcionário de fato é aquele cuja investidura foi irregular, mas cuja situação tem aparência de legalidade.

13. *Gabarito*: **d**

O princípio da impessoalidade visa evitar condutas que satisfaçam a interesses próprios ou de terceiros, haja vista que a finalidade dos atos da Administração é o interesse público.

Veja a seguinte decisão do STF:

> Publicidade de atos governamentais. Princípio da impessoalidade. (...) O *caput* e o § 1º do art. 37 da CF impedem que haja qualquer tipo de identificação entre a publicidade e os titulares dos cargos alcançando os partidos políticos a que pertençam. O rigor do dispositivo constitucional que assegura o princípio da impessoalidade vincula a publicidade ao caráter educativo, informativo ou de orientação social é incompatível com a menção de nomes, símbolos ou imagens, aí **incluídos *slogans***, que caracterizem promoção pessoal ou de servidores públicos. A possibilidade de vinculação do conteúdo da divulgação com o partido político a que pertença o titular do cargo público mancha o princípio da impessoalidade e desnatura o caráter educativo, informativo ou de orientação que constam do comando posto pelo constituinte dos oitenta. (RE nº 191.668, Rel. Min. Menezes Direito, julg. 15/4/2008, Primeira Turma, DJe 30/5/2008.)

14. *Gabarito:* **d**

Alternativa **a**: *errada*. Trata-se de princípio implícito na CF.

Alternativa **b:** *errada*. Não há princípio absoluto. Todos admitem serem relativizados.

Alternativa **c**: *errada*. O princípio da indisponibilidade do interesse público é decorrente da supremacia do interesse público.

Alternativa **d**: *certa*. Como exemplo de prerrogativa especial, tem-se os seguintes exemplos:

1. Cláusulas exorbitantes nos contratos administrativos: cláusulas contratuais implícitas ou explícitas, asseguradoras de poder excepcionais à Administração Pública – inaceitável na relação entre particulares.

2. Atos administrativos editados com imperatividade, autoexecutoriedade e presunção de legalidade.

15. *Gabarito:* **c**

Alternativa **a**: *errada*. Não há hierarquia entre os princípios constitucionais. Nenhum se sobrepõe a outro.
Alternativa **b**: *errada* porque a organização administrativa também tem que ser feita de modo eficiente.
Alternativa **c**: *certa*. A eficiência norteia toda a conduta administrativa, mas não deve sobrepor-se aos demais princípios administrativos.
Alternativa **d**: *errada*. O administrador público não pode afastar-se da lei na busca da eficiência. Deve atuar com eficiência e, também, com legalidade.
Alternativa **e**: *errada*. Nenhum princípio tem caráter absoluto. Podem ser relativizados como, por exemplo, a publicidade pode ser restringida nos casos previstos na Constituição. Também há erro quando a questão diz que tem *status* supraconstitucional.

16. *Gabarito:* **a**

Segundo a CF, art. 37: a Administração Pública direta e indireta de qualquer dos Poderes da União, dos Estados, do Distrito Federal e dos Municípios obedecerá aos princípios da legalidade, da impessoalidade, da moralidade, da publicidade e da eficiência.

17. *Gabarito*: **e**

O princípio da impessoalidade tem por objetivo evitar que o administrador pratique ato visando ao interesse pessoal ou de terceiros ou com finalidade diversa daquela determinada em lei, uma vez que é sempre o interesse público que deve ser buscado com a prática do ato.

18. *Gabarito: errado.*

Costumes **sociais** não podem ser considerados fontes do Direito Administrativo, nem mesmo fonte indireta. Os costumes **administrativos** são considerados fontes secundárias, indiretas do Direito Administrativo.

19. *Gabarito*: *certo.*

Essa possibilidade está prevista no art. 84, VI, da CF. Trata-se de um dos casos de decreto autônomo admitidos no Direito brasileiro.

20. *Gabarito*: *errado.*

O administrador só poderá fazer aquilo que a lei expressamente autoriza.

21. *Gabarito:* **b**

A questão apresenta o conceito de Hely Lopes Meirelles referente ao princípio da eficiência.

22. *Gabarito:* **d**

Alternativa **a**: *errada*. O costume é fonte indireta (secundária) do Direito Administrativo.

Alternativa **b**: *errada*. Não há caráter de universalismo na jurisprudência.

Alternativa **c**: *errada*. Certamente, a doutrina influencia na elaboração das leis, a exemplo da Lei nº 9.784/1999, que consagrou diversos entendimentos doutrinários. Ademais, a doutrina não influencia apenas as decisões contenciosas, mas também as consultivas entre outras.

Alternativa **d**: *certa*. A lei como fonte primária do Direito Administrativo é a lei em sentido amplo; vai desde a Constituição até os atos normativos infralegais.

Alternativa **e**: *errada*. A jurisprudência não vincula a Administração, apenas influencia, salvo se for editada súmula de caráter vinculante pelo STF.

23. *Gabarito: errado.*

O erro da questão está em afirmar que o princípio da razoabilidade não é consagrado sequer **implicitamente**, pois, como sabido, é princípio consagrado **expressamente** na Lei nº 9.784/1099.

24. *Gabarito:* **e**

Quando a autoridade utiliza-se da necessária publicidade para fazer promoção pessoal, afronta o princípio da impessoalidade (art. 37, § 1º, CF) e, também, o princípio da moralidade. Não se deve confundir publicidade com propaganda pessoal.

25. *Gabarito:* **a**

O princípio da legalidade não impede a prática de atos discricionários. Para a FCC, o ato discricionário surge sempre da lei. A lei é que vai determinar quando o ato é vinculado ou discricionário. Porém, não há ampla liberdade de escolha quanto ao destinatário do ato. Também não deixa ao administrador público ampla liberdade de atuação para os atos vinculados, pois este possui todos os seus elementos delimitados pela lei, não havendo liberdade.

26. *Gabarito*: **e**

Moralidade exige a conduta reta, honesta e proba do administrador público.

27. *Gabarito*: **e**

Alternativa **a**: *certa*. Segundo Hely Lopes Meirelles (2009), os órgãos são:

> centros de competências instituídos para o desempenho de funções estatais, através de seus agentes, cuja atuação é imputada à pessoa jurídica a que pertencem.

Alternativa **b**: *errada*, porque colegiados expressam sua vontade pela manifestação conjunta de seus membros. O conceito dado na questão é de órgãos compostos.
Alternativa **c**: *errada* porque o conceito dado na questão foi de órgão simples.
Alternativa **d**: *errada*, porque afirma que os órgãos superiores têm sua origem na CF, o que não é verdade, uma vez que essa característica pertence aos órgãos classificados como independentes.
Alternativa **e**: *certa*. Apresenta o conceito referente aos órgãos superiores e não autônomos.

28. *Gabarito*: *errado*.

O erro da questão é dizer que a Empresa Pública (EP) não desempenha atividade econômica; ambas desempenham atividade econômica e, também, podem ser prestadoras de serviços públicos.

29. *Gabarito*: **a**

Alternativa **a**: *certa*. Os bens da Administração Pública direta, das autarquias e das fundações públicas são impenhoráveis, assim como das empresas públicas e das sociedades de economia mista prestadoras de serviço público.
Alternativa **b**: *errada*. Não são todas as entidades que possuem a prerrogativa do Juízo privativo (=SEM)
Alternativa **c**: *errada*. Art. 37, II, CF
Alternativa **d**: *errada*. Art. 71, II, CF. Todas as empresas estatais submetem-se ao controle do Tribunal de Contas.
Alternativa **e**: *errada*. Sujeitam-se, as empresas públicas, ao regime jurídico próprio das empresas privadas, parcialmente suplantadas pelo regime jurídico de direito público (regime híbrido ou misto).

30. *Gabarito*: **c**

Recurso hierárquico impróprio é aquele interposto perante pessoa jurídica diversa não hierarquizada, só cabendo nas hipóteses previstas em lei (*ex.*: recurso da Administração indireta para direta). Trata-se de uma exceção, na medida em que para a interposição de recursos é necessária a existência de hierarquia.

A doutrina entende que os recursos hierárquicos impróprios somente são cabíveis quando exista lei que expressamente os preveja, designando a autoridade ou o órgão com competência para apreciar e decidir o recursos e as hipóteses em que ele pode ser interposto.

31. *Gabarito*: **d**

Item I: *certo*. Administração direta é o conjunto de **órgãos** que integram as pessoas políticas do Estado (União, Estados, Distrito Federal e Municípios), aos quais foi atribuída a competência para o exercício, de forma **centralizada**, de atividades administrativas. Cito, visando ao enriquecimento, Hely Lopes Meirelles (2009):

> Entidades estatais – São pessoas jurídicas de Direito Público que integram a estrutura constitucional do Estado e têm poderes políticos e administrativos, tais como a União, os Estados Membros, os Municípios e o Distrito Federal. A União é soberana; as demais entidades estatais têm apenas autonomia política, administrativa e financeira, mas não dispõem de Soberania, que é privativa da Nação e própria do Estado.

Item II: *errado*. Veja o comentário de Hely Lopes acima. Estados e Municípios possuem capacidade legislativa.

Item III: *certo*. As pessoas jurídicas da Administração indireta são as autarquias, fundações públicas, empresas públicas e as sociedades de economia mista. As fundações públicas de direito público são consideradas autarquias.

Item IV: *certo*. Empresas estatais (empresas públicas e sociedades de economia mista) são pessoas de direito **privado** integrantes da Administração indireta.

Item V: *errado*. A primeira parte do item está certa. A SEM realmente depende de lei autorizadora para nascer, ou seja, ela não nasce com a simples autorização em lei específica. Entretanto, o seu quadro social – capital social – é, obrigatoriamente, misto. Ou seja, deve haver ações de propriedade do Estado e de particulares conjugados, devendo a maioria das ações com direito a voto pertencer à pessoa política instituidora ou de entidade da sua Administração indireta.

32. *Gabarito*: *errado*.

Sob o aspecto orgânico ou subjetivo significa o conjunto de órgãos, entidades e agentes públicos; sob o aspecto material ou funcional significa a atividade, tarefa ou função administrativa.

33. *Gabarito*: **d**

Alternativa **a**: *errada*, porque as autarquias são criadas diretamente pela lei. Não há necessidade de registro em nenhum local.

Alternativa **b**: *errada*. Empresas públicas e sociedades de economia mista, em regra, não gozam de imunidade tributária. Autarquias e fundações gozam.
Alternativa **c**: *errada*. As sociedades de economia mista devem ser constituídas na forma de sociedade anônima, regulada pela Lei das S.As. As empresas públicas podem adotar qualquer forma admitida em Direito, inclusive unipessoal.
Alternativa **d**: *certa*. É o que está no art. 37, XXII, da CF.
Alternativa **e**: *errada*. A questão merece certo cuidado. Geralmente, em prova de concurso a expressão **instituídas** quer dizer **criadas**. Assim, nesse ponto estaria errada a questão, pois as empresas estatais são autorizadas, e não, criadas por lei.

As subsidiárias dependem, conforme a CF, de lei em cada caso para sua criação. Portanto, a questão tem dois erros, quando afirma que as empresas estatais são instituídas por lei e quando dispensa lei para criação de subsidiárias.

34. *Gabarito:* **b**
Possibilidade contemplada pelo art. 84, VI, da CF.

35. *Gabarito*: **a**
Descentralização pressupõe mais de uma pessoa jurídica, pois ocorrerá transferência de atribuições do ente central para a entidade centralizada. Já a desconcentração pressupõe uma única pessoa, com a distribuição interna de atribuições. Na descentralização pode ocorrer a criação de entidades da Administração indireta (descentralização por outorga) ou a transferência de serviços públicos para prestação por particulares (descentralização por colaboração).

36. *Gabarito*: *errado.*
Órgãos originários da Constituição são considerados órgãos independentes, e não autônomos.

37. *Gabarito*: **c**
Art. 84, VI, CF.

38. *Gabarito:* **d**
Alternativa **a**: *errada*, porque a atuação do agente é atribuída ao órgão que, por consequência, é imputada à pessoa jurídica a que este órgão pertence.
Alternativa **b**: *errada*, porque a atividade do órgão é considerada praticada pelo pessoa jurídica a qual o órgão pertence, por meio da **teoria do órgão**, e não pela teoria da representação.

Alternativa **c**: *errada,* porque órgãos não possuem personalidade jurídica. Vale dizer, não são sujeitos de direitos.
Alternativa **d**: *certa*. É o próprio conceito de órgão público (não possui personalidade jurídica).

39. *Gabarito*: **e**
Órgãos originários da Constituição, não subordinados a nenhum outro órgão, quanto à posição estatal, são considerados órgãos independentes.

40. *Gabarito*: *certo*.
É o que prevê o art. 109 da CF. Se forem autarquias estaduais ou municipais, os litígios, em regra, são resolvidos na Justiça estadual.

41. *Gabarito: certo*.
Art. 6º, § 1º, da Lei nº 11.107/2005.

> **Art. 6º** O consórcio público adquirirá personalidade jurídica:
> I – de direito público, no caso de constituir associação pública, mediante a vigência das leis de ratificação do protocolo de intenções;
> II – de direito privado, mediante o atendimento dos requisitos da legislação civil.
> § 1º O consórcio público com personalidade jurídica de direito público integra a administração indireta de todos os entes da Federação consorciados.

42. *Gabarito*: **c**
Também conhecida como descentralização por outorga, técnica ou delegação legal.

43. *Gabarito*: **d**
Autarquias não possuem capacidade política ou legislativa, apenas autonomia administrativa e financeira.

44. *Gabarito*: **a**
A autarquia é criada por lei, sendo o seu patrimônio inicial decorrente de uma transferência feita pelo ente central que criou a autarquia.

45. *Gabarito*: **d**
Dentre as entidades da Administração indireta as empresas públicas e sociedades de economia mista são pessoas de direito privado. As autarquias têm

personalidade jurídica de direito público e as fundações podem ser de direito público ou privado.

Entes políticos são os entes federativos (União, Estados, DF e Municípios), todos dotados de personalidade jurídica de direito público.

Assim, a única alternativa correta é a **d**.

46. *Gabarito: errado.*

Apesar de a sociedade de economia mista poder fazer parte do capital da empresa pública, conforme prevê o Decreto-Lei nº 200/1967, o Cespe entende que o capital da empresa pública é totalmente público.

47. *Gabarito: certo.*

É o que prevê o art. 109 da CF.

48. *Gabarito*: **c**

Alternativa **a**: *errada*. Não são criadas, são autorizadas por lei. O art. 37, XX, da CF exige lei para criação de subsidiárias.

Alternativa **b**: *errada*. As empresas estatais seguem as regras do Direito Privado, mas esse regime é influenciado por normas de Direito Público (licitação, concurso, prestação de contas etc.)

Alternativa **c**: *certa*. As empresas estatais, empresas públicas e sociedades de economia mista possuem personalidade jurídica de direito privado, mas sua criação depende de lei autorizativa específica, conforme prevê o art. 37, XIX, da CF.

Alternativa **d**: *errada*. As prestadoras de serviço público possuem certas prerrogativas de direito público (*ex.*: imunidade tributária), mas isso não significa que a entidade seja pessoa jurídica de direito público.

Alternativa **e**: *errada*. Não são instituídas (criadas) por lei. Seus atos constitutivos devem ser registrados no órgão competente.

49. *Gabarito*: **e**

A criação de autarquia depende necessariamente de **lei** (art. 37, XIX, da CF).

50. *Gabarito*: *errado.*

Autarquias não precisam ser registradas em nenhum órgão, pois nascem diretamente da lei. São **instituídas** por lei.

51. *Gabarito*: *errado.*

O Ministério da Saúde é órgão da Administração direta.

52. *Gabarito:* **b**

Conforme o art. 37, XIX, da CF, as empresas estatais são autorizadas por lei, tendo existência jurídica com o registro de seus estatutos nos órgãos competentes. Sua existência jurídica não decorre diretamente da lei. Esta apenas autoriza a criação. As empresas públicas e as sociedades de economia mista são consideradas pessoas de direito privado.

53. *Gabarito: errado.*

Apenas a espécie tributária **taxa** decorre do poder de polícia. Impostos e contribuições de melhoria também são tributos, mas não decorrem do exercício do poder de polícia. Segundo a Constituição Federal:

> **Art. 145.** A União, os Estados, o Distrito Federal e os Municípios poderão instituir os seguintes tributos:
> (...)
> II – taxas, em razão do exercício do poder de polícia ou pela utilização, efetiva ou potencial de serviços públicos específicos e divisíveis, prestados ao contribuinte ou postos a sua disposição.

Conforme o Código Tributário Nacional:

> **Art. 77.** As taxas cobradas pela União, pelos Estados, pelo Distrito Federal ou pelos Municípios, no âmbito de suas respectivas atribuições, têm como fato gerador o exercício regular do poder de polícia ou a utilização, efetiva ou potencial, de serviço público específico e divisível, prestado ao contribuinte ou posto à sua disposição.

ATENÇÃO!

Quando houver a delegação de serviço público a particulares, haverá por parte destes a cobrança de tarifas/preço público.

54. *Gabarito:* **a**

O poder regulamentar consiste na competência conferida aos chefes do Poder Executivo para editarem decretos visando à fiel execução das leis (art. 84, IV, da CF). Caracteriza-se por ser um ato administrativo que vai estar sempre subordinado às leis, não pode ampliar ou restringir o alcance de uma lei, inovar no ordenamento jurídico ou criar deveres ou obrigações não previstos em lei.

55. *Gabarito: certo.*

O poder regulamentar consiste na competência conferida aos chefes o Poder Executivo para editarem decretos visando à fiel execução das leis (art. 84, IV, da CF).

Caracteriza-se por ser um ato administrativo que vai estar sempre subordinado às leis, não pode ampliar ou restringir o alcance de uma lei, inovar no ordenamento jurídico ou criar deveres ou obrigações não previstos em lei.

56. *Gabarito: errado.*

O item está certo ao afirmar que o poder disciplinar decorre da hierarquia, mas está errado quando afirma não haver hierarquia nos Poderes Legislativo e Judiciário, pois, no exercício de função administrativa, haverá hierarquia.

OBSERVAÇÃO!

Quando a Administração aplica sanção disciplinar a um agente público, essa atuação decorre do poder disciplinar.
Entretanto, quando a sanção administrativa é aplicada a alguém que descumpriu um contrato administrativo, há o exercício do poder disciplinar, mas não existe liame hierárquico.

57. *Gabarito: errado.*

Compete aos Municípios e ao Distrito Federal – uma vez que este possui competências dos Estados e dos Municípios. Veja o que diz o art. 30, VIII:

> compete aos municípios: promover, no que couber, adequado ordenamento territorial, mediante planejamento e controle de uso, do parcelamento e da ocupação do solo.

58. *Gabarito*: **b**

É competente para exercer o poder de polícia administrativa sobre uma dada atividade o ente federado ao qual a Constituição da República atribui competência para **legislar sobre essa mesma atividade**.

Baseado ainda na obra dos citados autores, segue um quadro com as competências:

União	**Estado**	**Município**
Cuida dos assuntos de interesse nacional, que ficam sujeitos à regulamentação e policiamento da União.	Cuida dos assuntos de interesse regional, que ficam sujeitos às normas e à polícia estadual.	Cuida dos assuntos de interesse local, que se subordinam aos regulamentos edilícios* e ao policiamento administrativo municipal.

*que diz respeito à edificação.

Alternativa **a**: *errada.*
Poderá cobrar **taxas**.

Alternativa **c**: *errada.*
Veja o que diz Hely Lopes Meirelles (2009):

> a autoexecutoriedade consiste na possibilidade que **certos atos administrativos** ensejam de imediata e direta execução pela própria administração, independente de ordem judicial.

Apenas pelo destaque na transcrição, já seria possível entender que nem todos os atos administrativos possuem autoexecutoriedade como, por exemplo, cobrança de multas.

Alternativa **d:** o conceito está no art. 78 do Código Tributário Nacional.

Alternativa **e**: há distinção.

	Polícia Administrativa	**Polícia Judiciária**
Caráter	Predominantemente preventivo	Predominantemente repressivo
Órgãos	Diversos	Especializados – segurança
Ilícitos	Administrativos	Penais
Normas	Direito Administrativo	Direito Processual Penal
Incidência	Bens, direitos e atividade	Pessoas
Âmbito	Inicia e encerra na própria Administração Pública	Inicia na Administração e subsidia o trabalho do Poder Judiciário

59. *Gabarito*: *errado.*
Note que a Administração Pública pode delegar atos executórios a pessoas de direito privado, mas não atos próprios do poder de polícia e, muito menos, aos particulares como um todo, como diz a questão. Há, ainda, grande discussão acerca dessa delegação a entidades integrantes da Administração indireta com personalidade jurídica de direito privado – não há um consenso.
Conclusão: o poder de polícia é, em regra, indelegável, sendo exceção a delegação de atos materiais preparatórios e posteriores ao poder de polícia.

60. *Gabarito:* **b**
O poder de polícia administrativa pode ser exercido preventiva ou repressivamente. *Ex.*: apreensão de mercadorias impróprias para o consumo (repressiva).

Lembre-se de que o poder de polícia administrativa, seja na sua forma preventiva (regra) ou na sua forma repressiva (normalmente tido como exceção) **sempre vai incidir sobre atividades e sobre bens, não diretamente sobre os indivíduos, vale dizer, não existem sanções de polícia administrativa que impliquem detenção ou reclusão de pessoas.**

Alternativa **a**: não é exclusiva da autoridade superior do ente público. Autoridades em nível inferior de hierarquia podem ter tal atribuição.
Alternativa **c**: polícia administrativa não atua na repressão às infrações penais. Logo, o poder de polícia administrativa não incide subsidiariamente à polícia judiciária. Uma não se mistura com a outra, uma vez que os ilícitos que tentam impedir são de naturezas diferentes.
Alternativa **d**: somente a lei pode criar obrigações.
Alternativa **e**: impõe, em regra, obrigações de não fazer (*ex.*: não construir acima de certa altura). Por isso, o poder de polícia tem caráter negativo.

61. *Gabarito*: *certo.*
Acrescento apenas que o art. 168 da Lei nº 8.112/1990 é que prevê essa possibilidade.

> **Art. 168.** Sempre que o ilícito praticado pelo servidor ensejar a imposição de penalidade de suspensão por mais de 30 (trinta) dias, de **demissão**, cassação de aposentadoria ou disponibilidade, ou destituição de cargo em comissão, será obrigatória a instauração de processo disciplinar

62. *Gabarito*: *errado.*
A discricionariedade que fica a cargo do administrador público é referente à dosimetria da penalidade. Entretanto, o procedimento investigativo e aplicação da pena é, sim, ato vinculado.

63. *Gabarito*: **b**
O nexo causal sempre será exigido, seja na ação ou na omissão estatal que causa dano ao particular.
Alternativa **a**: *errada.* Não é preciso demonstrar que a conduta comissiva/ação foi dolosa ou culposa. Isso é indiferente na responsabilidade do Estado. Já na omissão, a doutrina entende que tem que ser demonstrada a culpa (omissão), pois seria responsabilidade subjetiva.
Alternativa **c**: *errada.* Não é preciso a condenação prévia do agente para que o Estado seja chamado para responder pelos danos causados.
Alternativa **d**: *errada.* Não é preciso demonstrar a falha e nem que a conduta foi dolosa/culposa.

64. *Gabarito:* **d**

Retirado do RE nº 369.820/RS – STF, que diz:

> Tratando-se de ato omissivo do Poder Público, a responsabilidade civil por tal ato é subjetiva, pelo que exige dolo ou culpa, esta numa de suas três vertentes, a negligência, a imperícia ou a imprudência, não sendo, entretanto, necessário individualizá-la, dado que pode ser atribuída ao serviço público, de forma genérica, a falta do serviço.

Alternativa **a**: a responsabilidade do Estado em razão de pessoas custodiadas é **objetiva**.

Alternativa **b**: a questão estaria perfeita se não fosse pela parte final, que afirma: "que não pode ser invocada no caso de licitude da ação administrativa." É irrelevante verificar se o agente público causador do dano estava agindo dentro, fora ou além de sua competência legal; basta que, ao praticar o ato, **lícito ou ilícito**, o agente público esteja atuando na qualidade de agente público.

Alternativa **c**: a responsabilidade do Estado não é fundada na teoria do risco integral ou social, e sim, do risco administrativo que admite fatores de exclusão. A teoria do risco integral é admitida pela doutrina no caso de danos nucleares (art. 21, XIII, *d*, CF).

65. *Gabarito:* **d**

A vítima não pode cobrar o prejuízo diretamente do agente causador do dano ou simultaneamente dele e do Estado – **afasta, assim, o litisconsórcio passivo e a denunciação direta contra o servidor** (RE nº 327.904-SP)

Alternativa **a**: *errada,* porque se admite a reparação do dano pela via administrativa.

Alternativa **b**: *errada,* porque se admite a reparação do dano pela via administrativa. Não é necessário ingressar na via judicial.

Alternativa **c**: *errada.* Não se tem admitido ação diretamente contra o agente público, só respondendo em ação regressiva. Veja o art. 122, § 2º, da Lei nº 8.112/1990, que determina que o servidor responderá sempre em ação regressiva.

Alternativa **e**: *errada,* porque se a empresa estatal exercer atividade econômica, a responsabilidade será subjetiva.

66. *Gabarito:* **e**

STF, Informativo 502.

Entendeu-se que restaria configurada uma grave omissão, permanente e reiterada, por parte do Estado de Pernambuco, por intermédio de suas corporações militares, notadamente por parte da polícia militar, em prestar o adequado serviço de policiamento ostensivo, nos locais notoriamente passíveis de práticas criminosas violentas, o que também ocorreria em diversos outros Estados da Federação. Em razão disso, o cidadão teria o direito de exigir do Estado, o qual não poderia se demitir das consequências que resultariam do cumprimento do seu dever constitucional de prover segurança pública, a contraprestação da falta desse serviço. **Ressaltou-se que situações configuradoras de falta de serviço podem acarretar a responsabilidade civil objetiva do Poder Público, considerado o dever de prestação pelo Estado, a necessária existência de causa e efeito, ou seja, a omissão administrativa e o dano sofrido pela vítima, e que, no caso, estariam presentes todos os elementos que compõem a estrutura dessa responsabilidade.** Além disso, aduziu-se que entre reconhecer o interesse secundário do Estado, em matéria de finanças públicas, e o interesse fundamental da pessoa, que é o direito à vida, não haveria opção possível para o Judiciário, senão de dar primazia ao último. Concluiu-se que a realidade da vida tão pulsante na espécie imporia o provimento do recurso, a fim de reconhecer ao agravante, que inclusive poderia correr risco de morte, o direito de buscar autonomia existencial, desvinculando-se de um respirador artificial que o mantém ligado a um leito hospitalar depois de meses em estado de coma, implementando-se, com isso, o direito à busca da felicidade, que é um consectário do princípio da dignidade da pessoa humana. (STA nº 223 AgR/PE, Rel. orig. Min. Ellen Gracie, rel. p/ o acórdão Min. Celso de Mello, 14/4/2008).

Alternativa **a**: *errada*, porque a regra é a irresponsabilidade por atos jurisdicionais típicos.
Alternativa **b**: *errada*. O STF tem posicionamentos de que não cabe indenização. Porém, ainda discutirá o caso, pois foi admitido em repercussão geral.
Alternativa **c**: *errada*, pois para que a concessionária ou permissionária responda de forma objetiva deve o dano decorrer da prestação de serviço público. Se o dano não decorrer dessa atividade, a responsabilidade será subjetiva. Observe-se que o termo **estes** faz referência à palavra **danos**.

67. *Gabarito*: **a**

A responsabilidade do Estado pela omissão de um serviço que este deveria ter prestado caracteriza-se na forma subjetiva (teoria da **culpa** administrativa). Isso porque o particular tem de provar a culpa do Estado pelo fato de o serviço ter sido mal prestado, pela falta dele ou até mesmo por seu atraso e, ainda, o nexo causal entre o dano e a omissão. Ora, mas como identificar o agente que foi

omisso na prestação daquele serviço? Nem sempre há como, por isso, um dos nomes que se dá é **teoria da culpa anônima**. Também é chamada de teoria da *faute du service*:
alguns podem questionar qual seria o problema da alternativa **e**. Simples, quando se trata de omissão do Estado no seu dever de assegurar a integridade de pessoas ou coisas, fala-se, ainda, em **teoria do risco administrativo (responsabilidade objetiva)**, porém, teria sido mais fácil se a questão tivesse dito pessoas ou coisas **custodiadas pelo Estado**.

68. *Gabarito:* **b**

Questão longa, cheia de detalhes. A ideia era assustar o candidato, mas não é difícil. Veja que o PM não estava agindo **na qualidade** de agente do Estado. Logo, a primeira informação que se tem é que não há responsabilização do Estado.
Em segundo lugar, o PM, ao que tudo indica, estava envolvido no tumulto que ocorreu em horário e local específicos. Entretanto, sua atuação não ocorreu devido ao tumulto, mas, sim, porque ele achava que X havia roubado o som de seu carro. Ora, não há, nem mesmo, possibilidade de cogitar-se atuação do Estado pela omissão, pois uma situação como essa (roubo do carro e não o violento tumulto) é imprevisível.
Ainda, não há como se falar em legítima defesa, pois há uma visível diferença entre patrimônio e lesão corporal. Para piorar, Y não tinha certeza se X era o agente furtador.

69. *Gabarito: errado.*

Neste caso, a entidade da Administração indireta que executa atividade econômica de natureza privada responde na forma **subjetiva**. Já as entidades de direito privado que prestam serviço público respondem na forma **objetiva**.

70. *Gabarito*: **d**

Decisão do STF proferida em 2009 passou a entender que a responsabilidade das concessionárias também é objetiva para terceiros não usuários do serviço. (RE nº 591.874).

71. *Gabarito*: **a**

> **Art. 121.** O servidor responde civil, penal e administrativamente pelo exercício irregular de suas atribuições.
> (...)
> § 3º A obrigação de reparar o dano estende-se aos sucessores e contra eles será executada, até o limite do valor da herança recebida.

Alternativa **b**: *errada*. Hoje, segundo a teoria da responsabilidade objetiva do Estado, não se faz mais a comprovação do dolo ou da culpa por parte da conduta do servidor (art. 37, § 6º, CF/1988).
Alternativa **c**: *errada*. Segundo o art. 125 da Lei nº 8.112:

> As sanções civis, penais e administrativas poderão cumular-se, sendo independentes entre si.

Alternativa **d**: *errada*. Ele só não será responsabilizado administrativamente caso a absolvição criminal decorra de inexistência do fato ou negativa de autoria (art. 126, Lei nº 8.112/1990).
Alternativa **e**: *errada*. A responsabilidade civil administrativa decorre de conduta comissa ou omissiva. Entretanto, no caso de conduta **omissiva**, a teoria, segundo a jurisprudência e a doutrina majoritária, é da responsabilidade civil **subjetiva** do Estado.

72. *Gabarito:* **e**
Segundo a Lei nº 8.112/1990, art. 126:

> A responsabilidade administrativa do servidor será afastada no caso de absolvição criminal que negue a existência do fato ou sua autoria.

Logo, negada a sua autoria na ação penal, afastada está a sua responsabilidade administrativa.
Todas as demais alternativas são possíveis e estão corretas.

LEMBRETE!

Absolvição na esfera penal por falta/ausência de provas ou atipicidade do fato (não é crime) não vincula a via administrativa.

73. *Gabarito:* **d**
Art. 10 do Decreto-Lei nº 3.365/1941:

> A desapropriação deverá efetivar-se mediante acordo ou intentar-se judicialmente, dentro de cinco anos, contados da data da expedição do respectivo decreto e findos os quais este caducará. Neste caso, somente decorrido um ano, poderá ser o mesmo bem objeto de nova declaração.

74. *Gabarito*: *certo.*
A requisição é uma modalidade de intervenção estatal quando o Estado utiliza bens móveis, imóveis e serviços particulares, em situação de perigo público iminente.

75. *Gabarito*: **a**

Estados e Municípios podem desapropriar imóveis rurais, mas a desapropriação de imóvel rural para fins de reforma agrária é competência exclusiva da União.

76. *Gabarito: certo.*

A desapropriação indireta será a transferência do patrimônio particular para o domínio estatal, sem a observância dos procedimentos legais.

77. *Gabarito*: **c**

Alternativa **a**: *errada*. O tombamento é a forma de intervenção na propriedade em que o Poder Público protege o patrimônio cultural brasileiro. No tombamento não há direito à prévia indenização.

Alternativa **b**: *errada*. A requisição não é permanente. É temporária.

Alternativa **c**: *certa*. A servidão administrativa é o direito real público que autoriza o Poder Público a usar a propriedade imóvel para permitir a execução de obras e serviços de interesse coletivo. É, portanto, instituído em favor do Estado para atender a fatores de interesse público. Em regra, não há direito à indenização, apenas se houver dano.

Alternativa **d**: *errada*. Está errada quando diz que não há indenização, pois na servidão pode haver indenização posterior se houver dano. Mas, vale ressaltar que a redação da questão não está bem elaborada.

78. *Gabarito:* **c**

Alternativa **a**: *errada*. As limitações administrativas são determinações de caráter **geral**, que o Poder Público impõe a proprietários indeterminados, para o fim de condicionar a propriedade ao atendimento da função social, consistindo em obrigações positivas, negativas ou permissivas.

Nas limitações administrativas não há indenização, pois são de caráter geral.

Alternativa **b**: *errada*. Cabe autorização para uso privativo de bem público.

Alternativa **c**: *certa*. O tombamento pode ser executado levando-se em consideração a manifestação de vontade ou a eficácia do ato. Quando se tratar de manifestação de vontade, o tombamento pode ser **voluntário**, quando o proprietário consente o tombamento, seja este feito por pedido que ele mesmo formula ao Poder Público, seja se houver anuência, com a notificação que lhe é dirigida, no sentido da inscrição do bem. É **compulsório**, quando o Poder Público inscreve o bem como tombado, apesar da resistência e do inconformismo do proprietário.

Quanto à eficácia do ato, poderá ser **provisório**, quando estiver em curso o processo administrativo, instaurado pela notificação e **definitivo** depois de sua conclusão, inscrevendo o Poder Público o bem no livro de tombo.

Alternativa **d**: *errada*. Segundo o art. 98 do Código Civil, são públicos os bens do domínio nacional pertencentes às pessoas jurídicas de direito público interno; todos os outros são particulares, seja qual for a pessoa a que pertencerem. A questão restringiu o conceito de bens públicos aos bens que pertencem aos entes federativos, mas o CC diz que são todos aqueles que pertencem às pessoas de direito público. Assim, incluem-se os bens das autarquias e fundações autárquicas.

79. *Gabarito:* **c**

Alternativa **a**: *errada*. Readaptação e reversão por invalidez cessada:

- **readaptação**: ocorre quando o servidor é investido em outro cargo, compatível com a limitação física ou mental que tenha sofrido. Não necessita ter estabilidade;
- **reversão por invalidez cessada**: a reversão pode ocorrer por em duas hipóteses:
  I) de ofício, quando a Administração determina o retorno ao cargo de origem do servidor que foi aposentado por invalidez. Ocorre que um novo laudo de junta médica atesta que a situação que antes o invalidava não está mais presente. Isso só não ocorrerá se o servidor for maior de 70 anos;
  II) a pedido do servidor.
  Observação: em ambos os casos (I e II) não é necessário a estabilidade do servidor.

Alternativa **b**: *errada*. Promoção e aproveitamento:

- **promoção**: investidura do servidor em outro cargo de mesma natureza pertencente a classe distinta da mesma carreira. Não é necessário ter estabilidade;
- **aproveitamento**: investidura de servidor posto em disponibilidade em cargo de mesma natureza, escolaridade e padrão remuneratório. **Aqui, exige-se, necessariamente, a estabilidade do servidor**.

Alternativa **c**: *errada*. Reintegração e recondução:

- **reintegração**: ocorre quando o servidor foi demitido e essa demissão foi anulada na via judicial ou administrativa. **Aqui, exige-se, necessariamente, a estabilidade do servidor**;
- **recondução**: ocorre quando o servidor é inabilitado em estágio probatório relativo a um novo cargo ou no caso de um servidor já estável que é reconduzido a sua antiga vaga porque o **antigo dono da vaga** está sendo reintegrado. **Aqui, exige-se, necessariamente, a estabilidade do servidor.**

Alternativa **d**: *errada*. Promoção e recondução, ambas já comentadas.
Alternativa **e**: *errada*. Reversão por invalidez cessada e recondução, ambas já comentadas.

80. *Gabarito*: **b**
Vejamos a diferença entre exoneração e demissão, segundo a Lei nº 8.112/1990:

Exoneração	Demissão
desligamento do servidor sem caráter punitivo	desligamento do servidor com caráter punitivo em decorrência de falta funcional grave

Duas são as formas de exoneração de ofício, segundo a Lei nº 8.112/1990:
a) inabilitação em estágio probatório;
b) posse sem exercício (tomou posse e não entrou em exercício);

OBSERVAÇÕES!

1. O STF já decidiu que a exoneração por inabilitação em estágio probatório deve observar o devido processo legal, assegurados o contraditório e a ampla defesa (Súmula nº 21 do STF).
2. O STF também já decidiu que a participação em movimento grevista, quando o servidor está em estágio probatório, não configura inassiduidade para efeito de reprovação.

Alternativa **a**: *errada*. Pode ser de ofício ou a pedido do servidor.
Alternativa **c**: *errada*. Nesse caso, será declarada sem efeito o ato de nomeação.
Alternativa **d**: *errada*. A palavra **vacância** significa deixar o cargo vago. Sabendo disso, a readaptação é considerada forma de provimento e é igualmente considerada forma de vacância, uma vez que por uma limitação física ou mental, o servidor será readaptado em outro cargo, respeitando-se as habilitações exigidas, o nível de escolaridade e a equivalência de vencimentos.

81. *Gabarito:* **c**
Antes de responder, entendamos o que é **vencimento, remuneração** e a diferença entre ambos:

Vencimento	Remuneração
Retribuição* pecuniária pelo exercício de cargo público	Vencimento + vantagens pecuniárias permanentes**
*valor fixado em lei	**estabelecidas em lei

Com essas informações, vejamos o que diz o art. 41, § 4º:

> É assegurada a isonomia de vencimentos para cargos de atribuições iguais ou assemelhadas do mesmo Poder, ou entre servidores dos três Poderes, ressalvadas as vantagens de caráter individual e as relativas à natureza ou ao local de trabalho.

82. *Gabarito*: **b**

Lei nº 8.112/1990:

> **Art. 47.** O **servidor** em **débito** com o **erário**, que for demitido, exonerado ou que tiver sua aposentadoria ou disponibilidade cassada, terá o prazo de **sessenta dias** para quitar o débito.
> *Parágrafo único.* A não quitação do débito no prazo previsto implicará sua inscrição em **dívida ativa**.

83. *Gabarito*: **e**

É o que diz o art. 53 da Lei nº 8.112:

> A ajuda de custo destina-se a compensar as despesas de instalação do servidor que, no interesse do serviço, passa a ter exercício em nova sede, com mudança de domicílio em caráter permanente, vedado o duplo pagamento de indenização, a qualquer tempo, no caso de cônjuge ou companheiro que detenha também a condição de servidor, vier a ter exercício na mesma sede.

84. *Gabarito*: **e**

Art. 186, III, *d*, CF:

> aos 65 (sessenta e cinco) anos de idade, se homem, e aos 60 (sessenta) se mulher, com proventos proporcionais ao tempo de serviço.

Alternativa **a**: *errada.* O servidor é, sim, aposentado compulsoriamente, mas não com proventos integrais e, sim, proporcionais ao tempo de serviço (art. 186, II, CF/1988). Essa é a regra. Será com proventos integrais se decorrer de acidente em serviço, moléstia profissional ou doença grave, contagiosa ou incurável, especificada em lei.
Alternativa **b**: *errada.* Se foi decorrente de acidente em serviço, moléstia profissional ou doença grave, contagiosa ou incurável, **especificada em lei**, os proventos são integrais e não proporcionais.

Alternativa **c**: *errada*. Lei nº 8.112/1990, art. 188:

> A aposentadoria voluntária ou por invalidez vigorará a partir da data da publicação do respectivo ato.
> § 1º A aposentadoria por invalidez será precedida de licença para tratamento de saúde por período não excedente **a 24 (vinte e quatro) meses**.

Alternativa **d**: *errada*. Lei nº 8.112/1990, art. 103:

> contar-se-á apenas para efeito de aposentadoria e disponibilidade:
> IV – o tempo correspondente ao desempenho de mandato eletivo federal, estadual, municipal ou distrital, anterior ao ingresso no serviço público federal;

85. *Gabarito:* **c**

Lei nº 8.112/1990, art. 84, § 1º:

> A licença por motivo de afastamento do cônjuge será por prazo indeterminado e sem remuneração.

Alternativa **a**: *errada*. Essa licença é sem remuneração, mas tem período certo para voltar:

> durante o período que mediar entre a sua escolha em convenção partidária, como candidato a cargo eletivo, e a véspera do registro de sua candidatura perante a Justiça Eleitoral.

Alternativa **b:** *errada*. Só pela Lei nº 8.112/1990 não se pode afirmar se é ou não com remuneração e com prazo, pois o estatuto determina que será na forma da legislação específica.
Alternativa **d:** *errada*. Vai depender da quantidade de dias, ou seja, já não se fala em prazo indeterminado (aqui, 60 e 90). Quando o prazo for de 60 dias, consecutivos ou não, mantém-se a remuneração do servidor. Quando o prazo for de mais 90 dias, consecutivos ou não, não haverá remuneração.
Alternativa **e:** *errada*. Haverá prazo determinado (3 meses) e esse afastamento ocorrerá com a remuneração.

86. *Gabarito*: **d**

Consoante os arts. 123 e 124 da Lei nº 8.112/1990.

> **Art. 123.** A responsabilidade penal abrange os crimes e contravenções imputadas ao servidor, nessa qualidade.

> **Art. 124.** A responsabilidade civil-administrativa resulta de ato omissivo ou comissivo praticado no desempenho do cargo ou função.

Alternativa **a:** *errada*. Lei nº 8.112/1990,

> **Art. 46.** As reposições e indenizações ao erário, atualizadas até 30 de junho de 1994, serão previamente comunicadas ao servidor ativo, aposentado ou ao pensionista, para pagamento, no prazo máximo de 30 dias, **podendo** ser parceladas, a pedido do interessado.

Alternativa **b:** *errada*. O art. 127 trata das penalidades disciplinares previstas na Lei nº 8.112/1990:

> advertência, suspensão, demissão, cassação de aposentadoria ou disponibilidade, destituição de cargo em comissão, destituição de função comissionada.

Observa-se que não há a presença da pena de censura. Ainda, estranho seria pensar-se que pelo simples fato de denunciar um ato de improbidade administrativa, sem saber que o agente ímprobo é sabidamente inocente, geraria demissão.

Alternativa **c:** *errada*. O art. 5°, XLV, da CF/1988 diz:

> Nenhuma pena passará da pessoa do condenado, podendo a obrigação de reparar o dano e a decretação do perdimento de bens ser, nos termos da lei, estendidas aos sucessores e contra eles executadas, até o limite do valor do patrimônio transferido.

Alternativa **e:** *errada*. As sanções civis, penais e administrativas são independentes entre si, podendo cumular-se.

87. *Gabarito*: **b.**
Diz a Lei nº 8.112/1990, em seu art. 25, o seguinte:

> reversão é o retorno à atividade de servidor aposentado:
> I – por invalidez, quando junta médica oficial declarar insubsistentes os motivos da aposentadoria;

Alternativa **a:** *errada*. Neste caso, o servidor exercerá sua função como excedente, até a ocorrência da vaga. (art. 25, § 3º, Lei nº 8.112/1990).
Alternativa c. *errada*. Deverá ocorrer a reversão.

Alternativa **d**: *errada*. Além de o servidor ter que ser revertido, a aposentadoria compulsória, que, aparentemente, é o que a questão quis dizer, só ocorrerá aos 70 anos de idade (art. 186, II, da Lei nº 8.112/1990).
Alternativa **e**: *errada*. Como já dito, deve ocorrer a reversão.

88. *Gabarito*: **c**
Art. 124 da Lei nº 8.112/1990:

> A responsabilidade civil-administrativa resulta de ato omissivo ou comissivo praticado no desempenho do cargo ou função.

Alternativa **a**: *errada*. Novamente, se em toda denúncia o servidor for responsabilizado civil, penal ou administrativamente, seria mais fácil não se ter a lei, pois todos ficariam inibidos (art. 126 – A, Lei nº 8.112/1990). Entretanto, atenta-se para o fato do servidor ou terceiro que denuncia o agente por ato de improbidade administrativa quando este é sabidamente inocente. Desta forma:

> Constitui crime a representação por ato de improbidade contra agente público ou terceiro beneficiário, quando o autor da denúncia o sabe inocente (art. 19, Lei nº 8.429/1993).

Alternativa **b**: *errada*. O zelo e a dedicação devem ser uma máxima, de forma que por um ou outro motivo não deve ele exercer com mais ou com menos zelo e dedicação suas atribuições (art. 116, Lei nº 8.112/1990).
Alternativa **d**: *errada*. Art. 81, Lei nº 8.112/1990,

> **Art. 81.** Conceder-se-á ao servidor licença:
> VII – para desempenho de mandado classista.

Alternativa **e**: *errada*. Lei nº 8.112/1990,

> **Art. 121.** O servidor responde civil, penal e administrativamente pelo exercício irregular de suas atribuições.

Observe que o Cespe, por vezes, adota uma posição **incompleta, mas não necessariamente errada**, fugiu à regra nesse item, pois o único erro é não conter a penalização administrativa. Entretanto, deve-se levar em conta que a alternativa **c** estava mais certa e mais completa do que essa alternativa em estudo.

89. *Gabarito*: **b**

Alternativa **a**: *errada*. O servidor **descumpriu** dever legal. Lei nº 8.112/1990, art. 116, VI:

> Art. 116.
> (...)
> VI – levar as irregularidades de que tiver ciência em razão do cargo ao conhecimento da autoridade superior ou, quando houver suspeita de envolvimento desta, ao conhecimento de outra autoridade competente para apuração.

Alternativa **b**: *certa*. Lei nº 8.112/1990,

> **Art. 116.** São deveres do servidor:
> (...)
> VI – levar as irregularidades de que tiver ciência em razão do cargo ao conhecimento da autoridade superior ou, quando houver suspeita de envolvimento desta, ao conhecimento de outra autoridade competente para apuração.

Alternativa **c**: *errada*. O servidor **não** deve omitir-se. Art. 116, XII: "representar contra ilegalidade, omissão ou abuso de poder."
Alternativa **d**: *errada*. **Não é Poder Judiciário**, mas autoridade superior. Art. 116, IV:

> São deveres do servidor: cumprir as ordens superiores, exceto quando manifestamente ilegais;

Alternativa **e**: *errada*. **Não** agiu expressamente nos termos da lei. (art. 116, Lei nº 8.112/1990)

> **Art. 116.** São deveres do servidor:
> (...)
> VI – levar as irregularidades de que tiver ciência em razão do cargo ao conhecimento da autoridade superior ou, quando houver suspeita de envolvimento desta, ao conhecimento de outra autoridade competente para apuração.

90. *Gabarito*: **c**

Item I: *certo*. Art. 60-B, IV – nenhuma outra pessoa que resida com o servidor receba auxílio-moradia.
Item II: *errado*. Art. 60-B, VIII – o deslocamento **não** tenha sido por força de alteração de lotação ou nomeação para cargo efetivo.

Item III: *certo.* Art. 60-B, IX – o deslocamento tenha ocorrido após 30 de junho de 2006.
Item IV: *errado.* Art. 60-B, II – o cônjuge ou companheiro do servidor **não** ocupe imóvel funcional.

91. *Gabarito*: **e**
Alternativa **b**: *errada.* Prazo **indeterminado** e **sem** remuneração.
Alternativa **c**: *errada.* Prazo **indeterminado.**
Alternativa **d**: *errada.* Prazo **indeterminado** e **sem** remuneração.
Alternativa **e**: *errada.* Prazo **indeterminado** e **sem** remuneração.

Art. 84, § 1º, Lei nº 8.112/1990:

> A licença será por prazo indeterminado e sem remuneração.

92. *Gabarito*: **e**
Item I: *certo.* Lei nº 8.112/1990, art. 174, § 1º: Em caso de falecimento, ausência ou desaparecimento do servidor, qualquer pessoa da família poderá requerer a revisão do processo.
Item II: *errado.* Lei nº 8.112/1990, art, 182:

> **Art. 182.** Julgada procedente a revisão, será declarada sem efeito a penalidade aplicada, restabelecendo-se todos os direitos do servidor, **exceto** em relação à destituição do cargo em comissão, que será convertida em exoneração.

Item III: *certo.* Lei nº 8.112/1990,

> **Art. 178.** A revisão correrá em apenso ao processo originário. Parágrafo único. Na petição inicial, o requerente pedirá dia e hora para a produção de provas e inquirição das testemunhas que arrolar.

Item IV: *certo.* Lei nº 8.112/1990, art. 177:

> O requerimento de revisão do processo será dirigido ao Ministro de Estado ou autoridade equivalente, que, se autorizar a revisão, encaminhará o pedido ao dirigente do órgão ou entidade onde se originou o processo disciplinar.

93. *Gabarito*: **b**
Alternativa **a**: *errada.* O servidor é afastado e **não** posto em disponibilidade. (Lei nº 8.112/1990, art. 147):

> Como medida cautelar e a fim de que o servidor não venha a influir na apuração da irregularidade, a autoridade instauradora do processo disciplinar poderá determinar o seu afastamento do exercício do cargo, pelo prazo de até 60 (sessenta) dias, sem prejuízo da remuneração.

Alternativa **b:** *certa.* (Lei nº 8.112/1990, art. 147),

> Como medida cautelar e a fim de que o servidor não venha a influir na apuração da irregularidade, a autoridade instauradora do processo disciplinar poderá determinar o seu afastamento do exercício do cargo, pelo prazo de até 60 (sessenta) dias, sem prejuízo da remuneração.

Alternativa **c**: *errada.* O servidor **não** será suspenso, mas afastado e **não** terá prejuízo de sua remuneração. (Lei nº 8.112/1990, art. 147)

> Como medida cautelar e a fim de que o servidor não venha a influir na apuração da irregularidade, a autoridade instauradora do processo disciplinar poderá determinar o seu afastamento do exercício do cargo, pelo prazo de até 60 (sessenta) dias, sem prejuízo da remuneração.

Alternativa **d:** *errada.* O servidor **não** será transferido e, sim, afastado. (Lei nº 8.112/1990, art. 147):

> Como medida cautelar e a fim de que o servidor não venha a influir na apuração da irregularidade, a autoridade instauradora do processo disciplinar poderá determinar o seu afastamento do exercício do cargo, pelo prazo de até 60 (sessenta) dias, sem prejuízo da remuneração.

Alternativa **e:** *errada.* O servidor **não** receberá licença, será afastado e sua remuneração será mantida independentemente do tipo de infração. (Lei nº 8.112/1990, art. 147):

> Como medida cautelar e a fim de que o servidor não venha a influir na apuração da irregularidade, a autoridade instauradora do processo disciplinar poderá determinar o seu afastamento do exercício do cargo, pelo prazo de até 60 (sessenta) dias, sem prejuízo da remuneração.

94. *Gabarito:* **d**

Alternativa **a**: *errada.* Não pode haver preterição dos demais candidatos.

Alternativa **b**: *errada.* Assegura o direito a participar de concurso público para provimento de cargo efetivo que seja **compatível** com a deficiência de que são portadoras; reservando-se às pessoas nessas condições **20%** das vagas. A lei **não** dá prioridade em relação à aprovação de todos os demais participantes.

Alternativa **c**: *errada*. **Depende** da aprovação em concurso público.

Alternativa **d**: *certa*. Esta é a alternativa correta; entretanto, de acordo com a assertiva: (...) devendo ser reservado para pessoas nessas condições **20%** das vagas oferecidas no concurso e o dispositivo da Lei elenca que para tais pessoas serão reservadas **até** 20%.

Alternativa **e**: *errada*. Para essas pessoas serão reservadas até 20% das vagas oferecidas no concurso e para a nomeação, estas devem ser aprovadas em concurso público.

Lei nº 8.112/1990, art. 5º, § 2º:

> Às pessoas portadoras de deficiência é assegurado o direito de se inscrever em concurso público para provimento de cargo cujas atribuições sejam compatíveis com a deficiência de que são portadoras; para tais pessoas serão reservadas até 20% (vinte por cento) das vagas oferecidas no concurso.

95. *Gabarito*: **e**

Alternativa **a**: *errada*. **Reintegração** ao cargo e não recondução.

Alternativa **b**: *errada*. O servidor **receberá** o ressarcimento de todas as vantagens.

Alternativa **c**: *errada*. **Reintegração** ao serviço público e não recondução; (...) ocupando o **mesmo** cargo que ocupava anteriormente e não de nível superior.

Alternativa **d**: *errada*. O erro da questão está na expressão **ainda que**, pois na hipótese de o cargo ter sido extinto, o servidor ficará em disponibilidade.

Alternativa **e**: *certa*. (Lei nº 8.112/1990, art. 28):

> **Art. 28.** A reintegração é a reinvestidura do servidor estável no cargo anteriormente ocupado, ou no cargo resultante de sua transformação, quando invalidada a sua demissão por decisão administrativa ou judicial, com ressarcimento de todas as vantagens.
>
> § 1º Na hipótese de o cargo ter sido extinto, o servidor ficará em disponibilidade, observado o disposto nos arts. 30 e 31.
>
> § 2º Encontrando-se provido o cargo, o seu eventual ocupante será reconduzido ao cargo de origem, sem direito à indenização ou aproveitado em outro cargo, ou, ainda, posto em disponibilidade.

96. *Gabarito:* **d**

Alternativa **a**: *errada*. Indicação não é forma de provimento.

Alternativa **b**: *errada*. Ascensão não é forma de provimento.

Alternativa **c**: *errada*. Transferência não é forma de provimento.

Alternativa **d**: *certa*. Art. 8º, Lei nº 8.112/1990.

Alternativa **e**: *errada*. Ascensão não é forma de provimento.

> **Art. 8º** São formas de provimento de cargo público:
> I - nomeação;
> II - promoção;
> III - revogado;
> IV - revogado;
> V - readaptação;
> VI - reversão;
> VII - aproveitamento;
> VIII - reintegração;
> IX - recondução.

OBSERVAÇÃO!

Os incisos III e IV, ascensão e transferência, foram declarados inconstitucionais pelo STF.

97. *Gabarito:* **b**

Alternativa **a**: *errada*. Sessenta dias, **sem** prejuízo da remuneração, **prorrogáveis** por igual período, **findo o qual** cessarão os seus efeitos, ainda que não concluído o processo

Alternativa **b**: *errada*. **Sessenta** dias, **ainda que** não concluído o processo e não exceto.

Alternativa **c**: *errada*. **Sessenta** dias, **sem** prejuízo da remuneração (...)

Alternativa **d**: *errada*. **Sessenta** dias, sem prejuízo da remuneração, **prorrogáveis** por igual período, **findo o qual** cessarão os seus efeitos, ainda que não concluído o processo.

Alternativa **e**: *certa*. (Lei nº 8.112/1990, art. 147):

> **Art. 147.** Como medida cautelar e a fim de que o servidor não venha a influir na apuração da irregularidade, a autoridade instauradora do processo disciplinar poderá determinar o seu afastamento do exercício do cargo, pelo prazo de até 60 (sessenta) dias, sem prejuízo da remuneração.
> *Parágrafo único.* O afastamento poderá ser prorrogado por igual prazo, findo o qual cessarão os seus efeitos, ainda que não concluído o processo.

98. *Gabarito:* **d**

Item I: *certo*. Art. 25, inciso II, alínea *b*, Lei nº 8.112/1990: a aposentadoria tenha sido voluntária.

Item II: *certo*. Art. 25, inciso II, alínea *c*, Lei nº 8.112/1990: estável quando na atividade.

Item III: *errado.* (...) 5 anos anteriores e não 7. Art. 25, inciso II, alínea *d,* Lei nº 8.112/1990: a aposentadoria tenha ocorrido nos cinco anos anteriores à solicitação.
Item IV: *certo.* Art. 25, inciso II, alínea *a,* Lei nº 8.112/1990, tenha solicitado a reversão.

99. *Gabarito*: **a**

Alternativa **a**: *certa.*
Alternativa **b**: *errada*: 15 dias e não 30.
Alternativa **c**: *errada*: **quinze** dias, dentro de **um** ano.
Alternativa **d**: *errada*: **quinze** dias, dentro de **um** ano.
Alternativa **e**: *errada*: 15 dias e não 90.
Lei nº 8.112/1990:

> **Art. 204.** A licença para tratamento de saúde inferior a 15 (quinze) dias, dentro de 1 (um) ano, poderá ser dispensada de perícia oficial, na forma definida em regulamento.

100. *Gabarito*: **a**

Alternativa **b**: *errada*: **Será** afastada do cargo público que exerce **a partir** do dia imediato ao do registro de sua candidatura perante a Justiça Eleitoral, até o décimo dia seguinte ao do pleito.
Alternativa **c**: *errada.* (...) **Até** o décimo dia seguinte ao do pleito.
Alternativa **d**: *errada.* (...) **Até** o décimo dia seguinte ao do pleito.
Alternativa **e**: *errada.* (...) **Até** o décimo dia seguinte ao do pleito.
Lei nº 8.112/1990:

> **Art. 86.** O servidor terá direito a licença, sem remuneração, durante o período que mediar entre a sua escolha em convenção partidária, como candidato a cargo eletivo, e a véspera do registro de sua candidatura perante a Justiça Eleitoral.
> § 1º O servidor candidato a cargo eletivo na localidade onde desempenha suas funções e que exerça cargo de direção, chefia, assessoramento, arrecadação ou fiscalização, dele será afastado, a partir do dia imediato ao do registro de sua candidatura perante a Justiça Eleitoral, até o décimo dia seguinte ao do pleito.

101. *Gabarito*: **e**

Item I: *certo.* Lei nº 8.112/1990, art. 106. Cabe pedido de reconsideração à autoridade que houver expedido o ato ou proferido a primeira decisão, não podendo ser renovado.

Item II: *certo*. Lei nº 8.112/1990, art. 107, II – das decisões sobre os recursos sucessivamente interpostos.
Item III: *errado*. 5 Anos e não 3. Lei nº 8.112/1990, art. 110, I – em 5 (cinco) anos, quanto aos atos de demissão e de cassação de aposentadoria ou disponibilidade, ou que afetem interesse patrimonial e créditos resultantes das relações de trabalho.
Item IV: *certo*. Lei nº 8.112/1990, art. 113:

> **Art. 113.** Para o exercício do direito de petição, é assegurada vista do processo ou documento, na repartição, ao servidor ou a procurador por ele constituído.

102. *Gabarito:* **c**
Alternativa **a**: *errada*.
Alternativa **b**: *errada*.
Alternativa **c**: *certa*.
Alternativa **d**: *errada*.
Alternativa **e**: *errada*.
Lei nº 8.113/1990:

> **Art. 132.** A demissão será aplicada nos seguintes casos:
> XIII – transgressão dos incisos IX a XVI do art. 117.
> ---
> **Art. 117.** Ao servidor é proibido:
> (...)
> IX – valer-se do cargo para lograr proveito pessoal ou de outrem, em detrimento da dignidade da função pública;
> (...)
> XV – proceder de forma desidiosa.

103. *Gabarito:* **d**
Alternativa **a**: *errada*.
Alternativa **b**: *errada*.
Alternativa **c**: *errada*.
Alternativa **d**: *certa*.
Alternativa **e**: *errada*.
Lei nº 8.112/1990,

> **Art. 137.**
> (...)
> *Parágrafo único.* Não poderá retornar ao serviço público federal o servidor que for demitido ou destituído do cargo em comissão por infringência do art. 132, incisos I, IV, VIII, X e XI.

Art. 132. A demissão será aplicada nos seguintes casos:
I - crime contra a Administração Pública;
(...)
IV - improbidade administrativa;
(...)
VIII - aplicação irregular de dinheiros públicos;
(...)
X - lesão aos cofres públicos e dilapidação do patrimônio nacional;
XI - corrupção;

104. *Gabarito*: **a**

Alternativa **a**: *certa*. Há violação do ato administrativo, pois remoção, de acordo com o art. 36, é o deslocamento do servidor, portanto não constitui caráter punitivo. O art. 127 traz as penalidades disciplinares.
Alternativa **b**: *errada*. Há vício de finalidade no ato administrativo.
Alternativa **c**: *errada*. Há vício de **finalidade** no ato administrativo e não de competência.
Alternativa **d**: *errada*. Há vício de **finalidade** no ato administrativo e não no motivo.
Alternativa **e**: *errada*. **Existe** ilegalidade – violação à finalidade do ato administrativo.
Lei nº 8.112/1990:

Art. 36. Remoção é o deslocamento do servidor, a pedido ou de ofício, no âmbito do mesmo quadro, com ou sem mudança de sede.
(...)
Art. 127. São penalidades disciplinares:
I - advertência;
II - suspensão;
III - demissão;
IV - cassação de aposentadoria ou disponibilidade;
V - destituição de cargo em comissão;
VI - destituição de função comissionada.

105. *Gabarito*: **d**

Tendo em vista que a Lei de Improbidade tem natureza civil, podem ser aplicadas outras sanções, inclusive na esfera penal, em razão do mesmo ato ilícito.
Art. 12, Lei nº 8.429/1992:

Independentemente das sanções penais, civis e administrativas previstas na legislação específica, está o responsável pelo ato de improbidade sujeito às seguintes cominações, que podem ser aplicadas isolada ou cumulativamente, de acordo com a gravidade do fato:

106. *Gabarito:* **c**
Lei nº 8.429/1992:

> **Art. 11.** Constitui ato de improbidade administrativa que atenta contra os princípios da Administração Pública qualquer ação ou omissão que viole os deveres de honestidade, imparcialidade, legalidade, e lealdade às instituições, e notadamente:
> II – retardar ou deixar de praticar indevidamente, ato de ofício.

107. *Gabarito:* **c**
Art. 14, Lei nº 8.429/1992.
Alternativa **a**: *errada.* A comissão somente representará ao MP ou à procuradoria do órgão se:
Houver fundados indícios de responsabilidade. Essa representação requererá ao juízo competente:
- a decretação do sequestro de bens do agente ou terceiro que tenha:
- enriquecido ilicitamente ou
- causado dano ao patrimônio público.

Alternativa **b**: *errada.* O erro encontra-se no segundo período do item: parágrafo único do art. 15:

> O Ministério Público ou Tribunal ou Conselho de Contas poderá, a requerimento, designar representante para acompanhar o procedimento administrativo.

Logo, não é apenas o MP, como afirmado no item.

Alternativa **d**: *errada.* O sequestro e o bloqueio de bens, decretado pelo juiz (ou seja, não cabe na via administrativa), só é possível nos atos de improbidade que causam **prejuízo** ao erário e que importem **enriquecimento** ilícito. Logo, os atos de improbidade que atentam contra os princípios administrativos não estão nesse rol, não podendo se utilizar, de forma geral, o termo atos de improbidade administrativa.

Alternativa **e**:

> **Art. 5º** Ocorrendo lesão ao patrimônio público por ação ou omissão, dolosa ou **culposa**, do agente ou de terceiro, dar-se-á o integral ressarcimento do dano.

108. *Gabarito: errado.*

O item estaria certo se não fosse a palavra **exclusivamente**. Veja o que diz o art. 12 da Lei:

> **Independente das sanções penais, civis e administrativas previstas na legislação específica**, está o responsável pelo ato de improbidade sujeito às seguintes cominações, que podem ser aplicadas isolada ou cumulativamente, de acordo com a gravidade do fato:

Em outras palavras, quer dizer a lei que, além das sanções aplicáveis previstas nela própria, poderão ocorrer as outras de ordem penal, civil e administrativa.

109. *Gabarito:* **d**

Todos os itens são respondidos no seguinte artigo e seus parágrafos:

> **Art. 14.** Qualquer pessoa poderá representar à autoridade administrativa competente para que seja instaurada investigação destinada a apurar prática de ato de improbidade.
>
> § 1º A representação, que será escrita ou reduzida a termo e assinada, conterá a qualificação do representante, as informações sobre o fato e sua autoria e a indicação das provas de que tenha conhecimento
>
> § 2º A autoridade administrativa rejeitará a representação, em despacho fundamentado, se este não contiver as formalidades estabelecidas no § 1º deste artigo. A rejeição não impede a representação ao Ministério Público, nos termos do art. 22 desta lei.

110. *Gabarito:* **b**

Para responder a essa questão é necessário, antes, conhecer o referido ato de improbidade de que ela trata:

Dispõe o art. 9º da Lei nº 8.429/1992:

> Constitui ato de improbidade administrativa importando enriquecimento ilícito **auferir qualquer tipo de vantagem patrimonial indevida em razão do exercício de cargo, mandato, função, emprego ou atividade nas entidades mencionadas no art. 1°** desta lei, e notadamente:
>
> I– ***receber***, para si ou para outrem, dinheiro, bem móvel ou imóvel, ou qualquer outra vantagem econômica, direta ou indireta, a título de comissão, percentagem, gratificação ou presente de quem tenha interesse, direto ou indireto, que possa ser atingido ou amparado por ação ou omissão decorrente das atribuições do agente público.

Assim, a conduta do prefeito se coaduna perfeitamente ao tipo exposto no art. 9º (gera enriquecimento ilícito). Nesse caso, a alternativa que melhor apresenta as consequências para o ato de improbidade desta natureza é a letra **c**, mas a título de curiosidade, vamos conhecer os outros dois:
Agora, para saber qual a penalidade do prefeito, socorre-se ao art. 12, I, que diz:

> na hipótese do art. 9°, perda dos bens ou valores acrescidos ilicitamente ao patrimônio, ressarcimento integral do dano, quando houver, perda da função pública, **suspensão dos direitos políticos de oito a dez anos, pagamento de multa civil de até três vezes o valor do acréscimo patrimonial e proibição de contratar com o Poder Público** ou receber benefícios ou incentivos fiscais ou creditícios, direta ou indiretamente, ainda que por intermédio de pessoa jurídica da qual seja sócio majoritário, pelo prazo de dez anos;

111. *Gabarito: certo.*
É o que prevê o art. 14 da Lei nº 8.429/1992:

> Qualquer pessoa poderá representar à autoridade administrativa competente para que seja instaurada investigação destinada a apurar a prática de ato de improbidade.

Observe que a Lei de Improbidade Administrativa e a ação popular são instrumentos que visam assegurar a moralidade administrativa. Entretanto, diferentemente da Lei nº 8.429/1992, a ação popular é pode ser impetrada apenas por cidadão - pessoa em dia com seus direitos políticos.

112. *Gabarito: certo.*
Segundo o art. 23 da Lei nº 8.429/1992

> as ações destinadas a levar a efeitos as sanções previstas nesta lei podem ser propostas:
> I - até cinco anos após o término do exercício de mandato, de cargo em comissão ou de função de confiança.

Observe que de 1992 a 1998 passaram-se mais de 5 anos (5 anos e aprox. 6 meses), não sendo mais possível a punição pelos atos de improbidade. Entretanto, segundo a CF/1988, art. 37, § 5º:

> A lei estabelecerá os prazos de prescrição para ilícitos praticados por qualquer agente, servidor ou não, que causem prejuízos ao erário, ressalvadas as respectivas ações de ressarcimento.

113. *Gabarito: certo.*

> EMENTA: RECURSO EM MANDADO DE SEGURANÇA. SERVIDOR PÚBLICO. PROCESSO ADMINISTRATIVO. DEMISSÃO. PODER DISCIPLINAR. LIMITES DE ATUAÇÃO DO PODER JUDICIÁRIO. PRINCÍPIO DA AMPLA DEFESA. ATO DE IMPROBIDADE. "Ato de improbidade: a aplicação das penalidades previstas na Lei nº 8.429/1992 não incumbe à Administração, eis que privativa do Poder Judiciário. Verificada a prática de atos de improbidade no âmbito administrativo, caberia representação ao Ministério Público para ajuizamento da competente ação, não a aplicação da pena de demissão. Recurso ordinário provido." (RMS nº 24.699-DF, Relator: Min. Eros Grau).

CUIDADO!

A posição do STJ vai em outra direção:

> O servidor público condenado em processo administrativo por ato de improbidade pode ser demitido independentemente de condenação judicial. (MS nº 15.054/DF, Rel. Ministro Napoleão Nunes Maia Filho, Rel. p/ acórdão Ministro Gilson Dipp, Terceira Seção, julg. 25/5/2011, DJe 19/12/2011).

114. *Gabarito*: **e**

Questão **letra da lei**, mas que pode ficar mais fácil se o candidato apenas decorar os verbos dos atos de improbidade, conforme ensinamos no capítulo de atos de improbidade.

Alternativa **a:** *errada.* **Perceber** e **receber** são verbos constantes do ato de improbidade administrativa que importa em enriquecimento ilícito.

Alternativa **b:** *errada.* **Adquirir** e **aceitar** são verbos constantes do ato de improbidade administrativa que importa em enriquecimento ilícito.

Alternativa **c:** *errada.* **Permitir** ou **facilitar** e **realizar** ou **aceitar** são verbos constantes dos atos de improbidade administrativa que atentam contra os princípios da Administração Pública.

Alternativa **d:** *errada.* **Conceder** ou **frustrar** a ilicitude de processo licitatório são verbos constantes dos atos de improbidade administrativa que atentam contra os princípios da Administração Pública.

115. *Gabarito: certo.*

Segundo o art. 37, § 5º, da CF:

> A lei estabelecerá os prazos de prescrição para ilícitos praticados por qualquer agente, servidor ou não, que causem prejuízos ao erário, ressalvadas as respectivas ações de ressarcimento.

Logo, a rejeição do pedido condenatório por prescrição realmente não obsta o prosseguimento da demanda relativa ao pedido de ressarcimento, haja vista previsão expressa na Constituição.

116. *Gabarito: errado.*

Para ocorrer a tipificação por ato de improbidade que atente contra os princípios da Administração Pública, não se faz necessária a comprovação de que o agente causou prejuízo ao erário ou se enriqueceu ilicitamente. Os atos de improbidade administrativa que atentam contra os princípios da Administração Pública caracterizam-se por serem ações ou omissões que violam os deveres de honestidade, imparcialidade, legalidade e lealdade às instituições, de forma que nem todas as condutas descritas na lei vão, necessariamente, causar prejuízo ao erário ou cominar em enriquecimento ilícito.

Com efeito, a Lei de Improbidade não exige em nenhum dos atos a presença do dano para sua configuração, mas o STJ entende que em relação aos atos do art. 10, causam prejuízo ao erário, obrigatoriamente, dependem de dano.

117. *Gabarito: certo.*

Lembre-se de que os atos de improbidade administrativa que importam enriquecimento ilícito por parte do agente são os atos que possuem as consequências mais gravosas. Veja o art. 12 da Lei nº 8.429/1992 e a tabela que fizemos no capítulo sobre improbidade administrativa.

118. *Gabarito: certo.*

Os arts. 2º e 3º da Lei nº 8.429/1992 tratam sobre os sujeitos ativos.

119. *Gabarito:* **b**

O § 1º do art. 22 da Lei nº 8.666/1993 afirma que a concorrência é a modalidade de licitação **entre quaisquer interessados**. Esse trecho do referido artigo já satisfaz o quesito universalidade.

120. *Gabarito: errado.*

No caso, seria inexigível a contratação de escritório de advocacia, desde que atendidos os seguintes requisitos:

a) profissionais ou empresas de notória especialização;

b) serviços técnicos enumerados no art. 13 – no caso, inciso V: patrocínio ou defesa de causas judiciais ou administrativas.

c) objeto singular (situação excepcional).

121. *Gabarito*: *errado*.

A inviabilidade de competição é pressuposto da inexigibilidade de competição (art. 25 da Lei nº 8.666/1993).

122. *Gabarito*: **a**

Art. 22, § 5º, Lei nº 8.666/1993

> Leilão é a modalidade de licitação entre quaisquer interessados para a **venda de bens móveis inservíveis** para a Administração ou de produtos legalmente apreendidos ou penhorados, ou para a alienação de bens imóveis prevista no art. 19, a quem oferecer o maior lance, igual ou superior ao valor da avaliação.

Alternativa **b**: *errada*.

> **Art. 1º** Para aquisição de bens e serviços comuns, poderá ser adotada a licitação na modalidade de pregão, que será regida por esta Lei.

Alternativa **c**: *errada*. Art. 22, § 4º, Lei nº 8.666/1993:

> Concurso é a modalidade de licitação entre quaisquer interessados para a escolha de trabalho técnico, científico ou artístico, mediante a instituição de prêmios ou remuneração aos vencedores, conforme critérios constantes de edital publicado na imprensa oficial com antecedência mínima de 45 e dias.

Alternativa **d**: Art. 22, § 5º, Lei nº 8.666/1993, Não há essa determinação de preço (R$ 80.000,00)

Alternativa **e**: Art. 22, § 4º, Lei nº 8.666/1993:

> No concurso o vencedor é retribuído ***mediante a instituição de prêmios ou remuneração,*** **conforme critérios constantes de edital publicado na imprensa oficial com antecedência mínima de 45 e dias**.

123. *Gabarito*: **a**

É o que consta no art. 25, III, Lei nº 8.666/1993,

> para a contratação de profissional de qualquer setor artístico, diretamente ou através de empresário exclusivo, desde que consagrado pela crítica especializada ou pela opinião pública.

Alternativa **b**: *errada*. É exatamente a vedação imposta ao final do art. 25, II, da Lei nº 8.666/1993:

> para a contratação de serviços técnicos enumerados no art. 13 desta Lei, de natureza singular, com profissionais ou empresas de notória especialização, **vedada a inexigibilidade para serviços de publicidade e divulgação;**

Alternativa **c**: *errada*. O art. 25, I, da Lei nº 8.666/1993: veda "*vedada a preferência de marca*". Afirma, ainda:

> a comprovação de exclusividade ser feita através de atestado fornecido pelo órgão de registro do comércio do local em que se realizaria a licitação ou a obra ou o serviço, pelo Sindicato, Federação ou Confederação Patronal, ou, ainda, pelas entidades equivalentes.

Alternativa **d**: *errada*. A singularidade é um dos requisitos da possibilidade da inexigibilidade de licitação, não podendo ser dispensado:

> para a contratação de serviços técnicos enumerados no art. 13 desta Lei, **de natureza singular**, com profissionais ou empresas de notória especialização, vedada a inexigibilidade para serviços de publicidade e divulgação.

Alternativa **e**: *errada*. Não consta essa hipótese no art. 25 e nem na Lei nº 8.666/1993. Entretanto, pode ser que o examinador tenha tido a intenção de misturar "alhos com bugalhos". O que se aproxima a essa hipótese é a que consta no art. 24 – licitação dispensável –, inciso XV:

> para a aquisição ou restauração de obras de arte e objetos históricos, de autenticidade certificada, desde que compatíveis ou inerentes às finalidades do órgão ou entidade.

Atenção: o inciso descrito é uma hipótese de licitação dispensável.

124. *Gabarito: certo.*
Art. 24, XXVII, Lei nº 8.666/1993.

125. *Gabarito: certo.*
Art. 18 da Lei nº 8.666/1993.

126. *Gabarito: errado.*
Os membros da comissão podem fazer parte, ou não, do quadro.

Regra (art. 51, Lei nº 8.666):
A análise e o julgamento das propostas ocorrerão por comissão permanente ou especial composta por:
- três pessoas

Observação: dois devem ser servidores qualificados e pertencentes ao quadro permanente do órgão da administração responsável pela licitação

Exceção 1: Convite (art. 51, § 1º)
Nas pequenas unidades administrativas, pelo pequeno quadro de pessoal disponível, poderá a comissão ser substituída por **um servidor** formalmente designado pela autoridade competente

Exceção 2: Concurso (art. 51, § 2º)
A comissão especial será composta por pessoas:
- de reputação ilibada
- reconhecido conhecimento da matéria em exame
- servidores ou não

127. *Gabarito: certo.* Lei nº 8.666/1993:
Art. 45, § 4º

> Para a contratação de **bens e serviços de informática,** a administração observará o disposto no art. 3º da Lei nº 8.248, de 23 de outubro de 1991, levando em conta os fatores específicos em seus § 2° e **adotando obrigatoriamente o tipo de licitação "técnica e preço", permitindo o emprego de outro tipo de licitação nos casos indicados em decreto do Poder Executivo**.

Note que quando a lei fala "permitindo o emprego de outro tipo de licitação", o item fica perfeitamente **encaixado** ao falar **exige-se, em regra**.

128. *Gabarito: errado.*
Não configurou licitação deserta, pois houve o comparecimento de interessados.
Art. 24, V, Lei nº 8.666/1993:

> Quando não acudirem interessados a licitação anterior e esta, justificadamente, não puder ser repetida sem prejuízo para a administração, mantidas, neste caso, todas as condições preestabelecidas.

- Licitação deserta, ou seja, ninguém aparece – hipótese de licitação dispensável.

129. *Gabarito: certo.*
Hipótese constante do art. 24, XV, Lei nº 8.666/1993: licitação dispensável

> para a aquisição ou restauração de obras de arte e objetos históricos, de autenticidade certificada, desde que compatíveis ou inerentes às finalidades do órgão ou entidade.

Referências Bibliográficas

ALEXANDRINO, Marcelo; PAULO, Vicente. *Direito Administrativo Descomplicado.* São Paulo: Método, 2009.

BANDEIRA DE MELLO, Celso Antonio. *Curso de Direito Administrativo.* São Paulo: Malheiros Editores, 2007.

______. *Curso de Direito Administrativo.* 17ª ed. São Paulo: Malheiros, 2004.

______. *Curso de Direito Administrativo.* 28ª ed. São Paulo: Malheiros, 2011.

______. *Discricionariedade e Controle Jurisdicional.* 2ª ed. São Paulo: Malheiros, 2004.

CARVALHO FILHO, José dos Santos. *Manual de Direito Administrativo.* Rio de Janeiro: Lumen Juris, 2009.

CARVALHO, RAQUEL MELO URBANO. *Curso de Direito Administrativo – Parte Geral, Intervenção do Estado e Estrutura da Administração.* 1ª ed. Salvador: JusPodivm, 2008.

CAVALCANTE FILHO, João Trindade. *Roteiro de Direito Constitucional.* Brasília: Grancursos, 2010.

______. *Servidor Público.* Salvador: JusPodivm, 2010.

______. *Lei nº 8.112/90 Comentada Artigo por Artigo.* Brasília: Gran cursos, 2010.

______. *Processo Administrativo.* Salvador: JusPodivm, 2010.

CRETELLA JÚNIOR, José. *Dicionário de Direito Administrativo.* 3ª ed. Rio de Janeiro: Forense, 1978.

CUNHA JR., Dirley da. *Curso de Direito Administrativo. Salvador*: JusPodivm, 2009.

DI PIETRO, Maria Sylvia Zanella. *Direito Administrativo*. São Paulo: Atlas, 2010.

FIGUEIREDO, Lúcia Valle. *Curso de Direito Administrativo*. São Paulo: Malheiros Editores, 1994.

FURTADO, Lucas Rocha. *Curso de Direito Administrativo*. Belo Horizonte: Fórum, 2007.

GASPARINI, Diogenes. *Direito Administrativo*. São Paulo: Saraiva, 2003.

JUSTEN FILHO, Marçal. *Comentários à Lei de Licitações e Contratos Administrativos*. 13ª ed. São Paulo: Dialética, 2009.

MAGNO, Alexandre. *Direito Administrativo Essencial*. 2ª ed. Brasília: Gran cursos, 2011.

MEDAUAR, Odete. *Direito Administrativo Moderno*. São Paulo: RT, 2003.

MEIRELES, Hely Lopes. *Licitação e Contrato Administrativo*. 9ª ed. São Paulo: Editora Revista dos Tribunais, 1990.

______. *Direito Administrativo Brasileiro*. São Paulo: Malheiros, 2004.

MOREIRA NETO, Diogo de Figueiredo. *Curso de Direito Administrativo*. Rio de Janeiro: Forense, 2003.

NOHARA, Irene Patrícia. *Direito Administrativo*. São Paulo: Atlas, 2011.